SEIS BALAS NUM BURACO SÓ

João Silvério Trevisan

Seis balas num buraco só

A crise do masculino

2ª EDIÇÃO REVISTA E AMPLIADA

OBJETIVA

Grafia atualizada segundo o Acordo Ortográfico da Língua Portuguesa de 1990, que entrou em vigor no Brasil em 2009.

Capa e caderno de fotos
Mateus Valadares

Imagem de capa
CSA Imagens/Getty Images

Preparação
Diogo Henriques

Índice remissivo
Probo Poletti

Revisão
Huendel Viana
Carmen T. S. Costa
Ana Maria Barbosa

Dados Internacionais de Catalogação na Publicação (CIP)
(Câmara Brasileira do Livro, SP, Brasil)

Trevisan, João Silvério
Seis balas num buraco só : A crise do masculino / João Silvério Trevisan. — 2ª ed. rev. e ampl. — Rio de Janeiro : Objetiva, 2021.

Bibliografia.
ISBN 978-85-470-0139-1

1. Homens - Condições sociais 2. Masculinidade 3. Papel sexual. I. Título.

21-77923 CDD-305.3

Índice para catálogo sistemático:
1. Homens : Sociologia 305.3
Cibele Maria Dias — Bibliotecária — CRB-8/9427

[2021]
Todos os direitos desta edição reservados à
EDITORA SCHWARCZ S.A.
Praça Floriano, 19, sala 3001 — Cinelândia
20031-050 — Rio de Janeiro — RJ
Telefone: (21) 3993-7510
www.companhiadasletras.com.br
www.blogdacompanhia.com.br
facebook.com/editoraobjetiva
instagram.com/editora_objetiva
twitter.com/edobjetiva

*À memória de Cláudio José Trevisan, Antonio Edson Cadengue
e Gilmar de Carvalho, que conheceram, cada um a seu modo,
os paradoxos do masculino, na vida e na morte.*

Ser ou não ser, eis a questão:
Saber se é mais nobre na mente suportar
As pedradas e flechas da fortuna atroz
Ou tomar armas contra as vagas de aflições
E, ao afrontá-las, dar-lhes fim. Morrer, dormir.
Só isso.
William Shakespeare, *Hamlet**

Depois que eu matei o primeiro cara, tive alguns pesadelos.
Mas é que nem aquela música do Bezerra da Silva:
Se eu não mato, eu morro.
Joans Félix da Silva, vulgo Jonas,
justiceiro em São Paulo (1996)

* William Shakespeare, *A tragédia de Hamlet, príncipe da Dinamarca*. Trad. de Lawrence Flores Pereira. São Paulo: Penguin-Companhia das Letras, 2015.

Sumário

Nota à segunda edição

Desde que lancei este livro, em 1998, os sustentáculos falocráticos da sociedade se intumesceram, gerando sucessivos vagalhões para manter a hegemonia baseada no primado do falo. E assim nos vimos diante de pretensões irracionais do tipo "imorrível, imbrochável, incomível". Até as democracias consolidadas do século XXI sentiram o recrudescimento de fenômenos sociais e políticos que afetaram, eu diria, o psiquismo em nível coletivo, gerando nas massas novos ódios e novos medos, de viés surpreendente para quem sonhava com um mundo menos desigual e uma humanidade mais consciente. Seus efeitos ocorreram em diferentes níveis, do mais macro ao mais micro, a ponto de provocar certa "desilusão de um futuro" – parafraseando as profecias de Sigmund Freud. Como a primeira edição se encontrava há muito esgotada e se tornara raridade até em sebos, decidi peitar o desafio de reabrir as entranhas da crise masculina. No horizonte desta nova edição bastante ampliada, revista e atualizada, fica a lembrança de um antigo exemplar estropiado pela fúria fálica de um leitor que se sentiu morrível, brochável, comível, e o devolveu com imprecações e ameaças a quem o presenteara. Quem o recebeu de volta foi um amigo meu, por meio do qual esse exemplar acabou em minhas mãos: todo desfeito, com cortes a tesoura nas bordas das folhas e riscado com um grande X em cada uma das páginas, inclusive na capa e nas orelhas. Pude constatar com alguma misericórdia que o livro tinha uma função quando li, em meio à explosão de ódio ali estampada, uma das observações escritas com caneta: "Essa merda nunca serviu". Em tal recusa se revelava sua função: expor e analisar, mais e mais, a ferida narcísica do masculino tóxico, para conhecer o ponto em que estamos. Esta segunda edição devolve, a quem interessar possa, algo dessa ferida secular que nos assola, porque se trata de conhecer melhor para melhor curar. Assim o faço, convicto de que os vagalhões das lutas anti-hegemônicas recrudescem e se renovam, por toda parte, incansavelmente.

1. Cenas explícitas da crise masculina

O matador confesso Joans Félix da Silva, vulgo Jonas – também conhecido pelos codinomes Alemão, Véio, Tio ou Senhor Rachid –, foi acusado pela justiça de ser responsável por 34 homicídios entre 1987 e 1995, em São Paulo, mas também em Pernambuco e Minas Gerais.

Conforme relato seu, nunca teve infância, sendo obrigado a começar a trabalhar na roça com seis anos. Não podia jogar bola, brincar de carrinho ou ir a festas. Pernambucano, analfabeto e filho de crentes, seu pai não lhe permitia fazer nada, repetindo sempre que "brincadeira de homem cheira a sangue".

De fato, o avô de Jonas fora morto por um amigo, depois de ter lhe dado uma cadeirada por diversão; irritado, o amigo voltou mais tarde e o esfaqueou enquanto ele dormia numa rede. Mesmo assim, na roça, Jonas aprendeu a caçar e se tornou um bom atirador – capaz de acertar uma tampa de garrafa a quinze metros de distância. Destro ou canhoto, vangloriava-se: "Ponho seis balas num buraco só".

Homem alto, de olhos azuis e corpo rijo, Jonas se casou e passou a morar na selvagem periferia de São Paulo, onde sua mulher e, possivelmente, sua filha (que nem sequer ousou lhe confessar) foram estupradas por marginais. A partir daí, ele conta que "passou a ter raiva de bandidos". Da primeira vez, deu oito tiros em dois desafetos de um amigo, e, tempos depois, matou esse mesmo amigo numa disputa besta, enquanto tomavam cerveja num bar. Daí, não parou mais. "Apagou" até um vizinho que paquerou sua namorada. Também ganhou dinheiro como matador de aluguel. Mas jurava que nunca atirara "em mulher, criança ou gente inocente". Foi preso, esteve foragido e foi recapturado. Na cadeia, achava que podia ser envenenado a qualquer momento pelos "bandidos" detentos. "Mas não tem problema. Para morrer, é uma vez só", desabafou. Paradoxalmente, não aconselhava homem nenhum a ter revólver em casa: "Porque o Diabo atenta. O bicho está em todo canto". Foi assim, aliás, que explicou seu ataque mais violento, em que matou dois e feriu outros dois atacantes de uma só vez: "Eu me descontrolei. Fiquei completamente louco. Perdi o juízo e não sabia nem o que estava fazendo ali. Sei lá, na hora dá um branco, quando você vê, já aconteceu, não tem mais jeito".[1] Jonas passou a ser aquilo que mais odiava e, ainda que se pretendesse um justiceiro, acabou por se identificar ao modo de agir dos bandidos.

Encontram-se aí alguns dos ingredientes da crise masculina: infância de tarefas adultas; pai opressor (vitimado, por sua vez, pela irresponsabilidade do próprio pai); ataque violento por outros homens; banditismo, ao fazer justiça com as próprias mãos; prepotência, com poder sobre a vida ou morte dos outros; descontrole; e, finalmente, a espera da morte, por outros homens. Em resumo, um caso clássico de como é pesado o fardo de ser homem, com a obrigação de ter coragem sempre, mostrar-se durão, enfrentar o mundo através da força — muitas vezes com requintes de crueldade, mas também de inconsciência, como podemos ver todos os dias pela mídia. Mas aí não se pode relevar as "seis balas" e um "buraco só" — dois fatores sem dúvida emblemáticos. *Balas penetrantes* e *buraco penetrado*: os dois possíveis polos da crise masculina. Determinar quais balas são essas e qual a natureza desse buraco — eis aí, resumidamente, a tarefa deste livro. *Clic*.

Cena 1
Brasília, madrugada de 20 abril de 1997.
Depois de perambular de carro pela cidade atrás do que fazer, cinco entediados rapazes de classe média, entre dezesseis e dezenove anos, despejam dois litros de álcool num indígena pataxó que dormia num ponto de ônibus. Ateiam fogo e fogem a toda velocidade. Transformado numa tocha humana, o indígena sofre queimaduras de terceiro grau em 85% do corpo e morre no dia seguinte. Mais tarde, constata-se que viera de sua reserva na Bahia para comemorar o Dia do Índio em Brasília.

Segundo o advogado dos rapazes, eles pensaram se tratar de um mendigo e fizeram aquilo "como uma brincadeira que resultou em tragédia". Eram cinco amigos de turma. Todos estudavam, trabalhavam, praticavam esporte, não fumavam, só bebiam socialmente e não usavam drogas. Segundo conhecidos e vizinhos, tinham em comum um temperamento melancólico, falta de entusiasmo e indiferença quase absoluta. Anos antes, um deles tivera o pai assassinado numa briga com o caseiro. Outro se transformou num adolescente retraído após a tumultuada separação do pai, um juiz. Outro era um atleta medíocre, apesar dos insistentes esforços em praticar triatlo. O mais novo, rosto ainda cheio de espinhas, lutava jiu-jítsu, mas desistiu porque só apanhava. O provável líder dos cinco usava roupas de grife, fazia musculação e tinha em casa um quarto com TV a cabo e duas linhas telefônicas, uma delas para o computador — evidências de vida privilegiada, na época. A mãe de sua namorada conta que "ele não suporta filme de violência e de terror".[2] *Zap.*

Cena 2
Rio de Janeiro, madrugada do domingo de Carnaval de 1995.
Uma jovem moradora da Tijuca está voltando para casa, trazida por amigos. É uma bela estudante dinamarquesa de dezoito anos, loira e gentil. Ela entra no prédio, cumprimenta o vigia e fica aguardando o elevador. De repente, o segurança agarra a moça por trás e lhe dá uma gravata. A seguir, arrasta-a para uma área mais recôndita do edifício, onde tenta estuprá-la. Como a moça reage, ele a leva até uma cisterna próxima e a afoga. Na delegacia, de início o vigia se defende com impressionante frieza, dizendo que "a moça se insinuou". Mas havia arranhões em seu corpo. Quando as evidências de assassinato o encurralam, ele se amedronta e chora. Já na cela, as mãos trêmulas, tenta se desculpar: "Foi um feitiço. Só vi a moça duas vezes e fiz essa besteira. Não tinha bebido nada, foi coisa do demônio". Ao fundo, ouvem-se vozes masculinas que gritam, entre ameaçadoras e sarcásticas: "Vem cá, meu bem, bota ele aqui com a gente".

Para os psiquiatras consultados, não se tratava de um monstro ou de um serial-killer. Mineiro, o ex-segurança tinha vindo do interior rural, onde era tido como calmo e carinhoso. Um homem normal, casado e com um filho pequeno, mas desadaptado aos códigos da cidade grande.[3] *Zap.*

Cena 3
São Paulo, outubro de 1995.
Preocupado com as tentações contínuas que o fazem frequentar amantes, passar a mão na bunda de mulheres no trem e ter fantasias de assédio com uma sobrinha de cinco anos, um mecânico de 36 anos, casado e com um filho de dois anos, constrói meticulosamente uma guilhotina com uma lâmina afiada e um peso de dez quilos no topo. Numa manhã de domingo, vai até sua oficina, baixa as calças, coloca o próprio pênis na base da máquina e dispara a guilhotina. Sua glande está decepada. Ele não grita nem chora, mas sangra muito. Levado para um hospital, tem o reimplante realizado após cinco horas na mesa de operação, sem esperança de muito sucesso. Psicólogos que o examinaram não encontraram sinais de psicose, apenas de distúrbios de personalidade provocados pela doutrinação nas inúmeras igrejas evangélicas que passara a frequentar, na esperança de se livrar das tentações. Ainda no hospital, o mecânico disse aos atônitos médicos e familiares que agora se livrara das tentações do demônio, que o atormentava com visões de mulheres chifrudas. E completou: "Fiz como Cristo, derramei sangue por amor à humanidade".[4]

Cena 4
Castelo do Piauí, maio de 2015.
Quatro amigas adolescentes, com idade entre quinze e dezessete anos, vão tirar selfies no alto do morro do Garrote, atração turística próxima da pequena cidade de Castelo do Piauí, a 180 quilômetros de Teresina. As jovens são interceptadas por um grupo de rapazes que se drogam no local, liderados por um quarentão. Quando tentam correr, uma delas é agarrada e ameaçada de morte, com uma faca no pescoço, caso as outras fujam. Levadas para o alto do morro, as adolescentes são despidas à faca, amordaçadas com suas roupas íntimas, amarradas, torturadas até desmaiar e estupradas durante duas horas pelos quatro menores, entre quinze e dezessete anos, e o adulto mentor da ação.

Em seguida, são atiradas do alto de um penhasco de dez metros, o que as deixa severamente feridas. Ao perceber que elas continuam vivas, dois dos adolescentes descem ao local e tentam matá-las a pedradas. Quando a polícia descobre quase casualmente a cena criminosa, as adolescentes são levadas a um hospital com ferimentos graves de vários tipos, inclusive pulsos cortados e mamilos perfurados. Uma delas, que sofreu esmagamento da face, lesões no pescoço e traumatismo torácico, morre logo depois. Apesar das lesões por todo o corpo e do traumatismo craniano, as outras três sobrevivem. A enfermeira que as atendeu conta jamais ter visto cena tão bárbara — "vai ficar na minha mente para o resto da vida", e diz ter sentido tanto pânico que não conseguiu dormir nas noites seguintes.

Os quatro adolescentes confessam o crime e denunciam como mentor o adulto do grupo. Todos têm passagens pela polícia por diferentes crimes e são usuários de drogas, um deles desde os oito anos. O traficante, que lhes fornecera crack e maconha, tinha fugido da justiça em São Paulo, onde circulava pela cracolândia local. A repercussão é tamanha que até a ONU cobra punição da justiça brasileira, ao classificar o ataque como "violência sexista". Após julgamento, os adolescentes são internados no Centro Educacional Masculino, em Teresina, onde meses depois o mais velho é espancado até a morte pelos outros quatro, sob a acusação de tê-los incriminado.[5] *Zap.*

Cena 5

Fortaleza, fevereiro de 2017.

Seria mais um caso de assassinato de travesti, como inúmeros outros no Brasil, não fosse um vídeo gravado por um dos agressores e divulgado nas redes sociais. Ali se detalhava, com requintes de crueldade, como Dandara dos Santos, 42 anos, foi xingada e surrada, antes de ser assassinada. No vídeo, de um minuto e vinte segundos, veem-se três homens dando chutes e batendo em Dandara com um chinelo. A travesti, que ostenta marcas de sangue na cabeça e no corpo, mal consegue reagir às ordens dos agressores para que suba num carrinho de mão. Quando tenta se levantar e cai, dois homens chutam sua cabeça. O tempo todo, ouvem-se gritos e ofensas à vítima, inclusive de quem grava a cena. Depois que ela é puxada para dentro do carrinho, dois rapazes se aproximam por trás, um chutando e outro batendo com um pau em sua cabeça. O vídeo termina quando Dandara, já inerte, é levada dali por dois agressores, dentro do carrinho de mão.

Tudo se passa numa ruazinha pobre na periferia de Fortaleza. Graças à divulgação do vídeo, quinze dias depois, a polícia descobre que o massacre terminou com Dandara sendo apedrejada e levando dois tiros dos agressores. O caso chocou as redes sociais, com repercussão internacional, e se tornou paradigmático do ódio contra travestis no Brasil. Acabaram presos dois homens que atiraram em Dandara, e apreendidos três adolescentes que aparecem no vídeo agredindo a travesti. Um sexto suspeito só foi capturado muito tempo depois. Vários deles tinham envolvimento com drogas. Sabe-se que tudo começou com uma acusação de que Dandara teria cometido roubos no bairro. Conforme a delegada responsável pela investigação, a notícia era falsa e servira de pretexto para incitar a violência. Segundo ela, "a vítima não tinha passagem pela polícia, não tinha antecedente, era querida na comunidade". Manifestando tristeza e revolta, moradores do Conjunto Ceará, onde Dandara morava, consideravam-na uma figura carismática no bairro.[6] *Zap*.

Cena 6

Mairiporã, dez dias antes do Natal de 2019.

Após uma denúncia anônima, cem integrantes da Polícia Civil paranaense e paulista invadem uma chácara alugada em Mairiporã, município da região metropolitana de São Paulo. Ali rendem 41 homens, entre eles alguns estrangeiros, flagrados torcendo numa rinha de cães, mediada por um juiz americano. Trata-se de um evento de alcance internacional, com duração de vários dias, que ocorre anualmente em diferentes países. Sediado no ano anterior na República Dominicana, a edição brasileira seria a 21ª. Além das apostas físicas, grupos on-line participam também na disputa sangrenta que decidirá o campeão. Estavam escalados dezenove cães pit bull, que se revezam em enfrentamento numa arena improvisada, levados por seus donos. O que se verifica é um cenário de barbárie: para incentivar sua ferocidade, os cães concorrentes não comem nem bebem nada há dias, enquanto os derrotados sangram inertes pelos cantos, de tal modo desnutridos e feridos que urinam sangue e têm dificuldade para andar. Quando as disputas terminam em morte, os animais são assados em um braseiro e servidos aos participantes — como se pode notar por uma carcaça canina encontrada junto a pratos e talheres.

Os policiais constataram entre os presentes um veterinário e um médico, responsáveis por reanimar os cães vitimados, o que ocorria numa sala especial, antes de voltarem a brigar. Um dos organizadores da rinha tenta fugir pela mata próxima, abandonando no local dois filhos adolescentes de onze e catorze anos. Os policiais recolhem comprovantes do teor do evento: envelopes com anotações sobre as apostas, celulares com mensagens de WhatsApp, troféus, planilhas das lutas, seringas e medicamentos ilegais. O nível profissional se revela nas camisetas que trazem impressa até a pesagem de cada animal. O delegado da operação constata que os cães treinados para essas disputas são tão cobiçados que seu preço pode ir de 50 mil a 200 mil reais, em movimentação financeira milionária que envolve até compradores do exterior. Os participantes são presos preventivamente, sob acusação de associação criminosa, maus-tratos a animais, jogo de azar e resistência à prisão, já que tentaram bater nos policiais no momento da abordagem. Quase todos se livraram da prisão preventiva mediante pagamento de fiança. Para sua soltura, levou-se em conta que tinham residência fixa, não apresentavam risco à ordem pública e eram réus primários.[7]

Divulgadas ou não, cenas como essas ocorrem aos milhares no cotidiano moderno do Brasil e do mundo. Brigas violentas de torcidas em São Paulo, com o assassinato de um torcedor, atacado a pauladas diante das câmeras de TV. Arrastões nas praias do Rio de Janeiro promovidos por rapazes revoltados dos subúrbios. No Pará, uma quadrilha de aliciadores de meninas chega a falsificar seus documentos de menores para alimentar redes locais de prostituição. Soldados da PM em serviço ou policiais organizados em milícias praticam violências, extorsões e até homicídios junto às camadas mais pobres das grandes cidades. Quadrilhas de traficantes de drogas espalham violência pelos mais diversos pontos do Brasil, desde favelas das grandes metrópoles até cidadezinhas do interior. Em redes sociais, facções criminosas no Ceará decretam sentenças de morte contra meninas adolescentes e publicam fotos de seus cadáveres. Em tempos de pandemia e quarentena da covid-19, cresce a violência doméstica e a morte de mulheres por seus parceiros, assim como os abusos contra crianças — e isso tanto no Brasil quanto em outros países, como se verá mais adiante. O denominador comum: os protagonistas são homens — sempre homens —, muitas vezes atacando mulheres, crianças, animais, outros homens (mais vulneráveis e em situação de inferioridade) ou a si mesmos, acossados pelo desespero. Trata-se de homens que agem com determinação e crueldade, às vezes em graus variados de inconsciência, como se tivessem sido momentaneamente "enfeitiçados" — conforme o testemunho anterior de Jonas.

É claro que qualquer pessoa pode ser violenta, independentemente do gênero. O impulso agressivo é inerente às pulsões humanas, ligando-se à autossobrevivência, tanto física quanto emocional, e à criatividade – tema que Freud abordou em muitas obras e enfatizou particularmente em *O mal-estar na civilização*. Cria-se um problema quando a agressividade toma o lugar de motor incontestável das emoções. Isso é mais ou menos o que acontece quando o macho humano trata o impulso agressivo como uma qualidade essencial da sua virilidade, ou seja, um sintoma que o ajuda a definir o conceito de "ser viril", algo de difícil apreensão. Num contexto cultural favorável, a prática da virilidade selvagem pode descambar facilmente para a naturalização da violência.

Não por acaso, os crimes e crueldades praticados por mulheres ocorrem em muito menor escala. O censo penitenciário de 2016 revelou que a população carcerária do Brasil era composta de 94,2% de homens e apenas 5,8% de mulheres.[8] Por mais relativizados que possam ser, tais dados se confirmam em várias instâncias, bastando comprovar nos livros de história, fartos em assassinatos, guerras e tragédias protagonizados por homens, até quase a repetição infinita. Ressalve-se o fato de que, numa história narrada majoritariamente por homens, o protagonismo das mulheres tende a ser ignorado – mesmo em situações negativas. Quando sua ação se faz constar, elas são estereotipadas em extremos, como santas ou bruxas. Em certas circunstâncias, recebem tratamento paternalista como seres exóticos. Mas, na melhor das hipóteses, são consideradas massa anônima de manobra. Em resumo, ocorre também uma violência praticada pela narrativa masculina hegemônica ao apagar de cena as mulheres, com suas histórias e singularidades. São exemplos dessa exclusão histórica personagens femininos tão diversos quanto a rainha Nzinga de Angola, a pianista e compositora Clara Schumann, a escultora Camille Claudel, a revolucionária feminista Alexandra Kollontai, entre inúmeras outras. No caso brasileiro, incluem-se mulheres como a guerreira indígena Clara Camarão, a heroína abolicionista Luíza Mahin, a educadora e poeta Nísia Floresta, a escritora abolicionista Maria Firmina dos Reis, a educadora anarcofeminista Maria Lacerda de Moura – esquecidas ou lembradas em meras notas de rodapé.

O que leva necessariamente a perguntas:

Seria a violência inerente à natureza do masculino, no sentido de que precisará ser reprimida para permitir o processo civilizatório? O macho típico é aquele que não chora, cospe de lado e coça o saco antes de sair por aí dando porrada? Por que homens desse tipo são perigosos? Suas atitudes agressivas seriam sintomas potencializados a partir de que fatores? Quais são os reais ingredientes da força masculina? Trata-se de uma força biológica intrínseca, para além da definição de gêneros culturalmente consagrada? Ou tudo se resume a uma máscara de rigidez compulsória que mal dissimula um rosto assustado? E aqueles outros homens "esquisitos", que mostram medo e sofrem: seriam menos machos por serem mais fragilizados? Afinal, o que define o macho humano? Onde se encontram os elementos intrinsecamente definidores desse gênero hegemônico que domina há séculos as sociedades e é historicamente vencedor na luta dos sexos? O que torna um homem de fato um homem?

Se foi possível atravessar os tempos evitando tais perguntas, mais cedo ou mais tarde elas se impõem forçosamente, a partir das profundas reformulações no âmbito das sociedades modernas – gostem ou não os homens. Hoje, o masculino sofre investidas e transformações em escala planetária. Seus mitos se revelam fragilíssimos, vitimados pela própria "ilusão do masculino" que a sociedade patriarcal esmeradamente veio criando para a construção do "verdadeiro homem". Penso, por exemplo, em casos como o do ator Rock Hudson, um dos ídolos hollywoodianos e emblema da virilidade dos anos 1950, homossexual tardiamente assumido, pouco antes de morrer de aids nos anos 1980.

Também na vida brasileira podem-se encontrar exemplos dessa "ilusão do masculino". Veja-se o sanguinário cangaceiro Lampião, ícone articulado a partir de tudo aquilo que constituiria o típico cabra-macho nordestino, modelo máximo em matéria de virilidade estereotipada e normatizada. Sem desmentir sua crueldade e ferocidade, pesquisas revelaram rachaduras nesse estereótipo, consagrado pelo imaginário nacional, do cangaceiro e seu modus vivendi. Sabe-se, por exemplo, que o jovem Virgulino Ferreira da Silva, depois conhecido como Lampião, foi criado pela avó, Dona Jocosa, a quem ajudava nos afazeres domésticos, um pouco como empregadinha. Mais ainda, Virgulino costumava escrever poemas e chegou a compor. A famosa canção "Mulher rendeira" foi escrita por ele, aos treze anos, em homenagem à avó, que fazia renda.[9]

Mesmo depois de ingressar no cangaço, Virgulino nunca perdeu esse gosto pela poesia, que o emocionava quando lida por Luís Pedro, um dos seus cangaceiros. Aliás, ele gostava também que um grande amigo, chamado Cascavel, lhe fizesse cafuné. Ao contrário do mito veiculado, só tardiamente Lampião começou a se envolver com mulheres. De 1922 até 1929, constavam apenas homens nos acampamentos do cangaço. Eles dormiam juntos, para poder se mobilizar rapidamente caso a polícia chegasse. Mas também dançavam juntos.

Entre eles, havia até um cozinheiro efeminado de nome Baliza. De início, a presença feminina no bando foi mal recebida pelos cangaceiros. Dizia-se que elas iriam atrapalhar e que Lampião ficaria frouxo ou efeminado, no sentido de se deixar dominar. Mas, segundo o sociólogo cearense Daniel Soares Lins, foi a figura da mulher que introduziu o pensamento e a consciência no cangaço: a presença feminina pôs um fim na indeterminação inconsciente do Paraíso masculino, numa equivalência ao episódio bíblico de Adão e Eva.[10]

Maria Bonita desenhou os primeiros modelos de roupa de cangaceiro, junto com Dadá, a estilista titular do bando – inspiradas nas leituras das revistas *O Cruzeiro*, *Noite Ilustrada*, *Boa Nova*, *Fon-Fon*, *Careta* e *Tico-Tico*. Mas Lampião fez intervenções, introduzindo as meias para as mulheres e tornando as roupas mais aristocráticas. Mesmo na vida itinerante de bandidos, descobriu-se que o bando sempre levava, junto com as armas e munições, um altarzinho e a máquina de costura Singer portátil. Há até mesmo uma foto de Lampião operando a máquina – "femininamente", no dizer de Gilberto Freyre. Em entrevista, Dadá contou que ele consultava revistas de moda alemãs e francesas, roubadas das fazendas invadidas.

Conhecedor da história de Carlos Magno e os doze pares da França, assim como da biografia de Napoleão, o vaidoso Lampião introduziu em suas roupas alguns detalhes inspirados na figura do imperador francês, que muito admirava. Dele copiou as botas e o chapéu de abas levantadas, depois popularizado no cangaço e em todo o Nordeste. Além da elegância dos uniformes, os homens usavam óculos escuros, lenços, anéis e às vezes até dentes de ouro. Mas havia elegância também nas cartucheiras, algumas fabricadas pelo próprio Lampião, que trabalhava tão bem o couro quanto o tecido.[11] Além das roupas enfeitadas e das inúmeras joias que portavam, os cangaceiros gostavam de usar perfumes estrangeiros, que recebiam dos fazendeiros que os protegiam – mesmo porque tomar banho era mais difícil, como conta a ex-cangaceira Sila.[12]

Segundo Daniel Soares Lins, Lampião possuía uma coleção de joias, usava em cada dedo dois ou três anéis (que às vezes podiam ficar dependurados nos cabelos longos), decorava suas armas com moedas de ouro e tinha perfumes prediletos – sobretudo a marca francesa Fleur d'Amour, muito conceituada entre as décadas de 1920 e 1940.[13] Seus lenços eram de seda e traziam as iniciais C.V.F.L., de Capitão Virgulino Ferreira Lampião. Tratava-se de um esteta de gosto apurado que chegava a escolher até o melhor e mais bonito lugar para acampar, se possível junto ao mato verde e à água — como se pode ver no filme *Baile perfumado* (1996), de Paulo Caldas e Lírio Ferreira.[14] Não por acaso, o estudioso Frederico Pernambucano de Mello falava de uma "estética do cangaço". Segundo ele, Lampião "enfeitava-se da cabeça aos pés", inclusive com as estrelas "faiscando de ouro", que adornavam os chapéus e aumentavam de tamanho à medida que o líder cangaceiro se acomodava no "profissionalismo aventureiro" da última fase. Seu refinamento chegou ao ponto de encomendar cartões de visita ilustrados com foto a caráter, contendo além de seu nome o lembrete: "Vulgo: Capitão Lampeão".[15]

Obviamente, essa imagem (pouco conhecida) de esteta refinado está mais próxima do estereótipo feminino, remetendo a uma característica bastante avessa à virilidade trombeteada que se instalou no imaginário popular sobre ele. Nas palavras de Daniel Soares Lins, "Lampião, herói da virilidade e da força bruta, revela à medida que percorremos a Saga do Cangaço [...] a relação estreita e multiforme que ele mantém com os atributos e as condutas [...] ditas femininas".[16]

A "desintegração" do masculino tem a ver com transformações históricas que começaram a inviabilizar a manutenção do mito. Para tanto, não se podem esquecer as conquistas das mulheres nos últimos séculos, que vieram redefinindo seu papel social por meio de duras lutas e resistência cotidiana. Elas se tornaram mais ativas e conquistadoras, concorrendo no próprio terreno privilegiado dos homens. Até o páter-famílias, instituição patriarcal por excelência, veio sendo continuamente abalado. Nas sociedades modernas, que nunca deixaram de ser patriarcais, aumenta cada vez mais o número de famílias chefiadas por mulheres. Nos Estados Unidos, esse número, entre 1950 e 1976, foi de 10,1% para 14%. No Brasil, país mais concentrado em torno da célula familiar, as estatísticas do Instituto Brasileiro de Geografia e Estatística (IBGE) revelam que, em 1995, 20% das famílias tinham mulheres como chefes de família — chegando a 25% no Rio de Janeiro. Considerando que em 1970 esse percentual nacional não ultrapassava 13%, a tendência era de crescimento. De fato, entre 2001 e 2015, o número de famílias chefiadas por mulheres, em termos absolutos, passou de 14,1 milhões para 28,9 milhões, um aumento de 105%. Em 2018, as mulheres já comandavam 45% dos lares brasileiros, ou 32,1 milhões de domicílios.[17]

Curiosamente, segundo uma reportagem dos anos 1990, nas famílias "matriarcais" o rendimento escolar dos filhos já era melhor do que naquelas chefiadas por homens. Conforme pesquisa realizada na região metropolitana de São Paulo, os alunos retardatários chegavam a 17% no primeiro caso, subindo para 24% quando o chefe da família era um homem.[18] Tal diferença se devia, entre outros fatores ligados a papéis de gênero, ao maior nível de escolarização das mulheres, que só veio aumentando. De acordo com os últimos dados divulgados em 2016 pelo IBGE, entre as mulheres na faixa de 25 a 44 anos, 21,5% tinham completado a graduação, contra 15,6% dos homens. Se considerarmos o viés racial, no ensino superior completo as mulheres brancas estavam à frente, com 23,5%, seguidas pelos homens brancos, com 20,7%. Evidenciando o racismo estrutural do Brasil, as pretas estavam bem abaixo, com 10,4%. Nesse caso, os homens pretos ficavam no rés da pirâmide educacional, com 7,0%. Ainda assim, as mulheres continuavam ocupando menos cargos de liderança e ganhando menos, em todos os cenários. Segundo a mesma pesquisa do IBGE, entre 2012 e 2016, as mulheres ganhavam, em média, 75% do que os homens recebiam, inclusive quando tinham maior grau educacional.[19]

Ante as violências e discriminações sofridas pelas mulheres em todas as partes do planeta, o movimento feminista brandiu incansavelmente seu desafio igualitário. São de grande importância suas discussões e pesquisas, que ultrapassaram as fronteiras do feminino. De fato, não se pode examinar a questão da identidade masculina sem levar em conta as centenas de estudos feministas que há décadas vêm tentando redefinir posições políticas e descobrir novas saídas para a mulher — e, por tabela, redimensionando também o espaço do homem. Na discussão da sua identidade, as mulheres se encontram muito à frente dos estudos sobre o masculino. Desde a segunda onda nos anos 1960 até a quarta onda contemporânea, a sofisticação dos estudos feministas chegou a ponto de abordar nichos masculinos raramente percebidos ou até mesmo vetados pela ideologia do macho — como a homossexualidade sublimada entre os homens e as questões de identidade de gênero.[20] Ou seja, essa busca de si mesmas trouxe como corolário obrigatório uma redefinição geral dos gêneros. Tal circunstância se tornou o primeiro foco a revelar a existência de um estado de crise embutido no masculino.

As conquistas femininas criaram situações bastante surpreendentes para os homens. Inauguradas em 1985, as Delegacias de Defesa da Mulher se disseminaram por todo o Brasil graças à Lei Maria da Penha, de 2006, que passou a oferecer proteção legal às mulheres vítimas de violência doméstica e familiar. Pelo mundo, a partir de 2017 eclodiram movimentos de mobilização de mulheres como o #MeToo, através dos quais políticos, artistas e empresários poderosos sofreram acusações e processos judiciais por assédio sexual. Até então, predadores sexuais se julgavam imunes, já que para eles o assédio era uma prática da qual costumavam se vangloriar, como prova do seu poder hegemônico. Tal "invasão" do espaço masculino acossou ainda mais o padrão de masculinidade tradicional, aquele mesmo que acabou tornando insuportável, para os homens, o peso das tarefas viris — agravado por questões como desemprego, insegurança social, pressões ecológicas e obrigações legais. Nas palavras do sexólogo Moacir Costa, "esse modelo produziu [...] pais de segunda categoria e amantes ansiosos, com ejaculação precoce".[21]

A partir da década de 1970, vários estudos apontaram muitas evidências de que o pesado fardo do "ideal de masculinidade" acabou sendo, na verdade, o responsável pela fragilização masculina, inclusive do ponto de vista da saúde. A expectativa de vida dos homens veio caindo incessantemente em relação à das mulheres. Em 1900, nos Estados Unidos, ela era de 48,3 anos para as mulheres e 46,3 anos para os homens — apenas dois anos de diferença. Em 1975, era de 76,5 para as mulheres e de 68,7 para os homens — uma diferença de quase oito anos.[22] No Brasil, segundo o IBGE, a taxa de expectativa de vida em 2012 era de 78,3 anos para as mulheres e de 71 anos para os homens, uma diferença de mais de sete anos.[23] Se considerarmos a população mundial, em 2016, a média das expectativas de vida era de 74 anos para as mulheres e de 69 anos para os homens.[24]

Tais diferenças ocorrem por motivos diversos. Em estatística de 1988, comparativamente às mulheres, os homens sofriam de toxicomania numa proporção de 4 para 1 e se suicidavam na proporção de 3 para 1, conforme citação do professor H. Wallot, da Universidade do Quebec — que chegou a manifestar seu espanto ante a inexistência de um conselho sobre a condição masculina, tão grave lhe pareceu a situação.[25] Não por acaso, costuma ser mais frequente os homens idosos entrarem em rápida decadência, inclusive psicológica, logo após enviuvarem. Já com as velhas senhoras viúvas parece ocorrer o oposto: é mais comum ganharem vitalidade.

Esse contexto pesado, acrescido das reações de mulheres até então caladas, tem sido surpreendente e inaceitável para os padrões do macho tradicional. Criou-se entre os homens um pavor inédito, que tende a colocar a cultura masculina hegemônica em estado de alerta. Em 1997, num shopping de São Paulo, um homem quarentão, enfurecido e aparentemente bêbado, entrou numa loja de roupas femininas, chamou a gerente — sua ex-mulher — e comunicou-lhe: "Vim para te matar". Tratava-se de um alcoólatra inconformado com as ameaças de separação da esposa, cansada dos maus-tratos dispensados a ela e aos filhos durante os dezoito anos de casamento. O homem sacou um revólver, saiu em perseguição à mulher e deu dois tiros em sua direção, provocando corre-corre geral. Depois, voltou à loja, espalhou gasolina, ateou fogo e atirou na própria cabeça.[26] A dramaticidade do fato oferece um exemplo típico do masculino em crise: acuado e sem defesa, ele perde o controle e exacerba sua agressividade, provocando destruição ao seu entorno e se autodestruindo.

Tudo indica que a crescente perda de hegemonia é diretamente proporcional ao crescimento da violência masculina — até se tornar espetáculo midiático. Foi o que se viu no trágico caso da adolescente Eloá Cristina Pimentel, ocorrido num conjunto habitacional da cidade paulista de Santo André, em 2008. Inconformado com a decisão de sua ex-namorada Eloá (quinze anos) de terminar o relacionamento, Lindemberg Fernandes Alves (22 anos) invadiu o apartamento da jovem. Armado com um revólver, ele a encontrou fazendo um trabalho escolar com três colegas, que tomou como reféns. No mesmo dia, Lindemberg libertou os dois rapazes, mas manteve Eloá e sua amiga Nayara em cárcere privado. Com a vinda da polícia e das autoridades, que tentavam negociar o final do sequestro, chegaram rádios e TVs. O incidente adquiriu dimensões nacionais quando repórteres começaram a entrar em ligação direta com Lindemberg e lhe dar protagonismo com entrevistas exclusivas. Na verdade, acompanhando os fatos por um aparelho de televisão no apartamento, ele passou a ditar o ritmo da ação, geralmente gritando pela janela e ameaçando Eloá com o revólver apontado para a sua cabeça. Dois dias depois de libertar Nayara, Lindemberg exigiu que ela voltasse ao apartamento para negociar o final do incidente. Cada vez mais agressivo, não chegou a um acordo.

Após mais de cem horas de sequestro, ouviu-se um estampido. Ao invadir o apartamento, os policiais encontraram Eloá sangrando, com um tiro na cabeça e outro na virilha. Nayara recebera um tiro no rosto. Ao sair escoltado, Lindemberg dizia, eufórico: "Matei, matei". Eloá morreu no hospital horas depois. Nayara escapou viva. Lindemberg foi preso e condenado.[27] Pouco se comentou sobre detalhes importantes. Com a concordância de sua família, Eloá Cristina

Pimentel tinha doze anos quando começou a namorar Lindemberg Alves Fernandes, então com dezenove. Família e amigos do rapaz confirmavam sua boa índole, a inexistência de envolvimento com o crime ou drogas, e falavam de depressão após o rompimento com a garota, daí as ameaças de morte caso ela não reatasse.[28] No documentário *Quem matou Eloá?* (2015), de Lívia Perez, discute-se o papel nada inocente da mídia ao incentivar uma "espetacularização do crime", por disputa de audiência. Ficou evidente que a mídia aproveitou o prolongamento do sequestro e de certo modo o incentivou. Com base em estereótipos sexistas, âncoras e jornalistas criaram uma narrativa de "crime passional", ao resumir o assassinato de uma adolescente indefesa em um gesto de fraqueza de um rapaz vitimado pelas dores do ciúme. Mais uma vez, vendeu-se como excesso de amor um crime de feminicídio (acrescido de motivo torpe).

Desde Michel Foucault, sabe-se que as relações de poder se impõem nas sociedades através de microformas disseminadas nas mais diversas articulações interpessoais. Isso evidencia como os papéis de gênero historicamente determinados também implicam exercícios de poder. No dizer da pesquisadora Eve Kosofsky Sedgwick, como as configurações da sexualidade dependem de (e também afetam) relações históricas de poder, "o corolário é que, numa sociedade em que homens e mulheres diferem no seu acesso ao poder, deverá haver importantes diferenças de gênero também na estrutura e constituição da sexualidade".[29]

Se os papéis de gênero devem ser entendidos como uma articulação da cultura, o papel inferior determinado às mulheres tem relação direta com a forma hegemônica do exercício de poder pelos homens. Nesse sentido, a crise do masculino implica a *crise de poder* do macho. Tal como se viu antes, o aumento da violência no campo masculino pode ser considerado uma reação irracional que exacerba todos os recursos tradicionalmente agregados ao exercício do seu "ideal viril". A psicanalista Élisabeth Badinter usa o termo "homem duro" para se referir ao machão típico que "jamais se reconciliou com os valores maternos" e, para tanto, amputou qualquer resquício do feminino em sua personalidade. Nele se encontram todas as características do macho dominante obcecado pelo poder, autoridade e supremacia, na vida social e pessoal. Mas não são apenas as feministas que confrontam esse tipo de masculinidade hegemônica. Na verdade, o próprio projeto de hipervirilidade acaba se revelando impraticável na vida de muitos homens.[30]

Com os abalos em sua hegemonia, o masculino se viu perdido na busca de uma nova definição de virilidade, para além da masculinidade paranoica que lhe era imposta. Um grande contingente de homens sofreu efeitos colaterais, na contramão dos valores incluídos nesse pacote do "ideal viril". Ao se desmascarar sua alardeada força, o homem contemporâneo deixou expostas, de forma patética, sua ansiedade e sua insegurança. No dizer do antropólogo David Gilmore: "Quando cai a máscara, descobre-se um bebê que treme".[31]

A partir dos anos 1970, no bojo da crise masculina, começaram a surgir nos países nórdicos homens que buscavam ser menos agressivos e mais próximos dos valores consagrados como femininos — compondo a figura do "homem doce". Tratava-se de um ser híbrido mais pela perplexidade psicológica do que pela mudança real. Nos Estados Unidos, na Inglaterra e na Alemanha, países nos quais o feminismo lutara aguerridamente, esse tipo fez contraponto ao estereotipado "homem duro" e configurou o chamado *soft male*, interessado em superar o papel masculino tradicional.

A partir dos anos 1980, esse macho "amolecido" passou a se sentir desestruturado, sem conseguir determinar novos valores diante da crescente recusa dos valores masculinos "eternos". Sentia-se vitimado por indolência, desamparo e abulia. Não se tratava do homem que teme ser acusado de maricas, como se poderia supor, mas simplesmente daquele macho perplexo e inseguro por desconhecer o papel da sua *nova masculinidade*. Muitos tiveram sua vida conjugal prejudicada pela impotência e passaram a sofrer de depressão. Confusos, buscaram se estruturar a partir de elementos exteriores que pudessem compensar suas frágeis estruturas internas. Tentaram então saídas tão divergentes quanto: o trabalho obsessivo para lhes garantir a admiração externa; a postura de sedutor dom-juanesco para evitar compromissos afetivos; e até o *bodybuilding*, procurando nas academias de ginástica "uma construção corporal externa" para compensar uma falha interna — nas palavras de Élisabeth Badinter.[32]

Muitas vezes, as próprias mulheres que tinham lutado contra o "homem duro" se sentiram constrangidas, perplexas ou francamente insatisfeitas com esse ser masculino inconsistente e submisso. Diante do espelho de si mesmo, o homem contemporâneo passou a enfrentar o enigma de ser ou não ser e se viu obrigado a perguntar: "Quem sou eu?". Tal como Édipo diante da Esfinge, ele vive um desafio identitário, confrontado com seu próprio enigma, que o ameaça implacavelmente, numa versão moderna do "Decifra-me ou te devoro". Essa dúvida já implica um impasse de estranhamento: o macho humano raramente precisou fazer perguntas sobre si mesmo, pois a história sempre foi escrita à sua imagem e do seu ponto de vista. Os impasses do masculino, que continuam em pleno século XXI, articularam uma crise aparentemente sem solução, na medida em que os problemas continuam derivando direta ou indiretamente da mesma articulação patriarcal das sociedades do passado. Os grupos de ódio que deflagram ataques ao feminismo nas redes sociais e o aumento dos casos de estupro e feminicídio em todo o mundo podem ser apontados como sintomas de uma crise ainda em curso.

Resta saber se haveria alguma perspectiva imediata para um masculino mais adequado aos novos tempos da igualdade de gênero. Nos setores feministas, discute-se a emergência de um "novo homem" em sintonia com a "nova mulher". Como seria ele? Em contraposição ao estereótipo do "gentleman" (cavalheiro), no mundo anglo-saxão se usa um trocadilho para caracterizar o "gentle-man" (homem amável), que junta solidez e sensibilidade. Anaïs Nin fala do "homem sensível", tido como aquele que é "natural, sincero, sem arrogância, sem ostentação, interessado pelos valores reais e não pela ambição". Entretanto, esse tipo de caracterização, que beira o lugar-comum, propõe uma identidade masculina idealizada nem tão nova assim — tanto quanto se idealiza a "nova mulher". Ao listar as qualidades desse homem que "procura deixar a mulher existir por si mesma", Anaïs Nin tende a se concentrar basicamente no casal heterossexual.[33] Com mais precisão, Élisabeth Badinter prefere falar do "homem reconciliado", que "encontrou seu pai e reencontrou sua mãe, isto é, aquele que se tornou homem sem ferir o feminino-materno". Nesse duplo movimento, ele cura a ferida do pai, preenchendo as lacunas estruturais do masculino em gerações passadas.[34]

Além de vagos, tais conceitos denotam, em seu tom professoral, um idealismo discutível. No limite, pode-se resvalar para o mero romantismo quando se acaba fantasiando o "novo homem" como o homem sem defeitos. Seria um grave equívoco substituir o "ideal viril" do passado por um "masculino ideal" dos novos tempos, impondo um novo padrão distante da realidade. Se não há consenso sobre o sentido exato dessa "revolução masculina", também se desconhece o futuro incerto em que ocorrerá. A única certeza é que existe, sim, uma crise identitária na masculinidade. Antes de buscar respostas a ela, parece necessário (e mais sensato) examinar o terreno que os homens por tantos séculos de patriarcado semearam com suas práticas hegemônicas. Tal conhecimento certamente ajudará a focar as perguntas certas, para obter as melhores respostas à crise masculina. Como propõe Élisabeth Badinter, talvez fosse melhor pensar num *homem em mutação*. Ainda assim, segundo ela, mesmo com os avanços ocorridos, serão necessárias várias gerações para que o masculino encontre seu difícil caminho de reconciliação. Certamente, as feministas têm um papel de grande importância nesse processo. Uma nova masculinidade coincide com várias aspirações do feminismo.

A propósito, um amigo psicanalista costumava me dizer, jocosamente, que quem criou a psicanálise não foi Freud, mas as mulheres que ele chamou de histéricas, cujo inconsciente fez aflorar de maneira distorcida certos conteúdos recalcados. A abordagem freudiana inovou o já existente conceito de histeria justamente por lhe adicionar o fator inconsciente, algo que a medicina da época não compreendia. Ora, tais conteúdos eram recalcados porque a sociedade regida por leis masculinas não lhes permitia uma expressão direta. Enquadradas numa definição como essa, as mulheres (que já tinham sido tantas outras coisas) viraram histéricas por excelência. Mas por que o feminino seria objeto privilegiado da observação masculina?

Por um lado, o sexo feminino é mais vulnerável à curiosidade masculina dominante entre pesquisadores, desde Charcot, Breuer, Freud e tantos mais. Por outro, os machos humanos não gostam de se examinar; ou melhor, não acham que têm algo tão errado assim que mereça seu olhar inquiridor. De fato, fincado numa posição falocêntrica, o próprio Freud esteve sempre mais voltado para questões relacionadas à "construção" da feminilidade, para ele misteriosa. Como bem observou o psicanalista Paulo Roberto Ceccarelli, nas teorias de Freud existe um inquietante silêncio em relação à masculinidade, "como se o fato de possuir um pênis constituísse por si uma garantia, espécie de salvo-conduto, que permite a passagem 'natural' da fase masculina à masculinidade".[35]

Para quem não está acostumado nem jamais foi obrigado a isso, olhar para si mesmo é, no mínimo, um desconforto. Pude comprovar esse mal-estar num simpósio universitário sobre o gênero masculino, em 1995, no Rio de Janeiro, em que eu compartilhava a mesa com Heloísa Buarque de Hollanda. Durante a assembleia, alguns homens autodenominados heterossexuais se consideraram insatisfeitos com a discussão e protestaram contra o paradoxo de ali só se ouvir mulheres e gays falando sobre os homens em geral. Como lhes respondi, infelizmente o paradoxo estava neles, que se atordoavam ante uma novidade à qual não estavam acostumados: o ato de fazer perguntas sobre si mesmos.

Se homens homossexuais e mulheres estão discutindo o masculino, isso se deve a uma omissão dos homens de prática hegemônica, que nunca se julgaram "discutíveis" — mesmo porque dificilmente conseguem falar sobre si próprios. Aliás, fato semelhante aconteceu nos workshops sobre o masculino promovidos pelo sexólogo Moacir Costa. No primeiro deles, realizado em 1986, dos seiscentos participantes, sintomaticamente quatrocentos eram mulheres.[36] Os atordoados participantes homens que reclamaram dessa prevalência numérica feminina deveriam na verdade agradecer o fato de que, bem ou mal, alguém estava corrigindo o seu lapso secular. Eu próprio fui me dar conta de que as discussões sobre a homossexualidade, mesmo quando privilegiam questões relacionadas aos homens, raramente se detêm no específico masculino — o que é mais uma evidência da identidade oscilante do gênero.*

É verdade que, neste século, multiplicaram-se encontros, seminários e debates sobre a nova masculinidade, no Brasil e em outros países, do Canadá à Turquia.[37] Muitos homens sensíveis tomaram consciência das suas lacunas e se engajaram nessa empreitada, nos mais diversos nichos sociais. Ainda assim, urge acelerar a transformação de parâmetros secularmente instaurados. O presente livro pretende se juntar a esse processo, mesmo que as questões aqui levantadas possam soar incômodas para a masculinidade hegemônica, avessa a admitir sua crise.

* A questão do masculino, por exemplo, não foi sequer mencionada nas minhas abordagens sobre a homossexualidade nas primeiras edições do meu livro *Devassos no Paraíso*.

2. Mulher: o castigo de não ser

Para a economista feminista Heidi Hartmann, o patriarcado constitui um sistema de "inter-relações masculinas que, apesar de uma base material hierárquica, estabelece ou cria interdependência e solidariedade entre os homens, *o que os habilita a dominar as mulheres*".[1] Heterossexualmente estruturado como está, o sistema patriarcal se organiza sobre "formas diversas de tráfico de mulheres", segundo a antropóloga Gayle Rubin. Ou seja, instaura-se "o uso da mulher enquanto propriedade intercambiável e talvez simbólica com o objetivo inicial de fortalecer os laços de homens com homens". A ideia se baseia em observações etnográficas de Lévi-Strauss, nas quais o casamento constitui uma relação de troca estabelecida "não entre um homem e uma mulher, mas entre dois grupos de homens, de modo que a mulher aparece apenas como um dos objetos trocados e não como um dos parceiros da troca".[2] No universo do macho dominante, a mulher seria a moeda de troca dentro de uma relação em que o verdadeiro parceiro é outro homem — e adiante veremos os desdobramentos disso.

Não por acaso, o objeto preferencial da violência masculina têm sido as mulheres. Ao contrário do que afirma Élisabeth Badinter, há suficientes evidências de que a violência masculina é, com raras exceções, universal — e ocorre em todas as épocas. Ela abrange desde as culturas arcaicas de que se tem notícia até as metrópoles modernas. E atinge as mulheres por algumas razões básicas. Antes de tudo, as mulheres ficam mais vulneráveis pela própria organização cultural que interdita a agressividade feminina. Mas pode-se pensar também em tal violência como uma espécie de punição, no sistema falopatriarcal, pelo fato de as mulheres serem diferentes, quer dizer, não possuírem pênis e, portanto, estarem naturalmente "castradas". Do ponto de vista masculino, falocrático e hegemônico, tal ausência merece desprezo e provoca horror, pela sugestão infantil de que ele também poderia perder aquilo que falta à mulher.

Na etnia dos semang ou negritos, da península da Malásia, os mitos de criação se baseiam no gesto primordial de castração feminina. Num tempo ancestral em que só existiam homens, o lagarto-monitor (entidade criadora) cortou o órgão genital de um deles e o transformou em sua esposa, originando-se dessa união a etnia dos semang (negritos). Entre os indígenas que primeiro habitaram o Haiti, antes da chegada dos espanhóis, o mito de criação partia da mesma ideia de castração, agora acrescida de um ataque sádico do falo. Seus ancestrais, exclusivamente homens, um dia encontraram seres sem sexo. Desejosos de terem esposas, amarraram esses seres estranhos e, entre suas pernas, colocaram pássaros do tipo pica-pau, que ali foram abrindo os orifícios sexuais desejados. Em toda sua expressão arquetípica, aparece aqui a imagem da vulva como ferida, fantasia presente em relatos posteriores de muitos pacientes psicanalisados.[3]

No contexto das sociedades organizadas patriarcalmente, como as nossas, a opressão masculina contra o feminino atravessa a história e as mais diversas culturas. Na Antiguidade, fora do mundo greco-romano, já os celtas incluíam as mulheres, assim como os escravos, no grupo dos insanos e irresponsáveis que não podiam fazer contratos nem compras ou vendas. Entre os antigos germanos, os casamentos se realizavam obrigatoriamente na forma de rapto com violação das mulheres, que eram espancadas em público se consideradas infiéis.[4]

Na Grécia antiga, a soberania do macho se exercia não apenas sobre a mulher (que não recebia educação formal e não podia aparecer sozinha em público). Apesar do evidente conteúdo pedagógico, esse domínio se evidenciava também na relação pederástica, em que o adolescente impúbere (*eromenos*), próximo do padrão feminino, era sexualmente possuído por um homem mais velho (*erastes*), a quem devia se manter fiel e dedicado, tal qual uma donzela comportada. Essa regra social era implacável: a família de um menino feio, que não tivesse um amante mais velho, corria o risco de merecer vergonha social.

Por outro lado, a importância dos papéis sexuais tornava desonroso para um homem ser sexualmente passivo após os dezoito anos.[5]

Entre os árabes, o papel passivo era tão desprezado que certos textos clássicos chegam a lamentar o nascimento de uma mulher.[6] Entre os astecas, os pais aconselhavam seus filhos a não se envolverem muito cedo com as mulheres, consideradas seres inferiores. Para tanto, vestiam-se certos meninos com roupas femininas, para que servissem aos desejos sexuais dos machos, como prostitutas.[7]

Em muitas culturas antigas, sempre organizadas patriarcalmente, temia-se a força da sexualidade feminina, daí a necessidade de dominá-la com rigor. Na crença de que a mulher podia se descontrolar, nos lares judeus era proibido ter escravos e cachorros.[8] Entre os romanos, as senhoras patrícias tinham que abandonar os banquetes após a "segunda mesa", quando era servido o vinho – para evitar que se embebedassem e perdessem as estribeiras.[9] Já no século XV, quando estava em curso a perseguição religiosa à feitiçaria nos países cristãos, matavam-se bruxas e sodomitas (homossexuais) em nome da fé, pois se acreditava que os sodomitas seriam filhos de uniões ilegítimas entre bruxas e o demônio.[10] Feiticeira e sodomita, significativamente juntos: uma força diabólica contra o homem e uma "ausência" da força masculina.

Exemplos assim não se restringem obviamente ao passado remoto nem às culturas antigas. Quando Thomas Jefferson e os revolucionários da independência americana reformaram as leis monárquicas britânicas nos Estados Unidos, para implementá-las de um ponto de vista republicano, cancelaram a pena de morte para vários crimes. Assim, pela nova lei liberal, uma mulher culpada de infidelidade passou a ter sua pena minorada: agora seria punida *apenas* "com abertura, na cartilagem do nariz, de um buraco de pelo menos um centímetro de diâmetro". Não morria, mas ficava estigmatizada por toda a vida, em qualquer comunidade do país.[11]

A partir do século XVIII, ocorreu uma "histerização do corpo da mulher", segundo Michel Foucault. Por meio de um processo que tornou esse corpo "integralmente saturado de sexualidade", a medicina entrou em cena com uma patologia considerada intrínseca ao feminino: a histeria.[12] No século XIX, a psiquiatria em consolidação tomou a mulher como seu objeto preferencial, considerando que os psiquiatras eram sem exceção do sexo masculino. Para eles, o foco das doenças mentais das mulheres se encontrava no próprio aparelho genital feminino e suas particularidades menstruais – daí as histéricas serem inicialmente encaminhadas para os serviços de ginecologia. Em meados do mesmo século, passou-se a admitir também a influência do cérebro na natureza das mulheres: sua histeria resultava do excesso de sensibilidade e de sentimentos. Num estudo primoroso, o historiador Alain Corbin relata como, em 1859, o médico Paul Briquet explicava a origem da histeria feminina: "A mulher tem a ver com esta doença específica devido a todo o seu ser: ela paga um pesado tributo à doença pelas mesmas qualidades que fazem dela uma boa esposa e uma boa mãe".[13]

Assim também, numa tese defendida em 1838 na Faculdade de Medicina do Rio de Janeiro, o médico psiquiatra Rodrigo José Maurício Júnior definia a histeria como uma "moléstia de que o útero é a sede". Destinadas exclusivamente à maternidade, as mulheres seriam insensíveis do ponto de vista erótico, assexuadas por natureza e incapazes do prazer sexual. Quando manifestavam desejo libidinal, eram consideradas mentalmente desequilibradas — portadoras de neuroses típicas "dos órgãos genitais da mulher", como afirmava outro médico do período. Para controlar tais "doenças" da sexualidade feminina, praticava-se não apenas a extirpação do clitóris e a introdução de gelo na vagina, como também a intervenção cirúrgica ginecológica, numa tentativa de corrigir sobretudo anomalias "acarretadas" pela menstruação.[14]

Julgava-se natural, portanto, que o controle masculino sobre o feminino criasse orientações precisas de comportamento, assegurando sua dominação. Assim atestam estes "Dez mandamentos da mulher", publicados em 1888 no *Jornal do Commercio*, de Desterro (atual Florianópolis):

> 1º — Amai a vosso marido sobre todas as coisas. 2º — Não lhe jureis falso. 3º — Preparai-lhe dias de festa. 4º — Amai-o mais do que a vosso pai e a vossa mãe. 5º — Não o atormenteis com exigências, caprichos e amuos. 6º — Não o enganeis. 7º — Não lhe subtraiais dinheiro, nem gasteis este com futilidades. 8º — Não resmungueis, nem finjais ataques nervosos. 9º — Não desejeis mais do que um próximo e que este seja o teu marido. 10º — Não exijais luxo e não vos detenhais diante das vitrines.

O rigor ia ao ponto de determinar que "estes dez mandamentos devem ser lidos pelas mulheres doze vezes por dia, e depois bem guardados na caixinha da toilette".[15]

No começo da década de 1970, um estudo do governo americano assustava ao constatar como as taxas de homicídios, estupros e assaltos no país superavam as das demais nações. A maior parte dessas violências era cometida por homens entre quinze e 24 anos.[16] Na década de 1990, a situação americana piorou: um quinto dos crimes violentos eram cometidos por rapazes com menos de dezoito anos.[17] Na contemporaneidade, o problema migrou e se generalizou. A crescente violência masculina (contra o "inimigo", contra a mulher e contra si mesmo) contaminou, em nível global, setores cada vez mais jovens, nas mais diferentes circunstâncias, que excedem áreas urbanas e motivações pontuais. As gangues de delinquentes, que antes infestavam de maneira prioritária metrópoles nos países desenvolvidos, proliferaram nos países recém-desenvolvidos ou em desenvolvimento e mesmo periféricos — desde a América Latina (Brasil aí incluído) até a China, passando por Índia, Austrália, países da África e nações do Leste Europeu (com aumento de 30% de violência, desde 1995, a Rússia à frente). Estudos referenciais indicam que a grande maioria das vítimas tinha a mesma idade e o mesmo gênero dos agressores integrados a grupos predominantemente masculinos.[18]

Por outro lado, se a globalização levou essa violência a atravessar fronteiras nacionais, seu foco também mudou para estratégias calculadas, táticas precisas e ataques maciços, como nos casos de terroristas movidos por fanatismo racial, religioso, político ou nacionalista e anti-imigração. Em várias circunstâncias, privilegiava-se a doutrinação e a arregimentação de homens jovens, que também protagonizavam os ataques — como no caso do Estado Islâmico e do Boko Haram. Ainda assim, não se pode esquecer, especialmente nos Estados Unidos, o aumento de ataques armados de gente local contra a população civil, que atingiu níveis epidêmicos, inclusive dentro de escolas. Segundo a revista *Mother Jones*, entre 2010 e 2019, os ataques somaram mais do que o triplo da década anterior, chegando a provocar 58 mortes durante um show em Las Vegas. Com raríssimas exceções, os agressores eram sempre homens.[19]

Na última década do século XX, o Brasil vivenciou um dos mais macabros espetáculos coletivos de violência juvenil masculina: os bailes funk de subúrbio, em especial no Rio de Janeiro, quando gangues de bairros rivais se enfrentavam com murros, pontapés e às vezes tiros, quase coreograficamente, ao som da música altíssima, nas chamadas "brigas de galeras", uma reminiscência das antigas disputas tribais. As já atuantes organizações criminosas que dominavam o tráfico de drogas se aproveitavam ou até patrocinavam essas festas, que atraíam de 3 mil a 6 mil jovens por noite. Os bailes também sofreram denúncias de estupros, às vezes coletivos, contra frequentadoras adolescentes, ao som do chamado funk carioca, cujas letras celebravam a violência e se esmeravam em ofensas sexistas contra as mulheres — apelidadas de "cachorras". Ao conquistar o mercado fonográfico com músicas mais dançantes, o funk se institucionalizou e se tornou febre nacional.[20] Em canções de grande sucesso, o famoso grupo Baile do Tigrão dava uma amostra do nível de objetificação feminina das suas letras — "Quando vejo um popozão/ Rebolando no salão/ Não consigo respirar/ Fico louco pra pegar/ Melhor tu se preparar/ Se tu corre por aqui/ Eu te pego logo ali/ Só as cachorras/ As preparadas/ As popozudas" — e naturalizava a violência contra a mulher: "Vou visando tua bundinha/ Maluquinho pra apertar/ Se te bota maluquinha/ Um tapinha eu vou te dar/ (*refrão, em voz feminina*) Dói, um tapinha não dói/ Um tapinha não dói/ Um tapinha não dói".

Ao adotar formatos menos padronizados e mais improvisados, os bailes funk se espalharam por todo o país, em comunidades urbanas pobres e "quebradas", onde constituem o único lazer acessível às populações jovens. Nessa expansão, ironicamente, o problema da violência se inverteu, quando entraram em cena os ataques repressivos da PM, usando de agressões extremas contra o público de tais bailes, chamados de "pancadões". Longe de ser o único, o caso mais rumoroso aconteceu na favela de Paraisópolis, em São Paulo, em dezembro de 2019, quando ataques da PM com bombas de gás, espancamentos e o tumulto resultante provocaram a morte de nove pessoas pisoteadas e vários feridos. Como é de costume, tais operações foram filmadas e os vídeos postados nas redes sociais, em perfis que exaltavam a repressão.[21]

O doloroso exercício de acompanhar o noticiário pode provocar espanto diante da violência praticada por adolescentes cada vez mais jovens, inclusive em áreas periféricas do país — como já se viu antes. Na cidade de Serra (Espírito Santo), em 1997, três meninos foram acusados de afogar e depois estuprar uma menina de dez anos, em circunstâncias chocantes: o mais velho, de treze anos, manteve relações sexuais com o cadáver, enquanto os outros dois — de nove e dez anos — participaram do estupro enfiando um objeto contundente na vagina da menina morta. Em depoimento à polícia, os garotos confessaram o crime, que teria sido combinado com antecedência.[22] Infelizmente, não se pode dizer que tais situações são coisa do passado.

Em 2019, outro crime bárbaro chocou o país e a cidade de São Paulo, onde aconteceu. Um menino de doze anos levou uma garota autista de nove, sua colega de escola e de culto evangélico, até um parque próximo, amarrou-a a uma árvore e a matou com pauladas no rosto, a ponto de desfigurá-lo. Com frieza, o menino foi até a direção do parque para informar que encontrara o corpo. Diante das contradições do seu relato, acabou confessando o crime em detalhes, após uma câmera de segurança de um prédio revelar sua imagem de mãos dadas com a garota, a caminho do parque. Segundo relatos de conhecidos, o menino tinha histórico de violência contra meninas, mas não contra garotos.[23]

Claro que existe também a violência institucional, aquela da qual "ninguém" é responsável — mas que se estrutura a partir da disseminação de um ideário patriarcal falocrático. Na estrutura social da Índia, por exemplo, a menina é milenarmente vista como um fardo, sobretudo nas zonas pobres, devido à obrigação ainda vigente de seus pais pagarem um pesado dote para casar as filhas. Mesmo porque uma indiana solteira não merece respeito. Em contrapartida, cabe ao filho varão a herança da propriedade, a continuação da linhagem e a proteção aos pais idosos. Assim, o infanticídio milenar contra as meninas faz parte da cultura local: havia cantigas folclóricas próprias para ninar meninas enquanto as mães lhes administravam veneno misturado ao leite, quando não eram sufocadas e jogadas contra a parede. Tal abominação apenas se adaptou aos tempos modernos, de modo mais sofisticado. A partir de 2003, generalizou-se no país o uso da ultrassonografia para detectar o sexo dos fetos e se facilitou o aborto (legal e barato) para controlar o grave problema da superpopulação nacional. Caso o exame indicasse uma menina, em muitas famílias optava-se pelo aborto. Nesse quadro opressivo, as clínicas de testes pré-natais costumavam ostentar placas sugestivas do tipo: "Pague pouco agora para depois não gastar muito". Eclodiu então o fenômeno do "feticídio" de meninas, a tal ponto que o governo da Índia se viu obrigado a proibir o exame de ultrassom para mulheres grávidas. Ainda assim, o problema não se resolveu. Se, em 2000, a mortalidade entre crianças de menos de um ano diminuiu de 64,9% para 37,8%, em 2018 a taxa continuou mais alta entre as meninas.[24] Estudos de vários hospitais e organizações não governamentais concluíram unanimemente que a razão dessa taxa maior era o descuido proposital das mães com as meninas ou mesmo o infanticídio; nas zonas rurais, elas não só recebiam menos alimento, ficando, portanto, mais vulneráveis às doenças, como tinham menos acesso aos centros de saúde do que os meninos.[25]

Denunciados pela Unicef, chegaram a 2,5 milhões os casos anuais de "feticídio" e assassinato de bebês do sexo feminino. Segundo os dados do censo indiano de 2003-5, os estados mais ricos do Norte eram os que apresentavam índices mais altos de mortalidade infantil feminina. No estado de Haryana, por exemplo, a taxa de mortalidade entre meninas passou de 65 em mil para 70 em mil, enquanto a dos meninos caiu de 54 em mil para 51 por mil. Os números se apresentavam ainda mais chocantes nas áreas urbanas da região: em 2005, enquanto a taxa das meninas subia, as mortes de meninos baixavam a 30 por mil, segundo o periódico indiano *Hindustan Times*. Para Renuja Chowdhury, titular do Ministério da Mulher e do Desenvolvimento Infantil no período, nem as leis específicas conseguiam coibir a situação, "porque ninguém se queixa e as mortes das meninas têm o consentimento dos pais".

Buscando minorar essa tragédia, o governo decidiu instalar, em todo o país, berços em que as famílias poderiam abandonar as bebês indesejadas. Também foram abertos centros de amparo onde estas pudessem ser acolhidas. A ministra lamentava o abandono, mas considerava que "em qualquer caso é melhor isso do que as matar". Ela própria confessava ser "uma vergonha nacional que, com um crescimento de 9%, este país continue matando suas filhas".[26]

Típica sociedade de organização patriarcal secular, não por acaso a Índia se tornou um caso emblemático da "cultura do estupro". Divulgado em 2018, um relatório do Ministério do Interior indiano constatou quase 34 mil denúncias de casos de estupro no ano. Ou seja, a cada quinze minutos uma indiana relatava o crime. Pesquisa semelhante, em 2019, constatou que em quase vinte anos duplicou a vulnerabilidade de mulheres jovens e adultas em relação ao estupro, que atingiu níveis de verdadeira pandemia.[27] Os ataques e crimes sexuais na Índia se tornaram conhecidos em todo o mundo a partir de um caso particularmente chocante ocorrido em dezembro de 2012, na capital Nova Delhi.

De volta do cinema, à noite, a jovem estudante de medicina Jyoti Singh Pandey pegou um ônibus com o namorado, que a levaria para casa. Dentro do veículo havia seis homens, entre eles o motorista. Enquanto o coletivo rodou pela cidade, durante uma hora, com vidros escuros fechados e luz apagada, os homens espancaram o namorado e cada um estuprou a mulher, agredindo-a em seguida com um instrumento de ferro, até arrancarem seus intestinos. Ao final, atiraram Jyoti e o rapaz, ambos sem roupas, numa rua movimentada. Só após meia hora eles conseguiram socorro. No hospital, constatou-se que a moça apresentava o útero perfurado pela barra de ferro e vários órgãos internos comprometidos, inclusive os intestinos, que precisaram ser em parte retirados após cinco cirurgias. Treze dias depois, Jyoti Singh Pandey veio a falecer por falência múltipla de órgãos.[28]

Milhares de pessoas saíram às ruas em toda a Índia, protestando contra a barbárie e exigindo uma legislação mais severa contra estupros. Em resposta, novas leis foram criadas e o Judiciário endureceu as punições, estabelecendo pena de morte para estupradores. Os assassinos de Jyoti Singh Pandey foram condenados. Na prisão, em entrevista para um documentário da diretora Leslee Udwin, o motorista do ônibus afirmou: "Uma garota decente não estaria perambulando por aí às nove da noite. [...] Uma garota é muito mais responsável por um estupro do que um garoto. [...] Quando está sendo estuprada, ela não deve lutar. Deve apenas ficar em silêncio e permitir o estupro, então eles a teriam deixado depois". Um dos advogados dos assassinos foi ainda mais incisivo, numa entrevista à televisão: "Se minha filha ou irmã se envolvesse em atividades desse tipo antes do casamento [...], e se permitisse perder o caráter ao fazer tais coisas, com certeza eu a levaria para minha fazenda e, em frente de toda a família, despejaria gasolina nela e acenderia o fogo".[29]

Três dos assassinos de Jyoti Singh Pandey morreram na forca, anos depois. Apesar disso, a violência contra as mulheres só aumentou. Em junho de 2019, uma gangue estuprou uma jovem, asfixiou-a e queimou seu corpo com querosene, numa capital do Sul do país, revoltando a população em nível nacional. Nem bem os novos protestos esfriaram, uma menina de seis anos foi encontrada estuprada e morta por asfixia numa zona rural do norte. O assassino era um vizinho caminhoneiro, pai de duas filhas.[30] Em 2019, ainda se acumulavam nas cortes judiciais hindus 133 mil casos pendentes de estupro. Como afirmou a cineasta Leslee Udwin, sobre o assassinato de Jyoti Singh Pandey: "Seria mais fácil entender esse crime hediondo se os responsáveis fossem monstros, maçãs podres, aberrações da natureza. Para mim, a verdade não poderia estar mais longe disso, [...] estes homens não são a doença, eles são os sintomas".[31]

Em seu Relatório da População Mundial de 2020, o Departamento do Censo dos Estados Unidos (U.S. Census Bureau) apontava o estupro como um problema global, estimando que aproximadamente 35% das mulheres em todo o mundo sofreram algum tipo de ataque sexual na vida. Segundo estatísticas dos países que as disponibilizam, menos de 40% das mulheres violentadas apresentaram denúncia e menos de 10% entraram na justiça, por vergonha e medo de represália. Mesmo porque, em todo o mundo, a grande maioria dos estupros é cometida por alguém que a vítima conhece.

Nos Estados Unidos, uma pesquisa da revista *Cosmopolitan* realizada com 106 mil mulheres americanas mostrava que, em 1980, 24% tinham sofrido estupro. Nos anos 1990, o crime que mais aumentou em território americano foi o estupro de mulheres.[32] Mesmo com decréscimo desses crimes no país, em 2015, aproximadamente uma em cada cinco mulheres (21,3%, ou estimativa de 25,5 milhões) reportou ter sofrido tentativa ou estupro consumado em algum momento da vida.[33] No entanto, somente 9% dos estupradores sofreram processo judicial, dos quais 97% saíram livres. Na África do Sul, país que apresentava a mais alta taxa mundial de estupro por habitante, uma pesquisa realizada pelo South African Medical Research Council em 2019 constatou que aproximadamente um em cada quatro homens admitia ter cometido estupro.[34]

No Brasil, a violência masculina contra as mulheres se tornou um fenômeno tão corrente que, a partir de 1985, criaram-se delegacias especiais apenas para atendê-las.[35] O que à primeira vista poderia evidenciar um paradoxo discriminatório, conforme algumas alegações, tornou-se obrigatório diante da realidade. Em São Paulo, por exemplo, a 6ª Delegacia de Defesa da Mulher, referência na cidade, registrou um aumento de quase 77% nos boletins de ocorrência entre 2018 (3662) e 2019 (6480). Só nessa unidade foram 1397 mulheres atendidas nos dois últimos meses de 2019.[36] Para efeitos comparativos, entre 1994 e 1996, em São Paulo, 123 903 mulheres apresentaram queixas por espancamentos sofridos.[37]

Realizada a pedido do Fórum Brasileiro de Segurança Pública em 130 municípios, uma pesquisa de 2019 constatou um assustador padrão de subnotificação: 52% das mulheres vítimas de violência não fizeram denúncia contra os agressores.[38] Ainda assim, em 2018, foram registrados no Brasil mais de 145 mil casos de violência contra a mulher, segundo dados recolhidos junto a órgãos do Ministério da Saúde. Ou seja, mais de um caso a cada quatro minutos. Nos últimos anos, verificou-se também um aumento nos registros de violência física, psicológica e sexual. Corroborando um padrão mundial, que no

Brasil chega a 70% dos casos, a violência ocorre dentro de casa, com agressões exercidas por pai, padrasto, irmão, filho, namorado e, sobretudo, marido (ex ou atual). Só os casos de violência sexual aumentaram 53%, lembrando que sete dentre cada dez vítimas eram crianças e jovens até dezenove anos. Na opinião da promotora de justiça Gabriela Mansur, a violência crescente ocorria inclusive porque as mulheres estavam mais conscientes dos seus direitos e "os homens não aceitam a liberdade de comportamento". Para a antropóloga Tatiana Perrone, do Núcleo de Antropologia do Direito (da USP), os homens são ensinados ao "exercício de poder e da violência para controlar os corpos das mulheres".[39]

O controle e a violência masculinos podem beirar a aberração, como num caso famoso ocorrido em 2017, na cidade de Barueri, região metropolitana de São Paulo. Depois de conviver por dois anos com um rapaz, uma jovem vendedora, mãe de três filhos, decidiu dar um basta nas agressões do parceiro, que começaram no segundo ano do relacionamento e a deixavam com manchas roxas no corpo. Numa entrevista, ela contou: "Primeiro ele começou a violência verbal, depois foi um empurrãozinho, dava ordens sobre que roupas deveria vestir, dizia como uma mulher deveria se comportar, até chegar nas agressões. E eu o desculpava. Ele dizia que ia mudar, pedia perdão, chorava".[40]

Inconformado com o fim do relacionamento, o rapaz invadiu a casa onde a mulher se encontrava e a atacou, tentando esganá-la e quebrar seu pescoço. Com dentadas, acabou por arrancar uma orelha e o nariz da vendedora, diante de dois filhos dela. Em seguida, fugiu. Nos dois anos seguintes, a vítima precisou se submeter a sete cirurgias de reconstituição: duas na orelha esquerda e cinco no nariz, com a perspectiva de várias outras no futuro. Além de não conseguir mais respirar pelo nariz, a mulher passou por depressão, emagreceu vinte quilos e viu os filhos repetirem de ano na escola. Como necessitava realizar cirurgias de reparação a cada quatro meses, ela ficou desempregada. O agressor só foi capturado em meados de 2018, e condenado em primeira instância.[41]

Eventos como esse, que pareceriam envolver apenas homens desequilibrados, reiteram uma situação latente no interior da família patriarcal, bastando que circunstâncias especiais abalem sua estrutura e abram espaço para a violência doméstica contra mulheres, crianças e adolescentes. Assim se observou em 2020, durante a quarentena decretada para conter a pandemia da covid-19. Segundo dados da Secretaria de Segurança Pública do estado de

São Paulo, houve 7933 pedidos de socorro, em menos de um mês, ao serviço de emergência 190 da PM, um aumento de 19,8% em comparação com o mesmo período do ano anterior. A situação sanitária calamitosa fez aflorar tensões domésticas já existentes, que se exacerbam pelo consumo de álcool, ansiedade e estresse.

Um levantamento do Fórum Brasileiro de Segurança Pública constatou que, em função da quarentena, caiu entre 38% e 68% (em diferentes estados do Brasil) a concessão de medidas protetivas da Lei Maria da Penha — tais como distância mínima obrigatória da vítima, afastamento do lar e suspensão do porte de armas do agressor. O fato se deve à maior dificuldade em buscar proteção junto às autoridades durante o isolamento social. Numa tentativa de enfrentar a situação, criaram-se até cursos de autodefesa para mulheres, através de vídeos na internet — que podem ser acessados no banheiro, quando muitas vezes as mulheres vivem um cerco dentro de casa. Sem a intenção de formar faixas pretas femininas, as orientações indicam providências corriqueiras. Por exemplo, como se defender dos ataques atingindo os pontos mais sensíveis do homem: gogó, saco escrotal, têmporas, nuca, olhos, nariz e boca do estômago.[42]

Com a implantação do auxílio emergencial do governo brasileiro durante o período de isolamento social na pandemia, ocorreu uma forma perversa de violência. As mães que eram chefes de família, fato cada vez mais comum no Brasil, tornaram-se aptas a receber o benefício para cada filho. A lei previa também a possibilidade de que o "pai solo" (raridade na estrutura familiar brasileira) pudesse receber o auxílio em nome dos filhos por ele criados. Muitas dessas mulheres, que não conseguiram criar seu cadastro junto aos órgãos do governo, acabaram por descobrir que seus ex-maridos tinham se adiantado e, utilizando o CPF dos filhos, passado a receber para si mesmos o benefício. Uma advogada especializada em direito de família atendeu centenas de mães ludibriadas por ex-parceiros que fraudaram os cadastros. O dado perverso é que boa parte desses maridos não tinha nem a guarda dos filhos nem participava do sustento da família, e às vezes nem sequer pagava a pensão devida. Muitas dessas mulheres, desempregadas ou dispensadas do emprego por causa da quarentena, estavam sendo auxiliadas por familiares ou amigos para pagar o aluguel e garantir o sustento dos filhos.[43]

Aliás, o aumento de violência doméstica durante o isolamento social na pandemia da covid-19 já havia sido constatado em países como China, Itália,

Espanha, França e Estados Unidos. Com o aumento das denúncias em mais de um terço, muitos governos foram obrigados a criar às pressas novas vagas nos centros de acolhimento para mulheres agredidas. Ainda antes da pandemia, uma pesquisa realizada em 2014 pela Agência dos Direitos Fundamentais da União Europeia com 42 mil mulheres indicava que 33% já haviam sofrido violência física ou sexual a partir dos quinze anos.[44] Na Itália, primeiro país no mundo a adotar a quarentena total, o Instituto Nacional de Estatísticas constatou que, em menos de dois meses, 2013 vítimas femininas de violência e perseguição, quase sempre dentro de casa, ligaram para o número 1522, principal serviço público antiviolência contra a mulher. Em comparação ao mesmo período do ano anterior, ocorreu um aumento de 59% na quantidade de telefonemas pedindo socorro. Em 75% dos casos, as agressões vinham se repetindo havia anos. Isso significa que o coronavírus deu mais evidência a situações de violência já existentes, segundo Simone Panzoni, da Fundação Pangea, que presta ajuda a centros de acolhimento a vítimas de violência doméstica.[45]

No Brasil, o quadro também piorou quando se trata especificamente de estupros, na comparação com dados do passado. Só em São Paulo, o número de casos no primeiro semestre de 1993 passou de 971 para 1150 em relação ao mesmo período de 1994, chegando a 1341 no primeiro semestre de 1995, com um crescimento de mais de 38% de ocorrências.[46] Para a delegada Elisabete Sato, que na época realizou um estudo a respeito, a quantidade de casos era ainda maior, considerando que, por medo e vergonha, muitas mulheres não denunciavam os estupros sofridos.[47] A escalada de casos se evidencia em comparação com os dados de 2019 da Secretaria de Segurança Pública do estado de São Paulo, que registrou, até setembro daquele ano, mais de 9 mil denúncias de estupro, uma média de 33 por dia.[48]

Em 2018, foram constatados mais de 66 mil casos de violência sexual no Brasil, perfazendo algo em torno de 180 estupros diários, segundo levantamento do 13º Anuário de Segurança Pública — um aumento de 5% em relação a 2015. Em 82% dos casos, as vítimas eram do sexo feminino. Com um agravante: 54% das vítimas tinham até treze anos. Em 76% dos casos, o abusador era conhecido, geralmente um familiar ou vizinho. O mesmo medo, vergonha e falta de confiança nas instituições provocaram baixa notificação: só 7,5% das vítimas fizeram denúncia.[49] E mais: dados do Sistema de Informação de Agravos de Notificação do Ministério da Saúde registraram, em 2018, um aumento dos estupros coletivos contra mulheres: 3837 casos, frente a 2703 em 2014.[50]

Ainda que não constituísse novidade, causava apreensão o fato de que a maior parte dos casos de violência acontecessem na própria casa da mulher (42%) e que grande parte dos estupros fossem cometidos por conhecidos da vítima (76,4%), segundo levantamento do Fórum Brasileiro de Segurança Pública relativo a 2018.[51] Aliás, muitos dos criminosos eram homens com casamento estável e filhos, que cometiam seus estupros em investidas extraconjugais.[52] Considere-se aí também a questão da desigualdade de renda entre as classes sociais. Alguns estudos supunham que a pobreza pudesse ser uma primeira explicação para a violência familiar nos lares mais carentes, como resultado da pressão exercida sobre os maridos chefes de família, ou mesmo por ciúme, quando as mulheres trabalhavam fora de casa. Mas as estatísticas, que permanecem assustadoras há décadas, mostram que não se trata de um fenômeno nem de longe exclusivo das classes pobres.

Um problema antigo, mas pouco reportado no Brasil, tem sido o assédio contra mulheres nos transportes coletivos, abarcando de atos obscenos a estupros. Em todo o país, cresceu a percepção sobre crimes sexuais antes tratados como mera "importunação sexual". Dados da Secretaria de Segurança Pública do estado de São Paulo mostraram que, de 2008 ao final de 2018, os crimes sexuais em ônibus, metrôs ou trens urbanos aumentaram 265%. O crime mais notificado foi o ato obsceno: 980 casos, incluindo exibição ou manipulação dos órgãos genitais masculinos em público — inclusive com ejaculação sobre o corpo da vítima. O segundo crime mais reportado foi o estupro: 416 registros, aí incluindo estupro de vulnerável, praticado contra menores de catorze anos — 225 no período.

Segundo levantamento do Fórum Brasileiro de Segurança Pública para 2019, entre 5,2 milhões e 7,9 milhões de mulheres foram vítimas de violência sexual no transporte coletivo. Na verdade, esse tipo de ocorrência é maior em transportes públicos (7,8%) do que nas próprias baladas e festas (6,2%).[53] Ao comentar os dados que mostravam a vulnerabilidade da mulher tanto no âmbito doméstico quanto público, Samira Bueno, diretora-executiva desse mesmo Fórum, perguntou, não sem perplexidade: "Qual é o lugar seguro [para as mulheres], então? Ele existe?".[54] A gravidade do problema levou à criação tanto de leis quanto de campanhas nacionais e estaduais contra o assédio feminino nos transportes.

Quanto ao feminicídio (homicídio cometido por misoginia ou discriminação do gênero feminino), o mais recente Atlas da Violência do Instituto de Pesquisa Econômica Aplicada registrou em 2017 um aumento, com cerca de treze crimes desse tipo cometidos por dia no Brasil. Ao todo, 4936 mulheres foram mortas, o maior número registrado desde 2007, com um salto de 6,3% em relação ao ano de 2016. Na década entre 2007 e 2017, constatou-se um crescimento absoluto de 30,7% nos homicídios de mulheres. Quando se verifica a taxa por grupo de 100 mil mulheres, houve um aumento de 3,9 para 4,7 feminicídios, ou seja, um incremento de 20,7%. Considerando o viés da desigualdade racial, o resultado é chocante: enquanto a taxa de homicídios de mulheres não negras aumentou 4,5%, houve um crescimento de 29,9% para as mulheres negras assassinadas. Em números absolutos, nesse mesmo período, a diferença é ainda mais assustadora: um aumento de 1,7% de assassinatos de mulheres não negras contra 60,5% de mulheres pretas assassinadas. Considerando apenas 2017, a proporção de mulheres negras vítimas de violência letal somou 66% de todos os feminicídios no país.[55] Aliás, chama a atenção que em qualquer categoria, do assédio ao feminicídio, as mulheres negras sejam vítimas prioritárias das agressões. Isso resulta de uma somatória de outras circunstâncias que as tornam mais vulneráveis, tais como trabalhos precarizados, baixa escolaridade e altas taxas de chefia familiar. A partir dessas constatações, especialistas apontam a impossibilidade de discutir a violência contra a mulher sem discutir o racismo.[56]

A crueldade extrema do feminicídio constela alguns sintomas basilares do masculino hegemônico e sua reação feroz, quando acuado. Entre eles, destacam-se os métodos de "solução final" em que a mulher é um dos alvos preferenciais, por sua condição social vulnerabilizada. Na história recente do Brasil há pelo menos dois casos emblemáticos de feminicídio que confirmam a relação de causa-efeito entre a repulsa ao feminino e sua vulnerabilização, que resulta em extermínio. Trata-se dos assassinatos, com evidências de execução, da juíza Patrícia Lourival Acioli, em 2011, e da vereadora carioca Marielle Franco, em 2018.

Enquanto juíza titular da 4ª Vara Criminal de São Gonçalo, no Rio de Janeiro, Patrícia Acioli atuava com rigor contra milícias policiais e grupos de extermínio, além de enfrentar traficantes de drogas e gangues. Mesmo com várias ameaças de morte, em anos de profissão ela determinara a prisão de cerca de sessenta membros da PM, após se comprovar que exigiam propina de traficantes e matavam adversários sob a alegação de "autos de resistência" – supostamente mortes em confronto com a polícia. O grupo de milicianos se apropriava das drogas apreendidas e dividia o dinheiro entre si, após a venda. Aos 47 anos, a juíza foi assassinada numa emboscada, diante de sua casa, em Niterói, após voltar do trabalho, em agosto de 2011. Recebeu 21 tiros de armas de uso restrito de forças de segurança. Após investigação, descobriu-se com os policiais milicianos de São Gonçalo uma lista de doze pessoas marcadas para morrer, na qual constava o nome de Acioli. Onze PMs envolvidos no assassinato foram condenados, entre eles o então comandante do 7º BPM, tenente-coronel Claudio Luiz Silva de Oliveira, mandante da execução. Apesar de dez policiais terem sido expulsos da corporação quase imediatamente após os julgamentos, é espantoso que o comandante – condenado a 36 anos de prisão – só tenha sido desligado em 2019, tendo inclusive continuado a receber seu salário mensal de aproximadamente 21 mil reais – inclusive o 13º.[57]

Marielle Franco iniciou sua promissora carreira política em 2016, quando foi eleita para a Câmara Municipal do Rio de Janeiro com a quinta melhor votação. Nascida e criada na favela da Maré, passou a atuar no combate à violência policial contra as comunidades vulneráveis e a população negra. Como relatora de uma Comissão da Câmara, acompanhava a atuação das tropas militares durante a intervenção federal que ocorria na segurança da cidade. Assumidamente feminista e bissexual, seu interesse parlamentar visava também os direitos das mulheres e da população LGBTQ+. Em março de 2018, aos 38 anos, Marielle Franco foi assassinada com quatro tiros no rosto, numa emboscada em pleno trânsito, quando morreu também seu motorista Anderson Pedro Gomes. Comprovou-se que a arma do crime era, mais uma vez, de uso exclusivo das tropas de elite, o que acabou levando à prisão do sargento reformado da Polícia Militar Ronnie Lessa e do ex-PM Elcio Vieira de Queiroz. Ambos tinham ligação com um grupo de assassinos de aluguel, o Escritório do Crime, integrado por milicianos atuantes na zona oeste do Rio de Janeiro. Segundo o Ministério Público, o crime foi planejado durante três meses, para mapear todos os passos da vereadora. Graças a erros grosseiros de procedimento, a investigação policial encontrou dificuldade para comprovar os motivos e os mandantes da execução. Mesmo porque as intrincadas ramificações do caso apontam para o meio político, tanto dentro quanto fora do Rio de Janeiro.[58]

Nesses dois feminicídios, tratava-se de mulheres que exerciam poder constitucional e, por sua posição de destaque, representavam um empecilho. Patrícia Acioli no Judiciário e Marielle Franco no Legislativo dispunham de mecanismos que o Estado democrático de direito criou para impedir exercícios de poder ilegal. Em resumo, eram mulheres fortes, contrapostas ao poder masculino hegemônico e fora da lei. Mais do que a mera eliminação, executá-las significava emitir um alerta que demarcava o território intransponível desse masculino dominante.

Não por coincidência, em ambos os casos os assassinos eram homens direta e indiretamente exercendo o poder policial ou com ele envolvidos. A esse respeito, é digno de nota o modo como o clã Bolsonaro, epicentro do movimento militar-armamentista no Brasil, usou de ironia em relação às vítimas e, por outro lado, teceu elogios ou até homenageou os milicianos — fato que incluiu o próprio presidente Jair Bolsonaro. Após o assassinato de Marielle, ocorreram ataques diretos, como quebrar uma placa-homenagem com seu nome, sob o pretexto de "restaurar a ordem", nas palavras de Eduardo Bolsonaro.[59] Sem falar dos comentários de achincalhe nas redes sociais — por exemplo, que se tratava de uma "morte ridícula" e que "a vereadora foi alvo do seu próprio discurso" — ou ironizando a esquerda por provocar "desvalorização da polícia".[60]

No caso da juíza Patrícia Acioli, o então deputado estadual Flávio Bolsonaro desculpou os assassinos, pretextando que "a forma absurda e gratuita com q ela humilhava Policiais nas sessões contribuiu para ter mts inimigos", conforme postagem no seu Twitter, em 2011. Nesse contexto, a remuneração do tenente-coronel apontado como mandante do feminicídio de Patrícia Acioli comprova que não se tratava de mera *impunidade* ao terrorismo policial. O poder do masculino hegemônico *recompensou* seus asseclas com um "castigo remunerado", na verdade uma premiação milionária funcionando como autorização (quando não incentivo) para matar.

Quando se fala em vulnerabilização da condição feminina, convém lembrar outro dado socialmente importante em nível mundial, mas que se agudiza no Brasil, colocado em 85º lugar entre 145 países no ranking de igualdade de gênero do Fórum Econômico Mundial. Trata-se da disparidade profissional e salarial. As mulheres brasileiras são tão ou mais pressionadas que seus maridos, considerando que frequentemente vivem a dupla jornada de trabalho. No entanto, segundo um relatório da ONU, historicamente elas ganham menos que os homens. Nos anos 1990, recebiam em média apenas 76% do salário pago, no Brasil, a um homem no mesmo posto (a chamada "feminização da pobreza"). Em pesquisa da Fundação Seade, constatou-se que, em 1994, uma mulher que estudou durante onze anos recebia em média quase o mesmo salário de um homem com apenas quatro anos de escolaridade. Mais ainda: uma mulher ganhava quase metade do salário de um colega homem com o mesmo grau de instrução.[61]

Se em certos casos a situação da desigualdade melhorou, ainda está longe de um patamar razoável nas várias áreas constatadas. Em 2016, uma pesquisa do IBGE apontava a continuidade da dupla jornada de trabalho entre as mulheres. Somando trabalhos remunerados, afazeres domésticos e cuidados de pessoas, elas trabalhavam, em média, 54,4 horas semanais, contra 51,4 horas dos homens. Se, nesse mesmo período, a presença das mulheres no ensino médio chegava a 73,5%, contra 63,2% dos homens, ainda assim elas recebiam o equivalente a 76,5% dos rendimentos masculinos.[62] Em 2017, o IBGE constatou que, entre as mulheres, 24,3% tinham completado o ensino superior, enquanto a taxa entre os homens era de 14,6%. Apesar disso, essas profissionais recebiam, em média, salários 24,4% menores que os dos homens.[63] Mesmo porque seus planos de carreira também ficavam limitados. Em 2019, uma pesquisa do Insper apontou que, no Brasil, apenas 26% das diretorias de empresas cabiam às mulheres — das quais, aliás, só 1% eram negras.[64] De acordo com dados da PNAD Contínua de 2018, a população brasileira se compunha de 48,3% de homens e 51,7% de mulheres.[65] No entanto, o número de mulheres eleitas para o Congresso Nacional no mesmo ano representava apenas 15% do total da Câmara e do Senado.[66]

As circunstâncias aqui analisadas não pretendem se restringir às injustiças palpáveis ou aos ápices chocantes. Os fatores mais extremados só ocorreram porque foram sendo homeopaticamente alimentados, na vida diária, por uma cultura que manipula os mais corriqueiros aspectos do feminino. Cria-se um controle social até o ponto de determinar um rigoroso padrão feminino de beleza — aquele da mulher branca, jovem, magra, delicada e, acima de tudo, "gostosa". Instaura-se uma verdadeira "ditadura da beleza" em nível precoce, com a chamada "adultização" das meninas, que passam pelo aprendizado de "ser mulher", em circunstâncias cotidianas e aparentemente inocentes. Maquiladas e expostas até mesmo em programas televisivos "para crianças", essas "*pretty girls*" vão povoar certo universo erótico masculino voltado para a pedofilia. No limite, elas podem se tornar presas fáceis de exploração sexual, em sites de pornografia infantil na internet ou em situações de extrema pobreza, que envolvem inclusive racismo estrutural contra meninas negras.[67]

Como se vê, o controle social passa por uma "construção do feminino", evidente no caso da moda, que instaurou um padrão de grande efusividade e consumo para as mulheres. Se evidencia uma criatividade notável, essa moda exuberante guarda também um aspecto perverso, que é justamente o intuito de tornar a mulher atrativa de acordo com o olhar do macho dominante, fator que já inicia a imposição de um sistema de caçador masculino e caça feminina. Atualmente, tornou-se comum até mesmo a cirurgia de redução dos pequenos lábios da vulva, o que supostamente aproximaria as mulheres do padrão estético das atrizes vistas nos filmes pornográficos — em que o corpo feminino sofre a mais completa objetificação.[68]

Assim, a padronização da beleza feminina alimenta um mercado lucrativo, movimentado por grandes empresas, em inúmeras áreas — desde cirurgias estéticas, indústria da moda, produtos de beleza e concursos de misses até produções em publicidade, cinema e TV. O resultado último, claramente, é um assalto ao corpo da mulher. Segundo a feminista americana Naomi Wolf, o "mito da beleza" feminina tornou-se

> um sistema monetário semelhante ao padrão-ouro. Como qualquer sistema, ele [...] consiste no último e melhor conjunto de crenças a manter intacto o domínio masculino. Ao atribuir valor às mulheres numa hierarquia vertical, de acordo com um padrão físico imposto culturalmente, ele expressa relações de poder segundo as quais as mulheres precisam competir de forma antinatural por recursos dos quais os homens se apropriaram.[69]

Em inúmeras circunstâncias e de diferentes maneiras, é possível observar as relações de poder e controle sobre os corpos femininos por parte do sistema patriarcal e falocrático dominante. Em 1996, ocorreu em São Paulo a quase tragédia da supermodelo Cláudia Liz, que entrou em estado de coma durante os procedimentos cirúrgicos para uma lipoaspiração. Ela acabou sendo hospitalizada às pressas, com risco de sofrer graves danos cerebrais. O incidente teve grande repercussão, por suas características emblemáticas. Como ganhara peso numa gravidez recente, a modelo precisava perder alguns quilos, o mais rápido possível, para garantir seu trabalho nas passarelas. Mesmo após se recuperar fisicamente, Cláudia Liz teve depressão e passou três anos tomando antidepressivos. A também modelo e atriz Ana Paula Arósio relatou agruras semelhantes. Com tendência para ganhar peso, engordou cinco quilos durante uma viagem a trabalho em 1992. Ao chegar à Itália para fazer fotos, seu agente italiano lhe deu um ultimato: ou emagrecia significativamente em três dias ou não participava do desfile. Ela passou três dias à base de um copo de suco de laranja de manhã, outro no almoço e outro no jantar, até perder os quilos necessários para poder comparecer satisfatoriamente ao trabalho.[70]

Muitas situações como essa se repetiram nos anos subsequentes. Em 2014, aconteceu o caso da apresentadora Andressa Urach, vice-campeã do concurso Miss Bumbum 2012, que foi hospitalizada com uma grave infecção e quase perdeu uma perna cinco anos após um preenchimento de implante nas coxas.[71] Não se trata de fatos isolados nem restritos a mulheres famosas. Os tratamentos estéticos femininos se generalizaram para corresponder às necessidades não apenas de se adequar ao mercado, mas também às expectativas disseminadas em todo o tecido social pelo controle do corpo da mulher. Nas palavras de Naomi Wolf, "o mito da beleza mutila o curso da vida de todas [as mulheres]. E o que é mais instigante, nossa identidade deve ter como base nossa 'beleza', de tal forma que permaneçamos vulneráveis à aprovação externa, trazendo nossa autoestima, esse órgão sensível e vital, exposta a todos".[72]

Em alguns casos, a reação mostrou que a situação de cerco podia mudar. No concurso Miss Universo de 2016, a representante do Canadá, Siera Bearchell, sofreu ataques de *haters* nas redes sociais por não corresponder ao tipo esquálido do padrão de miss – teria curvas demais. Então uma estudante de direito de 23 anos, Siera enfrentou a polêmica e defendeu publicamente seu direito de não viver à base de dietas que a submetiam a parâmetros de beleza estranhos a ela. Se podia não ser esbelta como aos vinte anos, ela afirmou se sentir mais confiante, sábia e apaixonada do que antes. E lançou um desafio: "Sonho com uma redefinição da beleza. Um dia as mulheres no mundo todo irão reconhecer que beleza, autoconfiança e autoestima verdadeiras começam dentro de nós mesmas".[73]

Como se vê, o masculino hegemônico toma o corpo feminino como território do Outro, destinado naturalmente à sua conquista. Os ataques de apropriação transformam esse corpo estranho em um campo de batalha passível de massacres, sob muitos aspectos, sejam públicos ou privados. O desamparo que cerca o corpo da mulher, até atingir o abuso, pode ocorrer inclusive em circunstâncias voltadas supostamente para seu cuidado físico e proteção espiritual. Assim ocorreu no Brasil, com os casos escandalosos do médico Roger Abdelmassih e do médium João de Deus, emblemáticos por seu histórico de estupros em série contra clientes mulheres — o que se verá no capítulo 7.

3. A semente sem rumo e o medo da castração

Na busca de uma definição, diferentes áreas de estudos discutiam até que ponto masculinidade e feminilidade seriam dados meramente biológicos ou construções ideológico-culturais. Ainda existem partidários desses pontos de vista opostos: determinismo biológico versus culturalismo ou construtivismo. Se, num passado recente, ocorriam divergências inclusive em áreas acadêmicas, a propagação dos estudos de gênero e a nova onda feminista que eclodiu no rastro do #MeToo fortaleceram, com nuances, o conceito de gênero como criação cultural, passível de variações históricas, geográficas e sociopolíticas. Como se verá mais amplamente nos capítulos finais, essa consciência ampliada deu visibilidade ao conceito de "identidade de gênero" e à vivência transgênero, cujo viés performativo evidenciou, por sua vez, a mutabilidade dos gêneros.[1]

No polo antípoda, a nova direita consagrou — a ponto de levantar como bandeira — a ideia de "ideologia de gênero" (ao lado do aborto), para denunciar a identidade de gênero como uma invenção do marxismo cultural a ser combatida. O viés fortemente político da questão, que grupos conservadores de várias partes do mundo incluíram em sua pauta de guerra cultural, será igualmente examinado ao final desta obra. De resto, não vem ao caso entrar numa polêmica com ênfase meramente teórica e científica, que foge ao escopo deste livro.[2] A verdade é que não se pode falar do biológico sem mencionar a interferência das imposições sociais que produzem as determinações de gênero. Segundo Judith Butler, a autoridade para definir os corpos e o sexo "é imposta por um aparato regulatório de heterossexualidade" que se reitera a si mesmo através do discurso normativo.[3] O gênero não nasce como tal, é produzido a partir de padrões pesadamente impostos, de tal modo que o próprio inconsciente é tomado de assalto e formatado, por séculos. Desdobradas em padrões comportamentais, as projeções culturais se disfarçam em naturalidade biológica e, mais ainda, em determinação psíquica.

A título de exemplo, consideremos o fato de que existem muitos homens cordatos e gentis, assim como mulheres que não são necessariamente delicadas por natureza. Na mesma razão inversa, homens não são biologicamente destinados a ser garanhões, tanto quanto mulheres não têm vocação natural para a maternidade. Aliás, a própria "naturalidade" pode ser construída sobre padrões mutáveis, como se vê nas especificidades anatômicas que costumam variar em diferentes etnias e mesmo de uma cultura para outra. Entre os indígenas brasileiros, por exemplo, os traços físicos distintivos dos dois gêneros são muito menos claros do que em nossa cultura urbana, perante a qual uma indígena nambiquara parecerá "menos" feminina e um guerreiro craó poderá ser visto como "menos" masculino. A força masculina e a delicadeza feminina são, portanto, atributos construídos de um modo ou de outro, com diferentes inflexões a partir de diferentes circunstâncias, na história da cultura patriarcal. Ou seja, o masculino e o feminino não podem ser tomados como realidades objetivas, naturais e imutáveis.

O ponto de vista meramente biológico confunde a diferenciação de gênero com as especificidades orgânicas e glandulares que determinam o que é próprio da mulher e do homem. Com isso, desprezam-se projeções complexas num plano psicossocial configurado de modo "masculino" ou "feminino", a partir do qual se seguem as construções culturais que definem os gêneros. Autores/as acreditam, entretanto, que existam especificidades biológicas interferindo na elaboração dos gêneros. Elas seriam capazes, por exemplo, de facilitar mais a construção do feminino do que do masculino. Segundo Élisabeth Badinter, o grande problema do masculino começa por ter um cromossomo Y diferenciado — formando XY — que significa uma espécie de desvio de percurso, enquanto o feminino tem cromossomos iguais, XX. Se considerarmos que o masculino só se desenvolve no seio estranho do feminino (a mãe), pode-se falar de uma inadequação na sua raiz. Daí, conclui Élisabeth Badinter, não sem ironia, "será sempre um pouco mais demorado e mais difícil fazer um homem do que uma mulher".[4]

Mesmo que pudesse ser discutível, tal hipótese aponta para uma questão de fundo. A virilidade, segundo Badinter, não é um dom. Ao contrário, ela é "fabricada" de acordo com uma referência cultural: o "verdadeiro homem" – figura ilusória e utópica que o macho precisa alcançar por meio de deveres e provações, para mostrar que também se enquadra no padrão. Em outras palavras, o varão é "uma espécie de *artefato* e, como tal, corre sempre o risco de apresentar defeito".[5] Isso torna a virilidade uma carga pesada, desde muito cedo. O macho dominante tem que estar sempre pronto a comprovar sua força.

Historicamente, encontram-se exemplos superlativos. Entre os germânicos taifalos, os meninos só deixavam de ser possuídos sexualmente pelos mais velhos quando mostravam sua coragem matando um javali.[6] No Brasil, os indígenas sateré-maués ainda exibem em público, como parte de sua cultura, o "ritual da tucandeira", através do qual os meninos se tornam homens. Como prova de virilidade, eles precisam colocar a mão numa luva de palha recheada de grandes formigas negras (as tucandeiras) por três horas pelo menos. Segundo o relato de um deles, "a mão parece que está pegando fogo, como se estivesse em um braseiro". Os meninos devem se submeter a esse ritual por vinte vezes antes de serem admitidos entre os homens adultos. Quem não passa pelo ritual é considerado menos homem e, segundo um informante da tribo, "tem dificuldade em conseguir namoradas na aldeia".[7]

Tais ritos iniciáticos masculinos presentes em dezenas de culturas arcaicas se perpetuaram até o mundo contemporâneo. Num território em que "ser macho" é condição prioritária, forças policiais e exércitos modernos evidenciam a permanência dos rituais iniciáticos antigos, por meio das violentas provas impostas aos recrutas. No Brasil, o "treinamento-tortura" é uma prática generalizada na formação, por exemplo, da Polícia Militar. Em Brasília, um vídeo de 1992 mostrava oficiais fazendo recrutas de cavalos e usando suas orelhas como rédeas. Enquanto alguns treinadores subiam nas costas dos soldados que realizavam exercícios de flexão, outros chutavam os recrutas e jogavam terra nos seus rostos. Um soldado que não conseguia mais fazer exercícios abdominais recebia cotoveladas no peito, enquanto o oficial lhe gritava: "Tá chorando, animal. Para de chorar". Apesar das denúncias de vários organismos ligados aos direitos humanos, a prática continuou, como atesta um outro vídeo do início dos anos 1990, em Porto Alegre, mostrando o treinamento para formação de oficiais da PM gaúcha: enquanto alguns recrutas eram obrigados a beber o sangue de uma galinha viva, mordendo-a diretamente no pescoço, outros bebiam o sangue recolhido num copo ou ainda deviam comer um ovo cru com casca. Sob xingamentos de "animal", "desgraçado" ou "negão" (contra um negro), outros recrutas de joelhos se declaravam publicamente traidores, seguindo as ordens de um comandante.[8]

Em 2010, durante o curso do COE (Comandos e Operações), unidade de elite da PM de São Paulo, entre os 37 militares que iniciaram o treinamento, apenas doze conseguiram "aguentar a pressão". Quem desistia tinha que tirar o boné e tocar um sino, "uma forma de humilhação na frente do restante do grupo, mostrando que não tem condições de continuar", contou um participante.[9] Em 2017, práticas violentas em treinamentos do Exército foram denunciadas por soldados que cumpriam o serviço militar obrigatório no 41º Batalhão de Infantaria Motorizada, em Jataí, Goiás, e que alegaram sofrer tortura, maus-tratos e assédio moral. Um vídeo que circulou pelas redes sociais mostrava um dos soldados castigado por ficar três dias fora do quartel. Em vez da punição regulamentar, um superior o agrediu com pisões e chutes na cabeça, enquanto o jovem fazia flexões. Em nota à imprensa, o comando do Batalhão comunicou que "os exercícios e treinamentos operacionais, aos quais os militares são submetidos, são acompanhados de forma profissional e dentro dos mais rígidos padrões de segurança".[10] Os métodos profissionais e seguros foram desmentidos em 2019, com a reincidência de práticas violentas em treinamentos no mesmo 41º Batalhão. Depois de passarem por um excessivo treinamento físico em mata fechada e de sofrerem agressões dos instrutores, onze recrutas precisaram ser hospitalizados. Ao avisar que não estava passando bem, um dos soldados foi agredido com um chute.[11]

A violência mobilizadora nos ritos iniciáticos masculinos indica que para "ser homem" é preciso *tornar-se homem*. Em outras palavras, "o trajeto em direção à masculinidade deve ser construído", ao mesmo tempo que permanece sempre possível o risco de perdê-la — nas palavras do psicanalista Paulo Roberto Ceccarelli.[12] Para ingressar no território dos escolhidos, deve-se provar merecimento, mediante o "ser homem" instituído como padrão.* Aqui

* Em meu relato autobiográfico *Pai, pai* narrei um episódio em que fui jogado num rio caudaloso, sem saber nadar, enquanto primos e conhecidos gritavam da margem, entre risadas: "É pra você aprender a ser homem". Eu tinha oito anos. Por pouco não morri afogado.

é incontornável abordar a clássica proposição de Simone de Beauvoir: "*On ne naît pas femme: on le devient*" ("Não se nasce mulher: torna-se mulher"). Essa formulação, quase mântrica, postada na abertura do seu livro *O segundo sexo*, embasa a força da obra publicada em 1949, que se tornou um divisor de águas para o feminismo moderno, ao analisar as estratégias com que o masculino dominante organiza a construção e o controle do feminino.[13] Ou seja, o processo de "tornar-se mulher" obedece a uma prescrição imposta *de fora*, pelo masculino hegemônico. Em contrapartida, "tornar-se homem" obedece a um imperativo *interno* do próprio dominador.

No primeiro caso, o sistema patriarcal determina uma definição exterior à mulher, para garantir sua hegemonia sobre um *elemento estranho* a ser dominado. No segundo caso, o sistema patriarcal determina o reconhecimento de um *elemento familiar* a si mesmo, para enfatizar uma definição do macho capaz de reforçar a espinha dorsal da sua organização hegemônica. São fatores de dominação de naturezas diferentes, visando um objetivo comum. Ainda que o ser mulher seja definido pela autoridade masculina e o ser homem articule uma definição para si mesmo, em ambos os casos uma única força social e ideologicamente dominante cria as definições adequadas à sua perpetuação: a sombra do patriarca falocrático e seu legado. De um lado, instaurou-se historicamente a desigualdade de gênero que vitimou a mulher. De outro, o mesmo sistema patriarcal impôs uma camisa de força ao masculino, num processo de autoimolação que cobra altos juros para ser homem — como se viu em exemplos anteriores e ainda se verá adiante.

Curiosamente, entre as meninas de ontem e de hoje, a "passagem" para a feminilidade é marcada naturalmente pela primeira menstruação, quase sempre sem necessidade de provas — com exceção da clitoridectomia, na verdade um mecanismo para reprimir a sexualidade da mulher.* Nas culturas antigas, o rito de iniciação feminina, quando existia, encontrava-se basicamente ligado "ao mistério do nascimento e da fertilidade", segundo Mircea Eliade. Desde

* A clitoridectomia, infibulação ou mutilação clitoriana é um rito de passagem à idade adulta para meninas ou mulheres adolescentes, há séculos praticado em países (sobretudo muçulmanos) da África, do Oriente Médio, do Sudeste Asiático e entre etnias da América Latina. Ao contrário do caráter formador dos ritos masculinos de iniciação, a clitoridectomia visa controlar o prazer na sexualidade feminina, tida como meramente reprodutiva pelo sistema patriarcal. Será abordada com mais detalhes no capítulo 6.

Gaia, na mitologia grega, até Oxum, nas religiões afro-americanas, ocorre uma profusão de deusas da fertilidade, em inúmeras culturas. Essa ocorrência mítica levou muitos estudos junguianos a tomarem as deusas – inclusive relacionadas à fertilidade – como referências arquetípicas, enquanto manifestações do inconsciente coletivo que podem auxiliar na elaboração psíquica.[14] Assim, longe de embasar a naturalização de papéis de gênero, aqui o elemento simbólico se irradia a partir do sexo biológico. Conforme Eliade, "o mistério do parto, quer dizer, a descoberta feita pela mulher de que *é criadora no plano da vida*, constitui uma experiência religiosa intraduzível em termos de experiência masculina".[15]

Se, num nível simbólico do mito, a feminilidade manifesta essa ligação direta com a procriação, que pode ou não ser atualizada, a masculinidade não encontra uma âncora de tal porte. Para além dos ditames de gênero estabelecidos culturalmente, ser mulher aponta para uma identidade mais bem configurada, graças à sua relação mais palpável com a natureza – algo evidente na menstruação, por exemplo. Em paralelo, os mitos masculinos se baseiam na posse de um pênis que, brandido como cetro do poder, mantém-se no nível simbólico do falo, sem proporcionar a completude biológica da natureza. Assim, para compor sua identidade masculina, o homem se ancora em circunstâncias social e culturalmente mutáveis, o que torna o conceito de masculinidade fragilizado e o mantém em permanente estado de ameaça à sua integridade.

De algum modo, o desenvolvimento da masculinidade deve ser provocado, sob o risco de não a despertar, e precisa ser protegido com proibições rigorosas, sobretudo para *resguardá-lo do "contágio" do feminino* – conforme exemplos que veremos adiante. Segundo Ceccarelli, a masculinidade não é uma "aquisição definitiva", mas "resulta de um trabalho constante", de modo que a posse do pênis não constitui, por si só, nenhuma garantia palpável de virilidade. Na busca da masculinidade, o homem tem sempre presente "o fantasma de estar privado dela".[16] Aquele mesmo pênis, que se pretende trunfo basilar da estrutura patriarcal, é responsável por assombrar o masculino com o fantasma da castração, uma ameaça permanente em seu horizonte.

Nesse contexto, o feminino se mantém como um referencial obrigatório, e é preciso afirmar-se em oposição a ele – algo como a firmeza de uma rocha em contraposição à flacidez da identidade masculina. Ironicamente, a definição mais rompante de ser homem consiste em "não ser mulher". Num curioso ensaio comparativo sobre os gêneros, o psicanalista Sándor Ferenczi afirma que, historicamente, a psicogênese da mulher tornou "o organismo feminino mais finamente diferenciado; poderia acrescentar: mais altamente evoluído", em comparação com o do homem. Na verdade, a identidade masculina compõe um enigma de difícil solução, se considerarmos que a gênese do masculino está incompleta nas suas próprias bases biopsíquicas, ou seja, desde os primórdios da evolução da espécie humana. Segundo a teoria da genitalidade em Ferenczi, depois de vencer a luta dos sexos e impor sua supremacia à fêmea, o macho não precisou se adaptar a nenhuma nova condição e, sem tais experiências, "permaneceu mais primitivo". Em contrapartida, ao reagir para se adaptar às novas dificuldades a ela impostas, a mulher desenvolveu, segundo Ferenczi, uma "maior complexidade fisiológica e psicológica", e se tornou, "pelo menos no sentido orgânico, um ser mais finamente diferenciado, ou seja, adaptado às condições mais complexas [...]; poderia acrescentar: mais altamente evoluído".[17] A incompletude masculina poderia ser explicada pela menor sofisticação psicológica do macho dominante, que, ao sair historicamente vitorioso na guerra dos sexos, acabou na verdade fragilizado: na ontogênese sexual, a vitória do macho trouxe embutida a sua derrota, pois não lhe exigiu, como no caso da mulher por ele subjugada, respostas psicologicamente mais criativas no esforço para continuar sobrevivendo.

Paradoxalmente, portanto, na hegemonia masculina reside a origem do drama de sua enigmática e periclitante identidade. Tal fato é confirmado por pesquisas etnográficas em culturas arcaicas. Na tribo dos gahuku-gama, do planalto leste da Nova Guiné, a hegemonia dos machos instaurou uma cultura misógina, baseada em ritos secretos para iniciação na virilidade e importantes festivais exclusivos para os homens. A conclusão do etnólogo Kenneth E. Read, grande pesquisador da região, é que, na verdade, sentindo-se inferiores às mulheres quanto aos dotes psicológicos, os homens da tribo buscaram meios artificiais fora de si para mascarar sua contradição interior e assim afirmar o oposto da realidade.[18]

Convém reiterar que o "frágil" sexo feminino possui algumas vantagens fisiológicas e biológicas no contexto da espécie. Atualizando ou não a maternidade, a mulher tem sua especificidade relacionada com o útero — o ninho acolhedor da espécie —, mas também por meio da menstruação, sinal cruento e, portanto, inegável da feminilidade, marcando sua presença como um relógio. O útero é a matriz da vida: um lugar que recebe a semente masculina e a fecunda, fato que o torna, biologicamente, um órgão poderoso e fundamental. Ou seja, a maternidade tem uma força receptadora e criadora que amplia seus limites para além da própria mulher. Claro, a semente masculina é indispensável, mas a fecundação ocorre no útero materno, um lugar que não pertence e foge ao controle do pai. Mesmo nos casos de interferência científica — seja a fertilização in vitro, a micromanipulação de gametas ou outras técnicas de implantação do óvulo fecundado —, a continuação do processo ainda não dispensa a presença de um útero natural.

Já a semente masculina tem um papel determinante muito mais relativo. Para se tornar fecunda, deve necessariamente pertencer à alteridade (a mulher), e só aí encontrará seu sentido — correndo o risco de passar por todo tipo de manipulações, que vão dos bancos de esperma até a inseminação artificial. Enquanto o feminino é continente, o masculino é apenas conteúdo. Assim, ao contrário da maternidade, a paternidade se atualiza fora de si mesma e, em termos espaciais, desenvolve-se independentemente do homem, isto é: a fecundação da qual o homem foi coautor segue um processo inteiramente autônomo, fora dele. Isso determina sua relatividade e catalisa os primeiros sintomas do nomadismo masculino.

O drama do masculino, apontado por Sándor Ferenczi, começa exatamente na facilidade de lançar sua semente sem rumo certo. Nos mitos hindus mais antigos, consta que o mundo foi criado através da masturbação do deus Shiva, que caminhava aspergindo seu esperma por toda parte, sem se fixar em lugar algum.[19] O mito, na verdade, mostra-se perfeitamente atual: a julgar pelas estatísticas, o sêmen continua caindo em qualquer lugar. Assim, em 1995, mais de 40 mil crianças, só no estado de São Paulo, moviam ações judiciais (geralmente por meio das mães) para obter o reconhecimento legal dos seus pais, mediante comprovação por teste de DNA. Um caso célebre é o da filha bastarda do ex-jogador Pelé, fruto de um namoro passageiro do atleta com uma empregada doméstica, em sua juventude. O pai se recusou a reconhecê-la, apesar de ver a filiação comprovada em duas instâncias judiciais, após resultados positivos de DNA.[20] Há ainda outros casos noticiados publicamente e muitas vezes só resolvidos após longas batalhas judiciais, envolvendo artistas, políticos e jogadores famosos, como Romário, Edmundo, Diego Maradona, o cantor Roberto Carlos, o ex-governador de São Paulo Orestes Quércia e até o ex-presidente João Goulart.

Mas os casos judiciais constituem uma pequena parcela do quadro geral. No ano de 1992, 884 mil bebês brasileiros (ou seja, 27% do total de nascimentos no país) eram filhos de mães solteiras — ocorrência que não parou de crescer.[21] Em 2011, havia 5,5 milhões de crianças brasileiras sem o nome do pai na certidão de nascimento, segundo constatou o Conselho Nacional de Justiça, com base no Censo Escolar.[22] Entre 2005 e 2015, segundo dados do IBGE, o Brasil ganhou 1,1 milhão de novas famílias compostas de mães solo ou solteiras.[23] A gravidade dessas ocorrências ficou evidente numa campanha veiculada, a partir de 2005, em escolas públicas de São Paulo, visando solucionar os casos de abandono paterno e registros "incompletos" de crianças. As solicitações foram tantas que, a partir de 2017, um serviço gratuito passou a funcionar nas dependências de todas as unidades do órgão Poupatempo do estado de São Paulo, oferecendo até exames de DNA. Expostas nesses locais, as placas e cartazes "Encontre seu pai aqui" são emblemáticas daquilo que o promotor de justiça Maximiliano Roberto Ernesto Führer, criador da campanha, chamou de uma verdadeira "epidemia social".[24]

Além de indicar um grave problema relacionado à infância abandonada, tais fatos apontam também para rachaduras na identidade masculina como tal. O corolário inevitável é que, ao cair para fora de si, a semente do homem não lhe permite instaurar uma "casa" onde possa elaborar seus significados. Enquanto nômade que é, sua identidade está sempre *contida no outro*. Também nesse sentido o feminino é privilegiado, considerando que, para ser fecundo, o ovo precisa justamente permanecer dentro do útero, por nove meses. Atualizando ou não a maternidade, é ao redor desse núcleo que a mulher encontra elementos bem concretos para organizar sua identidade, na medida em que ela potencialmente *contém o outro*. Acusadas de medrosas, histéricas e inseguras, pode-se comprovar no dia a dia como as mulheres, em geral e a médio ou longo prazo, reagem na verdade com muito mais confiança diante de circunstâncias adversas, provavelmente por manterem contato maior com suas emoções — ainda que a curto prazo possam parecer mais frágeis.

Inúmeras situações do cotidiano podem demonstrar que, psicológica e até fisicamente, o homem está muito menos preparado do que a mulher para enfrentar episódios de crise pessoal. Para tanto, basta considerar a magnitude da incidência do alcoolismo masculino no mundo todo. Segundo o Relatório da Organização Mundial da Saúde para 2016 (publicado em 2018), das mais de 3 milhões de pessoas que morreram por uso abusivo de álcool, cerca de 2,3 milhões eram homens, algo como três quartos do total de mortos.[25] Em 2005, o II Levantamento Domiciliar sobre o Uso de Drogas Psicotrópicas no Brasil, envolvendo as 108 maiores cidades do país, constatou um índice de dependência alcoólica em 19,5% de homens contra 6,9% de mulheres. Para além dos óbitos, o alcoolismo masculino prevalece em relação aos danos físicos não letais, acidentes, violência (doméstica ou não), suicídios e interferências psicológicas. Neste último caso, dados do Datasus em 2011 mostraram que, no estado de São Paulo, 89,72% das internações por transtornos mentais e comportamentais ligadas ao abuso de álcool ocorriam na população masculina, contra 10,28% na população feminina.[26]

A fragilidade do macho pode chegar ao ponto de ele precisar de uma figura materna até o fim da vida, ainda que aparente grande segurança — ou talvez *porque* seja culturalmente obrigado a aparentá-la. Assim, aquele estereótipo de que homossexuais masculinos nunca se separam da mãe deveria, para ser verdadeiro, abranger também muitos machos dominantes. Dissimulada ou sublimadamente, esses homens vivem, em suas relações conjugais, um processo de "casamento" com a mãe, às voltas com sua inseparável *angústia de castração* — problema a ser discutido logo adiante.

Qual o signo mais visível do sêmen (semente emblemática e multiplicadora), enquanto afirmação biológica do masculino? É o pênis, órgão infinitamente mais frágil do que o útero. Este — sempre presente, silencioso e protegido no interior da mulher — dá um sinal inequívoco de sua existência, a cada mês, através da menstruação, ainda que possam acontecer intercorrências fisiológicas ou psicológicas. Com o pênis acontece o contrário: constituído para ser exposto e exercer uma função (na penetração), ele pode se recusar a essa atuação, mesmo quando seu dono a deseja, e comportar-se como se tivesse vontade própria. Além do mais, mesmo quando hasteado como falo conquistador, o órgão masculino está sempre sofrendo uma espécie de derrota no próprio auge de sua função dominadora. Como disse o psicanalista junguiano Eugene Monick, "cada vez que o falo explode em orgasmo ele morre. [...] O homem fica exaurido [...] como se estivesse tombando no túmulo — sua necessidade é de dormir".[27] A potentíssima energia da ejaculação (capaz de expelir a semente para longe) tem fôlego curto, pois no seu próprio auge o pênis se coloca à beira da derrota e da morte — como se tivesse consumido toda sua força no ato avassalador de ejacular. Ainda que seu poder propulsor possa ressuscitar a cada vez que enrijece outra vez, a repetição não está automaticamente ao alcance da vontade do macho, numa clara evidência de sua efêmera potência viril.

Esses percalços da sexualidade masculina refletem-se na própria linguagem. Por exemplo, há um irônico equívoco no "comer", expressão popular para "penetrar sexualmente" — tão presente na boca e na fantasia do macho brasileiro. No contexto dominador do masculino, seu imaginário o colocou no coito como aquele que está devorando. Mas a afirmação implica uma automática negação, pois sexualmente quem "come" é quem acaba sendo "comido"; e quem ataca está na verdade sendo atacado. Em outras palavras, aquele que penetra é de modo especial aquele que afunda na alteridade e, na ilusão de se apossar dela, lá se perde ao atingir o orgasmo. Ao mesmo tempo que conquista, o eu masculino vive sua queda. Mais: ele "morre", considerando-se a mencionada lassidão pós-coito do homem, tão famosa quanto irremediável.

Portanto, fundamentar sua definição a partir do pênis significa para o macho humano depender, em certa medida, do imponderável. Esse é o primeiro componente da sua crise: *ser não sendo*. Em outras palavras, ser a si mesmo dependendo do Outro. Esse mecanismo está bem ilustrado no caso do matador Jonas: suas seis balas são uma afirmação hiperbólica do poder do falo, que ejacula fogo e penetra reiteradamente o mesmo buraco, numa insistência em comprovar a enigmática (vale dizer, periclitante) masculinidade, que só se atualiza na insistência da penetração.

Mas o que seria do revólver sem a disponibilidade do seu alvo? O aspecto paradoxal desse mecanismo é que, no final das contas, o falo (pênis inflado) só pode ser falo graças à existência do buraco (que o infla). Em outros termos, ele só existe em consonância com o buraco atacado, que se torna um fator determinante da sua definição. Ocorre então uma inversão significante: o buraco "penetrado" é um elemento fundamental na configuração identitária do revólver que "penetra". O espaço oco se torna tão significativo quanto o revólver. Evidencia-se aí, outra vez, como o pênis/falo é a fonte de toda angústia masculina, seu paradoxo maior e, muitas vezes, sua verdadeira tragédia. Daí deriva o segundo componente da crise masculina: a necessidade permanente de referenciar-se ao seu oposto, o feminino — o que não tem pênis. Em outras palavras, o masculino se define contrapondo-se a uma negação tão importante quanto ele: uma negação que integra sua definição.

Sejam quais forem as soluções mais adequadas que os machos humanos deem às suas diferenciadas alternativas de prática sexual, trata-se sempre dos mesmos dramas comuns ao masculino, que eclodem muito cedo — ainda que possam ser bem mais intensos no caso dos meninos homossexuais, por sua maior dificuldade em encontrar figuras de identificação e assim sedimentar sua autoimagem. Segundo a psicanálise, desde a infância o menino vai desenvolvendo a consciência do seu pênis enquanto "parte essencial da imagem do ego" masculino. Já nessa fase, o mundo fica dividido entre quem tem e quem não tem pênis — ou seja, quem é não castrado e castrado. "O falo é considerado pela criança uma parte essencial da imagem do ego; a ameaça [da castração] que lhe diz respeito põe em perigo, de forma radical, essa imagem", na observação de Laplanche e Pontalis. Assim, o complexo de castração embute um forte impacto no narcisismo: perder o pênis significa perder sua identidade, ou seja, aquilo que define a si mesmo enquanto homem.[28]

Na verdade, para se afirmar como tal, o menino precisa romper com tudo o que esteja associado ao universo materno. Em outras palavras, quer se diferenciar da mãe através da afirmação do seu pênis. Segundo Freud, possuir um pênis significa para o varão um "repúdio à feminilidade"; perder o pênis, em contrapartida, equivaleria a ser passivo, quer dizer, feminino.[29] Ou, para repetir as palavras de Eugene Monick comentando Freud, "sem o falo, tudo é feminino".[30]

Chegando à adolescência, quando a situação se complexifica em termos hormonais, os rapazes enfrentam a agudização da sua consciência fálica, em função da qual se veem ante a circunstância de serem quase compulsoriamente lançados para fora de casa. Afinal, em casa só ficaram as mulheres, aquelas culturalmente encarregadas de cuidar do lar, mas também simbolicamente ligadas à intimidade das emoções e, portanto, à interioridade. Diante delas, o jovem macho já não satisfaz suas necessidades narcísicas de identificação a partir da projeção dessa consciência, digamos, genital — agudizando aquelas diferenças iniciais entre XY e XX. A dificuldade, com certeza, ultrapassa a questão dos cromossomos. Além de parir seus filhos, socialmente as mulheres são encarregadas de criá-los, quer dizer, constituir o lar.

A feminista americana Coppélia Kahn observa que, nesse ambiente feminino extremo, o desenvolvimento do senso de identidade será evidentemente muito mais fácil para uma menina do que para um menino. Ainda que tanto a menina quanto o menino percorram a mesma sequência materna de "união simbiótica, separação e individuação, identificação e amor objetal, a feminilidade da menina surge em relação a uma pessoa do mesmo sexo". Longe de idealizar o feminino, deve-se levar em conta que as tensões na sua construção identitária não são canceladas. Segundo Freud, "a intensa ligação da menina com sua mãe tem de ser fortemente ambivalente, e [...] precisamente essa ambivalência a impele ao afastamento [...], também devido a uma característica geral da sexualidade infantil".[31] Se o desdobramento da relação com a mãe pode gerar na menina uma mescla de amor e ódio, ainda assim a coincidência do seu senso de ego e do seu senso de feminilidade permite uma boa parcela de identificação inicial. Quanto ao menino, sua masculinidade tem que se configurar em relação ao *sexo oposto*, num processo de ruptura da união simbiótica original com a mãe. O núcleo da crise se forma aí. Ao contrário da menina, a identidade masculina se sente desde cedo ameaçada pelo diverso, provocando uma contradição difícil para sua personalidade em formação. "Enquanto o senso de *ego* no menino se inicia em união com o feminino, seu senso de *masculinidade* se configura contra isso."[32] A partir daí começa a se desenrolar um drama tão importante e comprometedor que vai compor o cerne da vida psíquica masculina.

Trata-se daquilo que Freud chamou de "complexo de castração", colocado por ele na base de inúmeras neuroses. No ponto mais alto da organização genital infantil, a percepção do menino "não admite senão um único órgão genital, o masculino, para ambos os sexos". Assim, desde muito cedo, o menino supõe um "primado do falo", segundo Freud. Quando descobre que as meninas não o têm, "a falta do pênis é interpretada como resultado de uma castração, surgindo então no menino o temor ante a possibilidade de uma mutilação análoga". Como nessa fase ainda não existe uma percepção clara da especificidade do feminino, "a antítese aqui é: genital masculino ou castrado". A análise de Freud conclui por uma superposição de opostos: "para avaliar a exata importância do complexo de castração é necessário atentar para o fato de que ele se manifesta na fase do primado do falo".[33] Assim, ao falar do masculino, é obrigatório começar pelo *pênis* e o *medo de perdê-lo*, pois o primado do falo já implica o complexo de castração. Ou seja, falo e castração estão sempre juntos.

Ao abordar a atividade fálica feminina, Freud via uma grande diferença dos efeitos do complexo de castração na mulher, com resultados comparativos surpreendentes em relação ao homem. Considerando que elabora o complexo de Édipo como "resultado final de um longo desenvolvimento", a mulher

> escapa às *fortes influências hostis que no homem atuam de forma destruidora* [...]. Por isso [nela] também são menores e menos relevantes as consequências culturais de sua desintegração [edípica]. Provavelmente não será errado dizer que essa diferença na relação entre o complexo de Édipo e o da castração marca indelevelmente o caráter da mulher como ser social.[34]

Enquanto isso, no homem, a importância do pênis é diretamente proporcional ao medo de perdê-lo. Por quê? Antes de tudo, as culturas falocêntricas – aquelas baseadas na primazia e no poder do falo – consagraram um artifício: transformaram o pênis (órgão físico) automaticamente em falo (valor de símbolo), e com isso geraram uma dramática confusão, consolidada na falocracia.

Como estou trabalhando indistintamente com Freud e Jung, é preciso apontar as diferentes nuances entre ambos na conceituação do "falo". Se Sigmund Freud não chegou a estabelecer uma distinção clara, a literatura psicanalítica contemporânea abordou com mais rigor a diferenciação entre "pênis" e "falo". Em linhas gerais, o pênis se refere ao órgão real masculino, enquanto o falo tem "valor de símbolo" não redutível ao órgão corporal. Ainda assim, permaneceu certa ambiguidade no estabelecimento de "uma distinção radical" – como no conceito de "inveja do pênis", objeto de muita controvérsia.[35] Ao agregar novas influências da antropologia e da linguística, Jacques Lacan complexificou o conceito de falo, mas basicamente veio desdobrar e reatualizar Freud. Admitindo que o falo não coincide com o órgão do prazer ou da soberania viril, Lacan aprofunda o mesmo ponto de partida biológico adotado por Freud, mas rejeita os pudores patriarcais ao acrescentar o clitóris junto ao pênis como órgãos físicos significantes do falo. Lacan vai ainda mais longe ao admitir o falo como o próprio significante do desejo, no conceito de "falo simbólico".[36]

Para Carl Gustav Jung, igualmente, "um símbolo fálico não representa o órgão sexual e sim a libido".[37] Em contrapartida, mesmo admitindo a questão fálica em ambos os sexos, Jung dá menos prioridade ao fator biológico e prefere abordar o falo numa instância estritamente psíquica, por meio dos conceitos de *anima* (presença do feminino no inconsciente do homem) e *animus* (presença masculina no inconsciente da mulher). No conceito junguiano, a representação simbólica tem desdobramentos mais amplos, que resgatam os mitos de culturas ancestrais e adentram o território dos arquétipos. Enquanto símbolo, o falo é representado nesses mitos como pênis ereto, ou seja, o pênis aparece como falo *in potentia*. Assim, o falo enquanto símbolo irradia seus sentidos no contexto de um inconsciente coletivo universal. A meu ver, o aspecto simbólico do falo se apresenta como instância coincidente entre as várias tendências da psicanálise. É a partir dessa possível convergência simbólica que continuarei me orientando.

Não seria possível dimensionar a questão fálica sem explicitar o sentido dos arquétipos da *anima* e do *animus*. Como já ficou indicado, a primeira está presente na psique masculina e o segundo na psique feminina. Isso significa que o masculino não se limita ao campo psíquico do homem nem o feminino ao campo psíquico da mulher. Ou seja, os gêneros não estão separados como territórios estanques. Através do *animus* feminino e da *anima* masculina, cada sexo engloba no inconsciente elementos do sexo oposto. Ao se debruçar sobre esses dois conceitos propostos por seu marido Carl Gustav, a psicanalista Emma Jung os definiu como "características femininas no homem e masculinas na mulher que normalmente estão sempre presentes em determinada medida". Arquétipos enraizados no inconsciente coletivo, *animus* e *anima* "constroem uma espécie de elo de ligação entre o [...] consciente e o inconsciente", segundo ela. Essas funções anímicas se comportam "de forma compensatória em relação à personalidade externa, de certo modo uma personalidade interna que apresenta aquelas propriedades que faltam à personalidade externa, consciente e manifesta".[38] Em resumo, através do *animus* feminino e da *anima* masculina, cada sexo engloba no inconsciente elementos do sexo oposto, segundo Emma Jung.*

* Talvez seja elucidativo acrescentar uma referência biográfica. Herdeira de uma fortuna que permitiu financiar as pesquisas do marido, Emma Jung – nascida Rauschenbach – reclamava com o próprio Freud que se sentia isolada e oprimida pelo poder de Carl Gustav, inclusive por seu temperamento explosivo e extrovertido, que não excluía relacionamentos amorosos fora do casamento. Assumidamente feminista já na década de 1930, não surpreende que Emma tenha dado prioridade à abordagem do *animus* feminino, em palestra de 1931, no afã

O *phallós* (no sentido junguiano) é a "energia com a qual se mobiliza a individualidade", o poder que cria. Portanto, não se trata em absoluto de "uma característica apenas masculina". Na concepção junguiana, o *animus*, chamado por James Wyly de "homem interior para as mulheres", também exerce uma função semelhante de criação e poder fálico.[39] Ao se confundir pênis com falo, a posse do pênis – prerrogativa do macho – tornou-se posse exclusiva do poder simbolicamente presente no falo (representado como pênis ereto), que é uma figura procriadora, conquistadora e dominadora, mas destacável de qualquer objeto concreto.

Assim, o macho (dono de um pênis físico) passou a se considerar automaticamente o repositório único de todo poder fálico. Com isso, além de ganhar uma pesada responsabilidade perante si mesmo, o pênis se tornou sobretudo um competidor perante outros pênis. O homem não pode ser vencido, sob pena de perder o falo e, por força dessa confusão, o próprio pênis. Para Freud e a psicanálise, tal equívoco está na base do complexo de castração: atribui-se "ao órgão masculino um papel prevalecente, desta vez como símbolo, na medida em que sua ausência ou sua presença transforma uma diferença anatômica em critério principal de classificação dos seres humanos". Mas tal presença ou ausência não pode ser redutível a um dado puro e simples; ao contrário, trata-se do "resultado problemático de um processo intra e intersubjetivo".[40]

No contexto do complexo de Édipo freudiano, o complexo de castração é um sentimento ambivalente de atração e competição que o filho tem perante o progenitor (por quem fantasia ser possuído).[41] O medo da castração começa, portanto, muito cedo. Ele nasce praticamente junto com a consciência genital do masculino e se projeta para toda a vida. Mas há alguns psicanalistas,

---

de estudar a força criativa da psique da mulher e sua capacidade de trabalhar com significantes, enquanto o homem preferia significados. Registre-se que ela só foi abordar a *anima* masculina em palestra de 1955. Mãe de cinco filhos, ao mesmo tempo Emma estudava latim, grego, matemática, psicologia e dava palestras, além de ter sido uma das diretoras do famoso C. G. Jung Institut, em Zurique. Faz parte de razões paradoxais que as inovadoras conceituações de *animus* e *anima* tenham sido elaboradas no meio social falocêntrico em que Carl Gustav Jung viveu. Com certeza o fundador da psicologia analítica encontrou mais do que respaldo na interlocução com sua culta esposa Emma para chegar à percepção de que masculino e feminino compartilham universalmente o falo na psique de homens e mulheres (ver Emma Jung, *Animus e anima*, pp. 7-8).

como Melanie Klein, que acreditam numa primeira experiência de castração já quando a criança sofre o processo do desmame: ao perder o seio materno, experimentado como analogia do pênis, o menino vê roubado seu próprio falo.[42]

O psicanalista junguiano Eugene Monick considera a ameaça da castração um fato *inevitável* e *onipresente* no homem, que tende a emergir sempre que o domínio sobre sua identidade masculina é ameaçado.[43] De fato, a derrota para um outro homem faz reviver a castração da mãe e acentua seu medo infantil de ser castrado. Assim, para o macho, qualquer perda "implica a perda do falo" — seja com dinheiro, em propriedades, no amor, com a mulher, com os filhos, na sua posição profissional, em influência social. Todos esses elementos repercutem no homem como uma perda de autoridade e, mais grave, uma provável perda de identidade masculina.[44]

Por tudo isso, Freud já observava que um dos passos mais difíceis no processo analítico dos homens é compreender que "uma atitude passiva frente aos varões nem sempre significa a castração e é indispensável em muitas relações de vida". Ao contrário, o homem se encastela numa "rebelde hipercompensação", negando-se a "sujeitar-se a um pai substituto ou a se sentir em dívida com ele".[45] Assim, confirma-se como o macho se define pelo seu pênis tornado falo, e nele repousa a raiz do conceito de masculino. Convém lembrar: é sobre o falo que se articulou a própria base da civilização patriarcal, portanto falocêntrica.

Equivocadamente, o falo se tornou não apenas um símbolo, mas o componente básico do masculino — dando razão ao provérbio popular de que "um homem sempre pensa com o pênis". E isso que é a fonte de sua força se torna também a origem de sua fraqueza, sempre que se toma a parte pelo todo. Basta lembrar que o pênis fica ereto — isto é, torna-se *falo* — até mesmo contra a intenção do ego, e desobedece a ele, quase dono de vontade própria. Desse modo, chega-se a falar em "autonomia do falo".[46] Pode-se concluir, portanto, que a cultura falocêntrica se elaborou inteiramente a partir do pênis, um órgão de extrema fragilidade, o que revela a origem das contradições do seu falacioso poder fálico.

4. Representações do falo

A força fálica não é necessariamente pejorativa nem negativa. A autonomia do falo revela uma semelhança intrínseca com a autonomia do inconsciente e aponta para um significado até mesmo religioso. Mircea Eliade, grande estudioso das mitologias e religiões, manifestava a convicção de que, "exceto para o mundo moderno, a sexualidade foi sempre e em toda parte uma hierofania, e o ato sexual um ato integral (logo, *também* um meio de conhecimento)".[1] Considerando hierofania como "manifestação do sagrado", a sexualidade seria então uma maneira de experienciar o cosmos, uma entrada no mistério da criação, e teria como função maior revelar aos seres humanos aquilo que está além do ego.[2] Em outras palavras, para Eliade e muitos estudiosos junguianos, o sentido da sexualidade seria *revelar o divino presente no humano*.[3]

Ora, o falo é um componente tão importante da sexualidade que se tornou arquetípico, enquanto símbolo universal da fertilidade e do gozo. No extremo oposto do cristianismo e sua doutrina antissexual, a religião xivaísta (que passou da Índia para a Grécia através do dionisismo) acreditava no gozo como imagem do estado divino. Para o xivaísmo, o mais antigo sistema religioso conhecido, o órgão sexual tem um papel duplo: o inferior da procriação e o superior, que "é um meio de contato com o estado divino, o êxtase do prazer", capaz de revelar uma realidade sagrada e levar à realização do espiritual, segundo o historiador e indólogo Alain Daniélou. Quer dizer, se o orgasmo é o ponto de união com a divindade, a busca do prazer sexual implica uma busca da felicidade sagrada. No *Shiva Purana* hindu, um dos textos-base do xivaísmo, o próprio deus Shiva afirma: "Onde há um sexo erguido, aí estou presente. [...] O falo é o símbolo do deus".[4]

Nessa mesma perspectiva, Eugene Monick sugere que a consciência do falo pode ser para o homem uma experiência religiosa, no sentido de realizar uma conexão com a realidade arquetípica do masculino. Ou seja, é sobretudo através do falo, fulcro da sua sexualidade, que o homem experimenta a revelação do divino arquetípico. Quando usa o seu pênis em atividades banais como urinar, ele não se dá conta do "reservatório de energia que está em sua mão, a ferramenta cósmica" que o coloca em contato com a própria imagem masculina de um deus – um arquétipo da divindade que interfere e se infla quando menos se espera, marcando sua irrefreável presença.[5]

Tal abordagem arquetípica parte do fato de que, historicamente, o falo veio adquirindo, na experiência humana, conotações míticas e sagradas de consequências muito importantes para o processo identitário masculino. Numa das mais antigas civilizações conhecidas, 5 mil anos atrás, as tábuas cuneiformes encontradas na cidade suméria de Eridu (sul do atual Iraque) relatavam as proezas do deus Enki, considerado o "Organizador do Universo". Já presente na famosa epopeia de Gilgamesh, o deus aparece no poema sumeriano "Enki e a ordem do mundo" criando, com a força do seu pênis, os rios Eufrates e Tigre, cruciais para a vida na região: "Depois que o Pai Enki ergueu os olhos para o Eufrates, levantou-se cheio de luxúria como um touro ao atacar. Ergueu o pênis, ejaculou, encheu o Eufrates de água corrente. Ao levantar seu pênis, trouxe um presente nupcial. O Tigre alegrou-se em seu coração, como um grande touro selvagem, ao nascer".[6]

À semelhança do deus Shiva hindu, no Egito de 4 mil anos atrás o deus Atum considerava-se o criador de todos os seres. Segundo hieróglifos encontrados no interior de pirâmides, Atum dizia: "O meu punho tornou-se minha esposa. Copulei com a minha mão". Na prática da masturbação sagrada, ele criou outros deuses primordiais e a própria vida a partir do seu sêmen dispersado. No Egito antigo, Min era outro importante deus ligado à procriação e à fertilidade, a tal ponto que se acreditava ter sido pai de si mesmo. Os desenhos que o representam trazem a figura de um homem de pênis proeminente e permanentemente ereto. Para garantir a continuidade de sua linhagem com filhos, o faraó e a rainha celebravam Min em procissões solenes, seguidos por um touro branco, animal sagrado em que o deus estaria encarnado.[7]

Segundo o psicanalista dinamarquês Thorkil Vanggaard, estudioso dos sentidos míticos do falo, entre os antigos gregos o pênis estava longe de ser visto como *pudendum*, algo que desperta vergonha e precisa ser oculto. Ao contrário, a palavra grega para designar a atitude diante do órgão genital era *aidós*, temor reverencial, pois considerava-se o próprio órgão *aidoios*, ou seja, venerável e digno de respeito.[8] Esculturas fálicas podem ser encontradas em inúmeras partes do mundo. Na Grécia, as mais antigas datam da Idade da Pedra. O culto fálico constituía uma parte importante da religião e cultura helênicas. Tanto nos templos quanto diante das casas de Atenas existiam as *hermas*, colunas encimadas pela escultura de uma cabeça masculina e um falo protuberante, sem o resto do corpo. Elas eram fincadas também nas encruzilhadas, e recebiam ofertas regulares dos fiéis, que imploravam bênção, proteção e bom augúrio. As concorridíssimas festas de Dioniso, realizadas nas casas, vilas e pelo próprio Estado, enchiam-se de falos enormes que se carregavam em procissão e também de representações fálicas que os fiéis amarravam no próprio corpo.[9] Na Escandinávia, são conhecidos inúmeros petróglifos com representações fálicas a partir da Idade do Bronze. Thorkil Vanggaard considera o falo como símbolo central nas manifestações religiosas desse período escandinavo, atingindo o ápice nos festivais anuais que aconteciam provavelmente "durante os solstícios de inverno e verão, quando o ano devia ser colocado em seu rumo certo".[10]

Em um grande número de religiões antigas, o falo teve um papel fundamental nos mais diversos rituais, sobretudo os de iniciação e fertilidade, acreditando-se que a imagem fálica era auspiciosa para as colheitas, trazia sorte e afastava o perigo. No xivaísmo, os textos sagrados até hoje existentes aconselham o uso da imagem do *Linga* (falo) para proteger contra o raio e outras calamidades. No Egito antigo e no mundo greco-romano, o falo instalado nos templos tinha o poder de afastar as forças demoníacas e, nos campos, protegia a colheita, o que vigorou até recentemente no sul da Itália. Aliás, nos países mediterrâneos, ainda hoje os homens tocam sua genitália para afastar o mau-olhado, reminiscência da crença antiga.[11] A própria mania do macho latino de "coçar o saco", como exibicionismo de virilidade, pode ser um resquício distorcido dessa mesma religiosidade arcaica.

Também é possível ver aí um pendor exibicionista como parte da tradição. Na Europa do período renascentista, reis e homens poderosos dependuravam uma espécie de tapa-sexo sobressalente na altura da braguilha. Tratava-se do famoso "*codpiece*", importante item da moda masculina, uma bolsinha em geral acolchoada e colorida que se amarrava na altura da braguilha, sobre a calça ou calção, de modo a sugerir um pênis em ereção permanente.* Para além do exibicionismo, a ênfase no órgão revela justamente aquilo que mais se quer esconder: uma integridade fálica vacilante, no dizer de David M. Friedman. Tanto que, em 1536, o rei inglês Henrique VIII mandou decapitar por traição e feitiçaria sua segunda esposa, Ana Bolena, após ter perdido o interesse sexual por ela. Não por acaso, o rei ostentava os mais volumosos *codpieces* da Inglaterra, como se constata em seus retratos pintados e especialmente na armadura que usava, com uma notável protuberância em metal na altura do sexo.[12] Inconscientemente, ele o ostentava como um recurso defensivo ante o seu medo da castração.

Não se pode esquecer um outro aspecto, o do arquétipo. Na condição arquetípica que remete ao sagrado, o falo exerce um fascínio universal. Num ensaio de 1866, Thomas Wright lembrava que "um nome do órgão masculino entre os romanos era *fascinum*".[13] Ora, *fascinum* significava também sortilégio, daí encantamento e fascinação.[14] Para Eugene Monick, a fascinação é uma ligação da alma, resultado da capacidade que o símbolo tem de seduzir, quer dizer, atrair emocionalmente e cativar. É assim que se podem entender, por exemplo, os olhares furtivos e irrefreáveis que os homens nus trocam entre si nos vestiários públicos. E não é, certamente, por outro motivo senão curiosidade emulatória (provocada pelo fascínio) que a maioria dos espectadores dos filmes pornôs heterossexuais são homens.

Aliás, é de notar como nesses filmes as câmeras (geralmente manipuladas por profissionais homens) raramente focalizam outras partes masculinas além do pênis ereto. Para atrair freguesia masculina, os michês ou prostitutos viris encontrados nas esquinas das grandes cidades costumam colocar chumaços

* *Codpieces* estão presentes nas armaduras de Darth Vader e dos Storm Troopers, da série *Guerra nas estrelas*, e no uniforme da gangue juvenil do filme *Laranja mecânica*, de Stanley Kubrick, assim como nas indumentárias de Batman e Robin, no cinema e nos quadrinhos. Ver: <www.artofmanliness.com/articles/bringing-back-the-codpiece>. Acesso em: 5 jul. 2020.

de algodão na altura do sexo. Mas também é comum travestis gozarem de maior sucesso com a clientela quanto maior for seu membro viril e sua potência sexual. O psicanalista Hugo Denizart recolheu testemunhos de travestis prostitutas, bastante reiterativas a respeito. Assim, a travesti Jossy conta que os clientes "me querem funcionando organicamente com tudo em dia". E a travesti Diana explica: "Sou mais ativa, porque sou bem adotada [sic]. Quando eles [os clientes] veem o meu pênis, ficam loucos!". A travesti Beatriz diz que os clientes "adoram dar, mais do que a gente, a maioria". O fato é enfatizado pela travesti Adriana: "Quando o travesti não come, eles (os clientes) ficam revoltados". A travesti Benê exemplifica: "A gente sai com um homão que não tem jeito de ser efeminado. [...] Mas aí [...] ele acaba sendo passivo. É mais emocionante!". E a travesti Petra: "Tem dia que eu faço cinco programas na rua e não dou nenhuma vez. Só como". Ainda assim, contam elas, a maioria dos seus clientes não se considera homossexual. "São, geralmente, homens casados. É muito difícil [ter] homem solteiro", reitera a travesti Luciana.[15]

Socialmente, os adultos heterossexuais tendem a recalcar o fascínio masculino pelo falo, que os deixa constrangidos. Devido às proibições culturais introjetadas, tal sedução parece-lhes mais apropriada para as mulheres. Na pior das hipóteses, o encanto do falo acaba provocando terror no macho dominante, por indicar supostas tendências homossexuais.[16]

Para além dos consultórios psicoterapêuticos, o cotidiano das sociedades modernas apresenta exemplos de como esse terror masculino, a partir da fantasia de castração, verte-se em diferentes psicopatologias (que analisaremos adiante). Por ora, basta mencionar a sombra da castração na toxicomania que incide especialmente em meio à população masculina, conforme estatísticas já apresentadas. Como vimos, no homem, a angústia da castração se concentra na ameaça de perder o seu "órgão de imenso valor narcísico", o pênis. Segundo o psicanalista Douglas Rodrigo Pereira, abre-se então uma "fratura narcísica", levando ao impacto da castração como incompletude e desamparo, contra a ilusão de onipotência que o pênis lhe promete. Na relação psicopatológica com a droga, a compulsão à repetição pode ser considerada um esforço reiterado de afirmação do falo através do gozo, em resposta ao fantasma da castração. Assim, a compulsão da droga "poderia ser um modo específico de afastamento da castração", uma maneira de negar a fratura narcísica imposta pelo medo de perder o falo. Mas esse mecanismo de negação está "fadado ao fracasso, pois ele não é permanente, visto que os efeitos psíquicos passam e a castração torna a se impor". Como o gozo permanente é inalcançável na droga, a frustração leva à compulsão. Aquilo que pareceria um remédio é também um veneno para a ferida narcísica do macho humano.[17]

Como se vê, fetiches se propõem a ocupar o lugar do falo. Na verdade, para Freud, o fetiche opera sempre como um substituto do falo, associado aos mais diversos objetos ou representações simbólicas daquilo que falta. No nível das fantasias do inconsciente, o fetiche cumpre, diante da castração, uma função reveladora que, ao mesmo tempo, garante sua força protetora. Ou seja, "subsiste como um emblema do triunfo sobre a ameaça de castração e como salvaguarda contra ela. [...] O próprio fetiche acolhe em sua estrutura tanto o repúdio quanto a afirmação da castração".[18] Para Lacan, o fetiche é o véu que encobre o falo inexistente, mas ao revelar essa ausência ele se torna presença real, enquanto véu. Segundo Lacan, o fetichismo levanta esta questão: "Por que o véu é mais precioso para o homem que a realidade? Por que a ordem dessa relação ilusória se torna um constituinte essencial, necessário, de sua relação com o objeto?".[19] No caso, a realidade do objeto desejado não podendo ser alcançada, substitui-se por outra realidade no nível do simbólico, carregada de igual peso libidinal.

Emblematicamente, esse detalhe substitutivo comparece já nos mitos antigos. O historiador e mitólogo Bernard Sergent colheu (do relato de Clemente de Alexandria) um episódio emblemático do mito dionisíaco. Precisando resgatar sua mãe Sêmele das profundezas do Hades (universo dos mortos), o jovem Dioniso desconhecia como chegar lá. Prosimno (ou Polimno) — um sacerdote que teria sido seu *erastes* (instrutor-amante) — ensinou-lhe o caminho, mas exigiu em troca que ao regressar o jovem "se entregasse a ele nos prazeres do amor". Deus do gozo, Dioniso aceitou e fez o juramento, de bom grado. Ao voltar do Hades, descobriu que Prosimno morrera. Movido pela paixão, foi ao túmulo do seu amante para cumprir a jura. Cortou um galho de figueira, talhou o "na forma de um membro viril" e o usou sexualmente, em pagamento da promessa ao morto — e, ato contínuo, espetou na tumba o bastão talhado. Era em função desse mito que se consagravam falos a Dioniso e se cantavam hinos fálicos nas procissões dionisíacas (as falofórias) da época clássica.[20] Assim, já na mitologia o fetiche aparece em substituição ao falo, como dildo mítico.

É preciso notar que foi o próprio terror secular que introjetou a sedução masculina pelo falo (do pai como presença e da mãe – o Outro – como ausência), jogando-a para o inconsciente. Ou seja: a divindade fálica tal como existente na Antiguidade (no xivaísmo, por exemplo) desapareceu do mundo moderno, no nível do consciente, e se transferiu para o inconsciente, no qual exerce uma influência ainda mais marcante, por meio da sua imagem arquetípica que pervaga séculos e culturas. Segundo Eugene Monick, o padrão fálico enraizou-se, portanto, no psiquismo profundo e se tornou "tão inato quanto a própria masculinidade".[21] Por todo esse componente mítico, historicamente vinculado a interdições e, portanto, recalcado no inconsciente, pode-se compreender como a possibilidade de perder o falo torna-se um pesadelo. É o que será discutido com mais detalhes no capítulo 13, sobre a homossexualidade masculina.

5. O pai caçador e o filho abandonado

As artes têm espelhado com grande riqueza uma galeria de figuras paternas. Não por acaso, são geralmente negativas. Na literatura, sua marca oscila entre a ausência e a dominação autoritária, que vai do rei Lear de Shakespeare ao monstruoso pai de *O castelo do homem sem alma*, de A. J. Cronin, passando pela *Carta ao pai*, de Franz Kafka. O cinema também deixou retratos patéticos de figuras paternas, bastando dar os exemplos de obras-primas como *Pai patrão* (1977), filme italiano de Paolo e Vittorio Taviani, e o australiano *Shine: Brilhante* (1996), de Scott Hicks – ambos detalhando de diferentes maneiras a mesma devastadora prepotência do pai.

No Brasil, deve-se mencionar o romance *Lavoura arcaica* (1975), de Raduan Nassar, adaptado para o cinema por Luiz Fernando Carvalho em 2001. Apesar das diferenças de linguagem, ambas as obras convergem na beleza barroca com que narram uma tragédia familiar de imigrantes libaneses, em típico contexto patriarcal, a partir do embate entre um pai autoritário e um filho rebelde. Enquanto guardião da tradição, o pai desarticula a família e provoca a dissolução da própria ordem que pretendia defender, cavando um abismo para seu mundo e o sonho mítico que o embasava.

Nas artes plásticas, é impossível não trazer à lembrança a célebre criação do homem pintada pelo italiano Michelangelo Buonarroti na Capela Sistina, onde Deus e Adão estendem os braços um ao outro, numa tentativa congelada de tocar os dedos, sem nunca conseguir. Mais do que um toque criador, sente-se aí uma confissão de impotência que o pintor fixou para sempre no vazio. Há nessa impossibilidade quase uma interdição: o homem foi criado, mas não poderá ser de novo tocado pelo criador. É uma cena simbólica da difícil relação pai-filho.

Tal circunstância foi estampada à perfeição numa peça pouco conhecida do dramaturgo paulista Jorge Andrade: *Rasto atrás* (1965). Extremamente autobiográfica, ela narra o embate entre o filho Vicente, um autor de peças de teatro em ascensão, e o pai fazendeiro, João José, um caçador compulsivo que parou no tempo — típico *puer aeternus* (eterno menino) transformado em "pai ferido". Todos os temas da incomunicabilidade paterna estão aí presentes, a começar pela emblemática figura do *pai caçador*. A narrativa acontece em vários planos dramatúrgico-temporais, mesclando em cena diferentes períodos da história narrada, com extraordinário resultado dramático. Enfiado na decadente fazenda da família, o pai não comparece sequer ao nascimento do filho único, em cujo parto a mulher morre. Cada vez mais encaramujado em si mesmo, ele só reencontra o filho nos momentos de folga entre uma caçada e outra. O máximo de comunicação que consegue com o pequeno Vicente é tentar passar-lhe seus conhecimentos de caçador, para ensinar-lhe a única coisa que importa: encurralar uma onça e vencê-la.

Rodeado pelas tias solteironas e por uma avó matriarca, mulheres que permanecem solitárias em casa, desde muito cedo Vicente revela paixão pelos livros, que chega a ler escondido debaixo da cama, para evitar as agressões paternas. De fato, ele recusa o universo do pai: prefere suspirar, olhando a lua cheia, a sair dando tiro em onças. Em contrapartida, desanimado com o rechaço às suas investidas, o pai começa a duvidar da virilidade do filho. No decorrer dos anos, as rixas entre ambos vão crescendo, até chegarem ao embate físico. No auge da peça, os três Vicentes (com cinco, quinze e 23 anos de idade) misturam-se fantasticamente num mesmo plano cênico e enfrentam o pai, numa das cenas mais contundentes do teatro brasileiro que conheço. João José passa então de caçador a caça, e "os filhos" rebelam-se contra ele: Vicente toma definitivamente o partido da onça e mata o cachorro caçador. Acuado, o pai rasga-lhe os livros. "Por mais que eu olhe em você, não vejo nada meu", reclama João José. "Nem você parece meu pai", retruca Vicente. E o pai: "Você não passa de um vencido". E o jovem Vicente: "Vencido é o senhor, que só caçou na vida". O pai: "Nunca voltei sem minhas caças. E você? Nem caçar". O filho: "Não sei me divertir com a morte de um animal. Isto é que é ser homem?". No final da discussão, o pai esbofeteia o filho e o agarra, em meio a uma incitação de sentido dúbio: "Defenda-se! Venha sentir o peso de um homem!". Através da briga, pai e filho estão, pela primeira vez, abraçados. Remetendo aos dramas bíblicos, o filho admoesta, antes de ir embora: "Eu vou vencer. E não quero nada seu. Nem seu nome!". De fato, Vicente passa a usar um outro sobrenome.

Ao final, quando o filho já maduro e famoso volta à cidade natal para reencontrar o pai ancião, a reconciliação tão necessária mostra-se impossível. Estão um em frente ao outro. Incapaz de chorar, João José dá-se por vencido e confessa: "Eu... não podia compreender, meu filho!". Entrega-lhe de presente seus troféus: um laço de boi feito de couro de anta e a mais bonita cabeça de cervo da sua coleção. Comovidos, ambos têm um brusco movimento para se enlaçar, finalmente. Mas, antes que o abraço se concretize, eles se refreiam e param um diante do outro, constrangidos. Nunca realizado, o abraço final fica apenas sugerido no ar, enquanto se ouve um lamentoso apito de trem, distanciando-se até silenciar.[1] Não se poderia abordar de maneira mais expressiva e com tanta grandeza de componentes a problemática do pai errante.

No drama da crise do masculino, a figura paterna é esquiva, mas fundamental. Conforme afirma o psicanalista Paulo Roberto Ceccarelli, a identificação com o pai constitui a chave para compreender a masculinidade. De fato, "é essencialmente através da relação do menino com seu próprio pai ou com aquele que assume este papel, através dos processos identificatórios, que ele — o menino — construirá sua masculinidade dentro das particularidades do sistema social no qual está inserido".[2] Afinal, quem é esse homem encarregado de passar sua virilidade ao filho? A resposta a essa pergunta resulta tão difícil quanto a própria definição do masculino. Segundo a teoria edipiana de Freud, o menino tem com o pai uma relação ambivalente: sente, ao mesmo tempo, amor ao protetor e ódio ao rival, marido da mãe — "gostaria de ser como ele e ao mesmo tempo suprimi-lo".[3] O medo de ser castigado pelo pai com a castração, no entanto, levará o menino a recalcar tal ódio, deslocando a hostilidade para um objeto substitutivo, que pode resultar em fobia. Assim, "graças ao objeto fóbico, a criança pode dar livre vazão à hostilidade nascida da rivalidade com o pai, mas também à afeição dirigida ao pai, pois o objeto temido é também procurado".[4] Do mesmo modo, a ternura sentida pelo pai será camuflada. Isso se evidencia nos jogos entre adolescentes amigos, nos quais a ternura recalcada diante do pai emerge através da violência mútua. Ou seja, o rapazinho escapa da ambivalência diante do pai transferindo-a para outros objetivos. Assim, é possível encontrar explicação para a violência masculina não só na competição fálica entre machos, mas também na relação mal resolvida com o pai.

Mais ou menos na linha enunciada por Sándor Ferenczi (que será detalhada adiante), é possível pensar que os homens adultos mantêm entre si essa mesma agressividade "adolescente", continuando o processo de rejeição à ternura paterna. A partir da dubiedade dos sentimentos infantis, a imagem paterna deixará rastros por toda a vida adulta. "Do pai protetor da infância — o onipotente 'pai herói' profundamente admirado, por vezes idolatrado, mas também temido — ficará a 'nostalgia do pai', sentimento que coincide com a necessidade de proteção ligada ao desamparo humano", o que comporta no filho uma necessária confissão de fragilidade. O fantasma do pai pode estar na origem tanto da paranoia quanto de certas perversões masculinas, graças às fantasias homossexuais presentes nessa "nostalgia do pai" e não integradas ao eu.[5]

Entre os homens, a necessidade da figura paterna se agudiza em função da sua autoimagem. Daí, um dos grandes problemas de identidade encravados na própria raiz do masculino é a ausência paterna. Nas sociedades industriais, a imagem típica do pai é a daquele que sai de casa bem cedo, para trabalhar, e só volta à noite, muitas vezes ainda mais tarde por ter ido tomar cerveja com os amigos, após o trabalho. No entanto, as mães de hoje também trabalham fora e, ainda assim, muito frequentemente carregam sozinhas a responsabilidade pelos filhos pequenos. Quanto mais patriarcalizada a sociedade, mais esse quadro se acentua. O psicólogo americano Henry Biller, especialista em paternidade e saúde masculina, constatou que quanto mais cedo os meninos sofrem com a ausência do pai, mais prejudicados ficam em sua personalidade, comparativamente a outros em idade mais avançada, igualmente privados do pai.[6]

Como admite Élisabeth Badinter, muitos homens relutam em desacelerar sua vida profissional e mudar seu estilo de vida em função de um filho pequeno. Não por acaso, inúmeros estudos constataram a existência de um pai ausente e frio, ou agressivo e cheio de ressentimento contra os filhos. Uma pesquisa francesa realizada em 1985 indicou que 27% dos pais separados nunca mais viam os filhos e, na mesma proporção, nunca contribuíam com um centavo de pensão alimentícia.[7] É verdade que, em todo o mundo, tal situação veio se modificando com o passar do tempo. No Brasil, o número de registros de guarda compartilhada quase triplicou entre 2014 e 2017, passando de 7,5% em casais divorciados com filhos menores para 20,9%, de acordo com as Estatísticas do Registro Civil, do IBGE. Apesar dessa evolução positiva, a masculinidade tóxica enraizada nas sociedades atuais ainda impede uma divisão equilibrada da participação de pais e mães na educação dos filhos. Esse é sem dúvida o caso do Brasil, onde, em 2018, nas Grandes Regiões, 65,4% das guardas dos filhos menores, por ocasião do divórcio judicial, ficaram sob a responsabilidade das mulheres.[8]

Nos casos em que os pais não assumem a educação dos filhos, ou — mesmo quando o fazem — não criam um real compromisso afetivo, fica difícil transmitir a eles uma imagem positiva da virilidade. Ao contrário, esses filhos só podem se sentir abandonados e órfãos. Nos anos 1990, o psicólogo norte-americano Samuel Osherson analisou a "doença do pai", que atingiria homens entre trinta e quarenta anos de idade. Passada a fase de criar os filhos, eles tentariam mais uma vez resgatar seus próprios pais e, dentro de si, encontrariam um vazio, quando não a figura de um tirano decadente. Em todos os sentidos, estava ali um estranho. O pai autoritário, insensível e sobretudo ausente consta como figura arquetípica em relatos de infância, seja nos consultórios, seja na indústria cultural — com a *Carta ao pai*, de Franz Kafka, no início dessa linhagem.[9]

A ausência paterna não existe sempre ao pé da letra. Como diz Élisabeth Badinter, com muita frequência o pai pode estar presente apenas como um fantasma: não conversa com os filhos, recusa-se a se mostrar vulnerável e oculta seus sentimentos, especialmente aqueles de ternura. "A necessidade íntima do filho de ser reconhecido e confirmado pelo pai choca-se com a lei do silêncio", diz Badinter. Isso tem resultados graves. Sem o necessário reforço, sua masculinidade em construção fica inacabada, por causa da ausência paterna. Como herança deixada de pai para filho, ocorre a impossibilidade de expressão de sentimentos de ternura — sobretudo em relação a outros homens. Criou-se um "pai ferido" (expressão consagrada nos estudos sobre o masculino), que por sua vez fere o filho, ao lhe impedir o acesso à afetividade. Em resumo, o "pai faltante" impulsiona a tal "doença do pai", que passa de geração em geração, graças a um "pai ferido" que, por sua vez, recebeu igual ferimento do pai.[10]

Essa odisseia masculina intergeracional aparece de forma contundente num conto de João Guimarães Rosa. "A terceira margem do rio" narra a história de um homem que, sem explicação, abandona a mulher e os filhos para viver dentro de uma canoa no meio de um rio. Recusando-se a voltar para casa ou descer em terra, o pai navega na mesma região, durante anos, debaixo de sol e chuva, até envelhecer. Quando a família vai embora, apenas um dos filhos permanece e lhe deixa alimento diário na margem. Culpado de algo que não sabe, um dia o filho se propõe tomar o lugar do pai, que concorda em deixar a canoa. Aterrorizado pela visão fantasmática daquele velho sujo e barbudo que se dirige a ele, o filho foge. Mais tarde, arrependido, pergunta-se: "Sou homem, depois desse falimento?". E responde a si mesmo: "Sou o que não foi". No final da vida, como último desejo, pede que o depositem "numa canoinha de nada", nas águas do mesmo rio, repetindo a busca paterna.

A narrativa levanta questões arquetípicas: para onde teria ido esse pai e por que recusa seus papéis? A "terceira margem", solução engendrada por ele, é ao mesmo tempo um território conhecido e enigmático, rejeitado e abraçado. Num exílio fechado em si mesmo, ele assume um eu que é espaço de negação. Afinal, o rio não seria o território da mãe, o feminino como lugar do Outro em que, ao renegar o seu papel, ele procura segurança? Por sua vez, a continuidade almejada pelo filho não ocorre sem conflito entre amar e rejeitar o pai. Por culpa, ele almeja ocupar o mesmo lugar do mistério paterno. Mas sabe que seu eu se perderá, na tentativa de se decifrar.[11]

Freud abordou a desesperada busca do pai ao analisar, em 1928, a personalidade doentia do escritor russo Fiódor Dostoiévski, a partir de circunstâncias muito particulares ligadas ao complexo de Édipo. Para Freud, Dostoiévski teria "criado" neuroticamente seus ataques epilépticos como "vivências de morte", primeiro para se punir, pois se sentia culpado pela morte (fantasiosamente desejada) do pai, que de fato fora assassinado na adolescência do escritor. Por outro lado, tais ataques ocorriam num contexto de "intensa disposição bissexual": além de temer o pai como rival (e ter *medo* de ser castrado por punição competitiva), Dostoiévski "morria" no ataque epiléptico para reencontrar-se amorosamente com o pai defunto, a quem ao mesmo tempo queria como objeto erótico (portanto, sentia *desejo* de ser castrado, para tornar-se a mulher do pai).

Sintomas disso seriam a compulsão do escritor pelo jogo de cartas (fantasia masturbatória) e sua homossexualidade latente, que segundo Freud se manifestava em três circunstâncias de sua vida: a grande importância de suas amizades masculinas, a atitude "singularmente carinhosa para com seus rivais no amor" e passagens de sua obra literária que apontam para o recalque dessa pulsão homossexual. Os "ataques de morte" vividos por Dostoiévski compor tavam ao mesmo tempo a satisfação imaginativa do desejo masculino e uma satisfação masoquista que metaforizava seu desejo de ser possuído.[12] O caso de Dostoiévski é um exemplo singular das tentativas do filho de encontrar o pai, a qualquer custo, e assim identificar-se com a fugaz imagem masculina, o "ser viril".

Nas sociedades patriarcais ressoa, secularmente e por toda parte, a mesma pergunta: onde está o pai? O episódio evangélico da crucifixão interpreta miticamente e perpetua na cultura ocidental essa questão, através do lamento lançado por Jesus, no alto do Calvário, à beira da morte na cruz: "Deus meu, Deus meu, por que me abandonaste?".[13] Nesse grito revoltado contra o abandono paterno configura-se o quadro de traição: a confiança primordial do filho está depositada no poder paterno, mas o pai (o Senhor, o salvador) traiu o masculino. Assim, o mito cristão se assenta numa encenação paradoxal da redenção em que, por amor, a divindade entrega o próprio filho ao sacrifício. Borra-se a salvação, esvai-se o lugar do pai.

De fato, a primeira tragédia do masculino é a imagem esfumada do pai que *partiu* — em muitos sentidos — e o abandonou, traiu. O pai distante pode estar presente até mesmo num lar "normal", como vimos. Ainda assim, ele é alguém cujo espírito está sempre "indo embora", por sua incapacidade e recusa de trocar intimidade. Ao contrário da mãe, simbiótica com o filho já desde a concepção, a relação do pai com os filhos não permite aproximação afetiva, considerada sempre invasiva, pois o pai tem que manter-se enquanto mito, para garantir sua autoridade e esconder suas inseguranças, já herdadas do seu próprio pai. De modo que a equação seria: pai que não compartilha intimidade = pai distante = pai em fuga. Mas para onde foi o pai? Também atrás de si mesmo, ele vagueia sem rumo certo — um "pai caçador", como na peça de Jorge Andrade.

Filhos abandonados e a busca paterna que empreendem têm sido incessantemente vertidos em narrativas ficcionais, na tentativa de elaborar esse oco de difícil apreensão. O cinema, em particular, apresenta fartos exemplos. O filme grego *Paisagem na neblina* (1988), de Theo Angelopoulos, e o brasileiro

Central do Brasil (1998), de Walter Salles, ambos de beleza tocante, tematizam crianças em viagem de iniciação, que cruzam mundos estranhos e sofrem revelações no encalço do pai desaparecido. O mesmo tema é abordado com precisão cirúrgica em pelo menos duas obras-primas do cinema americano. A primeira é um quase desconhecido filme do gênero western: *Caçada sádica* (1971), de Don Medford. Tudo começa com uma mulher raptada por um certo fora da lei de nome Calder e seu bando. O marido da mulher, um fazendeiro inescrupuloso, junta um grupo armado e sai em perseguição à quadrilha. Durante o convívio forçado na fuga, a fazendeira Melissa descobre que Calder a sequestrou por engano, supondo que fosse uma professora de escola, para ensiná-lo a ler e escrever. O engano se deve a uma ferida narcísica que deflagra o drama: apesar de ser um homem com instrução, o pai de Calder nunca quis alfabetizar o garoto. Em meio ao embate mortal que se segue, emerge o fantasma de um filho desamparado, que busca curar sua "doença do pai".

O outro filme se chama *Um mundo perfeito* (1993), no qual o diretor Clint Eastwood tensionou ainda mais a temática do "pai faltante". Ao escapar da prisão, um condenado casualmente toma um garoto como refém. Em meio à perseguição policial, adulto e garoto atualizam, em mão dupla, os papéis de pai e filho, com suas respectivas feridas narcísicas. Por coincidência, ambas as vidas estão marcadas pelo abandono paterno. O prisioneiro passara a infância no bordel onde a mãe trabalhava e era espancado pelo pai, que certo dia desapareceu para sempre. Seu sonho infantil é ir embora para o Alasca, onde supõe que o pai viva. A fantasia desse "mundo perfeito" se apoia num objeto de frágil concretude, guardado como um tesouro: um postal que o pai fugido lhe enviara do Alasca, único sinal da sua presença. Durante a jornada na contramão do heroísmo, ocorrem sutis trocas entre o fugitivo e o garoto sequestrado, num jogo de espelhos autorrefletidos. Ao resgatar a imagem paterna que o fugitivo reflete, o garoto sem pai resgata no adulto a paternidade perdida e, assim, lhe oferece um reflexo da sua própria infância. No teatro da fuga, o prisioneiro ocupa o lugar do pai, e o garoto, por um período fugaz, reencontra o pai. Ao proteger o garoto a quem sequestrou, o fugitivo aprende a se perdoar. Ele, que fugia para encontrar o pai no impossível Alasca, descobre o pai dentro de si mesmo. Com perdão do eventual *spoiler*, o resgate da função paterna vai se concretizar num desenlace de morte. A dimensão hercúlea dessa jornada de autoconhecimento levará à imolação. Ainda que num viés trágico, ambos experimentam o amor impossível do "pai ferido", ao refazer sua rota de fuga.

Carente de autoimagem dentro do lar, o filho homem sai em busca dos seus iguais, para espelhar-se em outros falos e talvez assim encontrar sua identidade. Tal fuga repete as investidas anteriores de seu pai e de seu avô, que também deixaram o lar, à procura do reflexo do seu próprio falo. A extrema curiosidade e as experiências, comuns entre adolescentes de qualquer tendência sexual, de comparar o tamanho do pênis uns dos outros – ou as famosas apostas para ver quem ejacula mais longe, como fantasia de maior potência sexual – são, antes de tudo, cândidas tentativas de busca de identificação masculina através de outro macho. Essa mesma curiosidade explica a fúria com que uma grande quantidade de homens cultuava os músculos e a violência heroica dos personagens de Stallone, Schwarzenegger e Van Damme. O fascínio por musculaturas certamente não cessou, como se pode ver no sucesso dos fortões Vin Diesel e Dwayne "The Rock" Johnson, da franquia *Velozes e furiosos*. A necessidade de um modelo identificatório de masculinidade pode ser comprovada pelo público maciçamente masculino que continua garantindo o sucesso desses "filmes de macho" em cinemas do mundo inteiro ou nas plataformas de *streaming*. Mas o homem pode também buscar simplesmente tudo aquilo que, na sua fantasia, represente "tarefas masculinas", metaforizadas na obsessiva caça à onça do pai de *Rasto atrás*. Seja ausentando-se para trabalhar (tarefa simbolicamente masculina e obsessivamente cultivada), seja escapando para ambientes de lazer masculino (onde, significativamente, a presença do álcool é obrigatória), os homens realizam uma procura quase ritualizada do falo-pai. Voltando à vocação dos seus mais antigos ancestrais, tornam-se caçadores. Em última análise, isso significa que, para procurar-se, o masculino abandona sua própria casa e vai cada vez mais para longe de si. Nessa "caça a si mesmo" encontra-se o paradoxo básico da crise masculina.

Nas crises epilépticas de Dostoiévski, Freud flagrou um "instante de máxima felicidade", provocado pelo triunfo de ter matado o pai, mas um triunfo inseparável do luto. Ora, tal mescla de triunfo e luto, segundo ele, já se encontrava também "entre os irmãos da horda primordial, que, depois de matarem o pai, voltavam a encontrá-lo na cerimônia da comida totêmica". Aqui estamos, portanto, diante de uma vivência arcaica tornada necessidade psíquica universal. A morte do pai, presente na raiz de toda cultura, perfaz uma necessidade quase biológica de substituir a matriz, considerando que a maturidade psicológica do rebento só se completa quando ele ocupa o lugar do pai dentro de si mesmo, quer dizer, mata-o para poder sobreviver de modo autônomo. Freud afirma que, na horda humana primordial, após matar o pai violento, os filhos fazem um banquete e devoram seu corpo. Como o "pai primordial era certamente o modelo invejado e temido do grupo de irmãos", nesse ato canibalesco, "eles realizam a identificação com ele; cada qual se apropria de uma parte da sua força". Transposta ao plano psíquico, a morte do pai significa, na verdade, o momento em que o filho introjeta em si a potência do próprio pai. Ele atualiza seu anseio de "se colocar no lugar do deus pai", ou seja, de ser potencialmente "pai".[14] Mas, no caso específico do masculino, pode-se verificar um elemento surpreendente: na busca de identificação com o pai, o homem vai se deparar com a morte — em dose dupla, quer dizer, a do pai e a sua própria. Como postula Freud, eloquentemente: "Querias matar teu pai para ocupar o lugar dele, portanto agora tu és o pai, mas o pai morto".[15]

Ora, por que é preciso "morrer" para encontrar sua identidade? Simplesmente porque o masculino reside *nalgum lugar estranho, longe de casa* — a própria casa do seu eu que ele precisou abandonar para se buscar. O encontro fictício ocorre, ao contrário da horda primordial, com um pai "morto" dentro de si (quer dizer, cuja masculinidade ostenta-se como enigma). Isso acaba levando o homem a idealizar o pai como a própria imagem daquele mistério por ele buscado: o masculino. A partir daí, o macho humano tende a construir um mito em torno de sua virilidade, que, como já vimos, ele é obrigado a "fabricar". Em resumo, essa impossibilidade de tomar o pleno lugar do pai parece ser um dos motivos para a incompletude básica do masculino e um dos elementos fundamentais da sua crise congênita.

Os efeitos colaterais são óbvios. A dificuldade de encontrar uma imagem identificatória masculina desencadeia no macho humano uma necessidade obsessiva de autoafirmação. Não se pense que se trata aí de uma necessidade com prazo ou limites preestabelecidos. A obsessão — resultante de uma identidade indeterminada e, mais ainda, inacabada — insere o masculino num processo definitivo de vir-a-ser: ele precisa se inventar, com base em vagos referenciais de um pai também inventado, porque desconhecido. No filme *Um mundo perfeito*, abordado acima, essa busca obsessiva da figura paterna se constela num fetiche: o cartão-postal do Alasca, o "mundo perfeito" onde o prisioneiro encontrará o pai. O convívio forçado com o menino refém propicia uma espécie de processo transferencial da figura paterna, em que o filho abandonado do passado, cuja ferida narcísica se mantém aberta no adulto, toma o lugar do pai ao se refletir no menino abandonado do presente. Nesse "filme de formação" grave e tocante, um homem se transforma através do aprendizado da paternidade. É como se, ao elaborar a fortiori o papel de pai no seu interior, o fugitivo resgatasse uma parte de si mesmo e encontrasse uma maneira de se reinventar. Esse resgate do pai ausente remete, de certo modo, ao Dostoiévski freudiano que reencontra o pai no "morrer" epiléptico. Há uma cura? Sim, mas uma "cura" no território de Tânatos (a morte). Na verdade, a impossível cura da castração (a fantasia do "mundo perfeito") só pode coincidir com a supressão da vida.

Nas sociedades patriarcais, é provavelmente essa insegurança básica que leva os homens a marcarem com tanta insistência o seu espaço (competição, violência, guerras) e, inconscientemente, a espalharem seus símbolos por onde passam (obeliscos fálicos, armas contundentes, progresso verticalizado). Quase sempre, eles usam a força como extensão metafórica de sua potência fálica. Assim, sua autoafirmação resulta numa quase entediante recorrência ao falo – aquele elemento de poder que, na extrema indefinição do masculino, o macho confunde com seu pênis, considerado o mais precioso e significativo signo do seu eu (e adiante examinaremos melhor essa confusão).

Nosso cotidiano está cheio de exemplos que mostram como a necessidade de autoafirmação masculina é a outra face da moeda da insegurança – já que não se precisaria afirmar aquilo de que se tem certeza. Foi tal insegurança, sem dúvida, o que aflorou quando o delicado e mignon Romário, grande destaque e campeão na Copa do Mundo de 1994, proclamou, após um jogo violento: "O Cafezinho me hostilizou o tempo inteiro e disse, até, que iria rachar a minha cara. Como não tenho sangue de barata, reagi *como um verdadeiro homem* e parti para cima dele".[16]

Mas nem Romário foi um caso isolado, nem esse incidente de 1997 restringiu-se ao passado. Em 2013, após o ídolo corintiano Emerson Sheik publicar nas redes sociais uma foto dando um selinho em um amigo, alguns membros da torcida organizada ficaram indignados. Em protesto diante do centro de treinamento do Corinthians, abriram faixas que diziam "Viado não", "Vai beijar a P.Q.P." e "Aqui é lugar de homem".[17] Não são apenas os dias de hoje, muito menos a banalidade dos jornais, a estampar essas reações que sintomatizam o medo do masculino ante o fantasma da castração. Shakespeare, nas suas peças de sabedoria refinada, já acusava isso. Em *Ricardo III*, por exemplo, dois soldados vão matar Clarence a mando de Ricardo. Com a faca na mão, o assassino titubeia, levado pelas ponderações de Clarence, que lhe pede compaixão. O soldado renova sua convicção, respondendo: "Compaixão? Não. Isso é coisa de *covardes* e *efeminados*".[18] A seguir, reintegrado na sua coragem "masculina", esfaqueia Clarence até a morte.

Mesmo depois de casado, o homem continuará "caçando". Não por excesso de confiança, como se predica, mas por absoluta insatisfação, profissionalmente ele gosta de trabalhar entre homens, e, quanto ao lazer, estará sempre buscando locais frequentados por homens — tais como bares e estádios, onde se experimentam sensações "viris" e se conversam assuntos "masculinos": esportes, profissão e sobretudo... mulheres. De maneira irônica, nos ambientes do macho dominante, quase toda a relação mais íntima de camaradagem é mediada pelo tema *mulher*, ou seja, *o Outro* — mais precisamente, *a Outra*. Ainda quando procura a si mesmo, no seu horizonte, o homem só consegue visualizar o seu oposto — sinal inequívoco de dependência e incompletude.

Na verdade, o macho humano não sabe falar de si mesmo: a *intimidade* não faz parte do "mundo masculino", tal como culturalmente constituído. É o que atesta o protagonista Tom Wingo, um atormentado treinador de futebol, no romance *O príncipe das marés*, do americano Pat Conroy:

> A dificuldade em ser homem é apenas uma. Ninguém nos ensinou a amar. É um segredo que escondem de nós. Passamos a vida inteira tentando encontrar alguém que nos ensine isso e nunca descobrimos. As únicas pessoas que podemos amar são outros homens, porque entendemos a solidão engendrada por essa coisa que nos foi negada. Quando uma mulher nos ama, somos dominados por esse amor, ficamos temerosos, desamparados e fracos diante dele. O que as mulheres não entendem é que jamais poderemos retribuir esse amor. Não temos com que retribuir. Não recebemos essa dádiva.[19]

Em consequência, instaura-se um desconhecimento — eu diria, inconsciência — dos machos dominantes a respeito de si mesmos, enquanto indivíduos. No limite, esse fator de instabilidade gera *desamparo*. Por mais irônico que possa parecer, o grande caçador, que buscava obsessivamente a figura do pai, sem encontrá-lo, casa-se e volta ao lar, indo refugiar-se outra vez no colo da mãe, aquela figura potente e nutridora da primeira infância, tão fálica quanto o pai. Mas foi a partir dessa mesma mãe protetora que se instaurou o complexo de castração, quando o garoto percebeu a ausência do suposto falo materno. Nas palavras de Freud: "A falta do pênis é interpretada como resultado de uma castração, surgindo então no menino o medo de sofrer semelhante mutilação".[20]

Em *Árvore desfolhada* (1986), um filme de velhice, quase testamento, o grande cineasta japonês Kaneto Shindo narrou um episódio de cunho autobiográfico que mostra sua família vivendo numa pequena e decadente fazenda do Japão. Em flashback, um velho roteirista de cinema lembra-se da infância. Seu pai é um pobre-diabo atormentado por uma depressão imprecisa, que o faz passar os dias trancado num quarto, a fumar longamente um cachimbo. Sua ausência o torna um tabu para os filhos, que só conseguem vislumbrá-lo pela fresta aberta da porta. Por causa de sua obstinação autoritária, a família encheu-se de dívidas. Ao mesmo tempo enérgica, obstinada e alegre, a mãe é quem organiza tudo, desde os trabalhos de colheita até a vida dos filhos. Quando acontece algum problema grave na fazenda, ela comunica a todos que vai consultar o pai. Entra no quarto escuro, cumprimenta respeitosamente o marido e narra-lhe os fatos, sem que ele se mova ou diga uma palavra. A seguir, sai e comunica a todos a "solução paterna", que ela mesma encontrou. O filme termina com o velho roteirista correndo por um bosque, enquanto urra de saudade e chama insistentemente o nome da mãe. (Numa significativa autorreferência, a atriz Nobuko Otowa, que no filme interpretava a mãe, na vida real era a mulher de Shindo.) Além de flagrar com precisão a imagem engendrada da autoridade paterna, o cineasta japonês deixou aí registrado o desamparo masculino, cujo repositório acaba sendo justamente a mulher-mãe — numa regressão à fantasia infantil de que ela ainda teria um falo.

Isso se constata facilmente no interior da família conjugal. Após uma primeira impressão contrária, descobre-se que a mulher é, com frequência, o elemento forte: no casamento, ela se torna, de modo mais ou menos explícito e geral, aquela que *toma conta* do marido. (Nesse sentido, resulta emblemática a antiga expressão brasileira *minha patroa*, popularmente utilizada pelo homem casado para se referir à sua esposa.) Claro que o motivo alegado para tal dependência é que o homem vai trabalhar e não tem tempo para cuidados pessoais ligados ao lar. Mas a vida moderna já desmascarou esse argumento: mesmo trabalhando fora de casa, a mulher "ganhou" uma dupla jornada de trabalho, arcando sozinha com as tarefas domésticas. Basta lembrar como, em geral, são as mulheres que providenciam as refeições e a limpeza no lar, a educação dos filhos e, além da roupa lavada e passada, muito frequentemente, arcam com a incumbência de escolher até mesmo aquilo que o macho da casa vai vestir. Sem encontrar a figura identificatória do pai, talvez aí esteja implícita uma nostalgia masculina da mãe fálica, e não é por acaso que muita esposa reclama do marido como "mais um filho pra cuidar". A psicanalista Melanie Klein já apontava, na obsessiva infidelidade masculina, essa tentativa de "revivescência materna" (ver adiante a análise de Don Juan). Assim, seria possível dizer que o casamento heterossexual facilita uma transferência de papéis, de tal modo que frequentemente a mulher acaba assumindo, mais cedo ou mais tarde, o papel de *mãe* do marido, numa refinada e camuflada (há quem diga: sublimada) vivência do tabu do incesto — como parte de uma busca da mãe pré-castração da infância, a mãe com falo. A propósito, é muito radical a opinião do psicanalista Sándor Ferenczi, para quem, no quadro da evolução sexual, o "coito heterossexual [...] só pode ter por objeto final uma tentativa do ego [...] *de regressar ao corpo materno*, situação em que a ruptura tão dolorosa entre o ego e o meio ambiente ainda não existia".[21]

Uma das mais patéticas representações dessa "nostalgia da mãe" pode ser vista numa cena do filme *Crônica de um amor louco* (1981), do italiano Marco Ferreri, baseado no romance de Charles Bukowski. Possuído de uma angústia quase metafísica, o protagonista tenta meter a própria cabeça na vagina de uma prostituta, como se quisesse regressar ao útero materno. Tal fantasia é corroborada por Eugene Monick, que cita o caso do homem dominado (reverso da moeda do dominador), para quem a própria ereção peniana (o falo) seria um meio de buscar (pela penetração) o lugar macio e receptivo da mulher, de modo que "a relação sexual pode significar tornar a entrar no conforto da mãe".[22] No fundo, mais uma tentativa de superar a castração.

6. Virilidade ameaçada e inflação fálica

Além de eloquente, é sem dúvida muito emblemático o gesto do jogador de futebol quando protege com as mãos a genitália, ao alinhar-se diante do adversário e esperar seu chute, na barreira do gol — como se, no percurso violento da bola, as demais partes do seu corpo fossem de importância secundária. Quando se trata do falo, tudo é minuciosamente considerado, em suas consequências positivas ou negativas, de modo que os problemas que o afetam acabam sendo cruciais no universo masculino. Uma simples fimose pode se tornar a desgraça de uma vida inteira, por afetar o desempenho sexual do homem e, na fantasia masculina, impedir sua articulação fálica. De fato, o universo masculino rejeita tudo o que sugerir dano ou perda do pênis, metaforizados em dano ou perda da própria identidade. Daí resulta a já mencionada "angústia da castração", fenômeno recorrente nos mais banais momentos do cotidiano de um homem, com suas várias manifestações metafóricas ou não (e adiante abordaremos o horror à homossexualidade como uma dessas metáforas de emasculação).

O homem tem enorme zelo por seu órgão genital, aí incluindo desde tamanho, potência e desempenho até beleza e formato. Jairo Bouer, quando consultor do suplemento juvenil da *Folha de S.Paulo*, contou que, das cartas que recebia de garotos com dúvidas, 50% se referiam a problemas com o pênis.[1] Segundo o médico Ricardo F. de la Roca, titular da Sociedade Brasileira de Urologia, as preocupações dos adolescentes com o pênis costumam ser as mais variadas: em primeiro lugar o tamanho, naturalmente; mas também o fato de ser torto, de pender para um lado, de parecer mais escuro do que o resto do corpo etc.[2]

Algo parecido se pode dizer sobre o fantasma da impotência, entre homens adultos. Uma pesquisa da Sociedade Brasileira de Urologia realizada em 2015 indicou que 59% dos homens entrevistados entre quarenta e 69 anos admitiam problemas de ereção peniana na relação sexual — eventuais ou, em menor grau, recorrentes.[3] Já pela natureza da pesquisa, as várias estatísticas sobre essa questão apresentam resultados contraditórios, indicando que não são concludentes. Na tentativa de encontrar evidências mais seguras sobre o crescimento do problema em nível epidêmico, pesquisadores dos Estados Unidos tomaram como referência o aumento significativo do gasto anual da população masculina americana com tratamento para a disfunção erétil. Sua conclusão confirmava outras evidências: de 185 milhões de dólares gastos em 1994 passou-se para 330 milhões no ano 2000.[4]

De resto, a partir de relatos em consultórios médicos e psicoterapêuticos, constata-se que os homens em geral têm dificuldade para admitir problemas com ereção peniana — temerosos do estigma de "ser brocha". Em 2018, uma pesquisa da Sociedade Brasileira de Urologia constatou que os homens brasileiros temiam mais ficar impotentes do que ser traídos pelas parceiras, perder o emprego ou ser assaltados — sendo o câncer o único temor que suplantava a disfunção erétil.[5] Em 1997, um laboratório anunciou uma droga para a cura da impotência, o sildenafil, ou Viagra, que passou a ser comercializado com estardalhaço logo depois.[6] Nos anos seguintes, pesquisas de diversos laboratórios ofereceram novas drogas para a "cura" em massa da impotência masculina, através das chamadas "pílulas da ereção". O filão revelou-se um fenômeno de vendas, tanto que até jovens no início da vida sexual passaram a usar o medicamento com finalidade afrodisíaca e recreativa — cujos excessos implicam riscos à saúde, obviamente.[7] O grau de interesse da medicina e da indústria farmacêutica em buscar diferentes tratamentos e medicações para essa disfunção masculina indica a dimensão social do problema. Mas tal alarde implica também um significado quanto à vigência do primado do falo. Com o "cancelamento" da impotência sexual, através de uma simples interferência fisiológica, instaurava-se um processo de resgate fálico como promessa de felicidade viril. Basta para tanto comparar com a discrepante abordagem da chamada "frigidez feminina", mais centrada numa "disfunção" individual da mulher do que nos efeitos colaterais daninhos provocados por esse mesmo primado do falo sobre a sexualidade feminina. O efeito imediato das pílulas masculinas deixa claro que se visa o sintoma e não a raiz do problema, ou seja, a obsessão pela "perda de virilidade". Em outras palavras, estamos de volta ao milenar medo da castração.

No contexto falocêntrico, é óbvio que um pênis avantajado tende a ser objeto de cobiça, emulação e até disputa. Um antigo anúncio televisivo da cerveja Kaiser, com seu baixinho-símbolo, sempre cercado de mulheres, brincava com a ideia dessa vantagem "escondida" que o tornava tão atraente para elas. E aí estava implicado um jogo fálico. Segundo Eugene Monick, muitas das atividades masculinas "típicas" são maneiras de ocultar o tesouro do falo para só exibi-lo simbolicamente — seja através da autoridade familiar, da superioridade profissional e do domínio sobre as mulheres, seja nos atos heroicos, na busca de riqueza e na atividade política ou intelectual. Mas, quando se sentem à vontade para compartilhar sua intimidade, como ocorre nos vestiários masculinos, os homens ficam nus entre si e exibem mutuamente sua genitália (seu maior segredo).[8] Nos filmes pornográficos, atores de pau grande se tornam celebridades, como foi o caso do americano John Holmes e do italiano Rocco Siffredi, que eletrizavam as plateias basicamente por sua *monumental* performance.

Ao contrário, existe um horror masculino pelo pênis diminuto, como fantasia de castração. A psicóloga Rosely Sayão, especialista em sexualidade adolescente, atestou que as principais preocupações dos meninos púberes eram o tamanho do pênis e o desempenho sexual.[9] Urologistas consultados numa reportagem afirmaram a mesma coisa: o pênis pequeno é a principal reclamação dos garotos que vão aos seus consultórios. Os médicos confirmam que o costume dos meninos de medir obsessivamente o órgão genital é parte de um problema que não existe, já que o tamanho não influi no desempenho sexual. Mas as explicações nos consultórios nunca são suficientes. "Sei que todo mundo diz que é normal, que o pênis pode medir de 6 a 25 cm, mas o fato é que eu estou na turma que tem pequeno e é foda!", reclama um adolescente consultado, de quinze anos. No que é secundado por outro rapaz de quinze anos, com vergonha do pau pequeno: "Tenho aula de educação física na escola e sou o único que não toma banho depois". Essa preocupação excessiva, segundo médicos especialistas, pode gerar nos adolescentes um problema psicológico de consequências daninhas à vida sexual do homem adulto, provocando ejaculação precoce e até impotência.[10]

A psicanalista Regina Navarro Lins escreveu em seu blog sobre um paciente de quarenta anos que não tinha relações sexuais porque "meu pênis é pequeno e esse é o maior problema na minha vida. Sinto vergonha, porque não tenho dúvida de que vou decepcionar a mulher na cama".[11] Em geral, os homens adultos buscam meios mais efetivos quando se sentem incomodados com a questão: cirurgias plásticas para aumentar o tamanho/dimensão do pênis — seja liberando parte do pênis naturalmente embutida no púbis, seja colocando uma prótese elástica, seja injetando gordura no membro. Seguindo uma tendência mundial, trata-se de intervenções realizadas em grande quantidade, como atesta o dr. Alfredo Dones Romero, cirurgião vascular: "Tenho cerca de 20 mil casos cadastrados". Quando um cliente chega ao seu consultório, é porque se trata do "último recurso", após todo tipo de vãs tentativas. O dr. Romero conta histórias curiosas de rapazes prestes a servir o Exército, que "temem comparações e brincadeiras na hora do exame médico". Nesses casos, o especialista se recusava a fazer operação, limitando-se a escrever uma carta ao médico do Exército, em que explicava o incômodo e pedia um exame individual. Mas havia clientes verdadeiramente obcecados, como um senhor à procura de uma cirurgia porque temia que reparassem na modesta dimensão do seu pênis quando seu corpo fosse vestido para o enterro.[12] Nos anos 1990, inventores de uma nova técnica, em Porto Alegre, vangloriavam-se de que ela não deixava cicatrizes, evitava infecções e era mais efetiva, pois o paciente poderia retomar as atividades sexuais em doze dias.[13] De lá pra cá, uma enxurrada de anúncios de tratamentos para aumentar o tamanho do pênis invadiu a vida do homem moderno. Basta jogar no Google a questão "como aumentar o pau" para encontrar todo tipo de charlatanice — por exemplo, promessas de aumento de "no mínimo 6,4 cm em apenas 60 dias".

É claro que há soluções diferentes para cada época e cultura. Entre certos indígenas brasileiros, são conhecidas práticas medicinais para inchar o pênis, como forma de torná-lo mais volumoso. Segundo relato do português Gabriel Soares de Souza, senhor de engenho no Brasil do século XVI, os silvícolas colocavam o pelo de um bicho peçonhento sobre seu membro viril, "com o que se lhes faz o seu cano tão disforme de grosso, que os não podem as mulheres esperar, nem sofrer".[14] Se não obedece a fronteiras nem culturais nem políticas, a fantasia fálica às vezes se atualiza pelo seu oposto — diminuindo o sexo feminino. Para tanto, bastaria comparar os esforços efetivos de inflar o órgão masculino com aquelas práticas seculares ainda existentes em pelo menos trinta países africanos e islâmicos contra a mulher: a clitoridectomia ou mutilação genital feminina, em que se extirpa o clitóris, e, na sua versão mais radical, a infibulação, em que se cortam os lábios vaginais e se costura parte da vulva, para estreitar o orifício da vagina. No século XIX, em pleno Ocidente, acreditava-se que era possível curar "doenças" como histeria, masturbação, lesbianismo e epilepsia através de diferentes tipos de mutilação na genitália feminina.

Um exemplo emblemático desse recurso foi tornado público pelo médico turco-francês Démétrius Zambaco, famoso por seus estudos sobre lepra e doenças sexuais. Em 1882, ele publicou com requinte de detalhes um caso em que usou como método terapêutico a cauterização do clitóris e dos lábios vaginais em duas irmãs de seis e dez anos para curá-las da masturbação compulsiva — um comportamento que hoje seria relacionado a um histórico de abuso infantil. Ele relatou:

> Eu aplico o estilete quente três vezes em cada um dos grandes lábios e outra vez no clitóris [da pequena Y.]. Para punir sua desobediência, cauterizo-lhe as nádegas e costas com o ferro grande. [...] Ela soluça e vocifera. [...] Aplico o estilete quente no clitóris e na entrada da vagina de X. [...] X. tem um verdadeiro acesso de loucura, durante o qual tenta se jogar de uma janela.

Ao final do tratamento, o dr. Zambaco concluiu que:

> Cauterização por ferro quente traz resultados satisfatórios. Após a primeira operação, o número de espasmos voluptuosos foi reduzido de quarenta a cinquenta vezes ao dia para três ou quatro. Conforme a informação que recebi, a pequena Y. ficou completamente curada, graças a esse método. Ao todo, ela foi cauterizada quatro vezes. Já X. sofreu apenas uma cauterização. Após isso, eu não a vi mais. Mesmo assim, há motivos para concluir que [...] o método é eficaz. [...] Não se deve hesitar em recorrer ao ferro quente [...] para combater o onanismo clitorial e vaginal em meninas pequenas.[15]

Se o relato soa aterrador pelo tom sádico, convém lembrar que, além de ter sido requisitado pelos próprios pais cristãos das garotas, o dr. Zambaco gozava de grande prestígio acadêmico e chegou a receber inúmeros prêmios, inclusive a Medalha da Legião de Honra da França.[16] Até os anos 1950, consta que ataques à genitália feminina ainda eram utilizados como parte de processos terapêuticos. De fato, médicos ingleses e americanos praticavam a clitoridectomia (assim como castração com a retirada dos ovários) para curar a melancolia e a ninfomania.[17]

Seja enquanto rito de passagem ou como meio explícito de controlar a sexualidade feminina, a clitoridectomia continua vigente, mesmo depois de internacionalmente reconhecida como violação dos direitos humanos. Na década de 1990, a mutilação genital atingia por volta de 2 milhões de meninas a cada ano.[18] Em 2020, um informe do Fundo de População das Nações Unidas calculava que 4,1 milhões de meninas teriam sofrido mutilação em 2019, somando um total anual de 200 milhões de mulheres jovens e adultas nessas condições. No ritmo do crescimento populacional, previa-se que ocorreriam 4,6 milhões de novas mutilações em 2030. Se tais índices persistirem, a estimativa é de que entre 2015 e 2030 existam mais 68 milhões de mulheres vítimas de clitoridectomia.[19] Sem esquecer que as péssimas condições de higiene as colocam em risco de sofrer tétano, gangrena ou infecções crônicas na região pélvica e, quando adultas infibuladas, problemas até mesmo para menstruar e parir. Digamos que é um preço alto demais a pagar, como se os homens quisessem atualizar nas mulheres a castração que tanto temem, num ritual sádico de catarse.

Na verdade, certas tentativas de "curar" o complexo de castração são diretamente proporcionais ao terror que a castração exerce nos machos. Para tanto ocorrem meios mais indiretos, envolvendo processos inconscientes de compensar psicologicamente o tamanho do pau. Num instigante romance do escritor paranaense Domingos Pellegrini Jr., por exemplo, a vertiginosa ascensão político-econômica do personagem Azis Farah tem na sua raiz a tentativa de superar as frustrações causadas por um pênis insuportavelmente pequeno.[20] É o que os psicanalistas junguianos chamam de *inflação fálica*.

Segundo o psicanalista junguiano James Wyly, a inflação fálica "é um processo essencial à dinâmica masculina", enquanto impulso criador. Isso significa que o falo (ou seja, o pênis inflado) é um fenômeno natural e não patológico, em si mesmo.[21] Mas quando o aspecto fálico intrinsecamente presente na masculinidade se encontra, por algum motivo, "cindido e inacessível", a inflação desvia-se do seu curso criativo, recaindo sobre aspectos secundários e tornando-se perigosa. Tal ocorrência permeia o universo patriarcal-falocrático, a partir da convicção implícita de que, quanto maior o membro viril, maior a masculinidade do homem. A partir desse pressuposto, o macho sucumbe ao aspecto negativo da inflação fálica, chegando a se tornar destrutivo.

No mundo moderno, muitas coisas foram culturalmente distorcidas "devido à aparente necessidade de inflar a natureza e as dimensões do masculino", provocando o que Wyly chamou de "cisão contemporânea que atinge toda a cultura". Aí se inserem a busca insaciável de poder, as competições sem limite, o machismo e a violência desenfreada.[22] No nível psicológico, o *phallós* (o masculino integrado) pode sofrer ruptura em certos homens após a puberdade, ao se defender da "percepção perturbadora de si mesmo como sendo feminino". Tal vulnerabilidade já era conhecida em culturas mais antigas, que buscavam remédio para ela (como veremos nos capítulos sobre culturas arcaicas e clássicas). Depois, isso se perdeu: os atributos masculinos se tornaram de tal modo hegemônicos que foram arremessados "para além de suas realidades",[23] atitude erroneamente considerada como qualidade.

De fato, as mais inesperadas formas inconscientes de priapismo psicológico pululam na idade moderna para ostentar virilidade, pontilhando todos os setores da vida e da sociedade. Na ordem do simbólico, não parece mero acaso que os canhões, desde os mais primitivos até os mais modernos, ostentem aquela forma longa e entesada, e escoiceiem ao cuspir fogo. Não se referenciariam como verdadeiros significantes do desejo em civilizações patriarcais, ao confirmar falicamente seu medo da castração?

Pode-se constatar que a inflação masculina atingiu a própria linguagem cotidiana. Assim, apesar de todos os precoces encargos femininos, não se diz às meninas "Seja mulher" com a mesma ênfase compulsória da famosa exortação feita aos meninos: "Seja homem!". Além disso, "ter palavra de homem" é culturalmente um ponto de honra que equivale a um juramento divino. Claro, implica-se que "palavra de mulher" seria apenas o oposto disso: não oferece qualquer garantia. Mas há outras circunstâncias cotidianas compondo uma longa lista de gestos falicamente inflados. Pense-se, antes de tudo, na competição feroz que embasa nossas economias, nacional e internacionalmente. Ou no campo da política, setor privilegiado para a inflação fálica, mal disfarçada no vale-tudo da disputa pelo poder. E não se pode esquecer o exibicionismo consumista: a ansiedade em comprar, como fantasia de potência sexual. A propósito, é muito ilustrativa a notícia de que alguns dos mais ricos empresários brasileiros, ao se encontrarem nos aeroportos, gostam de comparar o tamanho de seus superjatinhos executivos — para deleite dos sagazes mecânicos, que fazem piadas grosseiras a respeito.[24]

Pode-se apontar, com esse mesmo anseio priápico, o culto explícito à musculatura avantajada no *bodybuilding*, um dos pilares do moderno narcisismo masculino. Não se trata apenas de inocentes halterofilistas ansiosos por autoafirmação. Esse tipo de inflação chegou ao patamar do valor de troca erótica, notável, não só mas especialmente, na cena homossexual, em que a virilidade exibida na musculatura se transformou em moeda-fetiche. Para alcançá-la, não se hesita em correr riscos com a ingestão de grandes doses de anabolizantes, por exemplo. Graças a uma consciência subversiva, no entanto, essa moda chegou a adquirir tons críticos em certo tipo de mulheres trans, que não é incomum encontrar na cena LGBTQ+ das grandes cidades — como eu próprio já constatei. Buscando ironizar os estereótipos de gênero, elas cultivavam corpos musculosos ao mesmo tempo que acentuavam a feminização dos gestos e trajes, para confundir masculino e feminino num duplo travestimento. Com isso, desconstruíam o padrão binário de gênero, numa ressignificação politizada do mito do hermafrodita.

A mesma virilidade inflada evidencia-se nos machões tatuados e no seu modo de se portar, com a famosa cuspida para o lado, enquanto se coça o saco, mas também em todo tipo de "moda viril" que busca acentuar os estereótipos de masculinidade. Aqui se incluem as poses ferozes dos seguranças das mais diversas áreas, que são treinados para não sorrir, não fechar as pernas e ostentar um ar de invencibilidade, imitação barata dos valentões ou super-heróis vistos nos filmes. Como formas de inflação fálica masculina, existem ainda soluções mais irracionais e extremadas. Incluem-se aí desde as corridas desembestadas dos bandos de motoqueiros (a moto como metáfora do grande pênis entre as pernas), os "rachas" perigosos no trânsito (o carro importado como prova de "status" não apenas de classe, mas também de virilidade) e situações de risco ("coisa de macho") que envolvem grande demonstração de coragem (ou masoquismo).

Há um forte ingrediente fálico-inflacionário nas fardas militares, feitas para ostentar a autoridade, a potência e a força. Mas pode-se observar o mesmo fenômeno de priapismo psicológico em pessoas cujo fetiche são as fardas militares: desta vez, a fantasia fálica vestida pelo profissional de segurança é um meio de ativar a sua própria inflação. A arrogância autoritária dos policiais com seus cassetetes oferece uma mensagem irresistível: esses guardiões da "ordem" desfilam exibindo quase literalmente o pau na mão. As cenas de violência da PM, vistas em filmes rodados às ocultas, divulgaram nacional e internacionalmente a que ponto pode chegar a inflação fálica nessa área, em diferentes países. No limite do priapismo psicológico, chega-se à prática de assaltos e homicídios (com destaque para o sentido fálico do revólver). Quando o já citado matador Jonas se gaba de conseguir meter seis balas num mesmo buraco, configura-se nessa redundância penetradora um perfeito quadro de inflação fálica.

A inflação doentia do falo às vezes aparece apenas como sintoma, outras vezes se atualiza como tragédia, quando explode em fúria fálica. De fato, sempre que o fantasma da castração se manifesta, esse terror tipicamente masculino responde com fúria desmesurada, típica reação de defesa travestida em ataque. Na fúria fálica, a tempestade emocional "nasce da necessidade urgente que o homem experimenta de proteger e salvar a sua identidade, o seu próprio ser", segundo Eugene Monick. Quando um homem se sente impotente para se defender, dá essa resposta extrema.[25] Um exemplo acabado é a já mencionada violência masculina contra as mulheres. Por que, em situações mais ou menos cotidianas, reincidentes e aparentemente gratuitas, tantos homens tomam as mulheres como vítimas preferenciais? Além dos motivos anteriormente apontados, a violência masculina contra a mulher pode ser vista sob a ótica da inflação fálica, como tentativas irracionais de afirmação da virilidade ameaçada. Em outras palavras, processa-se um deslocamento emocional visando defender, através do ataque, a própria identidade masculina prestes a se romper, quando o homem sente que não pode cumprir as hercúleas tarefas impostas à sua virilidade — a de ser sempre forte e durão, por exemplo.

É claro que o feminino se torna o alvo predileto porque *oposto*. Visto desse ângulo, o problema da violência contra a mulher adquire uma conotação ainda mais grave, pois aponta para uma dupla tragédia: a da vítima brutalizada, mas também a do brutalizador *acuado perante si mesmo*. Tal observação não pretende de modo algum justificar as brutalidades e minimizar a responsabilidade masculina, mas simplesmente vulnerabilizar o suposto herói construído pela cultura falopatriarcal. O macho humano, que sonha ser Rambo, é na verdade um anti-herói incapaz de realizar o titânico projeto de apaziguar seu medo da castração, ou seja, manter a ficção do falo intacto. Sua sensação de derrota pode ser incontrolável: afinal, "é horrendo o desespero que o homem sente quando o senso de si mesmo é arrancado", como diz Monick.[26]

Também os estupros, em série ou não, são muitas vezes claros gestos de inflação fálica, como resultado da identidade masculina fragilizada. Em 1995, ocorreu um crime tornado famoso, na cidade de São Paulo: uma mulher foi sequestrada por um rapaz, no estacionamento de um supermercado, e assassinada diante da filha pequena, após a tentativa de assalto. O caso, conforme noticiado pela imprensa, acumula sinais de inflação, que vai se corroborar em fúria fálica. O assassino confesso, um rapaz pobre de dezenove anos, tenta roubar a mulher para saldar uma dívida e, durante o assalto, decide estuprá-la, sob a mira de um revólver, acabando por matá-la.[27] Segundo relato do assassino, a vítima reagiu, levando-o a acertar acidentalmente a própria mão e, em consequência, obrigando-o a matá-la.[28] Num contexto cheio de estranhezas, é lícito fazer algumas interpretações. Conforme as notícias, o assassino confesso era um aficionado por filmes pornográficos e guerra. Ganhava miseravelmente, mas ainda assim usava tênis importados, isto é, caros. Acabara de brigar por causa de uma dívida que contraíra. Sua ideia de cometer um estupro poderia responder a uma necessidade de reforço da masculinidade, ameaçada por humilhações circunstanciais ou não. Mas o laudo pericial não acusou indícios de sêmen na vítima. Apesar da intenção óbvia, é muito provável que a ansiedade não lhe tivesse permitido consumar o estupro, o que só reforçou sua frustração fálica. Assim, ao contrário do que ele afirmava, a alegada reação da mulher teria sido apenas mais um complicador de sua masculinidade abalada. Ou seja, é possível que ele tenha usado o revólver como compensação ao pênis desinflado e "consumado" o estupro com três tiros, punindo assim a mulher incapaz de excitá-lo suficientemente. Essa circunstância de frustração fálica poderia ser corroborada por outros fatos: logo após o assassinato, ele se medicou num pronto-socorro (fornecendo nome e endereço verdadeiros) e se dirigiu a uma festa, onde entregou a arma do crime a uma ex-namorada – num gesto fragilizado, quase de desculpas, como o menino levado que vai se esconder sob a saia da mãe.

As confissões de estupradores frequentemente mencionam algum tipo de violência, inclusive sexual, sofrida na infância — o que criaria um distúrbio da sexualidade. É o que pensa Luiz Armando de Araújo, professor do Departamento de Psiquiatria da USP, para quem o estuprador "só consegue se excitar mantendo a mulher submissa, sob algum tipo de violência". Evidentemente, está implicado aí um ato de poder. "A penetração, numa sociedade que prioriza a ereção e a genitália, é uma maneira de demonstrar força e poder", afirmou Nelson Vitiello, então presidente da Sociedade Brasileira de Sexualidade Humana. E continuou: "O prazer do violentador não está no ato sexual, mas em humilhar e dominar sua vítima".[29]

O psicólogo clínico e pesquisador David Lisak foi mais longe. Ao estudar a psicodinâmica de um grupo de estudantes universitários estupradores (em comparação com outro grupo sem esse histórico), Lisak observou na infância deles a constante de um pai violento ou omisso, que descarregava sobre a mãe o peso de oferecer afeto e prover a educação dos filhos, forçando assim à hiperpresença feminina. Esse descompasso entre a imagem negativa do masculino e a consequente ênfase da imagem feminina produziria um embate na adolescência, quando o padrão masculino da cultura patriarcal força o jovem a se "masculinizar". Para garantir sua identificação enquanto macho, o adolescente buscaria se enquadrar nas características de gênero consagradas. Daí a inclinação, por exemplo, para integrar gangues de jovens delinquentes, capazes de forjar essa identidade "positiva" do masculino, por meio de uma hipermasculinização que inclui o gosto pelas armas, a agressividade comportamental e a violência específica contra a mulher — de quem se pretende diferenciar a qualquer custo. Assim, esse adolescente tenta resolver o conflito de identificação sexual instaurado na infância — em que o jovem se identificava mais com o feminino materno e subitamente se sentiu no dever de reprimi-lo para entrar no papel social de macho. Numa mistura de ressentimento e fragilidade, a reação seria, portanto, uma tentativa de resgatar a imagem do masculino perdido e se identificar com ele — o que pode ser um fato-chave para instigar a agressão sexual contra a mulher. A conclusão de Lisak é engenhosa e reveladora, ao considerar que

> o desfecho da identificação masculina do menino pode ser adequadamente denominado como "automutilação", pois requer que aspectos da sua personalidade

> rotulados culturalmente como "femininos" sejam removidos (reprimidos, na linguagem psicológica), enquanto aqueles rotulados como "masculinos" devem ser ativados. A identificação masculina emerge como expressão de um conjunto relativamente escasso de experiências e comportamentos. Tal escassez tende a consolidar distorções na personalidade, por limitar arbitrariamente o que pode ser expressado e impedir a possibilidade de abranger toda a gama humana de experiências e comportamentos. [...] Afinal, quando uma cultura "exige" que o macho suprima certos comportamentos ou atributos da personalidade definidos como "femininos", o que se exige é que suprima partes de si mesmo que são intrinsecamente "ele", em vez de naturalmente "femininas".[30]

Além de apontar para uma inflação fálica em nível exacerbado, o estupro resultaria de uma "automutilação", ou seja, de um excessivo recalque da feminilidade e de um fracasso da identificação masculina – com óbvio empobrecimento da personalidade.

7. Ser ou não ser Don Juan

No próprio mito de Don Juan, sedutor contumaz, já se detectou o fenômeno da inflação fálica, com um componente peculiar: a compulsiva mudança de parceiras seria, na verdade, um gesto de inflação fálica como reiteração, para si mesmo, de uma virilidade ameaçada por pulsões homossexuais.[1] Para o ensaísta e historiador espanhol Gregorio Marañón, o dom-juanismo seria um fenômeno ligado à adolescência tanto física quanto psicológica. Esse mesmo traço juvenil comprova a frágil virilidade de Don Juan, "pois a adolescência é precisamente a idade da indeterminação, da vacilação normal do sexo" — e isso faria parte do fascínio que ele exerce nas mulheres. Segundo Marañón, muitos continuam sendo Don Juan até o fim da vida exatamente porque mantêm para sempre os traços dessa indeterminação juvenil.[2]

O fenômeno faz sentido, pois remete diretamente às idiossincrasias do *puer aeternus* (que se analisará no capítulo 13). Mas há ainda o exibicionismo, considerado por Marañón como "reação psicológica que corresponde a uma deficiência específica" — não só de sua masculinidade. Ele pode ter relação também com a paternidade, como no caso de outro mulherengo famoso, Giacomo Casanova de Seingalt, que não deixou descendência por ser supostamente estéril.[3] Afinal, a boa mercadoria não precisa de propaganda, observa Marañón, citando um ditado espanhol. Além de trombetear suas façanhas, como se precisasse reafirmar publicamente uma virilidade insegura, Don Juan evita qualquer compromisso, ostentando outro claro traço de dubiedade: para realizar suas façanhas, está sempre viajando de cidade em cidade, quase em fuga. Enquadra-se, portanto, naquele exemplar do macho mítico que vagueia sem rumo certo, talvez em busca da identidade masculina periclitante – que o filão do western americano tão bem captou. Daí por que não existiria Don Juan sem o cavalo veloz, com o qual ele foge e parte para a próxima conquista feminina. Em última análise, Don Juan ama as mulheres, mas não a mulher. Seu segredo é outro: o "sexo equívoco", nas palavras de Marañón.[4] Para o historiador espanhol, a "virilidade equívoca" de Don Juan parece ser confirmada pela estrutura física de "indecisa varonilidade" daqueles que podem ser considerados, historicamente, exemplos clássicos de dom-juanismo.

A primeira versão literária de Don Juan surgiu na peça *El burlador de Sevilla*, de Tirso de Molina, publicada por volta de 1630, na chamada Idade de Ouro espanhola. Certos estudiosos consideram como um dos possíveis personagens reais que o inspiraram o sevilhano Don Miguel de Mañara, cujo retrato feito pelo célebre pintor espanhol Murillo mostra um jovem com traços de linda donzela. Do mesmo modo, o único retrato autêntico que se conhece de Giacomo Casanova mostra-nos um homem de traços femininos perfeitos e delicados. "O modelo não se parece a um homem, mas a uma bela mulher, talvez porque Casanova se desejasse assim, em seu subconsciente", comenta Marañón.[5] Observação semelhante pode ser feita sobre todos os Don Juans históricos conhecidos: são figuras muito distantes do protótipo grosseiro e enérgico do varão. Ao contrário, sua apurada maneira de se vestir e os cuidados com a apresentação física borram ainda mais as fronteiras com o estereótipo de virilidade.[6]

Entre outros personagens históricos que teriam inspirado a figura literária de Don Juan, há um exemplo ainda mais eloquente: um certo Don Juan de Tassis, conde de Villamediana, que viveu em Madri no início do século XVII (contemporâneo, portanto, do escritor Tirso de Molina). Famoso pela extraordinária beleza, elegância e capacidade de sedução, ele era também um valente toureiro e um sonetista pródigo, o que só vinha aumentar seus encantos. Teve um número lendário de amantes, a mais famosa das quais teria sido a própria rainha Isabel de Bourbon. Quando o conde Villamediana apareceu assassinado, o rei Filipe IV levou a cabo investigações que conduziram à surpreendente descoberta de uma verdadeira confraria de homossexuais, incluindo-se aí desde criados e bufões até senhores da aristocracia. Ao final de um processo judicial, os mais humildes foram condenados à morte e executados, conforme exigência da lei, enquanto os aristocratas partiram para o exílio. Ora, documentos secretos, que só no século XX foram descobertos pelo historiador Alonso Cortés, indicavam que Villamediana estava não só implicado no mesmo processo por "pecado nefando" (prática homossexual), mas era o próprio chefe do grupo. Entre esses documentos cuidadosamente guardados constava inclusive uma ordem do próprio rei, exigindo que, "por estar o conde já morto, guarde-se segredo do que existe contra ele, para não conspurcar sua memória". Graças a esse segredo que durou quatro séculos, segundo narra Marañón, criou-se a lenda de que Villamediana teria sido morto por vingança do rei, irritado com suas bravatas heterossexuais.[7]

Quanto a Casanova, consta que teria sido fascinado por mulheres travestidas de homens — fato nada incomum em Veneza, sua cidade natal, onde as prostitutas de fato costumavam vestir-se de homem para atrair mais clientes.[8] Isso pode nos fazer crer que "talvez as mulheres nunca tenham sido os verdadeiros objetos do seu desejo", na conclusão de Peter Trachtenberg.[9] De um ponto de vista psicológico, como se daria esse processo tortuoso? O típico Don Juan vivenciaria a necessidade neurótica de possuir a mãe e destituir o pai, através de "um narcisismo em que se alternam grandiosidade, insegurança e estados psíquicos primitivos", como megalomania e paranoia. Ora, a interpretação freudiana dos homens afetiva e sexualmente insatisfeitos baseia-se na sua impossibilidade de superar a mãe como objeto sexual paterno: a procura obsessiva e a posse nunca satisfatória de tantas e diferentes mulheres ocorre porque para eles nenhuma mulher consegue equivaler ao objeto de desejo do pai.[10] Na busca da mãe, há portanto uma busca de definição do pai, do masculino. Ou seja, a obsessão em possuir a mãe remete diretamente ao desejo de desvendar através dela a identidade do pai para, assim, identificar-se com seu significante masculino, o falo penetrador.

Em seu poema épico "Don Juan", o poeta inglês Lord Byron adotou um tom satírico ao adentrar o terreno escorregadio da lenda dom-juanesca, e usou suficientes ambiguidades para lançar dúvidas sobre a natureza do sedutor mítico, que em sua narrativa poética é recriado como um jovem inocente. No Canto V, Juan é comprado secretamente por um eunuco, a pedido da esposa de um sultão. Para entrar no palácio sem despertar suspeitas, vê-se obrigado a se disfarçar de mulher.* O eunuco o ameaça com a castração se ele resistir — o que já implica uma ironia cruel. Travestido, Juan é levado para o harém do palácio, e de lá vai ao encontro da sultana, que o quer como escravo sexual. Ao adentrar inesperadamente o local, o sultão nota a nova "escrava" e comenta: "Pena que uma reles cristã chegue a ser assim tão graciosa". Ao que a "recém-comprada virgem" enrubesce e estremece. Logo depois, o travestido herói é deixado no harém, onde, cercado de odaliscas, apresenta-se sob o nome de Juanna. Em meio às muitas aventuras e desventuras do poema, as mulheres que Juan conhece buscam infalivelmente seduzi-lo e chegam a disputá-lo — na contramão do mito de sedutor. No Canto final, confirma-se sua vocação para ser seduzido: o fantasma de um frade em negro invade o quarto de Don Juan, mas o "hálito de marcante doçura" e o "busto que pulsava como se abrigasse um coração cálido" denunciam a "Astuciosa Graça" de uma duquesa disfarçada.[11]

Ao analisar esse longo poema que Byron escreveu durante toda a vida (em meio a aventuras dom-juanescas bissexuais) e deixou inacabado, o psicanalista austríaco Otto Rank, contemporâneo de Freud, observou que a identificação do personagem Don Juan com o pai "encontra sua expressão poética na primeira aventura amorosa do herói [...] com uma pessoa que simboliza nitidamente a mãe infiel".[12] O que leva a crer que a fixação dom-juanesca na figura da mãe seria, no fundo, uma fixação no pai, tentativa de apossar-se da mãe enquanto elemento por excelência que define e garante a virilidade paterna. Em outras palavras, a tentativa reiterada de possuir o objeto de desejo do pai seria o mesmo que buscar a *posse do seu falo*. Na versão clássica do Don Juan sedutor e competidor também se esconde uma armadilha do desejo. Em sua busca de identificação, Don Juan se considera narcisicamente o único objeto de amor possível: trai os maridos porque não pode, por sua própria natureza, ter um rival no amor, segundo Rank. Mas, se para ele os concorrentes e adversários devem ser enganados e combatidos até a morte, é porque "representariam o único inimigo mortal invencível: o pai".[13] Almejando o desejo exclusivo da mãe, Don Juan precisa ao mesmo tempo se identificar com o pai e substituí-lo, ou seja, vencê-lo — uma batalha de antemão fadada à derrota. Aliás, em Casanova

* Esse episódio remete ao mito de Hércules, que a rainha Ônfale obrigou a se vestir de mulher (assunto abordado adiante, no capítulo 9). Sabe-se que Byron conhecia bem a mitologia da Grécia clássica.

aconteceria algo similar. Ele procurava nas mulheres a figura do homem por detrás delas: seu verdadeiro objeto de desejo seria o *pai* como primeira referência masculina, meta impossível de uma busca fálica obcecada e tortuosa. Nesse contexto, convém lembrar que, em suas memórias, Casanova mostra uma "absoluta secura sentimental" com as crianças.[14] E isso talvez venha reforçar sua fantasia de ser o objeto erótico exclusivo perante o pai.

Ao abordar Don Juan e seus duplos históricos, Otto Rank faz uma curiosa aproximação a outra produção notável em torno do mito dom-juanesco. Trata-se da ópera *Don Giovanni*, de Wolfgang Amadeus Mozart, com libreto do poeta Lorenzo Da Ponte. Remetendo-se à biografia de Mozart, o psicanalista austríaco constata vários eventos dolorosos que antecederam de imediato a composição dessa ópera. O mais grave deles foi a morte do pai de Wolfgang. De modo quase miraculoso, o compositor criou em poucos meses essa ópera considerada pelos especialistas uma obra-prima de todos os tempos. Os biógrafos concordam que Mozart aproveitou a elaboração do mito de Don Juan para confortar sua alma, de tal modo que parecia possuído pelo trabalho criativo. Rank analisou esse fato à luz do conceito freudiano da morte do pai, cujo impacto no inconsciente desperta reações afetivas ambivalentes, de modo especial em artistas. Segundo ele, "é bastante compreensível que tais acontecimentos tenham impelido Mozart a uma espécie de transfiguração do seu tema, para afirmar assim, num gesto de compensação, sua propensão à vida". Transformar a morte do pai em celebração da vida deve-se, é claro, ao gênio do compositor, mas Rank credita à peculiar flexibilidade expressiva da própria música a capacidade de "traduzir tão perfeitamente a simultaneidade desses dois sentimentos contraditórios".[15] Assim, na reelaboração da lenda de Don Juan através do imaginário poético, a morte do pai biológico (o real faltante) permitiu, num movimento de catarse afetiva, elevar a morte do pai simbólico ao patamar de signo de transfiguração do desenlace dom-juanesco. Tal corolário parece confirmar a reflexão de Lacan de que "toda arte se caracteriza por um certo modo de organização em torno do vazio".[16] No caso, o vazio específico é aquele deixado pelo pai.

A psicanalista Melanie Klein acrescenta outros dados na sua interpretação. A endêmica infidelidade do homem dom-juanesco não seria apenas a tentativa (frustrada) de reviver inconscientemente a mãe (seu objeto de amor inicial) em cada amante. Mais ainda: ele mudaria constantemente de parceira para evitar a dependência e assim defender-se do medo de uma nova perda da mãe – fato que já lhe trouxe tanta dor.[17] O corolário kleiniano é que todo grande garanhão esconde um menino assustado. Ou, como diria Peter Trachtenberg, no interior de cada mulherengo "parecia existir um filhinho da mamãe lutando para sair".[18] Ainda assim, parecem demasiado frágeis essas tentativas de reencontrar a mãe, ao mesmo tempo que o macho afirma (ou tenta recuperar) seu falo. Ainda que constantemente buscada, uma tal "solução" à crise do masculino resulta inevitavelmente falsa e ineficaz, podendo levar à problematização e até à dissolução de muitas uniões heterossexuais. Mesmo que encontre uma mulher no casamento, há uma tendência no homem de continuar buscando indefinidamente sua própria identidade, ao contrário da segurança conjugal que possa aparentar. Evidencia-se, aí também, como o masculino tende a se manter em permanente estado de crise e busca fálica. Obcecados pela virilidade, muitos homens entram na função Don Juan por considerar seu sexo como ferramenta para atingir uma performance viril ideal. Esse é o grande equívoco do macho hegemônico: delegar ao pênis a força motriz da sua virilidade, com uma dominância irreal. Se ele só se considera suficientemente viril ao exercer a atividade sexual, isso significa que, após a ejaculação, quando o impulso da libido satisfeita faz murchar o pênis, o macho se sente vítima de uma espécie de "morte da sua vida fálica", no dizer de Élisabeth Badinter. Isso explicaria a "atividade frenética de Don Juan, que nunca para de colocar a morte em xeque". Na busca de um ideal de virilidade inatingível, ele faz do seu corpo "uma máquina que ignora a angústia, a fadiga e os estados de espírito".[19] Em outras palavras, trata-se de mais uma tentativa de superar a castração que tanto o atemoriza.

É interessante apontar algumas encarnações do mito de Don Juan, com todos os seus paradoxos, em tempos modernos. Basta pensarmos nos grandes playboys internacionais ou em conquistadores notórios como o ex-presidente norte-americano John Kennedy – que não poupava sequer o sexo masculino, como a mídia revelou, na relação com seu amigo de toda vida Kirk "Lem" Billings, que chegou a ter um quarto privativo na Casa Branca.[20] Mas há exemplos sobretudo no cinema e na TV dos grandes estúdios, com seus astros exclusivos transformados em verdadeiros Don Juans, numa profusão que mascarava certa ausência. Do legendário ator Marlon Brando corria a fama de que sua atividade de sedutor se exercia até mesmo nos camarins, durante intervalos das peças que representava. O biógrafo François Forrestier apelidou o ator de *serial lover*, graças à sua "libido infernal". Ainda antes da fama, Brando tirava proveito de sua beleza irresistível para seduzir desde secretárias, empregadas domésticas e vendedoras até jovens burguesas e moças de "boa família". Só tardiamente seus biógrafos (assim chamados não autorizados) revelaram casos, às vezes tórridos, com homens. O jornalista Paulo Francis relatou, não sem mordacidade homofóbica, que Anna Kashfi, ao se divorciar de Marlon Brando, exibiu no tribunal uma foto em que o ex-marido praticava sexo oral no colega francês Christian Marquand.[21] Segundo Forrestier, durante a vida Brando "dormiu com centenas de mulheres e dezenas de homens, amou por breve tempo alguns amantes ou noivas e depois acabou com tudo".[22]

Outros exemplos de dom-juanismo na contemporaneidade parecem quase inverossímeis pela radicalidade do seu modus operandi, que os transformou em predadores sexuais, pelo abuso de poder e dinheiro. A partir de 2017, denúncias maciças instadas pelo movimento #MeToo desmascararam homens famosos, como Harvey Weinstein, considerado um dos mais importantes produtores cinematográficos americanos. Usando sua posição privilegiada, Weinstein foi acusado por mais de oitenta mulheres de atacá-las sexualmente, muitas vezes com o apoio de sua equipe. Atrizes, modelos e funcionárias das produtoras Miramax e The Weinstein Company denunciaram práticas que incluíam desde propostas indecorosas, sexo oral forçado e masturbação até estupro, no chamado "teste do sofá", especialmente quando se tratava de jovens interessadas em integrar-se à indústria de cinema. Para mantê-las caladas sobre os episódios, Weinstein ameaçava boicotar suas carreiras, o que se efetivou várias vezes, conforme testemunho das atrizes Rosanna Arquette e Alice Evans. Relatos de estrelas como Angelina Jolie, Gwyneth Paltrow e Léa Seydoux, entre muitas outras, mencionaram abusos ocorridos no decorrer de três décadas.[23] Verdadeiro predador sexual em série, Harvey Weinstein foi condenado em março dc 2020 a 23 anos de prisão.

Outro caso famoso, e ainda mais estarrecedor, revelado na esteira do #MeToo, envolveu o bilionário americano do ramo financeiro Jeffrey Epstein, que praticou abuso sexual contra dezenas de mulheres, preferencialmente menores de idade, durante duas décadas. Epstein abordava colegiais pobres, algumas com apenas catorze anos e histórico de vulnerabilidade familiar, num bairro popular de Palm Beach, Flórida. Levadas à sua mansão, elas eram pagas para lhe fazer massagens, que evoluíam para abusos sexuais. Aos poucos, Epstein criou uma rede de prostituição, pagando para que as meninas abusadas lhe trouxessem colegas do colégio. Em várias ocasiões, o bilionário atraía as garotas com promessa de financiar seus estudos e carreira profissional no exterior, chegando a "emprestá-las" a amigos poderosos dentro e fora do país, como o príncipe inglês Andrew, filho da rainha Elizabeth II. Dono de jatos particulares e várias mansões, Epstein também mantinha atividades de mecenato que lhe angariavam respeito, financiando universidades e instituições de pesquisa, e garantiam boas relações com autoridades e celebridades — entre elas, Donald Trump e Bill Clinton, que frequentavam sua mansão numa ilha particular do Caribe. Ameaçadas de retaliação caso o denunciassem, várias de suas vítimas acabaram fugindo para longe dos Estados Unidos ou mantiveram vida itinerante no país, na tentativa de escapar da teia de investigadores privados que Epstein mantinha. Após anos de investigação policial, em que se safava ludibriando a justiça graças à sua poderosa rede de influência, Epstein acabou preso em 2019, acusado de tráfico e abuso sexual de menores de idade. Além das inúmeras fotos eróticas de garotas, descobriu-se que sua mansão de sete andares em Nova York mantinha um sistema de vigilância com câmeras instaladas em cada cômodo da casa, inclusive banheiros, para registrar a movimentação das meninas e frequentadores, com um arquivo de imagens capazes de funcionar como objetos de chantagem. Poucos dias depois de preso, Jeffrey Epstein enforcou-se em sua cela. Seu suposto suicídio gerou inúmeras suspeitas de queima de arquivo.[24]

No quesito dom-juanismo moderno, o Brasil teve os casos famosos do médico Roger Abdelmassih e do médium João de Deus, emblemáticos por seu histórico de estupros em série. Ambos comportavam boa dose de cinismo e hipocrisia, evidenciando o desamparo que cerca o corpo da mulher, já que os abusos ocorreram em circunstâncias que prometiam cuidado profissional e proteção espiritual. Roger Abdelmassih, um dos pioneiros da fertilização in vitro no Brasil, gozava de grande prestígio como especialista em reprodução humana. A partir de 2009, foi acusado de violentar sexualmente pacientes enquanto estavam sob efeito de sedativos, durante exames no seu consultório, em São Paulo. Os autos do processo reportam detalhes da sua atuação como predador sexual:

> Depois de sedada, ao recobrar os sentidos, [a paciente] foi surpreendida com o denunciado masturbando-a com os dedos sob a camisola hospitalar. Foi para sala de repouso e o réu a empurrou, com força física, contra a parede, colocando uma de suas pernas entre as dela, passando então a lambê-la na região dos seios e a beijar-lhe de forma lasciva na boca. Bradava para que ela segurasse seu órgão genital. Forçou a abertura das pernas da ofendida e com ela manteve conjunção carnal.[25]

Em 2010, Roger Abdelmassih acabou condenado a 278 anos de prisão por 52 estupros e quatro tentativas, contra 39 mulheres, entre 1995 e 2008. Teve seu registro profissional cassado em 2011. Após idas e vindas judiciais, que acabaram por facilitar sua fuga do país, ele só teve a prisão definitiva decretada em 2014, quando a pena final passou para 181 anos, pela prescrição de alguns crimes. O caso Abdelmassih foi considerado uma das maiores vergonhas da história da medicina brasileira – inclusive porque as primeiras denúncias contra ele mereceram descrédito de órgãos reguladores da área médica.[26]

O ex-curandeiro e ex-líder religioso João de Deus, pseudônimo de João Teixeira de Faria, provocou escândalo ainda maior por envolver mulheres estrangeiras que vieram ao Brasil buscando cura para problemas graves, confiantes em seus supostos dons espirituais, que repercutiram em todo o mundo. Até Oprah Winfrey, a famosa atriz e apresentadora da TV americana, passou a venerá-lo após vir até ele em 2012. A partir de 2006, algumas estrangeiras começaram a mover processos judiciais contra João de Deus, por charlatanismo e crime sexual. Em 2012, a família de uma adolescente brasileira também entrou na justiça por abuso sexual contra a filha, durante uma consulta espiritual. Graças a argumentos pífios como ausência de "materialidade de provas", João foi declarado inocente. Amigo de políticos, ricaços e celebridades, o médium ocupava um posto de poder que extravasava a área espiritual. Confiante na impunidade, continuou atacando sexualmente inúmeras mulheres, blindado por seus supostos poderes curativos, que exercia caridosamente na Casa Dom Inácio de Loyola, em Abadiânia (Goiás).

Sob o impacto da campanha internacional instaurada pelo movimento #MeToo, criou-se um clima favorável para denúncias de estupro. Em dezembro de 2018, a TV Globo divulgou pela primeira vez depoimentos de diversas vítimas que ousaram se manifestar publicamente contra as práticas criminosas do curandeiro. Na sequência, ocorreu uma torrente de denúncias, vindas do

Brasil e do exterior, de mulheres de treze a 67 anos, que revelavam um método-padrão. Num quarto trancado, onde exercia a consulta de mulheres que escolhia a dedo na multidão, João de Deus manipulava as vítimas até a rispidez, apelava para sua fé enquanto rezava e, sob o pretexto de agir em transe, abusava delas — deixando, inclusive, sinais de esperma no local. Os detalhes descreviam atitudes sórdidas, como dizer às vítimas que o abuso fazia parte da "limpeza espiritual", ou amedrontá-las com seus poderes de vingança, caso reagissem. Pouco depois das denúncias, descobriu-se uma quantia de quase 35 milhões de reais na conta-corrente de João de Deus, que teve sua prisão preventiva decretada, ainda em dezembro de 2018, por suspeita de que pretendia fugir. Ao fim e ao cabo, a multiplicidade de testemunhos forneceu provas irrefutáveis, que a equipe de dez advogados contratados por João Teixeira de Faria não conseguiu desmentir. Na sequência, investigações da polícia federal revelaram outras circunstâncias criminosas: escondidas num porão da sua casa, havia fortunas em dinheiro e armas poderosas de uso restrito, no rastro de tráfico de drogas e um passado de homicídios. Veio a público uma filha que o acusou de estuprá-la dos dez aos catorze anos e de perseguição sexual na vida adulta — ele alegava terem sido marido e mulher em outra encarnação.[27] Em dezembro de 2019, João Teixeira de Faria, ex-João de Deus, sofreu a primeira condenação, a dezenove anos e quatro meses em regime fechado, por crimes sexuais cometidos contra quatro mulheres. No julgamento seguinte, recebeu mais quarenta anos de prisão por outros crimes sexuais. Até então, mais de trezentas mulheres o tinham denunciado por abuso sexual.[28]

Afinal, qual gozo esses expoentes do dom-juanismo buscavam com mórbida insistência? Pode-se encontrar uma resposta conclusiva e abrangente no país do carnaval, onde a máscara tanto mais revela quanto mais pretende esconder. De fato, a vigilância sistemática, mas dúbia, às vezes permite lapsos freudianos reveladores, como no caso do ator Jece Valadão, machão brasileiro oficial e assumido em seu tempo. Numa entrevista do tipo pingue-pongue em 1990, ele teceu brilhantemente seu ideário dom-juanesco. Depois de mencionar que nunca levara porrada na vida, mas sempre dera a primeira, ele elencou as coisas de que não gostava: "Jiló, mulher feia, mau-caratismo e homem banana. Sem falar em bicha". Perguntado sobre o que já havia feito de ilegal na vida, respondeu: "Se ilegal é tirar a virgindade, eu tirei doze. Sem contar os cinco casamentos, pois nenhuma delas era virgem". Quanto ao seu maior vício, confessou: "É mulher. Continua sendo o meu único vício". No final, o jornalista lhe perguntou: "Se fosse uma mulher, qual a primeira coisa que faria?". A resposta de Jece Valadão foi curta e grossa: "*Daria* para todo mundo".[29] A ambiguidade aí contida certamente deixa emergir, por detrás da máscara de Don Juan, essa fantasia desejante mais secreta, e por isso mais poderosa, que ele acalenta no seu afã de conquistador.

8. Inflação fálica no cotidiano e na política

Segundo a psicanalista Élisabeth Badinter, a imagem ideal da virilidade, que assombra tantos homens por ser inexequível, gera insegurança e, com isso, ativa uma defesa ainda mais nefasta: a busca de hipervirilidade. Um caso icônico foi o do escritor Ernest Hemingway, cuja vida e literatura estiveram permeadas de modo quase obsessivo por atividades viris — boxe, caça, pesca, guerras, disputas, bebidas, touradas. Ao alimentar a lenda da sua própria virilidade, Hemingway acabou tecendo concomitantemente sua tragédia. Biografias e estudos apontam o embate doentio entre sua virilidade compulsiva, oposta a toda feminilidade, e seus desejos mais profundos de passividade sexual, inclusive com fantasias transexuais. Em sua obra póstuma, *O jardim do Éden*, Hemingway criou o personagem David como seu alter ego, e projetou nele suas fantasias de ambiguidade sexual conflituosa, ao trocar constantemente de papel com sua mulher.[1] A partir dessa discrepância, a pesquisadora feminista Lynne Segal aponta elementos estruturais na personalidade do escritor: depressão crônica, insônia, complexo de inferioridade, crises de ciúme com suas mulheres, espírito competitivo brutal e gestos de humilhação perversa contra amigos e inimigos, aos quais insultava como impotentes e homossexuais. A busca por uma masculinidade "pura" o teria levado à paranoia e a um processo de autodestruição, consumado em seu suicídio com um tiro de fuzil. Algo semelhante ocorreu na vida de Yukio Mishima. Segundo Lynne Segal, o famoso escritor japonês foi outra vítima da "busca desesperada da masculinidade", que provocou nele "o desejo de se purgar de toda sensibilidade para tornar-se um objeto plenamente viril". Por paradoxal que pareça, tal anseio só se atualizou "no momento da autodestruição", quando Mishima cometeu o suicídio ritual do *seppuku*, também conhecido como haraquiri.[2]

Há muitos outros casos literários que, se não atingiram tal paroxismo destrutivo, enredaram-se em conflitos sem solução, por não conseguirem realizar o ideal viril. Badinter cita como exemplos dessa "doença da masculinidade" personagens de fundo autobiográfico nas obras de Charles Bukowski e Norman Mailer, que se embebedam, vomitam e choram por sua virilidade ameaçada, ante a percepção (ou mera suspeita) de uma homossexualidade latente. Essa crise da masculinidade hegemônica incita a um anseio priápico que se evidencia na valorização obsessiva do órgão sexual masculino. O sexo parece concentrar o gênero, e assim a parte define o todo. Na precisa reflexão de Élisabeth Badinter, "ser ou não ser" é substituído por "ter ou não ter". O pênis torna-se "metonímia do homem", num processo em que "a parte faz a lei para o todo" e o define, o que leva multidões de homens a se submeterem "aos caprichos do pênis", tornado "símbolo de onipotência" — como no caso de Don Juan.[3] Em comum, tais situações de exacerbação viril culminam no fenômeno já citado da inflação fálica, em que a virilidade impõe uma espécie de priapismo psicológico para defender ou afirmar o primado do falo ameaçado. Como evidenciam os casos de Hemingway e Mishima, o exercício permanente da inflação fálica provoca a destruição da vida.

Cada um de nós pode resgatar fatos cotidianos relativos à inflação e fúria fálicas. Por volta de 1978, eu integrava o grupo de editores do jornal *Lampião da Esquina*, que além de priorizar questões da comunidade LGBTQ+ era um dos poucos espaços voltados para a então emergente questão ecológica. Em suas páginas, participávamos ativamente da campanha contra o desmatamento da Amazônia, cuja madeira nobre o governo militar do general João Figueiredo ameaçava vender até pagar toda a dívida externa brasileira — o que significava que não iria sobrar nada da floresta. Além de artigos escritos para o jornal, dentro da própria vida cotidiana eu estava engajado na luta pela preservação do meio ambiente. Assim, passando certa vez pelas ruas dos Jardins, em São Paulo, vi um caminhão de mudança que tentava estacionar no meio-fio. Na marcha a ré, a parte traseira da carroceria estava empurrando uma arvorezinha plantada na calçada, prestes a parti-la. Certo de que o motorista não tinha se dado conta, corri esbaforido até ele e o avisei sobre a árvore. Sem interromper a manobra, o homem olhou para mim e respondeu, em alto e bom som: "Vai tomar no cu, seu viado!". Só pude olhar, boquiaberto. Por que esse homem teria se enfurecido e, para me agredir, escolhera justamente o tema do *viado*, quer dizer, uma fantasia de castração? Para ele, que fazia um "serviço de macho", preocupar-se com algo tão estúpido quanto uma arvorezinha só podia ser "coisa de viado". Evidentemente, esse homem não percebeu que sua reação de fúria era mais uma tentativa de superar seu subjacente medo da castração, através de um corriqueiro gesto de inflação fálica — expresso à perfeição quando lançava contra mim a mesma angústia que o obcecava. Além de se basear na agressão, sua afirmação priápica acoplava-se, muito significativamente, a um gesto de destruição: ele empunhava seu falo e exorcizava seu medo de perdê-lo, matando uma árvore numa das cidades mais desérticas do país. Esse é um exemplo de como a inflação psicológica do pênis pode desviar-se para um objeto inocente e, em meio ao mais banal cotidiano, tornar destrutivo o macho humano.

Décadas se passaram, mas nada indica que o processo de inflação fálica como reação defensiva contra a castração tenha recuado. Ao contrário, tornou-se um fator cada vez mais comum na disputa de poder, evidenciando que toda forma de violência (moral ou física) implica, de um modo ou de outro, um montante de inflação do falo psicológico de quem a exerce. É o que se vê, em qualquer parte do mundo, quando policiais se prevalecem do seu cargo para exercer violência contra a população, ao contrário do seu dever de protegê-la e garantir o exercício da justiça. Há uma relação direta entre a posse de armas e a fantasia de inflação fálica nelas projetada, criando uma somatória óbvia de dois elementos ligados à força e ao poder. Mesmo sendo apenas um entre tantos, é exemplar o caso de priapismo psicológico do policial branco americano que, em maio de 2020, assassinou o negro George Floyd por asfixia, apertando por nove minutos seu joelho contra o pescoço do homem, que estava subjugado no chão e cuja morte provocou uma onda de protestos antirracistas em inúmeros países, a partir do movimento Black Lives Matter, nos Estados Unidos.[4]

No Brasil, a impunidade policial incentiva homens pagos para garantir a lei e a ordem no espaço público à prática, tornada endêmica, de atos de barbárie em série, com abordagens truculentas, espancamentos e homicídios contra a população mais vulnerável, em especial pessoas negras, jovens e periféricas.

Segundo o Anuário da Violência elaborado pelo Fórum Brasileiro de Segurança Pública em 2019, 75,4% das vítimas de letalidade policial são negras, o que evidencia o viés racista do processo de inflação fálica da polícia brasileira.[5] Durante a pandemia da covid-19, a situação atingiu tal gravidade que o ministro do STF Edson Fachin exigiu a proibição de operações policiais em favelas do Rio de Janeiro. Para tanto, o ministro lembrou o caso do menino negro João Pedro Mattos, morto em maio de 2020, quando sua casa em São Gonçalo, no Rio de Janeiro, foi alvo de um tiroteio policial: "Nada justifica que uma criança de catorze anos de idade seja alvejada mais de setenta vezes. [...] Mantido o atual quadro normativo, nada será feito para diminuir a letalidade policial, um estado de coisas que em nada respeita a Constituição".[6]

Vale a pena observar a diferença no tratamento, quando dois parâmetros de inflação fálica se enfrentam num espaço social de classe média alta. Nessa mesma época, no condomínio de luxo Alphaville, em São Paulo, policiais atenderam a um chamado de violência doméstica e foram recebidos de modo ofensivo pelo empresário Ivan Storel, que gritava: "Não pise na minha calçada, não pise na minha rua. Eu vou te chutar na cara. Você é um lixo, seu merda". E, mencionando a diferença salarial entre ele e o PM, arrematou: "Você pode ser macho na periferia, mas aqui [em Alphaville] você é um bosta". Conduzido à delegacia, o ofensor foi liberado em seguida. Ocorreu aí uma metamorfose: o ato de inflação fálica que movia policiais violentos na periferia se desinflou ante uma reação de falo inflado num bairro nobre.[7]

Há outras situações mais banais, e não menos emblemáticas, da questão fálica que pervade o cotidiano. Acontece com a tradicional "carteirada" do "sabe com quem está falando?", gesto fálico de abuso de autoridade que certa elite brasileira adora ostentar. Em julho de 2020, quando o auge da primeira onda da pandemia da covid-19 provocava mil mortes diárias, viralizou nas redes sociais um vídeo em que o desembargador Eduardo Siqueira, do Tribunal de Justiça de São Paulo, desrespeita e ofende um guarda civil, ao ser multado por desobedecer ao decreto municipal que obrigava o uso da máscara na cidade de Santos, no litoral paulista. Ao ser advertido, ele liga para o secretário de Saúde da cidade, chama o guarda de analfabeto e, mostrando a ele seu documento pessoal, faz a infalível pergunta: "Você sabe ler? Então leia bem com quem o senhor está se metendo". Após receber a multa lavrada, o desembargador rasga ostensivamente o papel, joga-o no chão e vai embora.[8] Aliás, durante a pandemia, aconteceram muitos episódios de violência explícita por recusa em obedecer às determinações da vigilância sanitária. Em junho de 2020, estavam proibidas aglomerações e festas, ainda durante a ascensão vertiginosa da curva de contágio do vírus. Causou espanto o ataque de um grupo de pessoas, no Rio de Janeiro, a uma médica que protestou contra o som alto da festa clandestina dos vizinhos, de madrugada — já que ela estava escalada para dar plantão de manhã no hospital. Vários homens a surraram, arrastaram, chutaram, pisotearam e a ofenderam com palavrões, deixando-a com uma perna e mãos quebradas.[9] Confirmava-se assim o clima de ódio que tantas vezes ocorreu na quarentena epidêmica da covid-19, a ponto de promover um verdadeiro festival de falos inflados.

A política, por sua relação promíscua com o poder, é farta em gestos de inflação fálica. Em qualquer campanha eleitoral, os candidatos gostam de usar acusações para manchar a vida sexual dos adversários. Claro que, além de amores adúlteros e filhos fora do casamento, um dos temas mais utilizados no tiroteio moralista para diminuir os votos do outro é sua eventual homossexualidade. Nas eleições de 1986 para governador de São Paulo, em meio às inúmeras ofensas trocadas pelos candidatos, Antonio Ermírio de Moraes (do PTB) acusou o candidato do PMDB Orestes Quércia de ser, além de "retardado mental", um "desmunhecado". Privilegiando esse enfoque, o programa político do PTB no horário gratuito da televisão apresentou duas fotos de Quércia com as mãos em posição supostamente desmunhecada. Como Ermírio visava os votos dos nordestinos de São Paulo, foi divulgado na cidade um panfleto destacando que ele era "cabra macho", com a complementação óbvia: "Tem nove filhos". Tentando tirar partido indireto da baixaria, o candidato Paulo Maluf, do PDS, criticou Ermírio e considerou "uma indignidade trazer um problema pessoal para a campanha" — mas aproveitou para lembrar que também tinha ouvido falar "dessas fraquezas" de Quércia.[10] Em tais referências políticas de caráter grosseiro e doentio, configurava-se um tipo muito particular de priapismo psicológico: para reforçar seu próprio poder fálico diante da multidão de eleitores num país falocêntrico, desmerecia-se simplesmente o poder fálico do adversário, acusando-o de desmunhecar, portanto, de ser castrado, portanto incompetente para o cargo.

Um caso emblemático foi aquele que setores da política brasileira chamavam zombeteiramente de "casamento homossexual". A partir de 1995, entrou na agenda do Legislativo o projeto de lei n. 1151/95 sobre a "parceria civil registrada" entre pessoas do mesmo sexo, tema tornado intransponível pela bancada conservadora, quase no mesmo nível do aborto. Num debate para a aprovação do projeto, em 4 de dezembro de 1997, a Câmara dos Deputados viveu um dos momentos mais constrangedores da sua história, quando vieram à tona demônios machistas e homofóbicos da ala conservadora, sobretudo religiosa. Em meio a gritos raivosos, vaias, piadas de baixo calão e gestos obscenos que lembravam uma algazarra colegial, um líder partidário gritava ao microfone, em nome da "moralidade da família brasileira", que o projeto era "uma aberração da natureza e um desrespeito a esta instituição". Grupos de parlamentares gritavam imprecações, insinuando que os colegas defensores da parceria civil, como o deputado Fernando Gabeira, agiam em interesse próprio. Na tribuna, outro deputado fazia coro, em tom de ameaça e zombaria: "Queremos saber a verdade desta Casa". O debate se estendeu até quase a madrugada, sem acordo, numa das mais acirradas sessões da Câmara, "em clima de suspeitíssima e desnecessária comoção", segundo jornalistas presentes. A comentarista Dora Kramer asseverava, no *Jornal do Brasil*, que ali ocorrera "um festival de boçalidades ofensivas, [...] um vexame sem precedentes".[11] O que se discutia de tão grave a ponto de tirar o sono dos senhores representantes do povo? Na verdade, naquela noite os falos se inflaram para se defender de uma suposta ameaça que só existia como histeria. Um simples projeto de lei tinha levado um bando de adultos às raias do pânico de serem castrados, caso fosse aprovado. Enquanto tentavam provar sua condição inquestionável de machos, era a insegurança da sua virilidade o que ali se evidenciava. Vale lembrar que o Congresso brasileiro nunca aprovou a união estável entre pessoas do mesmo sexo, tendo sido necessária para tanto a interferência do Judiciário.

Ao analisar a incidência de inflação fálica em política, não poderia haver melhor exemplo do que Jair Messias Bolsonaro — em seu longo período de deputado federal e após chegar à presidência do Brasil, quando impulsionou uma onda de bolsonaristas intransigentes, quando não fanáticos. Numa mescla explosiva de moralismo, distorcionismo ético, insensibilidade, autoritarismo beligerante, preconceitos, irracionalidade e negacionismo, suas atitudes falicamente infladas preencheriam um compêndio inteiro, até o nível da patologia. São tantos e repetidos os sintomas que não seria exagero considerar Bolsonaro o motor de uma verdadeira "ideologia falocrática" em setores mais extremistas do conservadorismo brasileiro. Ela começava pela prioridade armamentista, presente desde as promessas da campanha presidencial, em 2018. Para não deixar dúvidas, adotou-se como signo eleitoral o gesto fálico da "arminha", ostentado com orgulho e provocação intimidatória pelo candidato e seus seguidores fanáticos. Exemplo emblemático foi a ex-feminista tornada extremista de direita Sara Giromini, vulgo Sara Winter, que em 2020 posava para fotos com armas de fogo, como líder de um acampamento bolsonarista em Brasília, dissolvido quando o Supremo Tribunal Federal o considerou milícia armada, portanto ilegal.[12] Também há que se destacar, como um dos momentos mais ridículos de nossa história política, a cena de assinatura do decreto presidencial flexibilizando o uso de armas para caçadores, ocasião em que um bando de políticos subservientes posou coreograficamente fazendo o sinal da arminha e rindo, como moleques brincando de caubói.[13]

Aliás, em inúmeras ocasiões Jair Bolsonaro demonstrou o que se poderia chamar de fixação fálica, com alusões inesperadas e até mesmo constrangedoras ao membro masculino. Ainda nos primeiros meses de presidência, ao ser cumprimentado por um estrangeiro de feições orientais no aeroporto de Manaus, Bolsonaro fez-lhe o gesto de medida com dois dedos e ironizou, rindo: "Tudo pequenininho aí?".[14] Entre tantos graves problemas de saúde que afetam a população brasileira, o presidente priorizou a incidência do câncer de pênis, causa de eventual amputação. Mencionou ter recebido um dado alarmante: "No Brasil, ainda, nós temos por ano mil amputações de pênis por falta de água e sabão. Quando se chega a um ponto desse, a gente vê que nós estamos realmente no fundo do poço". Por isso, deu um alerta público: é preciso lavar o órgão com água e sabão, para evitar o tumor.[15] Claro que se tratava de um fato lamentável, mas essa preocupação do presidente revelou-se bizarra, para dizer o mínimo, depois que ele reagiu às mortes iniciais por covid-19, ao ultrapassarem a barreira de 5 mil em dois meses, com uma resposta que chocou o país: "E daí? Lamento. Quer que eu faça o quê? Eu sou Messias, mas não faço milagre".[16] Em comparação a tal insensibilidade ante os milhares de mortes na pandemia, espantar-se tanto com um fato pontual como o câncer de pênis escancarava sua paranoia com a castração masculina. Num viés semelhante, viam-se referências reiteradas, em plena crise sanitária, sobre sua virilidade: "Não vou brochar para atender vocês. Eu sou imbrochável", proclamou, ao reclamar das críticas da imprensa, mais de uma vez.[17]

Ostentando a grosseria como uma qualidade de macho, Jair Bolsonaro reafirmava recorrentemente seu posto de poder. Num típico comportamento priápico, recorria à sua autoridade através de manifestações obsessivas de autoafirmação: "Eu sou o presidente, pô, quem manda sou eu", "Eu que fui eleito", "Eu nomeio, todos têm de ser afinados comigo", "Quem manda sou eu. Ou vou ser um presidente banana?". Tanta insistência denunciava, na verdade, a exata dimensão do seu despreparo e insegurança no posto ocupado.[18] Outro sintoma de inflação fálica manifestava-se como paranoia que o mantinha sempre vigilante, para garantir os holofotes sobre si, nas disputas de poder. Quando algum ministro se destacava em popularidade, Bolsonaro sentia-se ameaçado e não demorava em demitir quem parecia estar competindo para lhe tirar o protagonismo. Sua obsessão falocêntrica deixava escapar outros sintomas de inflação metaforizados, por exemplo, na caneta, para expressar a onipresente paranoia competitiva. Veja-se sua declaração, no jogo de poder com o então ministro da saúde Luiz Henrique Mandetta, que alcançara mais do que o dobro de aprovação popular do que o presidente, em abril de 2020: "Algumas pessoas do meu governo [...] de repente, viraram estrelas. [...] Vai chegar a hora deles, porque a minha caneta funciona. [...] Não tenho medo de usar a caneta. Ela vai ser usada para o bem do Brasil".[19] Ao rechaçar a vacina chinesa, a ser fabricada no Brasil por iniciativa de um político rival, Bolsonaro emitiu o mesmo argumento que brandia dia sim, dia não: "Já mandei cancelar, o presidente sou eu, não abro mão da minha autoridade".[20]

Efeitos reversos da inflação fálica implicam também referências difamatórias aos "falos castrados", fantasia muito comum que pessoas heterossexistas lançam sobre homens homossexuais, como projeção do seu próprio medo da castração. Em 2013, ainda como deputado federal, Jair Bolsonaro, em pleno Congresso, ostentou com um sorriso sarcástico o cartaz apontado aos manifestantes por direitos homossexuais: "Queimar rosca todo o dia" – expressão ambígua que deixava em dúvida se ele apenas ofendia os contendores ou se estaria verbalizando um desejo secreto.[21] Em 2017, Bolsonaro brindou pelo Twitter o jornalista norte-americano Glenn Greenwald, homossexual assumido, com semelhante grosseria homofóbica: "*Do you burn the donuts?*" (sic) ("Donut" equivalente a "rosca", para a expressão em português de baixo calão "Queimar a rosca").[22] Mas as recorrências fálico-anais em público serviam também para zombar de adversários, como aconteceu em outubro de 2020, durante uma viagem ao Maranhão, que tinha como governador um desafeto político e um eleitorado desfavorável ao presidente. Em plena pandemia, sem usar máscaras num local lotado, ao tomar o Guaraná Jesus, muito popular no estado, Bolsonaro notou a cor rosada do refrigerante e comentou, com ar debochado: "O guaraná cor-de-rosa do Maranhão aí. Agora eu virei boiola, igual maranhense, é isso?", e pôs-se a rir da própria piada.[23]

Não faltou inflação fálica embutida nas críticas aos cuidados sanitários que se opunham à sua tese de "imunidade de rebanho". Ainda em julho de 2020, no auge da pandemia da covid-19, o presidente cumprimentava visitas com apertos de mão e, ao notar no entorno alguma tensão por estar sem proteção facial, comentava que usar máscara era "coisa de viado".[24] Em setembro, diante de uma plateia de produtores rurais, Bolsonaro elogiou o fato de trabalharem durante a pandemia: "Vocês não entraram nessa conversinha mole de 'fica em casa'. Isso é para os fracos".[25] Em novembro do mesmo ano, quando o Brasil contava mais de 162 mil mortes pelo vírus e quase 6 milhões de infectados, Bolsonaro mais uma vez usou sua assumida homofobia para zombar dos protocolos sanitários, num discurso em pleno Palácio do Planalto: "Tudo agora é pandemia, tem que acabar com esse negócio, pô. Lamento os mortos, lamento. Todos nós vamos morrer um dia. Não adianta fugir da realidade. Tem que deixar de ser um país de maricas. Temos que enfrentar de peito aberto, lutar".[26]

A negação da realidade, ao minimizar a gravidade da pandemia, era uma atitude defensiva do macho dominante que, sentindo-se acuado, apelava à prepotência falocrática como recurso derradeiro para se impor. Assim, quando governadores prescreveram a quarentena para conter a pandemia, Bolsonaro passou a reclamar que "o poder destruidor desse vírus está superdimensionado". Na verdade, manifestava preocupação pelos prejuízos ao seu governo, acrescida de paranoia persecutória, conforme suas palavras numa entrevista: "Está havendo uma histeria. Nós não podemos parar a economia. Se afundar a economia, acaba qualquer governo, acaba o meu governo. É uma luta de poder. Há, por parte de alguns, irresponsabilidade nisso daí".[27] A crítica reiterada à proibição de atividades públicas trouxe o pretexto perfeito para inflar seu narcisismo fálico, quando em rede nacional ele declarou: "Pelo meu histórico de atleta, caso fosse contaminado pelo vírus, não precisaria me preocupar, nada sentiria, ou seria acometido, quando muito, de uma gripezinha ou resfriadinho".[28]

Quando a crise sanitária se acelerou, o presidente passou a propagar a indicação de cloroquina, hidroxicloroquina e outras supostas medicações para tratamento da covid-19, cuja eficácia era desmentida por autoridades médicas nacionais e internacionais. Em março de 2020, quando já ficara claro que não se tratava de mera gripezinha, ele reiterou sua negação da realidade sanitária cientificamente comprovada e determinou de modo autocrático que o Laboratório Químico Farmacêutico do Exército aumentasse a produção da cloroquina, até então fabricada apenas para combate interno da malária. De 200 mil a 250 mil comprimidos produzidos a cada dois anos, a produção passou para 1 milhão de unidades por semana.[29] Alinhados aos estudos e orientações científicas em todo o mundo, o sistema médico e o próprio ministro da Saúde se recusaram a indicar o uso do produto na rede pública.[30] Por se sentir confrontado, Bolsonaro demitiu dois ministros da Saúde, sucessivamente, em menos de um mês. Num misto de revanchismo e afirmação da autoridade presidencial, ele manteve o ministério sem titular por quatro meses, no auge da pandemia do coronavírus. Estava em disputa se seria mais importante a saúde da população ou o futuro político do presidente.[31]

Não se pode esquecer a famosa prole Bolsonaro, que repetia o padrão paterno como rótulo para identificar o clã. Aí se enquadrava a histeria homofóbica expressa em várias ocasiões pelos três filhos políticos, bem exemplificada num tuíte do vereador carioca Carlos Bolsonaro, em 2011, ao celebrar o arquivamento de uma representação por homofobia contra o então deputado Jair Bolsonaro, no Conselho de Ética da Câmara: "ChUuuupa viadada. Bolsonaro absolvido! Viva a Liberdade d Expressão!" (sic).[32] Em fevereiro de 2020, Jair Bolsonaro deu uma banana a jornalistas diante do Palácio da Alvorada, após reclamar da perseguição da mídia contra ele.[33] Dias depois, o deputado federal Eduardo Bolsonaro foi à tribuna da Câmara, onde repetiu ostensivamente o gesto machista do pai, dando uma "banana" às suas colegas da oposição, com o recado misógino: "Pode gritar à vontade, mas só raspa o sovaco, se não dá um mau cheiro do caramba".[34]

Para além do clã formal, nada é mais eloquente do que o vídeo da reunião ministerial de 22 de abril de 2020, em que o clã político encenou uma competição de virilidades infladas. Enquanto o presidente vociferava seus palavrões prediletos, um ministro do governo ameaçava "botar na cadeia todos esses vagabundos (ministros do STF)", uma outra prometia prender governadores e prefeitos por exigências arbitrárias durante a pandemia, um outro jurava usar "minhas quinze armas" para matar ou morrer se um policial prendesse sua filha por desobedecer ao distanciamento social da quarentena, e um outro ainda propunha aproveitar a pandemia para afrouxar leis de proteção ao meio ambiente ("para deixar passar a boiada"). Claro, tudo era gritado em meio a uma enxurrada de palavrões. Não se ouviu nenhuma proposta de estratégia para enfrentar a pandemia, nem diretrizes para políticas de governo num momento de crise. Nessa realidade paralela em que pareciam viver, os ministros usavam uma retórica subserviente para provar quem melhor reverenciava o Grande Falo sintonizado no presidente.[35]

Historicamente, na vida política, a cultura tem sido um dos alvos mais suculentos da agressividade gerada por falos inflados — e por motivos significativos. Não foi coincidência que diferentes sistemas fascistas tenham priorizado o assalto à cultura como forma tentacular de reprimir oponentes, corromper consciências e reforçar o poder. Nesse processo de hostilização mesclavam-se elementos que tinham em comum a autoridade a qualquer custo, compondo uma estrutura hegemônica na base da qual se encontrava o masculino tóxico. Para compreender essa combinação perversa, pode-se lembrar o caso emblemático de Federico García Lorca, sumariamente fuzilado logo no início da Guerra Civil Espanhola por ser libertário, poeta e homossexual, três componentes considerados repulsivos pela ditadura fascista de Francisco Franco, instalada na Espanha a partir de 1939.

Desde o fim da Segunda Guerra Mundial até a contemporaneidade, por toda parte a extrema direita manteve em seu DNA resquícios fascistas dos quais faz parte o conhecido horror à cultura. Na década de 1990, ficou famoso o procedimento agressivo e persecutório de políticos conservadores americanos (liderados pelo então deputado Newt Gingrich), que centraram suas baterias contra órgãos do governo financiadores de atividades culturais não lucrativas, nas áreas de ciências humanas, artes e sistema público de difusão audiovisual (rádios e TVs). Na mira da sua cruzada se destacava o National Endowment for the Arts (NEA), maior agência federal de financiamento artístico. Sob o pretexto de diminuir o déficit nacional, promulgou-se em 1995 um corte de 40% no orçamento anual desse órgão. Convém lembrar que o orçamento total do NEA para 1995 correspondia a apenas cinco horas de gasto do Pentágono e representava 65 centavos de dólar por habitante/ano nos Estados Unidos.

Outro pretexto alegado pelos conservadores americanos foi, como de praxe, preservar a moral e os bons costumes nacionais. Emblematicamente, a batalha se iniciou contra projetos voltados para obras feministas e homossexuais acusadas de pornográficas, tanto em literatura quanto em balé e fotografia. O primeiro foi o livro *Medo de voar*, de Erica Jong, considerado erótico demais para receber ajuda financeira federal. Mas o mais polêmico deles foi uma retrospectiva de fotos de temática homoerótica do fotógrafo Robert Mapplethorpe, numa tradicional galeria de Washington. Depois do choque provocado por sua obra inicial, Mapplethorpe já era então um artista mundialmente consagrado. Ainda assim, a exposição acabou cancelada, depois de uma campanha nacional de moralização. E aprovou-se uma lei proibindo o NEA de financiar qualquer projeto com sexo explícito — não importava o conceito utilizado para tanto.[36]

Como bem destacou o historiador Andre Pagliarini, o deputado Newt Gingrich aproveitou seu cargo como presidente da Câmara para instituir a mentira e o conflito como método de fazer política, infectando aos poucos a própria estrutura do Partido Republicano. Na base da "vitória a qualquer custo", adotou como tática semear "caos constante", de tal modo que nenhuma liderança, cargo e instituição mereciam respeito. Segundo Pagliarini, "por meio de escândalos, tanto reais quanto imaginários, [Gingrich] tachava os adversários de doentes, patéticos e traidores", com a finalidade de destruir reputações. Em 2016, a campanha presidencial americana estabeleceu "uma linha direta entre o deputado extremista e Trump". Nessa ocasião, o uso sistemático de fake news foi fartamente implantado e aprimorado com publicação maciça nas redes sociais, multiplicando a velocidade das mentiras, calúnias e cancelamentos. Ao colocar Donald Trump na presidência do país, tais métodos escusos de fazer política abriram caminho para um dos governos mais autoritários da história americana e impulsionaram lideranças de direita radical ao redor do mundo, incluindo o Brasil de Jair Bolsonaro.[37]

O ódio expresso e praticado por Trump contra feministas e segmentos sociais excluídos, desde negros, LGBTQ+ e povos autóctones a imigrantes, voltou-se também contra setores ligados à cultura, desde universidades até a mídia oposicionista. Não obstante gabar-se publicamente de suas ofensas a inúmeras pessoas e grupos, o presidente americano concentrou sua vingança em alguns episódios, já no início do seu governo, para evidenciar até onde pretendia inflar o seu falo. Um deles ocorreu com a humorista, apresentadora de TV e atriz americana Kathy Griffin, também conhecida por seu ativismo a favor dos direitos LGBTQ+. Em maio de 2017, Griffin publicou em suas redes sociais uma foto em que segurava uma máscara da cabeça decapitada e ensanguentada do recém-empossado presidente Trump. A foto fazia uma referência cáustica ao episódio bíblico da israelita Judite portando a cabeça do general inimigo Holofernes, fácil de entender por parte dos setores religiosos trumpistas. A repercussão rápida e explosiva se acelerou ainda mais após Trump tuitar que a comediante era doente e "deveria se envergonhar". A vida de Griffin entrou numa espiral persecutória, com cancelamentos de contratos publicitários, turnês e programas televisivos. Pior ainda, o Serviço Secreto e o Departamento de Justiça americanos passaram a investigá-la sob a acusação de conspirar contra a vida do presidente, ameaçando-a com prisão perpétua caso condenada. Isso levou seu nome a constar numa lista de terroristas, o que a impediu por dois meses de embarcar em aeroportos americanos. Como também a Interpol a incluiu entre terroristas procurados, Griffin foi sistematicamente detida para interrogatório em todos os aeroportos que utilizou, durante uma turnê internacional. A tensão era tal que ela chegou a chorar ante a iminência de não conseguir chegar a tempo aos shows programados. Não adiantou seu pedido público de desculpas nem sua advogada explicar que ela lamentava ter tido uma piada mal interpretada como ameaça de violência real. Ainda por muito tempo, os executivos de Hollywood continuaram tratando-a como negócio arriscado, temerosos dos efeitos vingativos do tuíte de Trump. Até um agente artístico se recusou a representá-la. É bem verdade que Kathy Griffin não abriu mão do seu senso crítico: no dia da eleição que tiraria Donald Trump da presidência, ela voltou a postar sua foto de nova Judite com a cabeça do derrotado Holofernes contemporâneo.[38]

Semelhantes motivos e discrepâncias também podem ser constatados no desmantelamento dos órgãos de cultura do Brasil — como já se tinha visto no governo de Fernando Collor (1990-2), que quase matou a indústria cinematográfica brasileira ao extinguir a Embrafilme. Em 2016, por sua vez, o então presidente Michel Temer extinguiu o Ministério da Cultura (MinC). Com a pressão da classe artística e da imprensa, o ministério seria recriado pouco tempo depois, mas na prática o desmonte já havia sido iniciado: o baixo orçamento e a desestruturação administrativa levaram ao real desmantelamento do MinC.[39]

A partir de 2018, a cultura sofreu sistemática perseguição no governo de Jair Bolsonaro, caudatário das ideias de Donald Trump. O ódio ao setor cultural por parte do bolsonarismo, que às vezes se disfarçava em descaso, atingiu requintes de sadismo. A direita radical que chegara ao poder enxergava a cultura e as artes como espaço prioritário de uma guerra ideológica, pois aí estaria acoitado o "marxismo cultural", responsável por deturpar valores religiosos e familiares, através de artimanhas e imoralidades. Para tanto, a melhor estratégia seria impedir seu financiamento com dinheiro público e asfixiá-las através do esvaziamento da pasta. O processo de "guerra cultural" prometido já na campanha bolsonarista começou com a extinção do Ministério da Cultura e sua transformação em secretaria, tornada apêndice do Ministério do Turismo, com orçamento insignificante. O gesto sinalizava, não sem cinismo, a pouca importância das atividades culturais, equiparadas a passatempos dispensáveis, o que já se evidenciava nos cinco titulares que passaram pela Secretaria Especial da Cultura nos dois primeiros anos do novo governo.[40] A chamada economia criativa sofreu um processo de asfixia financeira, com crises em série eclodindo nas principais instituições culturais do país.*

A indústria do audiovisual passou por uma paralisação ainda pior do que nos tempos de Fernando Collor. A produção cinematográfica recebeu um golpe mortal com a paralisação do Fundo Setorial do Audiovisual e da Ancine, a Agência Nacional de Cinema. Como parte dessa estratégia, acelerou-se a ingerência direta do governo nos projetos culturais. As seguidas nomeações e demissões dentro da Secretaria Especial de Cultura e seu programa errático ou mesmo inexistente tinham como claro objetivo o desmantelamento dos aparelhos culturais.** O projeto bolsonarista mostrou-se particularmente raivoso quando deixou ao abandono órgãos e equipamentos culturais, descaso que implicava

* Bolsonaro fez minguar os incentivos na Caixa Cultural, no Banco do Brasil e nos Correios. A Petrobras, grande incentivadora cultural, cancelou totalmente os subsídios, sob o pretexto de realocar as verbas para programas de educação e produção tecnológica, algo que nunca ocorreu. Baseada em renúncia fiscal e historicamente responsável pelo crescimento de importantes setores culturais, entre eles as artes cênicas, a Lei Rouanet também sofreu cortes e limitações.

** Assim ocorreu com o afunilamento de atuação da Funarte, o aparelhamento e a fragilização do Iphan (Instituto do Patrimônio Histórico e Artístico Nacional), a adulteração da Fundação Cultural Palmares, a intervenção na Fundação Casa de Rui Barbosa e a paralisação da Fundação Cinemateca Brasileira.

uma estratégia de morte lenta por inércia. Para provocar acefalia em várias instituições, demitiram-se servidores especializados, que foram substituídos por gerentes calculadamente inexperientes na área. No projeto dessa guerra cultural, deu-se prioridade a um aparelhamento ideológico rigoroso. Foi emblemático o caso do diretor de teatro Roberto Alvim em sua curta estadia como titular da Secretaria Especial de Cultura, com promessas de alinhamento religioso e mimetização de discurso nazista. Em vários outros casos, ocorreram nomeações de diretorias avessas aos objetivos dos órgãos em questão. Na Fundação Cultural Palmares, instituição voltada para a promoção dos valores culturais afro-brasileiros, o governo Bolsonaro chegou às raias da provocação ao nomear como presidente um negro fanático de direita e racista, cuja função se resumia precipuamente em agredir e caluniar lideranças negras antirracistas do Brasil — chamando-as de "escória maldita" e "escravos ideológicos de esquerda".[41]

O presidente Bolsonaro usou de pompa e circunstância para comunicar que haveria "revisão dos critérios e diretrizes para a aplicação dos recursos, bem como [...] critérios de apresentação de propostas de projeto".[42] Através do cancelamento de patrocínios, prêmios e festivais diversos, instaurou-se a censura como instrumento de ameaça à livre expressão da produção artística que dependia dos subsídios públicos. Além de fechar canais de financiamento e promover interferências de caráter ideológico, utilizaram-se os mais diversos tipos de arbitrariedade, como taxar a produção de livros brasileiros, represar a liberação de verbas para projetos já aprovados em editais anteriores e censurar roteiros encaminhados à Ancine. O cancelamento de produções com temática LGBTQ+ em produções públicas escancarou o projeto de censura e retaliação, que atingiu outras temáticas consideradas esquerdizantes ou imorais. Num esquema de censura prévia, funcionários de estatais passaram a investigar as ideias de artistas inscritos em programas de incentivo. A tendência culminou com dossiês e listas criadas pelo próprio Ministério da Justiça para controlar *influencers* na internet, intelectuais, jornalistas e artistas críticos ao governo. Convém lembrar que iniciativas como o auxílio emergencial à classe artística durante a pandemia da covid-19 só aconteceram graças a pressões da sociedade através do Congresso, e não diretamente pela presidência — como de resto muitas outras providências só tomadas com má vontade pelo Executivo.[43]

A Cinemateca Brasileira viveu uma situação emblemática. No final de 2019, suspendeu-se o contrato da Organização Social gestora, sob pretexto de que atividades escolares do grupo tinham "programação de esquerda", o que resultou na demissão de todos os seus funcionários, sem pagamento dos salários atrasados. Em agosto de 2020, representantes da Secretaria Especial de Cultura compareceram ao prédio em São Paulo, acompanhados por viaturas da Polícia Federal e da Guarda Civil Metropolitana, para recolher as chaves do local que foi fechado inclusive para funcionários da manutenção. A Cinemateca ficou sem verba para pagamento até mesmo da energia elétrica em atraso, o que colocou em risco o mais precioso acervo audiovisual da América do Sul, de aproximadamente 1 milhão de documentos e 245 mil rolos de filmes, correspondentes a 30 mil títulos. Ficou claro não apenas o descaso do governo federal, mas também o desconhecimento da finalidade dessa instituição por parte dos responsáveis diretos da Secretaria da Cultura, que até então nem sabiam da sua existência. A deterioração da Cinemateca chegou a provocar um manifesto em sua defesa, assinado por organismos nacionais e internacionais, inclusive a Film Foundation do cineasta americano Martin Scorsese. O grave incêndio em seu depósito, ocorrido em julho de 2021, foi uma tragédia estimulada e anunciada.[44]

Em política, naturalmente, não é apenas no contexto de guerra cultural que se manifesta o desprezo à cultura. Crises nas finanças públicas apresentam bons pretextos para se processar um desmanche na área cultural, algumas vezes com resultados duradouros. Legitimando a ideia da cultura como coisa supérflua, alega-se a necessidade de dinheiro para fins considerados mais urgentes, como educação, hospitais e transporte público. Mas não se mencionam, por exemplo, os gastos milionários dos governos com publicidade, que costumam exceder em muito o orçamento das pastas de cultura. Mesmo gestões com suposto viés progressista incorreram nesse tipo de truculência, como no caso de Mário Covas, prefeito de São Paulo (1983-6) e governador do estado (1995-2001). Sob a alegação de sanar as finanças públicas, durante suas gestões ele promoveu um verdadeiro desmonte dos aparelhos e eventos culturais — aí incluindo o cancelamento de uma importante exposição na Pinacoteca do Estado sobre os trezentos anos de Zumbi, que apresentaria um histórico dos movimentos de resistência afro-brasileira.

Convenhamos que desativar a estrutura cultural dos governos para sanar a crise financeira pública é uma providência bem pouco efetiva, considerando o mínimo que usualmente se destina às atividades culturais. Aqui interessa mais o sentido subjacente do ressentimento expresso como fúria fálica que se descarrega sobre um objetivo (a cultura) desproporcionalmente menor, mas pleno de significados. No contexto da política como exercício de poder, ou seja, "coisa de macho", o gesto truculento do falo inflado contra a cultura provavelmente traz embutida a afirmação de uma virilidade descompensada, que se sente ameaçada por tão pouco. Assim, descarrega-se a angústia da castração ao anular o objeto que a sintomatiza, através do desmantelamento do aparelho cultural — "coisa de viado", esse castrado por excelência. Aí está o ponto nevrálgico: além de secundária e dispensável, a cultura é considerada um setor ligado à sensibilidade e, por extensão, ao feminino, portanto ao passivo que assombra o masculino tóxico. Assim, o ataque à cultura indicaria mais uma tentativa — plena de significados — de inflar falos políticos para se defender do fantasma da emasculação.

Tal hipótese se evidencia em não raros casos, sempre que a conivência entre poder político e inflação fálica se deixa intermediar por um insustentável grau de repressão sexual e moralismo autoritário. Viu-se semelhante fenômeno ocorrer, mesclado a um viés farsesco, no último mandato do ex-presidente Jânio Quadros à frente da prefeitura de São Paulo (1986-8). Pouco depois de mandar internar arbitrariamente sua filha única numa clínica psiquiátrica e beirando ele próprio a decrepitude, Jânio Quadros teve mais um de seus gestos de truculência narcísica: em outubro de 1987, ordenou a proibição de que homossexuais masculinos cursassem a Escola Municipal de Bailados, então frequentada por cerca de *mil* estudantes, entre os quais havia apenas *trinta* homens. Ele fez publicar um memorando no *Diário Oficial do Município*, com uma observação expressa à diretora: "Recorra à Guarda Metropolitana, se necessário".[45]

O motivo alegado pelo prefeito era antes de tudo uma fantasia pessoal: os homossexuais, segundo ele, "beijam-se com fervor, inclusive na boca, e têm comportamento asqueroso", que corromperia as crianças ali presentes. Assim, ele prometeu publicamente que os guardas civis "prenderão esses anormais e os levarão à delegacia mais próxima" — justificando tratar-se de anormais do "terceiro sexo", inaceitáveis porque "Deus Todo-Poderoso só fez dois". A paranoia delirante chegou a tal ponto que o prefeito mandou a Guarda Civil Metropolitana ("coisa de macho" criada por ele) ocupar o Teatro João Caetano, onde a Escola de Bailados ensaiava um espetáculo a ser apresentado na mesma noite.[46]

É verdade que isso ocorreu em pleno período de pânico da aids, no final da década de 1980, quando até um arcebispo brasileiro sugeriu a necessidade de emascular bichas contaminadas. Mas, considerando que no Brasil a prática homossexual não é proibida por lei, o nosso famoso ex-presidente cometeu um ato sem qualquer respaldo legal para, provavelmente, exorcizar fantasmas pessoais que o perseguiram até o final da vida, ocorrido pouco depois. Foi, sem dúvida, seu derradeiro e extremo gesto de inflação fálica, entre os tantos que cometeu em sua atabalhoada história política.

9. Castração e androginia mítica

Ainda que cotidianamente estampados nos noticiários, fatos como os reportados aqui ultrapassam o nível individual para se projetar como reação de uma civilização inteira contra a pressão fálica que ela própria criou, no contexto dos seus valores patriarcais, assombrada pelo fantasma do macho castrado. Nesse sentido, as mais diferentes épocas e culturas consagraram diferentes saídas para neutralizar a angústia da castração. Muito frequentemente, o ponto de partida nessas "soluções" tem sido relativizar o masculino e assim apaziguá-lo, por meio de crenças e práticas que procuram recuperar o feminino no macho, para reunir dentro dele os dois princípios adversários. Trata-se, naturalmente, da figura do andrógino. Não por acaso, seu mito está presente nas mais diversas culturas, a começar pelo candomblé afro-brasileiro, em que os pais e mães de santo muitas vezes têm ressonâncias andróginas inclusive em seu comportamento pessoal. Já o próprio panteão dos orixás exibe divindades que são ora femininas, ora masculinas, como Oxumaré, Logum Edé e Ossanha, ou apresentam uma ambiguidade visceral, como Iansã e Ogum Xoroquê.[1]

Na Antiguidade, segundo o estudioso romeno das religiões Mircea Eliade, a androginia era *a fórmula por excelência da totalidade* — e aí provavelmente se encontra a questão-chave.[2] Existe um número considerável de divindades andróginas não apenas nas religiões arcaicas da África, América, Melanésia, Austrália e Polinésia, mas também nos sistemas religiosos antigos mais complexos, como entre os germanos, no Oriente Próximo, no Irã, na Índia, na

China, na Indonésia etc. O fato mais curioso é que, em muitas dessas religiões antigas, acabam se androginizando justamente aquelas divindades masculinas ou femininas por excelência. Segundo Eliade, isso "se explica se levarmos em conta que existe uma concepção tradicional de que alguma coisa não pode atingir o seu grau excelente *se não for ao mesmo tempo o seu oposto*".

Tal ideia se comprova em muitos ritos arcaicos de iniciação à puberdade, quando se praticava uma androginização do neófito. Em certas tribos australianas, realizava-se no jovem púbere uma subincisão que lhe "acrescentava" o órgão sexual feminino. Também em Esparta e Argos, na Grécia antiga, existiam vários costumes de intercâmbio de vestimentas e caracteres entre os nubentes — o esposo se vestia com roupas femininas para receber a mulher, que aparecia em trajes masculinos e, às vezes, até mesmo com barba postiça. Segundo Eliade, aí está implícito que "não se pode chegar a um modo de ser particular e bem determinado sem antes ter conhecido o modo de ser total". Mais especificamente, isso significa que "não é possível tornar-se um varão sexualmente adulto *sem antes ter conhecido a coexistência dos sexos*, a androginia".[3] É por motivo semelhante que no mito de Hércules (ou Héracles), o mais viril dos heróis da Antiguidade clássica, ele usa as roupas, pulseiras e colares de sua senhora, a rainha Ônfale, para quem prepara e tece a lã, junto com as servas comuns.[4] Esse episódio adquiriu importância no culto italiano de Hércules Victor, no qual tanto o deus quanto seus iniciados vestiam-se de mulher, para participar de um rito visando promover o vigor, a juventude e a perenidade.[5]

Mas o sentido da androginia ritual era bem mais amplo: ela buscava simbolicamente a restauração do elo entre o céu e a terra, assegurando assim a comunicação entre os deuses e o homem — tal como observado em rituais xamânicos de diversos povos na Sibéria e na Indonésia.[6] Já nos textos upanixades hindus, o divino é definido como "aquilo em que os contrários coexistem".[7] O andrógino é justamente a imagem representativa da não divisão dos contrários, em que se reúnem o masculino e o feminino num só.

Nas mais antigas teogonias gregas, segundo Eliade, os seres divinos multiplicavam-se por si mesmos, numa expressão exemplar da potência criadora que colocava a androginia entre os atributos da divindade. Assim, entre muitas outras, a deusa Hera concebe sozinha os filhos Hefesto e Tifeu.[8] Também entre os xivaístas, o mito do início do mundo é representado por Rudra, um andrógino luminoso que unia em si todos os opostos.[9] Essa totalidade primordial, representada na androginia, rompe-se quando a divindade gera separadamente o masculino e o feminino. Surge então o mundo exterior – mas, em compensação, acaba a felicidade absoluta (o paraíso). Ela só será reencontrada na reunião dos contrários, pelo amor.[10] No mesmo sentido, a Fênix, que renasce das cinzas, também simboliza a androginia, por se engendrar a partir de si própria, representando portanto a completude e a imortalidade.[11]

Alain Daniélou, estudioso francês das religiões, confirma que, desde o período neolítico, as religiões estão povoadas de deuses andróginos. Entre os cananeus, Anat era uma deusa com atributos masculinos. Há exemplos parecidos entre os etruscos, hurritas, hititas e acadianos. Na tradição frígia da Grécia antiga, Zeus fertilizou um falo de pedra que engendrou um hermafrodita chamado Agdistis, transformado na deusa Cibele, após a castração. Era tal a importância do mito que os servidores de Átis e Cibele (também conhecida como Reia) mutilavam-se e colocavam seus órgãos viris diante do altar, para repetir o feito dos seus deuses. Assim também, a divindade grega Dioniso (variante do hindu Shiva) é representada ora como um macho barbudo, ora como um adolescente efeminado. Na mitologia grega, os deuses educaram Dioniso como menina, daí sua ambiguidade básica, até o ponto de ser vítima de escárnio por seu aspecto feminino. Em Ésquilo, Dioniso é chamado de homem-mulher. Tanto que, na Trácia antiga, as charruas do cortejo de Dioniso eram puxadas por jovens vestidos de mulher.[12] No próprio mito grego da criação, mencionado por Aristófanes, tal como Platão narrou em *O banquete*, os primeiros seres humanos eram andróginos. Foi para puni-los que Zeus dividiu-os em dois sexos, tornando-os para sempre incompletos.[13] Na atualidade, traços dessa crença androgênica arcaica sobreviveram e podem estar presentes, como simbologia da união dos contrários, em eventos muito diversificados, tanto na prática batismal cristã quanto nas fantasias de homem-mulher do Carnaval e até em certas visões místicas provocadas por alucinógenos.[14]

Nas culturas arcaicas, o sentido sagrado da androginização era recuperado e atualizado na bissexualidade ritual e extática, que se tornava fonte de potência sagrada. Não por acaso, a antiga profetiza etrusca trazia um falo preso à cintura: era o sinal visível da sua androginia.[15] Assim também, segundo Mircea Eliade, a bissexualidade vivida nos ritos xamanísticos propiciava ao xamã a superação de sua condição de homem profano, levando-o a adquirir poder divinatório e curador. De fato, ao reunir em si os dois princípios polares, o xamã "restaura simbolicamente a unidade do céu e da terra, assegurando assim a comunicação entre os deuses e os homens".[16]

Mas, em várias partes do mundo, também o cotidiano dos xamãs é transformado: eles chegam a inverter seu comportamento sexual para viver concretamente a androginia ritual. Entre os siberianos, particularmente no povo chukchi, o xamã não só veste roupas femininas e comporta-se como mulher, mas às vezes chega a ter um marido.[17] É provavelmente por causa dessa mesma busca unificadora que se encontram práticas homossexuais em muitos ritos iniciáticos, no Oriente e Ocidente, em várias épocas. Parte-se do princípio de que durante esse ritual os neófitos desenvolvem os dois sexos.[18] Nos rituais de iniciação tântrica, até hoje existentes, promove-se no iniciado a união de Shiva e Shakti (princípios masculino e feminino). Tal conceito continua tão enraizado que, em pleno século XX, houve celeuma na Índia ao se tentar acabar com a prostituição sagrada de mulheres e homens. Segundo Alain Daniélou, ainda se encontram travestis prostitutas nas periferias das grandes cidades ou vagando pelas aldeias hindus, na atualidade.[19]

Era dentro desse mesmo sentido que os ritos iniciáticos xivaístas se realizavam mediante a penetração anal.[20] O tantrismo, um dos ramos remanescentes e mais significativos do xivaísmo, aprofundou de maneira surpreendente tais princípios. A doutrina, tal como ainda existente na ioga tântrica, propõe que o ânus é a entrada que conduz ao centro ou caverna (metáfora do seio da Grande Mãe Terra) e permite desvendar o labirinto interior (metaforizado nos intestinos), ajudando a libertar o princípio feminino ou energia enrolada (*kundalini*). Para que o ser humano se realize, a energia kundalínica – motor dos nossos sentimentos – precisa ser controlada através de um aprendizado que leve ao conhecimento do eu profundo. Esse conhecimento envolve a descoberta da "mulher interior" do iniciado, que seria despertada através do orgasmo com fricção da próstata, ou "orgasmo prostático".[21] A partir daí, a relação anal tornou-se um elemento importante no rito iniciático. Quando penetra pela porta do labirinto, o pênis (princípio masculino) permite despertar o *kundalini* (princípio feminino), provocando um estado de iluminação mística que leva à transcendência. A importância dessas ideias é comprovada pelas insistentes representações estéticas do labirinto, desde a arte rupestre. Aí se inscrevem também as antigas práticas divinatórias através dos intestinos de animais e a lenda cretense do labirinto do Minotauro.[22] Assim, o labirinto se apresenta como metáfora da busca tortuosa da verdade interior.

Segundo o pesquisador inglês Philip S. Rawson, especialista em arte erótica primitiva, desde os povos neolíticos se identificava o sêmen com o poder ancestral, cuja vitalidade preservava a continuidade da tribo. Daí a prática comum nos povos antigos de promover a iniciação masculina através da penetração anal dos noviços por parte dos adultos da tribo. Assim se pretendia transmitir aos iniciados, "em sua forma física condensada, a energia vital que simbolizava a sustentação da identidade do grupo". Segundo Rawson, supõe-se que semelhante costume "pode estar na base do erotismo homossexual vigente entre os gregos da época clássica".[23]

Práticas correlatas sobreviveram na Idade Média. De fato, as perseguições à feitiçaria e às sociedades secretas, como a dos cavaleiros templários, condenavam, entre outras práticas, o ritual secreto do "beijo negro" (beijo no ânus supostamente praticado nesses grupos) — o que na verdade seria uma variante do mesmo ritual místico de despertar o *kundalini*. Segundo Alain Daniélou, em todas essas práticas sagradas encontra-se um "procedimento técnico" equivalente ao uso de drogas para alterar a consciência e aprimorar a percepção, através de "uma ação direta [...] em certos órgãos interiores ligados aos centros sutis".[24]

Truculência policial
contra um homem
negro: a violência racista
como sintoma
da crise masculina.

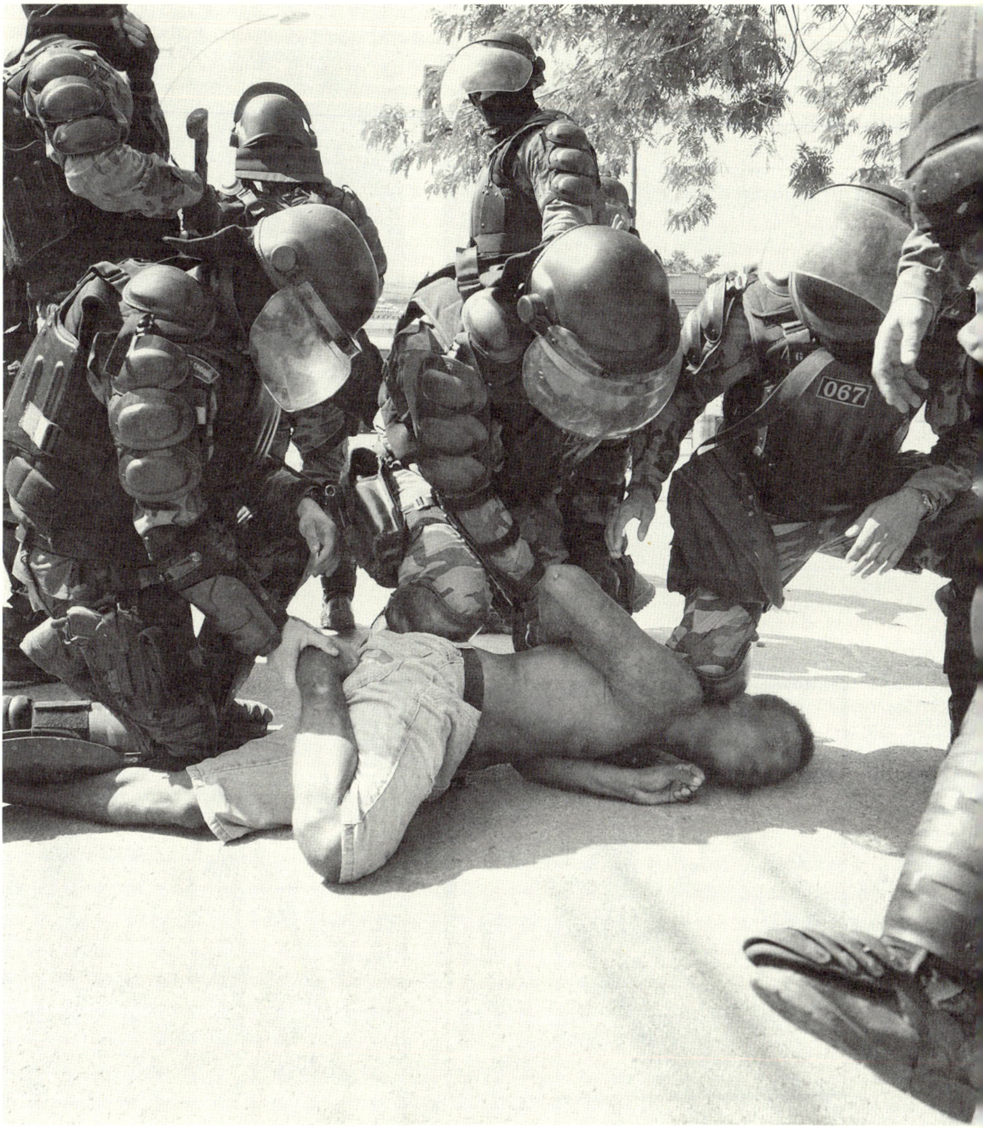

Representações fálicas: na Antiguidade, a imagem fálica se expressava com um sentido deliberado, como neste mural em Pompeia...

... mas na cultura moderna acabou recalcada, ressurgindo em representações inconscientes perversas, como neste canhão que ejacula fogo e almeja a destruição.

Androginia mítica: símbolo por excelência da totalidade, como nesta representação alquímica de 1593...

... ou nesta representação gnóstica em que o Y representa a natureza ao mesmo tempo masculina e feminina do ser.

Androginia ritual:
ao recuperar a
androginização mítica,
o candomblé brasileiro
evidencia também...

... a tentativa de superar o medo à castração, como na dança ritual do Xamã travestido, no Benim.

Androginia tribal: Berdaches (travestis) da nação Zuni, presentes em muitas outras tribos indígenas da América do Norte.

Carnaval brasileiro: sob pretexto da farra momesca, o que o masculino mais repudia se revela aquilo que mais o atrai.

General alemão (passando a tropa em revista): "O exército é uma grande família, e vocês são todos meus sobrinhos". (Charge francesa do começo do século XX, ironizando os escândalos homossexuais no Exército alemão.)

Deus e o Diabo na terra do sol: Glauber Rocha criou uma metáfora exemplar da crise masculina que ele próprio protagonizou.

O deus Príapo: no mito antigo, as grandes proporções fálicas já prenunciam a castração.

A sodomia mítica emerge em ritos iniciáticos masculinos de várias culturas e religiões. (Gravura de 1511.)

Lampião e sua máquina Singer portátil: o mito do "cabra-macho" diverge do cangaceiro real que desenhava e costurava seus trajes.

Ressurgências modernas do andrógino primordial: o famoso bailarino russo Vaslav Nijinsky dança como Xerazade, em 1910...

... enquanto a drag queen americana RuPaul se torna fenômeno midiático e alcança a condição de superstar internacional a partir da década de 1990.

O *codpiece* (saqueira) consagra o culto fálico, na pintura *Portrait of a Young Man* (1544), do alemão Georg Pencz.

O culto fálico ostentado no Congresso Nacional brasileiro, em 2013, num cartaz ambíguo: seria uma acusação ou um convite?

O culto fálico em ressignificação queer: foliões no Carnaval de 2020 ironizam as supostas mamadeiras de piroca, que as fake news bolsonaristas espalharam como sendo arma da esquerda para perverter bebês.

10. Respostas à castração

O alquimista Bernardus Trevisanus, citado por Jung, afirmava que "a natureza não é melhorada senão através de sua própria natureza". Segundo esse raciocínio, adotado por estudiosos junguianos como Eugene Monick, o efeito seria o mesmo da terapêutica homeopática: *similia similibus curantur*, a cura se realiza através do seu igual. Citando D. H. Lawrence, em seu romance *Mulheres apaixonadas*, Monick considera que um homem precisa de outro homem para integrar a sua masculinidade, o que não significa necessariamente prejudicar seu interesse erótico-sexual pelas mulheres. Ao contrário, a ligação com um outro falo seria uma ligação com a fonte da vida e com a própria imagem arquetípica do deus fálico, que completaria a busca masculina. Isso explica, por exemplo, o fascínio mútuo nas ligações entre um homem mais velho e um mais jovem, em que este oferece o vigor fálico da sua juventude em contrapartida à maturidade daquele – num sistema que a Grécia antiga consagrou.[1]

A Antiguidade clássica também buscou soluções "homeopáticas" para neutralizar o medo ancestral da castração. Entre os gregos, como já vimos, era permitido ao jovem efebo ser sexualmente penetrado por um protetor mais velho, encarregado de iniciá-lo na masculinidade. Logo que começava a lhe nascer a barba, esse adolescente passivo se separava do protetor e ia, por sua vez, procurar um protegido, a quem "ensinava" os rudimentos da virilidade. Segundo o psicanalista dinamarquês Thorkil Vanggaard, a pederastia era uma instituição ligada ao sagrado: em certos templos de Apolo foram encontradas inscrições mencionando-a como um ato religioso. Especialmente nos templos de Apolo Carneio (com chifre), ocorriam ritos de iniciação masculina através do ato pederástico realizado publicamente. Também o culto ao deus Dioniso permitia essa conexão religiosa, pois ele era chamado indistintamente de *phalés* (o falo personificado) e *paiderastés* (amante de meninos). Na peça *Os acarnianos* (ou *Acarnenses*), de Aristófanes, um personagem canta durante as Dionísias Rurais o hino fálico, em que saúda Dioniso como "amante das esposas e dos meninos". Ainda que possam parecer estranhas à cultura judaico-cristã, a penetração anal e a submissão passiva faziam parte desse aprendizado da masculinidade grega. Para os gregos, *phallós* era uma palavra de sentido religioso, diferente dos vários vocábulos usados para nomear o órgão masculino em si. O falo expressava a força total da virilidade, quer dizer, sua *areté*, sua virtude básica. Certos textos gregos relatavam a invocação ao deus Apolo, antes de uma relação pederástica, por meio da qual o homem mais velho pede que sua *areté* seja transferida para o menino amado. Segundo Vanggaard, considerava-se que o sêmen do homem era o portador da virtude viril, a ser introduzida pelo ânus. E isso se generalizava tanto entre os dórios como entre os espartanos.[2]

Existem variantes dessa passagem da força masculina para o menino nos ritos de iniciação de diferentes partes do mundo. Durante os anos 1910 e 1912, o antropólogo finlandês G. Landtmann reportou, entre os papuanos kiwai da Nova Guiné, que a entrada na puberdade para os meninos era celebrada num festival em que os homens mais velhos os possuíam sexualmente, para torná-los "altos e fortes". O mesmo motivo levava os jovens guerreiros a beber a urina do chefe mainou, para com ela receber a força e o espírito de luta, ao mesmo tempo que comiam pedaços do pênis seco de um inimigo assassinado.[3]

Em 1975, costumes semelhantes foram observados pelo antropólogo Gilbert H. Herdt entre os sâmbias da Papua-Nova Guiné (também conhecidos como simbari anga).[4] Esses indígenas acreditavam que, ao contrário das meninas, cuja puberdade "vinha de dentro" (pela menstruação), os meninos só recebiam sua masculinidade através de uma ativação externa que dava início à produção do sêmen. Por isso, após o primeiro e doloroso estágio de iniciação mencionado anteriormente, eles passavam para a cabana dos homens. Lá, conheciam as flautas mágicas (símbolos do poder masculino) e as recebiam na boca, num aprendizado prévio ao da felação. Depois, eram ensinados a dormir com os homens e a praticar sexo oral nos mais velhos, assim como a engolir seu esperma. Durante a cerimônia de iniciação, o chefe guerreiro advertia seriamente que era preciso aprender a gostar do pênis chupado. E exortava os iniciantes: "Se não engolirem o sêmen, vocês não poderão subir nas árvores para apanhar bananas e castanhas. O sêmen vai fortificar seus ossos". O "suco do homem" era mostrado como um substituto adequado ao leite materno, de modo que, quanto mais bebessem, mais rápido iriam crescer, dizia o velho, explicitamente. Para os sâmbias, o sêmen ingerido dos mais velhos era a maneira de ativar a produção do sêmen nos meninos feladores, que só assim se tornariam verdadeiros varões. Os adolescentes passavam os anos seguintes ingerindo esperma adulto, até "amadurecerem".[5]

Havia, com certeza, uma solução tão engenhosa quanto paradoxal nessas respostas culturais ao problema da castração, crucial em sociedades patriarcais em que o falo carrega o valor supremo da dominação e a passividade implica ser dominado. Seja pela deglutição do esperma ou urina, seja pelo coito anal, parecia ocorrer antes de tudo uma curiosa democratização da passividade sexual, de modo que o ônus ficava socialmente dividido: todos os machos passavam obrigatoriamente por um rito de iniciação em que sofriam a dominação (passividade) como *condição* para atingir a virilidade ativa, que marcava a entrada na idade adulta. Em termos freudianos, pode-se dizer que esses costumes buscariam uma cura à ferida narcísica aberta no masculino pelo complexo de castração. Mais ainda: reverteriam seus efeitos maléficos, transformando a castração em *instrumento* para a própria aquisição da masculinidade.

Na Roma antiga, a relação cultural com a castração era diferente, apesar de não haver restrições legais à prática sexual entre homens. De fato, um homem podia livremente ter amantes do mesmo sexo ou do sexo oposto, quando não dos dois. Os poetas cantavam seus amados e amadas, indistintamente. Pelas ruas de Roma havia prostitutas e prostitutos — e a estes o Estado romano reservara até uma festa em seu calendário oficial: o correspondente ao dia 25 de abril.[6] As fantasias do mundo mediterrâneo assumiam os limites próprios de sua cultura — e o mais importante deles era *não ser penetrado*.[7] Penetrar sexualmente tornava-se prerrogativa do patrício, senhor livre em torno do qual giravam todas as leis romanas, e isso atestava seu poder máximo. Assim, a humilhação mais comum impingida a um escravo era lembrar-lhe que devia colocar-se de quatro diante do seu senhor. Na verdade, o senhor podia ter um ou mais jovens escravos que o serviam sexualmente. O papel desempenhado na Grécia pelo efebo, que estava integrado na sociedade dos senhores, em Roma passou para o jovem escravo, de tal modo que o direito sexual de penetrar ficava resguardado exclusivamente ao cidadão livre.

Leis romanas severas continuavam exigindo respeito às mulheres casadas, às virgens e aos adolescentes — desde que livres. O que contava culturalmente era não ser escravo e não ser passivo, dois fatores interligados: ser penetrado significava a suprema humilhação para um homem, por colocá-lo no nível do escravo. Aliás, a discriminação ao passivo sexual só se comparava à ignomínia do felador passivo. Um senhor tornava-se socialmente malvisto caso continuasse a se relacionar com um favorito cujo bigode já houvesse crescido: isso lançaria a suspeita de que poderia estar sendo o passivo na relação, ou seja, um *impudicus*, nome equivalente a bicha.[8] A obsessão com a passividade era tal que a sociedade mantinha vigilância sobre a maneira de falar, gesticular, andar e se vestir dos homens, para determinar se não estariam traindo sua virilidade. Até mesmo as óperas (chamadas "pantomimas") foram proibidas pelo Estado romano em várias ocasiões, por serem consideradas pouco viris, ao contrário das lutas de gladiadores. Nesse contexto, é bem possível que a virilidade idealizada das sociedades modernas tenha sido herdada da maneira como a cultura romana encarou o pânico masculino da castração.

Convém notar que, não por acaso, foi em Roma que se aprofundou o culto a Príapo, o deus da inflação fálica. Significativamente, uma das representações mais comuns de Príapo era a do fruticultor com sua faca de poda, sendo por isso conhecido também como "o podador da pereira".[9] Ou seja, já do ponto de vista mitológico, as grandes proporções fálicas de Príapo estão sempre associadas à castração: sua faca de podar evidencia uma potencialidade emasculatória que se atualiza nas mais diferentes manifestações míticas. Quem manda Cronos castrar Urano é Gaia, a deusa da terra, princípio feminino por natureza. O jovem deus Átis, amante da deusa-mãe Cibele, castra-se debaixo de um pinheiro — e a árvore sempre teve um significado materno, segundo Jung. É de notar que, na Antiguidade clássica, as imagens fálicas eram talhadas basicamente em troncos de árvores.[10] Tais exemplos denotam como o princípio masculino, mesmo em seu auge fálico, está inevitavelmente cercado pelo princípio feminino em suas várias metáforas, lembrando que é quase inerente ao ativo masculino a presença ameaçadora do passivo feminino.

Eugene Monick menciona a castração como um elemento paradoxal na psicologia masculina, porque inevitável. Ou seja, "não há meio de estar firmemente ligado ao falo sem a presença da castração dentro do processo".[11] Assim, ereção e castração permanecem quase automaticamente associadas. Não é de estranhar, portanto, que a cultura priápica da Antiguidade tenha como contrapartida o horror à castração e vice-versa, criando-se um círculo vicioso. A inflação fálica já é um gesto de defesa contra a castração, quer dizer, um fenômeno compensatório através do qual a potência fálica é inconscientemente deificada em reação ao risco de ser desvalorizada. O embate entre mito e realidade fica evidente no culto à deusa Cibele, em que os sacerdotes praticavam autocastração orgiástica, repetindo o gesto do deus Átis, amante punido com a castração pela poderosa deusa.[12] Tal culto, tornado oficial durante o reinado do imperador romano Cláudio, deixou sérios resquícios no cristianismo. Tanto quanto Cristo, Átis morria e ressuscitava, garantindo a imortalidade aos seus iniciados.[13]

11. Castração e cristianismo

Em relação ao desamparo e incompletude experimentados no âmbito do pânico da castração, a mitologia cristã se organizou de modo bastante peculiar, ao utilizar os mais diversos métodos e recursos para se contrapor às mitologias politeístas que a precederam. Se o cristianismo absorveu muitos elementos das religiões pagãs, historicamente esse processo ocorreu por cooptação oportunista, no sentido de tomar para si a força do inimigo. Um exemplo entre tantos, no projeto colonialista, foi a Catedral Metropolitana da Cidade do México, construída no local onde antes ficava o Templo Mayor da capital asteca-mexica, Tenochtitlán, dedicado simultaneamente a Huitzilopochtli, deus da guerra, e Tlaloc, deus da chuva e da agricultura, cada um deles com um santuário no alto de uma mesma pirâmide. Situado numa grande praça cerimonial sagrada, em meio a 78 edifícios religiosos, o Templo Mayor representava para os mexicas a habitação dos seus deuses protetores, que ligava o céu à terra e se abria para as quatro direções do universo. Ao chegar à cidade em 1519 e tomar conhecimento da importância desse centro religioso, o comandante espanhol Hernán Cortés tentou convencer os chefes a colocar ali uma imagem da Virgem Maria, sugestão vivamente rechaçada. Essa tentativa amigável de substituir a base religiosa-ideológica foi o primeiro passo para a dominação político-econômica que se seguiria, de forma violenta. Em 1521, massacrado o Exército mexica, assassinados seus governantes, incluindo o chefe máximo *tlatoani* Cuauhtémoc, e conquistada a cidade de Tenochtitlán, deu-se o processo de destruição do templo pelos invasores espanhóis. Como corolário lógico, passou-se à construção da igreja cristã sobre os escombros das fundações pagãs. Segundo o arqueólogo mexicano Eduardo Matos, "Hernán Cortés dirigiu [a destruição] ciente do valor simbólico que o edifício tinha para o mundo mexica", e que ele considerava obra do demônio.[1] De maneira convicta, usou-se o braço cristão da missão colonizadora como reforço à estratégia de dominação, para dizimar a resistência dos indígenas através da fé. Assim, encerrado o antigo mito pagão, canalizou-se a fé popular para o novo mito cristão, emblematizado pelo templo que se erigiu no coração mesmo do espaço sagrado mexica e que se tornaria a espetacular Catedral Metropolitana da Assunção da Santíssima Virgem Maria aos Céus — tal como Hernán Cortés pretendia. A partir daí, o México se tornou um dos países mais católicos do mundo.

Ao contrário do que se poderia supor, esse não foi um evento excepcional na história da cristandade, mas parte de um padrão recorrente. Já desde os primórdios, o chamado "triunfo do cristianismo" sobre as religiões pagãs não implicou apenas uma vitória, mas uma aniquilação — no dizer da historiadora inglesa Catherine Nixey. Depois de sofrerem perseguições esporádicas no Império Romano, durante os três primeiros séculos da era cristã, os cristãos reverteram a situação a partir de 312 d.C., quando da conversão do imperador Constantino, que promulgou leis de proteção à nova religião. Os imperadores cristãos seguintes criaram leis diversas contra as práticas pagãs. Depois que o cristianismo foi tornado religião do Estado, em 380 d.C., os cristãos passaram a revidar com ataques sistemáticos contra a religião e a cultura pagãs, consideradas obras do demônio, como vociferava santo Agostinho em suas homilias: obras, portanto, a serem extirpadas.[2] As leis romanas aderiram aos ditames cristãos, como evidencia um édito de 386 d.C. que acusava pessoas críticas ao cristianismo de serem "perturbadoras da paz da Igreja", e que, como tal, "pagarão a pena por alta traição com a vida e o sangue". Ao mesmo tempo, a instituição cristã passou a gozar de privilégios financeiros junto ao Estado, com desonerações fiscais às suas terras, e seus clérigos isentos de obrigações públicas.[3]

Por ordem imperial, os templos pagãos em Roma, Atenas e Alexandria passaram a ser saqueados, arrasados ou abandonados em ruínas. As estátuas dos deuses sofreram ataques, dentro ou fora dos templos, raspando-se o ouro da cobertura, que era derretido e enviado aos fundos do Estado. Em muitas cidades interioranas, populares passaram a atacar por conta própria os templos próximos, sobre cujas fundações se erigiam igrejas cristãs. Os ataques mais violentos eram promovidos por bandos de monges fanáticos, que não se julgavam vândalos, mas mensageiros realizando o trabalho de Deus.[4] Alguns dos santos mais famosos iniciaram suas carreiras quebrando estátuas e demolindo altares pagãos, caso de são Bento, fundador do monasticismo cristão. À medida que mais leis restritivas foram se impondo, hierarcas cristãos especialistas nesse gênero de destruição tornavam-se heróis e eram santificados, caso por exemplo de são Martinho, na França do século IV, cuja biografia relata que "demoliu por completo o templo que pertencia à falsa religião e reduziu todos os altares e estátuas a pó".[5] Segundo Catherine Nixey, assim desapareceram ou sofreram mutilações as mais belas estátuas criadas no período clássico. As peças que sobraram devem-se ao mercado de arte pilhada, que foi se desenvolvendo, e acabaram ornamentando, inclusive, as casas de cristãos ricos. Como atestou certa vez o poeta grego Palladas, na casa de um cristão abastado: "Os habitantes do Olimpo [...] aqui, pelo menos, poderão escapar ao caldeirão que os derrete por trocos".[6]

Generalizou-se também o castigo mais seletivo de mutilar as estátuas dos deuses, que chegavam a ter o sinal da cruz incrustado no mármore, caso de uma Afrodite sem o nariz, com buracos no lugar dos olhos e uma cruz na testa, em exposição no Museu Britânico de Londres. Arqueólogos e estudiosos de obras de arte constataram golpes de machado e barras de ferro, em especial em estátuas de apelo erótico. No mesmo museu, Catherine Nixey aponta uma estátua de Vênus com mamilos e monte pubiano destruídos, assim como uma de Dioniso com nariz mutilado e genitais extirpados. Nem mesmo instrumentos musicais se salvaram da execração — caso da flauta —, por sua relação com os mitos pagãos. Os ataques de vandalismo eram saudados pelo bispo Eusébio de Cesareia, primeiro historiador do cristianismo, para quem os imperadores cristãos "cuspiam nos rostos dos ídolos mortos, espezinhavam os rituais sem lei dos demônios e riam das velhas mentiras".[7]

Com o triunfo do cristianismo, a literatura também se ressentiu da cruzada moralizante: descartaram-se obras pouco edificantes e foram censurados trechos considerados imorais ou inadequados para um cristão. Assim, nos primeiros séculos do cristianismo, as próprias bibliotecas clássicas acabaram sendo esvaziadas, por censura aos filósofos pagãos. No século IV, segundo testemunho do historiador Amiano Marcelino, as 28 bibliotecas públicas de Roma já se encontravam "como túmulos, permanentemente fechadas". Apagaram-se dos pergaminhos muitos textos clássicos, sobre os quais se copiavam obras cristãs, enquanto autores pagãos passaram a não ser mais copiados. Cem anos após a chegada do cristianismo ao poder, poucos textos clássicos foram transcritos, como evidenciaram os manuscritos sobreviventes.[8] Os filósofos e literatos gregos que nada acrescentavam aos novos tempos mereciam desdém, conforme as palavras do famoso orador e apologeta cristão Tertuliano: "O que tem Atenas a ver com Jerusalém? [...] Com a nossa fé, não desejamos mais crenças".[9]

Outro foco visado foram certas práticas do paganismo, que os cristãos viam como parte da decadência moral do Império Romano. Esse clima foi registrado no *Satíricon*, de Tito Petrônio Árbitro, cujos fragmentos narram em forma paródico-libertina as peripécias em torno da viagem de um casal de rapazes enamorados, na qual desfilam incontáveis mazelas da vida cotidiana, durante o reinado de Nero, no século I. A propósito, o escritor francês Raymond Queneau dizia: "Com histórias de vagabundos pederastas, sacerdotisas alcoviteiras e novos-ricos grosseiros, ele [Petrônio] entra [...] na literatura universal e permanece um dos seus faróis mais brilhantes". Mas o fato de terem chegado até nós poucos fragmentos dessa obra-prima que seria de grande dimensão indica que, para a censura cristã do seu tempo, ela não passava de um compêndio de obscenidades.[10] De Paulo de Tarso a Clemente de Alexandria, Agostinho de Hipona e outros pais fundadores da cristandade, considerava-se a sexualidade com foco prioritário na "conversão" cristã dos costumes. Desse modo, a renúncia absoluta para evitar o pecado centrava-se numa prática sexual "adequada".

Assim como ocorreu com o *Satíricon*, nada escapava à sanha moralista dos novos donos do poder. Até a sólida instituição dos banhos públicos ficou marcada como antro de comportamentos obscenos. Considere-se que, antes dos cristãos, era comum habitantes do império frequentarem os banhos não apenas em busca de higiene, mas por motivos eróticos explícitos, para ambos os sexos. Nessa época, o poeta Marcial descreveu como os homens aplaudiam quando viam um banhista particularmente bem-dotado — cena reportada também no *Satíricon*. Tais costumes sexuais não constituíam fato isolado. Sabemos que o próprio imperador Júlio César recebia publicamente o apelido, nem sempre jocoso, de "rainha da Bitínia", graças à sua conhecida relação amorosa com o rei bitínio Nicomedes IV. Celebrações populares foram igualmente consideradas impróprias pelos cristãos, caso da Liberália, que anualmente abria com o desfile de um grande falo, para celebrar a chegada dos rapazes à vida adulta. Saudava-se a idade fértil com o início da ejaculação, atividade estimulada nos manuais de medicina pagãos, que a consideravam importante para a saúde.[11] Indignado com tais notícias de Roma, o apóstolo Paulo escreveu aos cristãos locais ameaçando com a ira de Deus quem se entregava a "paixões vergonhosas", tanto mulheres que mantinham relações "contra a natureza" quanto homens que "arderam de paixão uns pelos outros".[12]

Agostinho de Hipona, o mais relevante pensador do cristianismo primitivo, depois tornado santo, reiterava em seus escritos que o sexo era permitido quando produzisse filhos dentro do casamento, mas ainda assim considerava a conjunção carnal pecaminosa por si. Em suas palavras: "Eu afirmo que [essa união no matrimônio] é boa, pois faz bom uso do mal da concupiscência, e permite, através desse bom uso, gerar seres humanos que como tal são obra de Deus. Mas esse ato [para gerar filhos] não se realiza sem a concupiscência, e por isso os filhos [culpados de nascença] devem ser regenerados para se livrarem do mal [o pecado original]".[13] A teóloga e pesquisadora alemã Uta Ranke-Heinemann considerava Agostinho de Hipona "o homem que fundiu o cristianismo com o ódio ao sexo e ao prazer numa unidade sistemática". Segundo ela, graças a "uma ansiedade sexual pessoal e teológica", santo Agostinho foi o responsável por associar "a transmissão do pecado original [...] com o prazer da relação sexual", já que considerava o pecado original sinônimo de "morte eterna". Ele ensinava que o fato de Adão e Eva terem coberto o sexo com folhas de figueira, após desobedecerem a Deus, denunciava o lugar onde ocorrera o primeiro pecado e por onde ele seria transmitido de geração a geração, na própria conjunção carnal. Portanto, para Agostinho, o prazer sexual seria o ducto por onde passa o pecado original. Daí, segundo a teóloga Ranke-Heinemann, ele ter sido também o pai da ansiedade sexual, que, "igualando prazer com perdição", infectou toda a história do cristianismo. Tido como o maior dos Pais da Igreja, santo Agostinho deixou rastros indeléveis de autoritarismo antissexual em inúmeros pensadores cristãos e insuflou movimentos puritanos por todo o mundo cristão, pelos séculos afora. Segundo o historiador austríaco Friedrich Heer, "o processo catastrófico da dessexualização do amor ganhou forte ímpeto no Ocidente através de Agostinho".[14]

O ideal do amor almejado por Agostinho de Hipona se consumava num parâmetro dessexualizado, depurado e virginal, com função exclusivamente procriativa dentro do matrimônio. Para além dessa esfera, vigorava a renúncia através da castidade, explicitada no sexto mandamento das leis divinas, cuja não observância tornou-se pecado mortal. Elevada à categoria de fetiche pelo pietismo cristão, a castidade se destacou como a "pérola das virtudes".* Convenientemente, o ápice da sua veneração concentrou-se na personagem da Virgem Maria — escolha perfeita para reforçar a estrutura falopatriarcal que a cristandade integrava e com a qual se identificava, a ponto de se confundirem. De fato, a mitologia cristã encontrou na sempre-virgem mãe de Jesus um exemplo determinante: concebeu o filho santíssimo sem passar pelo ato pecaminoso da conjunção carnal, portanto sem sofrer concupiscência. Além de ter sido mãe sem pecar — leia-se: não praticou a luxúria sexual —, a Virgem Maria também não herdou o pecado original, como ficou estabelecido posteriormente através do dogma da Imaculada Conceição. Assim, já desde os primórdios, a instituição cristã injetava novas energias no sistema patriarcal, ao consagrar a pureza e o recato como ideal feminino, o que sedimentou todos os padrões de gênero que consagraram a imagem da mulher submissa e mãe devotada.

Por sua vez, a truculência persecutória promovida pelo cristianismo também se alicerçava num voluntarismo ascético-pietista. A articulação doutrinária que lhe deu legitimidade pode ser atestada num sermão em que santo Agostinho celebra a conversão do apóstolo Paulo como fruto do castigo da cegueira infligido por Deus. Sua reflexão conclusiva é radical: "Onde há terror, aí haverá salvação. Quem lutou contra uma causa, que padeça por ela. Ó cruel misericórdia!".[15] O anseio pela salvação a qualquer custo legitimava a obrigatoriedade de reprimir, forçar e até espancar um pecador para fazê-lo trilhar o caminho da verdade cristã. Ao incluir nesse preceito a obsessão por controlar a sexualidade, o "terror da salvação" desabou pesadamente sobre os

* Nos anos que passei num seminário para formação de padres, recebíamos um livrinho chamado precisamente *A pérola das virtudes*, que servia como um manual exortativo para combater as tentações contra a castidade.

desviantes da norma falopatriarcal. Sob a acusação implícita de culpa pelos terremotos e pragas que se manifestaram em 533 d.C., o imperador cristão Justiniano ampliou uma antiga lei romana para condenar aqueles homens (inclusive alguns bispos) "que se atreviam a exercer sua abominável lascívia com outros machos" ("*qui cum masculis infandam libidinem exercere audent*").[16] A severidade chegava ao extremo de punir com a morte por castração ou pela fogueira os *impudicus*, *pathicus* e *cinaedus*, ou seja, suspeitos de praticar sexo com outros homens — fossem efeminados, travestidos ou sexualmente passivos.[17] A convulsão — termo usado por Catherine Nixey — que a nova religião provocou no mundo clássico substituiu o prometido primado do amor pelo primado da *sua* verdade, autorizada a punir em nome de Deus. A crueldade divina mostrava um lado oposto ao que se vendia no balcão dos evangelhos.

Seguramente, o padrão de rigidez moral do cristianismo continuou se impondo com truculência através dos séculos. Na atualidade, o caso dos (já abordados) sâmbias na Papua-Nova Guiné oferece um exemplo emblemático dos resultados da cristianização moderna. O antropólogo americano Gilbert Herdt, que revelara ao mundo os costumes ancestrais dos sâmbias, voltou ao local de sua primeira pesquisa, algumas décadas depois, e se deparou com a mais absoluta reversão cultural da etnia. Práticas, rituais e crenças seculares, inclusive sagradas, tinham desaparecido da região. Os sâmbias foram civilizados à força e convertidos ao cristianismo mais estrito, com orientações nas mudanças alimentares e substituição de todos os seus costumes, considerados selvagens pelos ocidentais. A identidade masculina tradicional, que embasava a cultura guerreira e os rituais de iniciação dos vários povos locais, tinha perdido razão de ser graças às intervenções de pacificação do governo australiano, visando eliminar o permanente estado de guerra em toda a região. Em 1975, instalou-se um governo central e um sistema parlamentar no país. Nessa mesma década, escolas começaram a ser instaladas no território sâmbia, especialmente através de missões cristãs, que atacaram o xamanismo, a poligamia e os rituais de iniciação dos meninos. Com forte presença de missionários Adventistas do Sétimo Dia, criaram-se restrições até mesmo na alimentação, que obrigaram os sâmbias ao regime bíblico de proibições contra o consumo de carne de porco e gambá, o que mudou drasticamente o tradicional regime alimentar da etnia. Daí aboliu-se também a caça, uma das mais importantes atividades sociais dos homens sâmbias. Em 2011, um censo constatou que, na Papua-Nova Guiné,

95,6% dos habitantes se consideravam cristãos, dos quais 70% evangélicos de várias denominações e 25% católicos, enquanto apenas 1,4% dizia ter outras religiões. Os homens das várias tribos do altiplano migraram para a costa, onde foram trabalhar nas plantações de café, cacau e coco, entre outras. Assim, os sâmbias se tornaram assalariados que consumiam alimentos industrializados e se divertiam com prostitutas nas cidades. Os jovens da etnia namoravam ao estilo ocidental, romanticamente.[18] Aquilo que para muitos pareceria enganosamente um avanço civilizatório gerou situações de pesadelo. Em anos recentes, muitas mulheres de todo o país foram queimadas ou decapitadas em público, sob a acusação de praticar feitiçaria, e outras tantas precisaram fugir de suas aldeias, sob ameaça de violência. Os casos degeneraram num padrão de abuso contra mulheres em geral, mesmo porque os assassinos, raramente acusados, costumavam ser rapazes desempregados, muitas vezes alcoólatras ou drogados.[19] Não por acaso, a Papua-Nova Guiné foi colocada na lista de países com mais alto índice de violência contra as mulheres, especialmente em casos de estupro, metade dos quais contra meninas com menos de quinze anos e 13% com menos de sete anos.[20] Uma das regiões culturalmente mais diversas do mundo tinha sido totalmente dizimada. O que lhes ofereceram em troca foram novas e rigorosas leis — inclusive para punir o sexo anal entre homens, considerado "grave atentado ao pudor" e "ato contra a natureza", merecendo de sete a catorze anos de prisão na Papua "civilizada".[21]

Esse é mais um caso que evidencia como, historicamente, as religiões têm tido um papel fundamental na criação de novos sistemas de opressão. Sobretudo quando centradas no projeto autoritário de um deus patriarcal único, elas espelham e perpetuam soluções eivadas de autoritarismo e preconceito, dentro do sistema patriarcal hegemônico em que se inserem. Graças à autoridade exercida em nome desse ente superior, instituições cristãs reforçam padrões normativos existentes e impõem novas normatizações de gênero, raça e classe. Ao adotar um viés sectário que considera sua verdade a única, elas desprezam a imensa diversidade da experiência humana. Não por coincidência, seu poder se soma diretamente ao das elites que exercem o controle através de exércitos e posse de riquezas. Seja nos primórdios da cristandade na Roma antiga, seja na expansão do colonialismo europeu ou nos avanços belicosos do imperialismo americano, tem sido constante o massacre cristão contra culturas ancestrais distantes da civilização majoritária. Sob o pretexto de evangelizar e civilizar, seu modus operandi gera um embate desmesurado que amplia a ferro e fogo os privilégios da estrutura patriarcal e colonialista.

De fato, a integração cristã com o sistema secular dominante é empática. Sua estrutura hierárquica centralizadora, baseada em dogmas intocáveis, impôs uma disciplina que manteve o padrão autoritário da organização patriarcal. Ao abraçar o viés da hegemonia masculina, o cristianismo incorporou também o maior problema do falopatriarcado, na verdade, sua pedra no sapato: o complexo de castração. Nessa aproximação permeada pela hegemonia fálica, há uma questão incontornável: seria pertinente afirmar que as religiões buscariam uma solução para a castração e o medo gerado por ela? Num sentido lato, a ideia de castração pode ser tomada como conotativo do grande fardo das limitações humanas, que abrangem privação, frustração, fracasso, dor e, sobremaneira, desamparo diante da sua finitude — ou seja, aquilo tudo que falta ao ser humano. Como esse processo se articula, no plano religioso? Para mitigar o fardo endêmico e universal da incompletude, as religiões propõem soluções mágico-transcendentais e, por meio da fé que salva, oferecem a vida eterna no plano divino. Na verdade, as religiões salvacionistas pretendem dar um sentido a tudo, com respostas para todas as perguntas, de modo a preencher com a fé tudo aquilo que pareça mistério e aponte para a falta. Num tom que implica admoestação, o próprio Lacan observava que as religiões

> são capazes de dar um sentido realmente a qualquer coisa. Um sentido à vida humana, por exemplo. [...] Religião consiste em dar um sentido às coisas que outrora eram as coisas naturais, [...] vai dar um sentido às experiências mais curiosas, aquelas pelas quais os próprios cientistas começam a sentir um pouco de angústia. A religião vai encontrar para isso sentidos truculentos. É só ver o andar da carruagem.[22]

Se o apelo salvacionista integra a própria base doutrinária do fenômeno religioso, no caso do cristianismo esse apelo se acresce da promessa de *redenção*. Para tanto, a mitologia cristã se apropriou do relato bíblico de que, no princípio, havia o jardim do Éden onde habitavam Adão e Eva junto a Deus. Esse mundo paradisíaco não comportava a consciência da castração (o pecado). Ao morder a maçã do conhecimento (carnal) que lhe era interditado por Deus, o primeiro casal humano pecou e foi expulso para o "mundo real". Portanto, a mordida reveladora configurou o primeiro pecado (signo da castração) e trouxe a consciência da nossa imperfeição constituinte, que passa de pais para filhos. Prometendo a possibilidade de voltar ao tempo paradisíaco (anterior ao pecado-castração), a narrativa cristã se inscreveu no patamar redencionista de maneira radical: o Criador Supremo entregou a vida do seu filho como sacrifício para nos *redimir* do pecado original – aquele fracasso implicado em nossa indelével castração. Ora, aí se assumiu em nível teológico-dogmático algo que Freud acusava, com fina ironia crítica, em *O futuro de uma ilusão*, quando disse que a mesma necessidade de um pai terreno, por parte do desamparo infantil, foi transposta pela religião a um pai celestial, configurando nesse apaziguamento uma dependência infantilizada de seus crentes:

> Através da ação bondosa da Providência divina, o medo dos perigos da vida é atenuado [...]. Se, por um lado, a religião produz restrições obsessivas apenas comparáveis às da neurose obsessiva individual, por outro, ela contém um sistema de ilusões de desejo com recusa da realidade como apenas encontramos isolado na amência, uma confusão alucinatória radiante.[23]

Ainda que mantida no nível da promessa, a ideia de redenção tropeçou num "defeito de fabricação" comprometedor. Na contramão de grande parte das religiões, a equação cristã cobrava um preço altíssimo: a *culpa*. Freud relacionava grande parte do sentimento de culpa às proibições dessa autoridade superior, de modo que, num sentido estritamente religioso, o próprio destino se torna a "expressão da vontade divina". Assim, "quando uma pessoa tem infortúnio, significa que não mais é amada por esse poder supremo".[24] Isso se aplica particularmente ao caso cristão. Culpado de um pecado anterior a ele, o ser humano só teria acesso à salvação eterna convertendo-se às fileiras dos eleitos à "verdadeira fé" em Cristo, a única possível. Assim, a invenção do pecado original implantou uma *culpa original*. Ao exigir renúncias em troca da redenção do pecado original, sua doutrina insuflava ainda mais o pesado fardo da culpa, caso fossem desobedecidas as exigências. Freud desatou o nó ao demonstrar que as religiões conhecem claramente o papel que o sentimento de culpa desempenha na cultura: "Elas pretendem [...] redimir a humanidade desse sentimento de culpa a que chamam pecado". E flagrou o momento exato em que, por meio da culpa, inicia-se a cultura na era cristã: "A partir do modo como se atinge essa redenção no cristianismo, com a morte sacrificial de um indivíduo que toma a si a culpa comum a todos, inferimos qual poderia ter sido a primeira ocasião em que se adquiriu essa culpa original, com a qual também a cultura teve início".[25] A culpa embutida no pecado original de Adão e Eva se impôs como núcleo mítico da cultura cristã, que daí por diante se confundiu com a cultura ocidental.

Obviamente, todo projeto de salvação articulado a partir da camisa de força de uma crença estrita esbarra no livre-arbítrio da razão. Assim, eis instalado o paradoxo: a teologia cristã sabota aquilo mesmo que propunha como solução redentora e abre um caminho estreito demais para a pretensão de redimir (cancelar) a castração. Como a equação não fecha, inscreveu-se aí a origem de quase todos os mal-entendidos cristãos. Um dos mais graves foi a interdição do gozo erótico.

Na verdade, a promessa de retornar ao paraíso e superar a imperfeição torna o gênero humano refém da radicalidade de um Deus todo-poderoso. Em nome dele, uma das contrapartidas que a instituição cristã impôs no rol das renúncias – remetendo aos ofertórios sacrificiais – foi transferir a pulsão sexual para a esfera da transcendência e, nesse modo de sublimação, entregar a libido ao controle dos representantes de Deus e guardiões do portal de entrada para a salvação redentora. Em oposição à maior flexibilidade das religiões pagãs do período, o cristianismo tomou um rumo radical e sem volta: para impedir a recaída no pecado (a imperfeição da castração), determinou a interdição do gozo carnal (a concupiscência agostiniana, antro de rebelião contra o espírito). O mal-entendido doutrinário consiste em cancelar o gozo criando novos fatores de pressão, de modo a legitimar ainda mais a castração através da *culpa*. Assim, a mitologia cristã impôs uma armadilha a seus fiéis: por um lado entregou a promessa do gozo divino, e por outro suprimiu o direito de *escolher* o gozo terreno, opondo um argumento radical: a ameaça de punição eterna no inferno. A desobediência reafirmava a marca do pecado e ativava a culpa. Em vez do perdão inicialmente prometido, o cristianismo legou ao ser humano essa mancha culposa que sobrecarregou a percepção da castração e o acirramento da sua ferida narcísica.

A vigência da moral cristã baseada no cancelamento do gozo erótico configura um continuum cujo cerne nunca arrefeceu. É o que se pode atestar, em pleno século XXI, num dicionário da ortodoxia católica para o mundo moderno, o *Lexicon* eclesiástico publicado em 2003 pelo Pontificio Consiglio per la Familia do Vaticano. Seu teor retrógado se expressa na clara referência ao *Paedagogus*, um manual fundador da ética cristã, escrito no século III, no qual o teólogo Clemente de Alexandria compendiava "o que o homem a quem se chama cristão deve ser durante toda a sua vida".[26] A pretensão em abordar temas avançados da modernidade, como biotecnologia, explosão demográfica, globalização, direitos das mulheres, família monoparental e identidade de gênero, entre outros, fornecia argumentos para uma abordagem de viés contrarreformista, capciosa e sofismática, em defesa da doutrina católica tradicional. Para tanto, o *Lexicon* congregou um grupo de intelectuais acadêmicos cujo tom de intolerância combativa reproduz as seculares doutrinas antissexuais da Igreja, visando confrontar o individualismo moderno que propaga "uma visão da sexualidade separada da união conjugal [...] e da responsabilidade procriativa", com ameaça "à identidade da família".[27] Diga-se: os mesmos objetivos repetidos há séculos.

Como corolário, tudo que se desvia desse vetor é condenado — aborto, sexo fora do casamento, novos modelos familiares, homossexualidade etc. Este último item concentra a rigidez e intolerância da moral cristã, que aí se explicita à perfeição. O padre e psicoterapeuta francês Tony Anatrella, autor do verbete sobre esse tema, conhece bem os meandros do raciocínio escolástico, que utiliza para brandir todo tipo de sofismas, com raciocínios corrompidos por premissas falsas para impor uma "verdade" conclusiva. Considerando como única possibilidade o amor entre homem e mulher que visa a geração de filhos no seio da família nuclear, o verbete de Anatrella no *Lexicon* determina que a prática sexual entre pessoas do mesmo gênero contraria a ordem natural, social e divina, por tornar a sexualidade avessa ao fim procriativo. No mesmo verbete, ele afirma que homossexuais não têm direitos a reivindicar, pois atendê-los seria arruinar "os frágeis equilíbrios estabelecidos pela razão no decorrer dos séculos" — o que significaria desprezar a "ecologia humana" e colocar em risco as próximas gerações.[28] Sua descrição dos comportamentos homossexuais, além de genérica ao extremo, baseia-se em velhos preconceitos da psiquiatria e da medicina legal do século XIX, embalados em roupagem moderna, como psicanálise e ecologia. Em suas palavras, "a organização social se baseia na associação entre o homem e a mulher", porque "apenas tal casal constitui o fundamento do vínculo social e do desenvolvimento da história" — outro exemplo claro de raciocínio sofismático. A insistência com que Anatrella manifesta sua autoridade a partir da prática psicoterapêutica chega a atropelar os limites da ética profissional, quando suas análises atingem o nível da generalização difamatória de pacientes. Assim, ele afirma que homossexuais masculinos e femininas são pessoas afetivamente imaturas, frustradas, narcisistas, incapazes de estabelecer vínculos sociais e depressivas, que desenvolvem um quadro paranoico "como um modo de se defender [...] contra uma *agressão imaginária*". Segundo ele, "a homossexualidade é vivida como uma compensação narcisista contra frustrações que o indivíduo *pouco a pouco se infligiu*" (grifos meus), isto é: o sofrimento da vítima é culpa da própria vítima, por não ter condições de se adequar à sociedade. E ele insiste: trata-se de "uma espécie de contra-ataque e de desforra contra a castração", ligada a distorções nas imagens paterna (gay) e materna (lésbica). Para sedimentar todo o raciocínio, Anatrella resgata um argumento-clichê consagrado nas hordas do extremismo obscurantista: a conspiração do "lobby homossexual". De fato, ele considera a homofobia "um termo utilizado pelas associações homossexuais para estigmatizar todos os que se interrogam e não aceitam a banalização e a 'normalização' da homossexualidade". Aqui, mais uma vez, a vítima é tornada vilã.[29]

Essa abordagem eclesiástica no *Lexicon*, tão condenatória a ponto de legitimar a homofobia, no limite justifica a violência contra uma enorme população vítima de preconceito sexista. Na medida exata da sua eloquência raivosa, escancara-se um fenômeno aparentemente oposto, mas, de fato, complementar, como as duas faces de uma mesma moeda. Na outra ponta da homofobia institucionalizada da Igreja católica encontra-se o seu maior escândalo, seu verdadeiro calcanhar de aquiles na contemporaneidade: a pedofilia que grassa entre membros do baixo clero até bispos e cardeais, nos mais diversos países, muitas vezes acobertada pela alta hierarquia — inclusive papas. A grave dimensão das ocorrências gerou denúncias em cascata, levando àquilo que a mídia e especialistas chamaram de "crise eclesiástica". Tomando como referência o caso dos Estados Unidos, o site Bishop Accountability (por levantamentos minuciosos, informações e depoimentos) apontava que, de 1950 a 2018, cerca de 100 mil crianças e adolescentes foram abusados sexualmente por 7002 religiosos católicos no país. Ainda que apenas um pequeno número tenha aberto processo na justiça, de 1986 a 2011 a Igreja católica local pagou, em acordos pontuais ou em juízo, quase 2,5 bilhões de dólares às vítimas de pedofilia do seu clero. De 2004 a 2020, 29 dioceses católicas e ordens religiosas americanas declararam falência causada pelo peso dessas indenizações.[30]

Aí se tem um sintoma daquela *equação que não fecha*, mencionada anteriormente. Já o evangelho de Mateus mencionava aqueles que "se fizeram eunucos por causa do reino dos céus"[31] e indicava o caminho a tomar. Desde o início do cristianismo até sua inserção no direito canônico, o celibato tornou-se obrigatório para padres e religiosos católicos de ambos os sexos. Como condição para ingressar no ministério sacerdotal ou religioso, impôs-se o voto de castidade por toda a vida, com juramento explícito e público de renúncia sexual e erótica. Ora, quando se aprisiona a sexualidade num compartimento exclusivamente doutrinário, atropelando demandas da psique humana e propondo a própria renúncia como gozo, o resultado inevitável é um território de sombra que se expande no interior dessas instituições afeitas a acobertar segredos e contradições. Os incontáveis casos de pedofilia clerical constituem uma erupção dessa mesma sombra, que por sua vez denuncia o descompasso entre a teoria e a prática no campo da moral católica. Num viés psicanalítico, pode-se dizer que a castração se impôs de modo redobrado e confirmou a "falta", através do fenômeno do retorno do recalcado. A epidemia pedofílica em meio ao clero católico evidencia como o cerco montado contra as pulsões sexuais direcionou seu investimento libidinal para o caminho da expressão mais factível, indo buscar refúgio junto à sexualidade imatura das crianças e adolescentes. À parte o ingrediente perverso de utilizar a experiência adulta para manipular a vítima inexperiente, os clérigos abusadores encontraram aí uma saída à altura do seu desenvolvimento psicossexual, travado pela renúncia — na verdade, pelo recalque — de forças mobilizadoras do seu aparelho psíquico. É o que se pode constatar através da série documental *Exame de consciência* (2019), de Albert Solé, sobre homens abusados sexualmente na infância por membros do clero espanhol, e a dificuldade em superar os traumas que infernizaram suas vidas — com tentativas de suicídio, alcoolismo e drogadição. Quando confrontados, dois abusadores que davam aulas em instituições católicas da ordem religiosa dos irmãos maristas repetiam expressamente que se sentiam *crianças*. Ou, nas palavras de um deles, para tentar se desculpar: "*Era como se lo hiciéramos de crío a crío*" — ou seja, era como uma brincadeira de uma criança com outra.[32] Sem se dar conta, eles confessavam como permaneceu imatura sua sexualidade travada, o que comprova a profecia de Freud: "A religião seria a neurose obsessiva universal da humanidade e, tal como a da criança, teria sua origem no complexo de Édipo, na relação com o pai". Nessa condição, "terá de se consumar com a mesma inexorabilidade fatal de um processo de crescimento".[33]

Previsivelmente, o desejo continuou efervescendo no seu labirinto. O padre Tony Anatrella, autor do verbete homofóbico do *Lexicon*, notabilizou-se por fazer campanha contra o casamento homoafetivo, que considerava "ridículo", e por atacar a chamada "ideologia de gênero", que julgava ainda mais danosa à sociedade do que o "marxismo cultural" em si. Tanto que, durante os anos 2000, engrossou outra campanha ultraconservadora contra a despatologização da transexualidade e a descriminalização da homofobia. Enquanto assessor da Cúria Romana, nos papados de João Paulo II e de Bento XVI, Anatrella integrou mais de um departamento no Vaticano, onde gozava de livre trânsito. Considerado especialista no tema, ele armou um cerco aos padres acusados de pedofilia e também advogou pelo expurgo, dentro dos seminários, de candidatos ao sacerdócio supostamente homossexuais. Tanto que, em 2000, o bispado francês o chamou para a elaboração do primeiro guia de enfrentamento à crise da pedofilia clerical. Paralelamente, Anatrella conduzia sessões terapêuticas para curar homossexuais — sobretudo padres e seminaristas. Até que, em 2016, após anos de suspeitas, que Anatrella acusava de caluniosas, eclodiram denúncias reiteradas e consistentes de que ele praticava abuso sexual contra seus pacientes, obrigando-os a se desnudarem e tocando-os sexualmente durante as sessões de "cura da homossexualidade" — eventos que na verdade vinham ocorrendo desde meados da década de 1970. Em 2018, aos 77 anos, após ser considerado culpado num processo canônico, o padre Anatrella, que então portava o título hierárquico de monsenhor, foi punido pelo arcebispo de Paris, Michel Aupetit, com a proibição de exercer o sacerdócio, atender confissões e praticar atividade terapêutica ou aconselhamento espiritual. Também foi condenado a pagar um montante em euros para o grupo de vitimados, a título de ressarcimento dos gastos com anos de terapia.[34] O desfecho do caso Tony Anatrella reitera os mecanismos do retorno do recalcado, num modo particularmente perverso. Ficou evidente o grau de hipocrisia e outro tanto de cinismo no uso da cruzada antipedofílica e da "cura gay" para praticar e acobertar seus próprios atos homossexuais abusivos, acrescidos de uma boa dose de crueldade, considerando que ele atacara pessoas vulnerabilizadas e em estado de sofrimento psíquico. Pode-se dizer que Anatrella sofreu o rebote da pulsão sexual que tentou cancelar, o mesmo mecanismo que vitimava os padres pedófilos tão execrados por ele. Para citar seu próprio raciocínio homofóbico, teria ocorrido consigo a mesma "espécie de contra-ataque e de desforra contra a castração" que ele denunciava em pacientes homossexuais.

Fatos como esse ajudam a comprovar o fracasso da instituição católica em suas tentativas de *aggiornamento* para se aproximar do mundo moderno, graças à oposição inconciliável entre a obrigatoriedade do dogma religioso e a liberdade de escolha individual. Na verdade, o que poderia parecer *aggiornamento* resultava em enfrentamento contra o mundo moderno, como ficou evidente nos recentes papados de João Paulo II e Bento XVI, campeões de ortodoxia e tradicionalismo militante. Tal reação reiterada faz pensar que a Igreja católica se extraviou da história em algum ponto da sua existência, e só vem aprofundando mais e mais sua incapacidade de compreender a natureza humana.

Entretanto, não é uma exclusividade da instituição católica o curto-circuito entre as necessidades da natureza humana e o pretenso "pacto divino". Para institucionalizar o poder sagrado, as religiões costumam adotar um padrão, historicamente usado e abusado, de unir-se ao poder secular, inclusive militar — na verdade, o único capaz de implantar e garantir vitória nas guerras competitivas entre os diversos credos. No caso do México conquistado, o cristianismo fincou raízes através daquilo que o antropólogo francês Jacques Soustelle chamou de "guerra total". Segundo ele, com a vitória dos invasores espanhóis, "tratava-se [...] de destruir a religião índia em benefício da sua, tida como a única verdade, e [destruir] o Estado asteca em benefício de seu soberano Carlos V", visando "apoderar-se de todas as suas riquezas e de reduzi-los à escravidão".[35]

Esse mesmo conluio entre instituições religiosas e forças seculares hegemônicas pode ser observado no modus operandi de muitas denominações evangélicas neopentecostais, em países onde fincaram raízes — Estados Unidos e Brasil entre tantos outros. Com o claro intuito de implantar seu projeto teocrático, elas usaram instrumentos disponíveis nas democracias laicas: ao menos um partido político para chamar de seu, redes midiáticas para implantação de suas ideias, formação de vanguardas missionárias proselitistas e promessa de salvação já neste mundo, através da "teologia da prosperidade". Não importa se para tanto for necessário dizimar outras crenças, especialmente as consideradas pagãs. Tal prática etnocida pode ser constatada no recorrente massacre às culturas indígenas brasileiras perpetrado por certas missões evangélicas, locais ou estrangeiras. O documentário brasileiro *Ex-pajé* (2016), de Luiz Bolognesi, dá um testemunho contundente do massacre etnopsicológico contra Perpera, um antigo pajé da etnia paiter-suruí, após os indígenas serem "convertidos" por missionários cristãos estrangeiros e instados a abandonar os antigos rituais da tribo. Humilhado, o ex-pajé Perpera só conseguiu resguardar um pequeno espaço em sua tribo como ajudante nos ofícios religiosos do pastor local, mas sofria de remorso, com medo da vingança dos espíritos da floresta. Causa espanto o fato de que o direito à liberdade religiosa, tradicionalmente reivindicado pelas mais diversas crenças cristãs, na verdade dissimule o "direito" a exercer sua *hegemonia religiosa*.

Nos centros urbanos, a intolerância é exercida com particular violência contra espaços sagrados das religiões afro-brasileiras e seus praticantes, atacados fisicamente por crentes neopentecostais. A situação do Rio de Janeiro apresentou uma peculiaridade ainda mais grave: perseguições às religiões afro-brasileiras praticadas por traficantes ditos evangélicos. Segundo estudiosos, esse fenômeno teria começado dentro dos presídios, na década de 1990, através do trabalho missionário de pastores neopentecostais que convertiam detentos com um discurso de ódio e incentivavam a intolerância religiosa. Desde então, as perseguições aumentaram significativamente. Durante a pandemia da covid-19, uma nova facção ligada ao tráfico de drogas aproveitou a circunstância de restrição e estendeu seu domínio para um conjunto de comunidades na Zona Norte do Rio de Janeiro. Seu território passou a ser demarcado com a bandeira de Israel e a estrela de davi, hasteadas ou pintadas em muros. Nas redes sociais, um porta-voz da quadrilha batizou o local como Complexo de Israel, o que remetia a correntes evangélicas neopentecostais que pregam a criação do Estado de Israel como prenúncio da volta de Jesus Cristo à terra. Os criminosos assumiram essa crença, a começar pelo líder da facção, conhecido pelo apelido bíblico de Arão, de modo que a facção foi chamada de Tropa do Arão. A prática de outras religiões, mesmo cristãs, tornou-se objeto de intolerância em seus domínios, mas o foco tem sido a repressão aos cultos de matriz africana. Para tanto, já dizimaram templos e terreiros de candomblé ou de macumba, expulsaram pais e mães de santo das áreas sob seu domínio e proibiram que os moradores usassem roupas brancas, por suspeita de serem praticantes do candomblé – o que inclui interdição até mesmo a roupas brancas secando nos varais. Num desses ataques, os criminosos pintaram um muro com a mensagem: "Jesus é o dono do lugar" e, a seguir, o espaço "conquistado" se tornou uma igreja evangélica. Em outra ocasião, os criminosos obrigaram uma mãe de santo a quebrar as imagens do seu próprio terreiro e gravaram em vídeo. Na gravação, ouvia-se a voz de um deles: "Todo mal tem que ser desfeito, em nome de Jesus. A senhora é o demônio-chefe, que serve toda essa cachorrada".

Em 2019, quase 180 terreiros foram obrigados a fechar, o dobro de 2018, número certamente subnotificado, por medo de muitas vítimas em apresentarem denúncias. Nas palavras do sociólogo Lucas Obalera, o neopentecostalismo "assume a 'teologia da batalha espiritual' como um princípio. [...] Na [narrativa da] luta do bem contra o mal, os terreiros passam a personificar o mal absoluto que precisa ser combatido para garantir os desígnios de Deus. É a missão do membro do 'exército de Cristo' batalhar contra orixás, exus, pretos-velhos".[36] Como constatava, com justa indignação, o babalorixá e doutor em antropologia Rodney William, "muitos adeptos dessas religiões cristãs admitem que haja um traficante evangélico, mas não que eu tenha o simples direito de exercer a minha fé nos orixás".[37]

Que mecanismo ideológico teria propiciado esse tipo de desenlace? Vimos que a mitologia cristã buscou atualizar o mito do paraíso bíblico adicionando uma nova cepa de salvacionismo: a redenção. Na premissa inicial da elaboração mitológica, havia o pecado original cometido por Adão e Eva, que contaminou todo o gênero humano, após a expulsão do paraíso. Se retomarmos o pecado original como sintoma (no sentido de articulação simbólica) do complexo de castração, pode-se dizer que a narrativa cristã transferiu engenhosamente o sentido da castração (a imperfeição humana) para essa *mancha de origem*. Ora, na premissa seguinte, o Deus Patriarca entregou seu filho para morrer pela humanidade e, através do batismo na fé cristã, propiciou a salvação, de modo a "perdoar" a castração consubstanciada na culpa original, vale dizer, anistiou-a com o *perdão*. Borrados os sinais da castração (a "falta" paradisíaca), os humanos foram resgatados da maldição primal que os condenava à imperfeição. Logo, o enunciado conclusivo do mito estabelece que, pela interferência direta do próprio Deus, estaria restaurado o Paraíso com direito à perfeição eterna. Basicamente, é como se o Todo-Poderoso proclamasse: "*Let's make the World great again!*".

Como meio de ganhar a felicidade pós-vida, o cristianismo introduziu uma exigência severa: "Ama teu próximo como a ti mesmo" – preceito ostentado como "sua mais gloriosa reivindicação". Nesse amor "universal e puro", embutia-se o cancelamento do amor sexual e da pulsão erótica, supondo assim cancelar a agressividade. Freud denunciou a falácia dessa equação ao mencionar que, historicamente, a consequência inevitável do "amor cristão" foi "a intolerância extrema do cristianismo ante os que permaneceram de fora". E lembrava como "os romanos, cuja organização estatal não se baseava no amor, desconheciam a intolerância religiosa, apesar de entre eles a religião ser assunto de Estado e o Estado ser permeado de religião.[38] Que essas articulações doutrinárias desaguaram num fiasco sem retorno, dão testemunho inumeráveis eventos trágicos que povoam a história da cristandade. Seja nos sermões em que Agostinho de Hipona incitava à destruição material e espiritual do paganismo, ou na carnificina promovida pelos conquistadores do México com as bênçãos clericais, ou na tragédia prenunciada pelo recalque sexual dos religiosos pedófilos contemporâneos, ou na fúria homofóbica vendida como discurso intelectual pelo monsenhor Tony Anatrella, seja na extirpação da cultura ancestral dos sâmbias em nome da fé evangélico-civilizacional, ou no drama solitário do ex-pajé brasileiro tornado acólito do conquistador travestido em pastor, ou mesmo na violência religiosa dos criminosos da Tropa do Arão em nome do retorno de Cristo, há um traço comum que perpassa todos esses relatos envolvendo diferentes matizes de religiosidade intolerante e violenta. Vale dizer: tentou-se extirpar todo sintoma da imperfeição antiga (a castração do paganismo) e substituí-lo por um novo ideal de perfeição (a redenção cristã), com o retorno a um pretenso Paraíso onde a castração não tivesse lugar. De maneira radicalmente recorrente, o desenlace de todos esses eventos propiciou o reforço da castração, em nome de Deus, com novos fardos. Um dos quais, diga-se, configurou-se no "cancelamento" da pulsão erótica, cuja legitimidade psíquica abriu caminhos não previstos, com o retorno do reprimido – não do paraíso. Na verdade, ao ser ativada perante o fantasma da castração, a interdição ao gozo só faz redobrar a força castradora, na proporção direta à sua suposta missão de defender contra a castração. Cria-se assim um paradoxo inadvertido, que acrescenta um problema novo na tentativa de resolver o problema inicial da castração — como ocorre no retorno do recalcado e seus efeitos desastrosos.

Constituída em hierarquização eminentemente patriarcal, com machos incrustados em todas as posições de poder, a instituição cristã — especialmente de vertente católica, mas não só — criou uma moral contra o prazer sexual na vã tentativa de defender a estrutura falocêntrica contra o pânico da castração que a assombra. Ao meter a sexualidade na camisa de força da procriação como sua finalidade única, historicamente a doutrina cristã impôs um sistema antissexual de modo sistemático e deliberado, a ponto de impulsionar através dos séculos novos fulcros de puritanismo, vale dizer, de interdição ao gozo. Ao empurrar a sexualidade humana para o terreno do pecado e da repressão, a cristandade deixou marcas de grave tensão emocional por toda parte onde se implantou.

Freud reconheceu esse impasse danoso quando atribuiu à moral sexual "civilizada" a proliferação de doenças nervosas, no atual estágio civilizacional, em que "só a reprodução legítima [da espécie] é admitida como meta sexual de controle dos instintos", ou seja, dentro do matrimônio. Como "nossa civilização está baseada na repressão dos instintos", segundo ele, "cada indivíduo renunciou a um quê do que possuía [...]; dessas contribuições originou-se o patrimônio cultural comum de bens materiais e ideais", por meio de uma renúncia "progressiva no curso da evolução cultural". E aí Freud vai direto ao ponto: "Seus avanços graduais foram sancionados pela religião; a parcela de satisfação instintual a que cada um renunciara foi oferecida à divindade como sacrifício; o bem comum assim adquirido foi declarado 'sagrado'". Haveria um êxito inicial no processo repressivo, graças aos fatores de sublimação cultural que podem ocorrer. Mas, no longo prazo, "o malogro do processo, [...] mais que contrabalança o êxito. Os fenômenos substitutivos que surgem devido à repressão instintual são o que descrevemos como nervosismo ou, mais precisamente, psiconeuroses". E Freud reitera: "Quem é capaz de penetrar nos determinantes da doença neurótica logo adquire a convicção de que o seu aumento em nossa sociedade vem do crescimento das restrições sexuais".[39]

Em resumo, baseadas num sistema redutor, religiões patriarcais como o cristianismo reforçam velhos recursos opressivos, quando não os substituem por meio de crenças doutrinárias ainda mais castradoras, cujo fruto último é a culpa. Para desmontar o viés sofismático da culpabilidade, que se forjou na base do complexo de castração, basta considerar que ninguém é responsável por sua imperfeição, já que nascemos marcados pela incompletude – essa indelével marca do "pecado" de sermos quem somos. O desenlace da narrativa mitológica de uma volta ao paraíso divino acabou por inflar, em nome de Deus, o falo hegemônico que sustenta secularmente a estrutura patriarcal, longe do paraíso.

No processo de se enquadrar dentro dos ditames canônicos, ocorreram escapes curiosos, visando furar a barreira minimizando choques, algo que se observa através das sublimações místicas. Um caso exemplar pode ser constatado em Santa Teresa de Ávila, também conhecida como Teresa de Jesus, fundadora da Ordem das Carmelitas Descalças, na Espanha do século XVI. Num de seus poemas, ela proclamava: "Até esta vida morrer/ não se goza enquanto viver./ Ó Vida, que posso eu dar/ A meu Deus que vive aqui,/ Senão perder-te a ti/ Para melhor a ele gozar?". Cultivando a contemplação divina, ela mergulhava em êxtases profundos, que na verdade remetiam ao gozo carnal. O escultor barroco italiano Gian Lorenzo Bernini criou uma estátua dimensionando esses estados de transfiguração em que o espiritual e o carnal se mesclavam. A obra, presente na igreja Santa Maria della Vittoria, em Roma, foca detalhes do desmaio erótico da santa, tombando em postura de entrega, com a boca entreaberta e as pálpebras cerradas, que em tudo remete à experiência de um orgasmo. Diante de si, um pequeno anjo com asas e flecha a contempla sorridente, inspirado no Cupido pagão. Pode-se dizer que o êxtase místico da carmelita Teresa instrumentalizou a experiência histérica para encontrar um desvio que atropelava os rígidos princípios antissexuais da cristandade. Seus tormentos físicos e espirituais canalizaram-se para a entrega absoluta a Deus, levando às últimas consequências o gozo imenso provocado por amor a ele. A experiência místico-poética de Teresa de Jesus aproveitava brechas doutrinárias católicas, como o dogma da ressurreição eterna da carne, no final dos tempos. Assim, ela ansiava morrer na finitude para ressuscitar na eternidade, quando iria unir seu corpo ao espírito de Deus. Uma vez restaurada a perfeição paradisíaca, carne e espírito seriam uma só coisa, em fusão plena, uma como extensão do outro, em amor absoluto. Crente em seu corpo ressuscitado por toda eternidade, Teresa atualizou sua utopia mística através da troca carnal com Deus, a quem tratava como Noivo, Esposo e Amado Sempiterno. Em seus êxtases místico-carnais, ela consumava eternamente esse matrimônio entre o puro espírito e o absoluto gozo erótico, que deixou impressos em versos de grande radicalidade: "Quando o doce Caçador/ Atirou e me deixou ferida,/ Nos braços do amor/ Minha alma quedou rendida,/ E cobrando nova vida/ Ficou tudo tão mudado,/ Que meu Amado é para mim/ E eu sou para meu Amado". Mesmo perseguida pela Inquisição espanhola, Teresa de Ávila deixou aberto no flanco da Igreja um raro signo de contradição que buscava superar a castração. Essa trajetória interior ficou magnificamente gravada em seus versos: "Vivo já fora de mim,/ Desde que morro de amor,/ Porque vivo no Senhor,/ Que me tomou para si./ Quando o coração lhe ofereci/ Fez-me assim compreender:/ Que morro por não morrer".[40] Em tudo, ela sonhava curar a ferida da imperfeição inata do ser humano.

Foi o que sobrou, na mitologia cristã, da volta ao paraíso.

12. Androginia como alternativa tribal

Já se mencionou como, além de buscar a recuperação da totalidade primordial, a vivência da sexualidade andrógina sempre visou esse objetivo culturalmente importante que assombra as sociedades patriarcais: *superar o terror da castração*. Nas culturas antigas, existem numerosos e diversificados costumes que parecem tentativas de superar a castração através da androginia, seja nas celebrações rituais xamânicas, seja nos costumes cotidianos que permitiam o travestismo masculino. Tal dado se encontra desde a Índia clássica (com seus eunucos massagistas que faziam *auparishtaka*, isto é, sexo oral) e a sociedade asteca (que permitia travestis prostitutas) até a etnia tanala de Madagascar (com suas travestis dançarinas), os laches andinos (que criavam um dos cinco filhos varões como menina) e os embaiás-guaicurus fronteiriços do Paraguai (com seus prostitutos *cudinas*).[1]

O fenômeno do travestismo pode ser constatado, de modo privilegiado, nas antigas populações indígenas da América do Norte. De fato, homens que viajaram pela região desde o século XVI ao XIX relataram a existência do famoso *bardache* (ou *berdache*) — na época, equivalente pejorativo francês para *le mignon* ou *le giton* ("o queridinho" ou "o favorito"), também conhecido em inglês como *berdash*: em resumo, efeminado.* Geralmente, os *bardaches*

* O termo *bardache* derivaria do persa *bardaj*, com o sentido de "escravo" ou "prostituto masculino" (Alberto Cardín, *Guerreros, chamanes y travestis*, p. 147). A partir da década de 1990,

indígenas usavam cabelos compridos trançados, assim como saias, e cumpriam todas as funções femininas. Em cada língua tribal, os diferentes designativos do *bardache* correspondiam, invariavelmente, ao conceito de "homem-mulher" ou "mulher-homem" (naquelas tribos que apresentavam também mulheres com atividades masculinas).[2]

Conforme relato de John Tanner, viajante de princípios do século XVIII e início do XIX, *bardaches* eram encontrados "na maioria das tribos, talvez até em todas". Com estruturas socioculturais rigorosamente diferentes, e ocupando espaços diametralmente opostos dentro dos territórios americano e canadense, essas tribos tinham, com variantes locais, "institucionalizado a homossexualidade", no dizer da antropóloga canadense e pesquisadora de etno-história Pierrette Désy. Entre os chippewa (região de Manitoba, Minnesota), os *bardaches* chamavam-se *agokwa*, que quer dizer "como uma mulher". Entre os natchez (Louisiana), assim como em muitas outras tribos ameríndias, eram conhecidos como "chefes das mulheres". Entre os karankawas (Texas), o explorador espanhol Cabeza de Vaca encontrou, no século XVI, mais de 1500 *bardaches*, nos seus oito anos viajando pela região. Entre os chumash (Califórnia), contavam-se dois a três *bardaches* em cada povoado, onde eram conhecidos como "joias" e muito estimados. Eles foram encontrados também entre os indígenas illinois (que viviam às margens do rio Mississippi), timucua (habitantes da Flórida), choctaw, sioux, sauk e fox — que tinham até uma dança típica dos *bardaches*, o *i-coo-coo-a*.

Os nomes para o *bardache* variavam: os indígenas yumas (Colorado) o chamavam de "amaricado"; para os sioux, o termo era *winkte*; para os yurok, *wergern*. Entre os navajos, ele recebia o nome de *nadle*, ou seja, "aquele que muda"; nessa condição, tornava-se o chefe da casa, dirigia o trabalho nos campos e, nas cerimônias, era quem preparava os alimentos. O *nadle* funcionava ainda como cesteiro, tecelão, preparador do couro, fabricante de mocassins e pastor, mas era também procurado como parteiro. Entre os cheyennes, os

grupos indígenas envolvidos em ativismo LGBTQ+ nos Estados Unidos deram preferência à expressão tradicional *two-spirit people* (pessoas com dois espíritos) em substituição ao termo corrente *berdache*, considerando seu sentido negativo imposto pelos colonizadores. Nos estudos antropológicos, que em geral remetem ao passado, persistiu o uso das duas formas indistintamente: *berdache* ou *bardache*.

bardaches chamavam-se *heemaneh* e eram os responsáveis por preparar os casamentos. Em muitas tribos, *bardaches* se apresentavam até mesmo como contadores de histórias cômicas e escabrosas. Nos conselhos da tribo dos illinois, nada podia ser decidido sem consultá-los. Segundo Cabeza de Vaca, os *bardaches* karankawas pareciam curiosamente mais robustos e mais altos que os demais homens. R. Lowie confirmou o fato: entre os crow, conheceu um *bate* (nome local para o *bardache*) que media 1,75 metro; no meio das mulheres, ele se distinguia pela estatura e pela voz em falsete. E, mesmo assim, tinha lutado muito valentemente contra os sioux. Conta-se que, certa vez, um *winkte* sioux afugentou um bando de inimigos apenas ao entoar um canto sagrado. Os *bardaches* karankawas portavam arcos e transportavam as cargas mais pesadas. Entre os illinois, só podiam usar o tacape, não o arco e a flecha, armas próprias dos homens. Mesmo assim, iam para a guerra. Em muitas tribos, os *bardaches* acompanhavam os homens, na caça ou na guerra, cozinhando para eles e servindo-os sexualmente.

O mesmo Lowie conta ter conhecido entre os crow um *bate* de cinquenta anos que ainda buscava um namorado, exatamente como as mocinhas da tribo. Muito frequentemente, os *bardaches* casavam-se com outros homens, como se constatou, por exemplo, entre os karankawas. Houve o caso do *bardache* chippewa Owawendib (Cabeça Amarela), de cinquenta anos, filho do chefe da tribo, que já tivera vários maridos e insistia em vincular-se matrimonialmente com o viajante John Tanner, repetindo-lhe "insinuações repugnantes" para seu gosto puritano, a ponto de obrigá-lo a fugir. A mãe adotiva de Tanner, uma velha indígena, ria diante do seu horror e insistia para que o *bardache* ficasse entre eles. Cabeça Amarela, que era muito prendado nas tarefas femininas, às quais dedicava todo o seu tempo, ainda assim enfrentou um bando inteiro de sioux, mantendo-os à distância enquanto seus companheiros fugiam. Acabou casando-se com o chefe Wagetote, já marido de duas mulheres. Isso soava tão natural que as discussões e risos por causa da "esposa" *bardache* foram, segundo Tanner, bem menos acirradas do que geralmente acontecia com uma nova esposa do sexo feminino. Tratava-se, para a tribo, de um casamento inteiramente normal.

Entre os hidatsa, o *bardache* chamava-se *miati* e costumava juntar-se maritalmente com homens mais velhos, muitas vezes casados, mas que não se davam bem com suas mulheres. Então, o *miati* e seu marido passavam a viver em duas choupanas construídas lado a lado. O *nadle* navajo podia casar-se tanto com homem quanto com mulher; no primeiro caso, tornava-se homem; no segundo, permanecia *nadle*. Ainda que a sodomia fosse tabu entre os navajos, o *nadle* tinha o poder de conjurar o perigo da suposta loucura proveniente de tal ato, por intermédio de cantos apropriados, sobretudo porque ele próprio era curandeiro.[3]

Esses costumes sexuais contrastavam, obviamente, com o universo do viajante europeu cristão, para quem tudo não passava de abominação e imundície, de modo que para ele o *bardache* era um sodomita profissional. Nas relações sexuais e culturais dentro das tribos, ao contrário, os *bardaches* ocupavam uma posição perfeitamente codificada, do ponto de vista ético e religioso. Sua participação social consagrava-os como indivíduos que ultrapassavam a divisão dos sexos: não eram "homens como os outros", nem "mulheres como as outras". Quer dizer, não transgrediam nenhuma regra social, pois sua inserção num modelo institucional coerente excluía qualquer referência ao patológico. Por estar na encruzilhada de todas essas instâncias, o *bardache* era parte do sistema tribal. Assim, ele só podia se transformar fisicamente, como travesti, porque sua inserção total na sociedade lhe permitia isso. Em outras palavras, longe de significar uma disfunção, ele assumia uma continuidade entre os gêneros, chegando a servir de mediador entre os dois sexos. Não apresentava nenhuma ameaça para as mulheres, nem as considerava como tal. Simplesmente obedecia a um destino xamânico e transbiológico. Isso explica que, entre os zuñi, o *bardache* não temia fingir-se de grávido, usando uma saia com enchimento; muitas vezes, até simulava um parto. Com o mesmo sentido, chegava a provocar uma ferida no pênis para simular menstruação — já que o sangue menstrual conferia poder à mulher.[4]

A vocação do *bardache* muitas vezes se definia durante os ritos de passagem — por exemplo, entre os winnebago e omaha (indígenas das planícies). Isolado e jejuando pelo menos durante quatro dias, o adolescente omaha aguardava uma visão reveladora nos sonhos. Caso sonhasse com a lua oferecendo-lhe arco e flechas, seria guerreiro. Mas se, ao contrário, ela lhe oferecesse uma correia de cesta (ou raspadores, entre os indígenas oglala), seria *bardache*. Como para eles a lua era uma entidade hermafrodita, o adolescente tornava-se então um *mixuga*, ou "instruído pela lua". Ato contínuo, ele voltava para a aldeia e vestia roupas femininas, passando a falar, mover-se, caminhar e trabalhar como mulher. Entre os oglala-sioux, sonhar insistentemente com uma *wakan* (mulher sagrada), com um *p'te winkte* (bisão sagrado hermafrodita), ou a "Mulher Dupla", significava que o sonhador era um *winkte* (*bardache*). Entre os hidatsa, o sonho compulsivo com a "Velha Mulher da Aldeia" ou com a "Mulher Celeste" também significava um sinal inequívoco da condição de *miati* ou *bardache*. Mas, em muitos casos, tal revelação podia ocorrer de modo mais corriqueiro: através da predileção manifesta pelos labores ou brinquedos considerados femininos. Entre os yurok, um menino tornava-se *wergern* (*bardache*) quando gostava de tecer. Entre os hidatsa e crow, isso acontecia com o rapazinho que gostasse de bonecas. Entre os pima, bastava que o menino manifestasse interesse por cestos e já se tornava "como uma menina".

A antropóloga Pierrette Désy confirma que, nas antigas tribos americanas, o homem-mulher era considerado uma instituição e "dependia estreitamente de um saber mítico, que era transferido e dramatizado nos rituais". Ele constituía "o suporte insubstituível de um núcleo de funções sociais e culturais essenciais", aí incluindo-se desde as guerreiras, políticas e econômicas até as sagradas, rituais e terapêuticas. Em vez de situar-se numa categoria alienante que o excluiria da sociedade, o homem-mulher chegava a ter um papel no plano sagrado, conforme testemunho de viajantes e pesquisadores.

De fato, em muitas tribos, considerava-se o *bardache* dotado de poderes xamânicos, já a partir de sua vocação de homem-mulher. Entre os navajos, o *nadle* era tido como sábio por ser ao mesmo tempo homem e mulher. Os *bardaches* eram importantes nos cerimoniais religiosos, em que exerciam papel preponderante, como oficiantes ou encarregados de dirigir as danças. Entre os crow, o *bate* merecia a honra de derrubar o primeiro tronco destinado à dança ritual do sol, enquanto cabia ao *mati* hidatsa localizar o primeiro álamo — árvore cuja derrubada cerimonial simbolizava a queda do inimigo, mas também o laço de união entre as forças terrestres e celestiais. Os *heemaneh* cheyennes conduziam a dança dos escalpos. Entre os navajos, era o homem-mulher quem conhecia os cantos para curar a suposta loucura resultante do incesto.[5] Entre os timucua, o homem-mulher detinha virtudes terapêuticas: levava os doentes contagiosos da tribo a um lugar reservado para tal e cuidava deles até a recuperação. Enquanto seres fora do comum, os *bardaches* illinois eram considerados *manitus*, um conceito de conotação sagrada que os tornava "eleitos" dentro da tribo.[6] *Bardaches* em geral tinham fama de dar boa sorte aos guerreiros, aos caçadores e aos namorados. Aliás, era sinal de bom augúrio ter um "homem-mulher" na família, onde se tornava o favorito.

Por sua importância religiosa, os *bardaches* frequentemente pertenciam a sociedades femininas dentro das tribos. Na sociedade da "Mulher Celeste" dos hidatsa, havia 25 *miati*, além de quatro mais na sociedade da "Mulher do Alto". De ambas, participavam também as mães dos *miati*. Entre os sioux, os *winkte* associavam-se ao ritual da "Mulher Dupla".[7]

A figura do andrógino está fincada nas articulações simbólicas e na mitologia de muitas tribos da América do Norte. O homem-mulher desempenha um papel importante no mito de origem dos indígenas navajo, por exemplo. Nele, o Primeiro-Homem e a Primeira-Mulher acabam lutando entre si e vão viver separados. Atacados de surdez e sem poder se comunicar, os homens decidem chamar o homem-mulher ou *nadle* como mediador entre eles e as mulheres. Enquanto inventor dos objetos domésticos (a vasilha, a panela e a escova de cabelos), o homem-mulher navajo tem total conhecimento das mulheres e decide socorrer os homens.

No mito de origem hopi, as pessoas terminam perdendo suas cabeças durante uma migração, e daí advém uma total desordem moral, de modo que homens e mulheres vão morar separados, cada qual numa margem do rio. Depois de anos de relações envenenadas, sobrevém o dilúvio. Vem ajudá-los então uma Mulher-Aranha – personagem que simboliza para eles a metamorfose de um sexo em outro. No mito de origem dos indígenas zuñi, o povo decide viajar e escolhe como chefes um irmão e uma irmã, que acabam tendo uma relação incestuosa, da qual nasce um homem-mulher, chamado *lamana*, e os *koyemshi* – na aparência rapazes, mas sem "os frutos da sexualidade".

No mito de origem dos tewa, é um homem-mulher (*kanyotsanyotse*) que ajuda o povo a emergir da água onde inicialmente se vivia e acaba unindo Mãe Verão (feminilidade) e Mãe Inverno (masculinidade), princípios do nascimento. Graças a todos os problemas que precisa enfrentar, ele se torna o mais vigoroso dentre seu povo. As evidências de homem-mulher continuam se repetindo na mitologia de diversas outras tribos. No mito dos indígenas pueblo, existe um deus que, depois de capturado, consegue escapar vestindo roupas de mulher. Na mitologia dos indígenas mandan, ocorrem várias situações em que o herói se transforma em heroína, para resolver os problemas.

Do ponto de vista do mito, como se vê, o homem-mulher serve de ponte e síntese entre os dois sexos, tentando solucionar o antagonismo arcaico entre os gêneros. Na cerimônia de iniciação entre os indígenas tewa, por exemplo, procura-se dramatizar o mito de origem, no momento da aparição do *kanyot-sanyotse*. Para tanto, pergunta-se aos meninos e meninas se são homens ou mulheres, ao que cada qual responde indiscriminadamente: "Sou um homem. Sou uma mulher".[8]

Tudo isso deixa claro como se tratava de uma tentativa de tornar a todos, potencial e indistintamente, homem e mulher, num esforço cultural das tribos da América do Norte para relativizar o antagonismo entre os gêneros. O mesmo se tentava através da figura instituída da travesti. No entanto, durante o processo de aculturação, a instituição tribal dos *bardaches* acabou, acompanhando a decadência de toda a mitologia indígena, da qual dependia. Ainda assim, quando funcionários dos Assuntos Indígenas dos Estados Unidos tentaram forçar um *bate* crow a se vestir como homem, os indígenas protestaram, dizendo que "isso ia contra sua natureza".[9]

Uma solução semelhante à dos *bardaches* da América do Norte pôde ser observada no sultanato islâmico de Omã, país situado entre os Emirados Árabes Unidos, a Arábia Saudita e o Iêmen. Ali existem os *xanith* ou *khanith* (efeminados), grupo de travestis masculinos que se vestem com túnicas para homens e se comportam como mulheres, com quem partilham alguns costumes – cantam nas festas, maquiam-se, usam perfumes fortes, trazem os cabelos mais longos banhados em óleo etc. Em meados da década de 1970, numa pequena cidade omani de 3 mil adultos, a antropóloga norueguesa Unni Wikan constatou sessenta *xanith*, que conviviam normalmente com o resto da população. De fato, na região da costa de Omã, havia muitos *xanith*. Apesar de afetados (no jeito de andar e no padrão de beleza), eles eram proibidos de usar roupas femininas, mas vestiam túnicas de cores pouco comuns para homens, e amarradas na cintura. Compartilhavam os refeitórios das mulheres, que diante deles não precisavam usar o véu para cobrir o rosto, ao contrário do restante dos homens não familiares. Nesse contato privilegiado, seu cuidado com o embelezamento pessoal num padrão feminino levava até mesmo as mulheres a expressarem admiração. Por outro lado, os *xanith* omani exerciam tarefas domésticas e compareciam a lugares públicos proibidos para as mulheres, como os mercados. Mais comumente, eram prostitutos profissionais, que montavam casas para atender homens.

Numa cultura de linhagem falopatriarcal como a islâmica, em que os papéis feminino e masculino são rigorosamente demarcados, os *xanith* transitavam muitas vezes entre ambos os territórios e, na verdade, acabavam desempenhando um papel intermediário — algo como "homem feminino". Apesar de sua proximidade com as mulheres, não estavam totalmente assimilados a elas e não perdiam seu status legal de homens. Tratava-se de um grupo que tinha uma função social determinada e, como tal, era respeitado, o que levou Unni Wikan a considerá-los transexuais masculinos, mas em condições peculiares, apesar de estudiosos preferirem mais adequadamente nomeá-los transgêneros. Não por acaso, o fenômeno só ocorria entre os homens. Como em quase todos os países islâmicos, a integridade das mulheres costuma ser preservada acima de tudo. Uma mulher omani deve casar virgem. Além disso, o Omã proíbe a prostituição feminina. Portanto, a existência dos *xanith* cumpria a função social de permitir que os homens solteiros extravasem seus desejos de modo "adequado", ou seja, sem "colocar em risco" sua masculinidade, transando entre si mesmos. Mas o mais curioso é que não se tratava de um papel definitivo e estratificado, enquanto *xanith*. Ou seja, um homem podia viver como prostituto por algum tempo, alternando-se entre "homem masculino" e *xanith*, em diferentes períodos de sua vida. Ele podia se casar, ter mulher e filhos. Apesar de ter vivido *como mulher* (a passividade sexual), ele então seria tratado *como homem*. Bastava para tanto que, na noite de núpcias, deixasse ver o pano manchado de sangue do hímen de sua mulher penetrada. Não se perguntava nada mais: pelo menos uma vez, ele exerceu o papel básico do varão. Mesmo que permanecesse totalmente efeminado e decidisse voltar a ser *xanith* (exercendo de novo o papel passivo), ele comprovara sua virilidade, acima de tudo e de modo definitivo.[10]

O que surpreende nessa "resposta" cultural é a sua extrema ambiguidade, que concomitantemente mantém e atenua o trauma da passividade sexual. O *xanith*, cujo papel passivo tem um sentido social claro, funciona como uma ponte que, ao manter o equilíbrio cultural entre dois contrários, de certo modo relativiza o trauma da castração na cultura omani. Claro, seria preciso perguntar-se por que uma cultura sempre trata o diferente como *contrário*. Mas o resultado é que, na população masculina de Omã, não se conhece a prática da sedução dom-juanesca em relação às mulheres, e não existe sequer o costume de se vangloriar de façanhas sexuais, como prova de virilidade. Nenhum macho precisa disso, socialmente, tanto quanto não se sente menos viril nem é estigmatizado por frequentar um prostituto e manter o que, em outras culturas, estigmatiza-se como uma relação homossexual.

Ao mesmo tempo, tal articulação cultural levou a antropóloga Unni Wikan a considerar a categoria *xanith* em Omã como uma contrapartida para reforçar a rígida diferenciação nos papéis de gênero masculino e feminino. Com tal "solução" francamente falocêntrica e desfavorável às mulheres, não surpreende que se chegasse a criar algo semelhante a um papel de gênero intermediário para manter a tradição falopatriarcal intacta, em harmonia com os ideais islâmicos e a ordem social.[11] Tal defesa intransigente da hegemonia masculina escancarava, em igual medida, a dimensão dramática do problema da castração para o macho hegemônico.

13. O caso *Deus e o Diabo na terra do sol*

Nas produções do imaginário brasileiro, não é difícil encontrar ecos da procura desenfreada de autoimagem que caracteriza o masculino. O erotismo nacional oferece dois exemplos acabados, ainda que diversificados: o gosto estético-erótico pela bunda e o travestismo carnavalesco dos homens (ainda mais legitimamente desenfreado quando vetado a homossexuais, como ocorria em muitos blocos de Carnaval). Mas há ecos dessa "busca fálica" (e dos dramas por ela gerados) na criação estética mais sofisticada, em que o imaginário penetra desvãos insuspeitados. À guisa de exemplo não aleatório, mas emblemático, merece atenção uma das obras-primas de Glauber Rocha: *Deus e o Diabo na terra do sol* — filme de 1964. Uma evidência de que os temas aí presentes manifestavam preocupações de raiz profunda é que já em 1959 Glauber realizara o que parece ser o primeiro tratamento roteirizado de *Deus e o Diabo*, com o título de *A ira de Deus* (anterior portanto ao primeiro longa-metragem por ele dirigido, *Barravento*, de 1961).[1]

Considerado um manifesto pela esquerda brasileira da época, *Deus e o Diabo na terra do sol* pode na verdade ser lido como uma narrativa épica da crise masculina. É muito curioso pensar que esse filme, supostamente ancorado numa dialética revolucionária, estava passando antes um atestado dos descaminhos de gênero, que avassalavam inclusive as alas consideradas progressistas. Aqui, Deus e o Diabo podem ser vistos, na verdade, como dois polos do masculino à procura de si mesmo.

Logo de início, o vaqueiro Manuel mata seu patrão (imagem do pai?) e vai-se embora, definitivamente, em busca da própria identidade, depois de constatar que "não temos nada para levar, a não ser nosso destino". A mulher Rosa acompanha Manuel em sua fuga. É ela quem está de plantão o tempo todo, quase amante-mãe, vigiando para manter o bom senso, já que o marido se comporta como um desvairado, vale dizer, um histérico – no sentido freudiano da errância do desejo.

Mas não se trata de um frouxo. O vaqueiro Manuel deve ser visto simplesmente como um homem em busca da sua identidade. Se interpretarmos o destino como a epopeia do masculino, é fácil detectar na fuga de Manuel o momento em que todo homem decide abandonar a casa materna (notar que aí só vivia a mãe; não há menção a uma figura paterna dentro da casa de Manuel).

Assim, ele deixa a casa, habitada pelo feminino da mãe e da mulher, para sair em busca de sua imagem identificatória, presente necessariamente fora de casa, assim como já deverão ter feito seu pai, avô e demais antepassados masculinos – caçadores, vaqueiros e agricultores ausentes, que só voltam ao lar para comer e descansar. De fato, é no ato de ausentar-se e buscar que se processa a masculinidade. Isso fica claro quando se considera que, no imaginário e na organização social das mais variadas culturas, a casa é o espaço da mulher. Enquanto espaço feminino, casa nenhuma está adequada ao masculino, cuja sina é errar, eternamente em busca de um pouso impossível. Ainda que não se explique o motivo, não é por acaso que a figura paterna está ausente, quando começa *Deus e o Diabo*. Nesse sentido, o assassinato do patrão injusto pode também ser visto como o embate com a figura do pai, que é necessário matar para deflagrar uma busca pessoal, marcada por essa tragédia primeva, na perspectiva freudiana.

Em suas erranças, Manuel passa primeiro pelo beato Sebastião, a suposta figura do bem, a quem beija os pés e jura fidelidade eterna. Sebastião traz uma promessa redentora de levar o povo ao paraíso, uma terra onde corre leite nos rios e o sertão é mar. Ao mesmo tempo, quer elevar Manuel à santidade visionária, quase emasculando-o pela subjugação. De fato, Sebastião domina Manuel sadicamente, obrigando-o a se submeter à sua vontade. Coloca o vaqueiro sob duras provas (subir o Monte Santo carregando na cabeça uma grande pedra), antes de tê-lo definitivamente como um comparsa, um guarda do bem. Rosa, a esposa de Manuel, interpõe-se. Sebastião exige que Rosa seja purificada, quer dizer, domada cruentamente pelo sacrifício de um bebê (um fruto do encontro entre o feminino e o masculino), que Manuel deve levar a cabo, selando a aliança entre os dois homens. Para desespero do vaqueiro, sua mulher Rosa assassina o beato Sebastião, impedindo com isso a submissão definitiva de Manuel pelo outro homem.

Manuel foge novamente, arrastando Rosa e repetindo o mote atormentado de sua epopeia trágica: "Aquela paz a gente só encontra na morte". A seguir, defronta-se com outra figura masculina, no extremo oposto. Desta vez, é a figura do mal: o cangaceiro Corisco, grandiloquente filho do desespero, que quer matar os pobres para livrá-los da fome. Corisco é obcecadamente sádico, exerce com selvageria sua primazia de macho, fazendo justiça com as próprias mãos, sem dar nem pedir explicações. Ainda que perigoso e indomável, não se contém quando olha fixamente para Manuel e dá seu veredicto: "Tou gostando da tua cara de macho". Dois iguais se encontram, duas imagens masculinas (ou falos) tentam se refletir mutuamente e se reconhecer, ambos perdidos no desvario da sua busca, no deserto do sertão. Mas alguém tem que ser submetido; e isso, no imaginário masculino, já é o fim da masculinidade, o deixar-se emascular e penetrar. Assim, ansioso por um descanso, o macho Manuel beija os pés do macho Corisco, jura fidelidade eterna a outro homem e passa a servi-lo, rebatizado com o nome de Satanás.

A celebração emasculatória efetiva-se, de modo transferencial, na cena em que o bando invade uma festa de casamento na casa de um coronel. Corisco primeiro estupra a noiva, afirmando a hegemonia do seu falo ("Ela agora vai ter é filho de cangaceiro"). Depois, para completar o pacto, num rito sacrificial, ordena a Satanás, em direção ao noivo: "Prova que tu já é cabra bom, corta a macheza desse corno". O vaqueiro Manuel, tornado cangaceiro Satanás, obedece a seu novo senhor e cumpre metaforicamente seu próprio destino ao castrar o noivo. Enquanto isso, vestida com o véu esfarrapado da noiva, Rosa tem um interlúdio amoroso com Dadá, a cangaceira amante de Corisco — ela também buscando sua autoimagem perdida, depois de ter sido retirada de casa. A seguir, Rosa se entrega ao próprio Corisco, como complemento da submissão de Manuel. A famosa cena de amor — embalada pela "Cantilena" das *Bachianas n. 5*, de Villa-Lobos — pode ser sentida como um somatório de amores, no qual a posse de Rosa, que pertence ao macho Manuel, referencia brilhantemente, por projeção, a posse física do próprio Manuel, a quem não deverá restar mais vontade própria. Estamos ante o momento mais profundamente lírico de toda a obra, como se fosse possível, nessa nova submissão, a solução do drama e o fim da busca masculina de Manuel-Satanás.

Trata-se obviamente de uma falsa solução, e a paz interior de Manuel revela-se enganosa, por efêmera. É que também Corisco tem um embate masculino à sua espera. Espírito atormentado, Corisco sabe que Antonio das Mortes (seu espelho) o caça por toda parte. Sabe que está fadado à confrontação consigo mesmo e, provavelmente, ao fracasso. Quanto a Antonio, matador de cangaceiros, ele é o dono das mortes, mas nem por isso escapa ao conflito de sua identidade de macho: vive o dilema culposo de ser um justiceiro alugado, pago para matar. Em todos esses machos atormentados realiza-se igualmente o mote expresso por Corisco: "Aquela paz a gente só encontra na morte" – e é legítimo pensar que essa imagem metaforiza a impossível paz masculina.

No final, quando se consuma o assassinato de Corisco por Antonio das Mortes, Manuel volta à sua busca desenfreada pelas veredas do mundo. Foge sem rumo, correndo longamente e abandonando Rosa pelo caminho, sozinho com seu destino. O último plano do filme remete ao seu plano inicial, dentro da proposta dicotômica dos extremos: termina numa tomada aérea do mar, assim como o começo foi uma tomada aérea do sertão. A identidade de Manuel, tal como interpretada pelo bardo trágico Glauber Rocha, deveria definir-se entre esses dois extremos: o sertão e o mar. Mas a verdade é que ela não será encontrada em nenhum desses referenciais, ambos condenados pelo filme – pois "a terra é do homem, não é de Deus nem do Diabo", como canta o romance do cego narrador. O diretor extravasa seus limites, mas nem sequer sabe quais são nem aonde o levarão. Sobra nele a mesma perplexidade. E, ao final, permanece a pergunta: para onde vai o homem? É uma pergunta que ecoa, grandiosa.

Penso que, de um modo intuitivo, eu já havia flagrado um pouco desse drama, e me sabia metido nele, quando escrevi e dirigi meu único filme de longa-metragem, *Orgia ou o homem que deu cria* (1971).[2] Um dos meus personagens era um cangaceiro grávido carregando um estandarte sagrado... com o símbolo da Volkswagen, então a grande montadora de veículos no Brasil. Tratava-se de uma irônica referência aos personagens míticos de Glauber Rocha, na tentativa de desmistificar seu tormento. Para tanto, dei à interpretação do meu ator cangaceiro a mesma enfática marcação brechtiana do Corisco de Othon

Bastos em *Deus e o Diabo*. Não por acaso, meu filme tinha inicialmente um outro título, mudado por pressão do coprodutor: *Foi assim que matei meu pai*. Inteligente como era, Glauber percebeu todas essas implicações e referências quando assistiu ao filme numa pré-estreia no Museu de Arte Moderna do Rio de Janeiro, no início de 1971, antes da interdição. Ele ficou tão ofendido que, através de um recado do diretor da Cinemateca, Cosme Alves Neto, ali mesmo me chamou para brigar, bem ao seu estilo — briga que recusei.

De fato, meu filme se inicia com um rapazinho que mata o pai e a seguir foge, como um amaldiçoado, pelas estradas do mundo, por onde passará a errar até o fim, numa orgia macabra dentro de um cemitério. Seu gesto homicida justificava esse primeiro título que, na verdade, foi muito consciente, pois também nele eu queria me referenciar ironicamente a Glauber Rocha. Mesmo amando de paixão o seu cinema, eu sabia que precisava "matá-lo". Com sua genialidade e seu autoritarismo barroco como líder do grupo cinema-novista, Glauber Rocha estava sufocando toda uma geração de novos cineastas brasileiros que vieram depois dele, e da qual eu fazia parte. Mas não se tratava de um assassinato por mera competição profissional. Historicamente, Glauber era mais do que ninguém o nosso pai cinematográfico — um pai impiedoso, espécie de rei Lear punidor de quem discordasse dele. E minha geração adorava odiá-lo.

Eu não era o único a me debater entre o enorme fascínio por sua obra — da qual então me julgava tributário — e a grande antipatia por sua pessoa verborrágica, dominadora e megalomaníaca. Lembro-me, por exemplo, de Rogério Sganzerla, integrante de grande talento da mesma geração do chamado "cinema marginal" — que Glauber gostava de ironizar como "cinema udigrudi", acusando-nos de imitar o cinema underground americano. Rogério, que no fundo se considerava herdeiro da genialidade de Glauber, lançava diatribes ácidas contra o cineasta baiano pelas ruas da Boca do Lixo, em São Paulo. Gostava de ironizar os atos de Glauber como "glauberices" e chamava seus seguidores do Cinema Novo de "glauberetes". Não nos restava outro caminho: como todo pai, Glauber devia ser assassinado pelos "filhos", para que pudéssemos seguir nosso caminho. E acredito firmemente que cada cineasta da minha geração buscou através do seu cinema uma maneira pessoal de "matar" o pai de todos, Glauber.

Parece-me curioso, portanto, que *Deus e o Diabo na terra do sol*, epopeia trágica da crise do masculino segundo Glauber Rocha, não tenha se restringido ao espetáculo apresentado num filme, mas tenha sido representado metaforicamente por toda uma geração, ela também perdida entre Deus e o Diabo. Exceto que, no caso, o próprio Glauber continha em si mesmo os dois extremos, o divino e o diabólico, que perseguíamos às cegas. Ao matá-lo, o certo é que nós nos identificamos definitivamente com ele. Numa releitura pagã da saga do masculino, tal como vertida pela mitologia cristã na paixão de Jesus Cristo, eu diria que nós comungamos nosso Diabo, transubstanciando-o em Deus. Mas, como todo jovem iniciante da nossa geração, talvez nenhum de nós tenha se dado conta de que em sua obra o próprio Glauber já estava realizando o mesmo sacrifício paterno contra o velho cinema brasileiro — e nós simplesmente o perpetuávamos, ao receber de suas mãos o instrumento assassino por ele próprio utilizado para matar seu pai.[3]

Mas há também o aspecto pessoal. Em vida, Glauber foi uma dessas figuras visionárias da história brasileira, uma deliberada tentativa de reencarnar Antonio Conselheiro. De fato, ele sempre se imaginou vocacionado para "líder da raça". Transformado num ícone internacional, ao lado de outros grandes cineastas da sua época, inclusive (é oportuno lembrar) o italiano Pier Paolo Pasolini, Glauber pretendia interferir na vida intelectual e na política brasileira de viés revolucionário. Tanto em entrevistas vibrantes, dentro e fora do Brasil, quanto em seus anárquicos programas de TV, falava como se estivesse possuído — e se acreditava um possuído pela genialidade. Com sua postura agressiva, acabava sendo mais Corisco do que Sebastião. Mas vivia afogado em contradições, fossem elas políticas, estéticas ou sexuais.

Instaurado por ele mesmo a partir de sua atropelada existência, o complexo mito Glauber Rocha aproxima-o espetacularmente da epopeia que ele recriou em *Deus e o Diabo na terra do sol*. É como se o filme significasse uma contrapartida da saga pessoal de Glauber Rocha, enquanto representação cinematográfica de um tormento por ele incessantemente vivido: que macho sou eu? Quero dizer que há uma representação dessa mesma dicotomia masculina na vida pessoal de Glauber, que é possível dissecar em aspectos manifestados por ele próprio, muito frequentemente através de polêmicas. Em vida, Glauber parece ter sido obcecado pela indefinição da sua masculinidade. E isso transparece, sem mais delongas, ali onde tropeça todo terror masculino: o medo de ser castrado — o que no imaginário popular, repita-se, em geral equivale a *ser viado*.

Tal preocupação aparece muito clara nas suas intermitentes referências à homossexualidade, um tema que eclodia a partir da sombra onde Glauber Rocha o precipitou. Num longo texto em que mistura — bem ao seu estilo retumbante — autobiografia com história do cinema brasileiro, o próprio Glauber conta que aos quinze anos, quando ainda era colegial em Salvador, escreveu com um pianista o balé *Sefanu*, "criticado pelos líderes intelectuais do 3 Ano Klassyko como Exoteryko e Homossexual".[4] Depois, fala de sua juventude na capital baiana do final da década de 1950, em que se destaca a figura central do diretor de teatro Martim Gonçalves, seu mestre e amigo, cujo "homossexualismo era interpretado pelas bichas loucas como puritano". Martim, por sua vez, "não gostava da indisciplina das bichas e prestigiava os machos". Ora, na Bahia, dizia Glauber, "os machos eram mais inteligentes e eficazes, mas sem as bichas a vida era chata". Segundo suas palavras, "a Bahia bicha era inteligente e por isso tem poder".[5]

Como se vê, o mundo parece dividido entre machos e bichas — Deus e o Diabo, ou vice-versa. E Glauber vivia oscilando entre os dois extremos: as bichas, a quem admirava, e os machos, que o atraíam. É ele próprio quem verbaliza claramente tal dicotomia: "Eu gostava das bichas que eram menos machistas e mais inteligentes e cultas que a maioria dos machos, embora guardassem um ranço direitista que me fazia voltar aos machos comunistas que bêbedos desbundavam, tocavam, cantavam, recitavam, discutiam, deliravam ouvindo bossa nova e free jazz".[6]

Na época, Glauber trabalhava em teatro, mas já sonhava com o cinema — um outro dos seus dilemas. No começo dos anos 1960, vive uma grande paixão com a atriz Helena Ignez: tornaram-se Glaubelena, como ele mesmo diz.[7] No seu deslumbramento, sonha em montar a peça *Um bonde chamado desejo*, ele como Stanley Kowalsky (machão prototípico, interpretado no cinema por Marlon Brando), ao lado de sua já mulher Helena Ignez no papel de Stella ou Blanche Dubois, sob a direção de Martim Gonçalves.*[8] Mas isso não acontece. Em vez disso, Glauber começa a fazer filmes de curta-metragem, seu sonho manifesto. *O pátio* (1960) tem Helena como atriz: um homem e uma mulher

* Convém lembrar que se trata aí de uma peça-ícone da homossexualidade de seu autor, Tennessee Williams. Alguns críticos chegaram a considerar na personalidade de Blanche Dubois elementos mais próprios de uma travesti, com sua feminilidade exacerbada quase até à caricatura.

consomem-se trepando. Mas, logo depois, enquanto Helena está grávida, Glauber realiza *A cruz na praça* (1961), cujo tema era, segundo suas próprias palavras, "o homossexualismo dentro da Igreja Barroca de San Francisco" (sic), com dois homens se perseguindo por entre anjos, santos e monstros.[9] A seguir, conforme suas palavras, "ela (Helena) me comeu e foi embora".[10]

Nessa época, surge um outro personagem importante na formação do jovem Glauber: Trigueirinho Neto, que foi de São Paulo para Salvador dirigir o filme *Bahia de Todos os Santos* (1959). Trigueirinho – que "era bicha e não escondia", segundo Glauber – tornou-se "um sucesso entre a jovem Bahia, e mesmo os comunistas que o criticavam na frescura o respeitavam na cuca", enquanto "os jovens vanguardistas da burguesia ou bicha esnobavam". Glauber o defende até o fim, mesmo depois que a intelectualidade local repudia seu filme pessimista. Considerando que "a bicha paulista comia a Bahia", Trigueirinho merece charge da imprensa local: vestido de baiana, ele foge das pedradas.[11] Glauber se casou várias vezes, teve vários filhos, mas continuou fazendo periódicas referências às bichas de sua vida, de maneira cada vez mais agressiva e até insultuosa, evidenciando certa compulsão, como se esse fosse um tema a ser decifrado dentro de si mesmo.

Senão, vejamos. Para mergulhar melhor nos tormentos masculinos de Glauber, remeto a um interessante e pouco conhecido artigo de Antonio Cadengue, que compendiou a dicotomia sexual glauberiana.[12] Aí se lê que, numa entrevista em 1979, Glauber classificava o teatro como "espaço da esquizofrenia homossexual", enquanto o cinema é o "paraíso da cura, da saúde, da normalidade criativa". Para ele, o cinema "é a mais importante das artes [...] é uterino, não é anal. Por isso que não tem quase homossexuais entre diretores e atores no cinema brasileiro". (Na época, em alusão à velada homossexualidade da cena cinematográfica, respondi-lhe, pelas colunas do jornal *Lampião*: "A olho nu a gente constata que a afirmação parte de um cego".)[13]

Glauber foi mais longe ainda, quando vomitou bílis num outro artigo: "O homossexualismo é uma prática machista, antifeminista, misógina, detesta a mulher, nega a procriação".[14] Não satisfeito, passou insistentemente a ironizar com a pecha de homossexuais um ou outro crítico que fazia ressalvas aos seus filmes ou discordava de suas ideias cinema-novistas. Usando sempre as mesmas páginas de *O Pasquim*, que lhe dava todo o espaço necessário, Glauber chegou a afirmar que a Grécia antiga ruiu por causa dos homossexuais.[15] Mas há também cândidas confissões de acuo. Antonio Cadengue lembra, de modo irônico, que o Cinema Novo (com seus jovens dourados das areias de Ipanema) foi educado sexualmente por Paulo Emílio, homem "bonito e delicioso sob e sobre todos os aspectos", nas palavras de Glauber. Se admite que o "cinema novo é mulherófilo", ao mesmo tempo Glauber aceita esse movimento como uma ação exclusivamente entre homens e adota uma imagética andrógina para se referir aos seus filhos rebelados – como Antonio Calmon, "filho meu e do Cacá (Diegues), foi o melhor filho que tivemos".[16] Assim também, Paulo César Saraceni, seu colega de Cinema Novo, era "um filho de Lúcio Cardoso e Otávio de Farias, com quem religiosamente se encontrava todo sábado à noite num bar de Copacabana" (Glauber certamente não desconhecia a fama de homossexuais que envolvia esses dois escritores).

Não contente, o próprio Glauber acaba dando seu veredicto: "Minha tese é que as mulheres provocaram o cisma do cinema novo. Os membros do movimento se amam tanto que as mulheres ficam ciumentas e desagregam o ambiente. São mulheres adoráveis, talentosas, belíssimas, mas não se conformam em ter os 'maridos' trepando intelectualmente".[17] Culminâncias desses mútuos casamentos masculinos são as referências glauberianas à beleza quase lendária de Paulo César Saraceni, "um garoto gostoso", além de "esportivo, desbundado, boêmio", que "me levava pras noites festivas de Copacabana e Ipanema". E confessa rasgadamente: "Saraceni me conduziu ao fogo do Cinema e do Amor".[18] Mais tarde, reafirma explicitamente: "Entre paixões masculinas, Paulo César Saraceni é o grande caso de minha juventude [...], o homem menos machista que conheço no Brasil. Um dia me disse: Você não sabe o que é o amor".[19]

Em 1975, quando do assassinato de Pier Paolo Pasolini, cineasta já na época abertamente homossexual, Glauber dedicou-lhe um artigo laudatório e emblemático desde o título: "Amor de macho". Aí, depois de afirmar que "a sexualidade anal destrói o Ego", Glauber lamenta que em nosso tempo toda função sexual tenha se concentrado nos órgãos sexuais, em detrimento de outros órgãos e membros, mas adverte que "a função sexual anal é o Diabo".[20] Como se a figura de Pasolini escondesse seu próprio enigma a ser decifrado, Glauber retorna a ele anos depois, num belíssimo artigo em que analisa a ambiguidade básica do falecido cineasta italiano. Ao mesmo tempo que o louva, chama-o de fascista. Critica sua homossexualidade como "uma ideologia, um mecanismo de fetiche, um misticismo" que o levou "à autopunição edipiana e cristã", depois de ter matado o pai. Num intrincado vaivém de atração/repulsa ao Pasolini homossexual, Glauber acusa-o de não gostar das mulheres, de ser incapaz de amor, por se interessar apenas pela perversão, quando explora os pobres rapazes da periferia de Roma. Tentando se distanciar, Glauber se coloca num outro estágio: quer "inverter essa perversão por um fluxo amoroso que não exclui a homossexualidade". Ao final, elogia seu último filme, *Salò* (1975), como uma obra-prima, sobretudo porque nele Pasolini assume seu fascismo, para em seguida deixar-se morrer num ritual fascista. Com isso, diz Glauber, Pasolini se torna um mito contemporâneo.[21] Antonio Cadengue nota que, ao falar de Pasolini, Glauber parece estar o tempo todo falando de si mesmo. Seu anseio por um Pasolini normatizado é o mesmo desejo do atormentado Glauber de normatizar-se a si próprio, a partir daquilo que condenava no outro cineasta, tornado seu espelho.[22]

Levando em conta esse sumário dos embates de Glauber, é preciso repetir que a saga de *Deus e o Diabo na terra do sol* faz um retrato da própria busca pessoal de Glauber em direção à sua incerta e atormentada identidade masculina. Mas, se isso fica denunciado na temática do filme, sua própria estilística também o trai. O cinema de Glauber é, na verdade, todo ele atravessado por uma estética teatral: não só as interpretações dos atores, mas sua própria *mise-en-scène* são teatralizadas — elementos certamente absorvidos a partir das bichas do teatro, como vimos, presentes em sua juventude na Bahia. Há também curiosas citações de uma teatralidade exacerbada, remetendo direto à ópera, com a qual *Deus e o Diabo na terra do sol* tem uma evidente afinidade. O próprio Glauber confessou, talvez consciente da sua linguagem sexualizada: "O cinema tem que levar muito teatro dentro. [...] Utilizo teatro dentro dos meus filmes deliberadamente [...], assim como uso ópera".[23] O que leva Antonio Cadengue a perguntar: "O teatro penetra no cinema? No útero encontra-se o ânus?".[24]

Em todo caso, aquilo que Glauber pretendia profundamente vaginal (o cinematográfico) na verdade se vê avassalado pelo anal (o teatro), que o fascinava até o ponto de Glauber estar sempre rodeado de homossexuais. O gosto pela ópera não significava nenhum absurdo em seu universo: Glauber sempre pendeu para uma visão operística e grandiloquente do mundo. E, coincidentemente ou não, o universo operístico conta como um amor de primeira grandeza no universo de grande quantidade de homossexuais, mais anônimos ou mais famosos — entre estes, Luchino Visconti.

Assim, em *Deus e o Diabo*, quando o cego canta "Se entrega, Corisco", é o próprio Antonio das Mortes quem mimetiza a frase-ária cantada, e empresta dele o canto, antes de disparar sua espingarda contra o cangaceiro. Nesse clímax trágico, está-se eliminando operisticamente o segundo polo (Diabo), assim como já se matara o primeiro (Deus). O mote, entoado com dramaticidade ao final do filme, aponta para a terceira saída: "A terra é do homem, não é de Deus nem do Diabo". Tanto o vaqueiro Manuel quanto Antonio das Mortes seguem seu destino de se atormentar buscando uma resposta ao enigma masculino. Mas, no ar, permanece intacta a pergunta: O que é o homem?

Também em sua história pessoal, tão reiteradamente revelada através de uma obra fulgurante, Glauber Rocha manteve intacto esse mistério. Tanto quanto Pasolini, se consolidou como mito contemporâneo graças às circunstâncias de sua morte, súbita e enigmática, em 1981. Especulava-se se teria sido por septicemia, pericardite, pneumonia, tuberculose, câncer pulmonar, dentre as muitas hipóteses divulgadas.[25] Com a eclosão da epidemia de aids, anos depois, médicos e imprensa especularam se Glauber Rocha não teria de fato morrido dessa síndrome, considerando que todas as doenças aventadas apontavam para uma ruptura do seu sistema imunológico. Sintomaticamente, nessa época, a eclosão da aids ainda estava quase inteiramente circunscrita aos grupos homossexuais, nas sociedades americano-europeias. O certo é que, até onde se sabe, o diagnóstico nunca conseguiu ser fechado. De modo que a morte de Glauber adicionou à sua vida uma interrogação derradeira. Portanto, em vez de uma resposta sobre as causas da sua morte, aqui importa mais que a dúvida permaneça pulsante, no sentido de manter em aberto a crise masculina de Glauber Rocha, parte do seu mito. Afinal, do que morre um homem senão de si mesmo?

Com certeza, é a voz do próprio Glauber que ecoa, citando o poeta Mário Faustino, quando, no seu visionário filme *Terra em transe* (1967), o personagem Paulo Martins grita, brandindo uma metralhadora: "Não conseguiu firmar o nobre pacto/ Entre o cosmos sangrento e a alma pura". Sobre o enigma glauberiano, poderia prosseguir a citação do mesmo poema de Faustino: "Tanta violência, mas tanta ternura". Aí se reflete a dor ambivalente do masculino, que Glauber Rocha registrou com tanta paixão nessa que é uma das maiores obras-primas do cinema brasileiro de todos os tempos: *Deus e o Diabo na terra do sol*.

14. Castração e o bicho-papão da homossexualidade

Meio espalhafatosamente, bem ao seu estilo, a ensaísta americana e crítica da cultura Camille Paglia disse certa vez que "o destino da masculinidade está intimamente ligado ao homossexualismo". Considerando o histórico masculino de vida, o homem homossexual ocupa "o ponto último numa trilha de masculinidade cada vez mais intensa, a disparar para longe da mãe", pois "todo homem tem de definir sua identidade contra a mãe" – no que Paglia coincide, até certo ponto, com alguns setores freudianos. Opondo-se às teorias feministas mais comuns, ela afirma que é nessa ansiedade em distanciar-se da mãe que os homens formam "alianças grupais por laços masculinos para criar as complexas estruturas de sociedade, arte, ciência e tecnologia". Um homossexual em busca de outro homem estaria, portanto, recapitulando "esse movimento gerador de civilização para longe da mãe". Após chamar os gays de "guardiões do impulso masculino", Paglia conclui que "homens homossexuais e heterossexuais têm muito mais em comum [...] do que homens heterossexuais e mulheres".[1]

Conhecendo a suscetibilidade e o zelo dos plantonistas de uma sexualidade hegemônica, suspeito que eles possam evocar a surrada pecha de que Camille Paglia está fazendo proselitismo homossexual. Não: se há algum proselitismo, quem o pratica são os próprios machos humanos hegemônicos, com atitudes no mínimo curiosas, ainda que inadvertidas. Não é verdade que eles estão o *tempo todo* obcecados por seu desempenho sexual? Em outras palavras, seu grande e máximo problema é: ser viril, quer dizer, não feminino, quer dizer, não passivo, quer dizer, não bicha.

Como já vimos, a obsessão em comprovar sua virilidade é uma reação ao terror infantil de ser castrado (feminino), o que evoca a fragilidade narcísica do varão e sua peculiar ferida. Mas, como afirma Freud, o medo ao feminino (o desconhecido) implica um retorno do (conhecido) recalcado.[2] Ou seja, essa angústia de castração é diretamente proporcional ao desejo de ser penetrado, fantasia primária sobre a homossexualidade. Ao falar do racismo, a psicanálise aplica com propriedade o conceito de projeção: projeta-se no desprezado aquilo tudo que desprezamos em nós mesmos, inclusive nossas *inclinações inconfessadas*.[3] Tanto quanto o sádico é um masoquista não assumido e vice-versa, o anseio de penetrar está alimentado, como projeção, pelo secreto fascínio de ser penetrado.

Assim também, vários estudiosos, inclusive psicanalistas, já fizeram observações relativas ao componente homoerótico do masculino em si. O psicanalista húngaro Sándor Ferenczi, um dos discípulos prediletos de Freud, propôs conclusões muito contundentes a respeito. Segundo ele, um dos males das sociedades modernas, em contraposição às culturas arcaicas, é que não só o homoerotismo está ausente da vida psíquica, mas até mesmo sua sublimação — por exemplo, a amizade apaixonada entre homens, tão natural na Antiguidade. Ferenczi se espanta com o fato de que os homens de hoje perderam a capacidade de ternura e amabilidade recíprocas, instaurando em seu lugar "a rudeza, o antagonismo e a rivalidade". Como sintomas de defesa ("formações reativas") contra tais manifestações de ternura dos homens entre si, ele aponta justamente a proliferação das relações masculinas violentas, inclusive entre grupos, tornadas deformações do sentimento afetivo inicial — vejam-se, para tanto, as torcidas futebolísticas rivais. Outros vestígios claros desse homoerotismo sublimado seriam, segundo ele: 1) o "culto dos heróis" (poderíamos lembrar aqui tanto os "salvadores da pátria" Adolf Hitler e Getúlio Vargas quanto Sylvester Stallone e Ayrton Senna, dentre uma multidão incontável de "vencedores"); 2) a predileção de muitos homens por mulheres viris e atrizes travestidas de homem (um caso célebre foi a relação entre o ambíguo compositor Frédéric Chopin e a masculinizada escritora George Sand, na França da primeira metade do século XIX);[4] 3) a embriaguez, por meio da qual "o álcool destrói as sublimações".[5]

Ferenczi vai ainda mais longe: esses "rudimentos de amor por seu próprio sexo" não ajudaram o homem moderno a encontrar "uma compensação suficiente para a perda do amor de amigo". Uma parte do homoerotismo permanece, segundo ele, "livremente flutuante", exigindo satisfação. Mas como na civilização atual essas relações tornaram-se impossíveis, a libido homoerótica se vê obrigada a "*deslocar-se para as relações afetivas com o outro sexo*". Portanto, continua o psicanalista húngaro, "creio muito seriamente que, em virtude desse deslocamento de afetos, os homens de hoje são todos, sem exceção, *heterossexuais compulsivos*; para se desligar do homem, tornaram-se servos das mulheres".[6] Assim se explicaria, segundo ele, a veneração a estereótipos da mulher como o "eterno feminino" e a atitude "cavalheiresca" excessiva, até o ponto da afetação, que desde a Idade Média dominam certo universo masculino padronizado — certamente na linhagem do famoso "*Ladies first*".

A heterossexualidade compulsiva, provocada pelo recalque social de outras práticas sexuais, também poderia explicar o dom-juanismo como uma busca obcecada e insatisfatória de novas aventuras, que gera aquela infidelidade típica do macho, tão disseminada que em muitas culturas acabou se tornando evidência de virilidade. Desse ponto de vista, o macho garanhão estaria facilmente apontando para seu contrário, quer dizer, em muitos casos poderia esconder um homossexual recalcado. Com delicada sinceridade, assim Ferenczi refere-se ao Don Juan: "Sou obrigado a qualificá-lo como um obsessivo que nunca poderá encontrar satisfação nessa interminável série de mulheres [...], na verdade substitutas de objetos de amor recalcados".[7] Considerando que as mulheres conquistadas não conseguem substituir eroticamente o "companheiro" no inconsciente do macho, as exigências desmedidas que se criam sobre elas chegam a se tornar "sem dúvida uma das razões mais frequentes dos infortúnios conjugais". Em resumo, para Sándor Ferenczi, o recalque do componente pulsional homoerótico nas sociedades atuais é responsável tanto por "um reforço ligeiramente obsessivo do heteroerotismo masculino" quanto pelo crescente número de homoeróticos na sociedade moderna, graças ao "retorno do recalcado" — o que comprova um "fracasso parcial" desse recalque.[8] Tal processo parece corroborar o parco sucesso de psicólogos, médicos e ministros religiosos em tentar "curar" homossexuais. A vingança do recalque homoerótico também poderia ser apontada como um dos fatores responsáveis pela violência masculina contra as mulheres, tão comum nas relações heterossexuais tóxicas.

Por sua vez, o psicólogo junguiano Eugene Monick conta que as questões homoeróticas apresentadas por homens (homo ou heterossexuais) em tratamento analítico têm um inegável conteúdo fálico arquetípico, que se manifesta como tentativa de abrir as portas da consciência do ego. Para ele, "desejos homossexuais indicam muitas vezes que o homem está precisando de uma injeção de masculinidade em sua vida". Independentemente de o homem ativar ou não essa necessidade e se sentir ou não constrangido ante a sugestão homossexual, "o falo sempre traz consigo a concretização da força masculina" implícita em expressões simbólicas fálicas, com ou sem conotações eróticas. Em outras palavras, todo homem tem fome do falo. A maneira como esse componente homossexual básico se atualiza dependerá do contexto psíquico de cada um. Para Monick, a única diferença entre a latência e a vivência é que o homoerotismo emerge quando "a necessidade de afirmação masculina num homem é urgente e sua natural fome pelo falo se torna desejo sexual".[9]

É igualmente interessante, em sua relação com o homoerotismo, o conceito arquetípico do *puer aeternus* (eterno menino), tal como estudado por Marie--Louise von Franz, discípula de Jung. A maior característica do *puer* é permanecer por muito tempo como menino, mantendo na vida adulta as características clássicas dessa época da vida. Uma delas seria a dependência da mãe, que leva ao endeusamento da mulher. E eis que volta à cena o Don Juan... O próprio Jung aproximava o dom-juanismo a certos casos de homossexualidade quando afirmava que nessas situações está igualmente presente o endeusamento da mulher. No Don Juan, curiosamente, tal fato se manifesta na busca da mulher ideal ou da mãe-deusa, que ele não encontra em nenhuma parceira por quem se apaixona; daí, decepciona-se e passa para a mulher seguinte, sobre quem projeta novamente a fantasia da "mãe com falo" da fase pré-sexual, continuando o ciclo de desencanto da castração infantil — conforme o pensamento freudiano.[10] Nas palavras de Von Franz, o *puer* "sonha eternamente com a mulher maternal que o tomará nos braços e realizará todos os seus desejos".[11] Ora, isso corrobora o ponto de vista de Ferenczi, acima apresentado, de que o homoerotismo sublimado, em muitos homens de prática heterossexual, tende para mulheres fortes e dominadoras.

O *puer aeternus* teve desdobramentos no mito moderno do "rebelde sem causa", que percorre a literatura e as artes. Pensemos no Pequeno Príncipe, personagem do escritor francês Antoine de Saint-Exupéry, que deixa seu planeta insignificante e vagueia atrás de amigos, procurando um sentido que tinha deixado no passado. Marie-Louise von Franz analisa-o exaustivamente como a mais perfeita encarnação contemporânea desse *puer aeternus* arquetípico.[12]

Pensemos também no flâneur sem rumo e cheio de spleen (tédio) de Charles Baudelaire, vociferando contra a sociedade burguesa. Como dizia Walter Benjamin, "a rua se torna moradia para o flâneur, que, entre as fachadas dos prédios, sente-se em casa tanto quanto o burguês entre suas quatro paredes".[13] Instado a dizer a quem mais ama, se a família, os amigos, a pátria, a beleza ou o ouro, Baudelaire responde, no papel desse "homem enigmático" e "formidável estrangeiro": "Amo as nuvens que passam... ao longe... as maravilhosas nuvens!". E, inquirido sobre o lugar onde gostaria de viver, o poeta grita em resposta: "Seja onde for! Seja onde for, contanto que longe deste mundo!".[14]

Esse sentir-se sempre deslocado deflagra uma busca incessante, como no caso do jovem poeta Arthur Rimbaud, quase um nômade viajando incessantemente entre Charleville, Paris, Londres, Bruxelas e de novo Paris, para depois embrenhar-se na Abissínia e se tornar contrabandista de armas, praticamente até sua morte. O frágil lugar no mundo, que só encontrou nos confins do exílio, certamente foi o que elevou Rimbaud aos píncaros da poesia e o tornou um dos maiores ícones da modernidade, da qual se fez arauto ao proclamar que "o poeta se torna vidente por um longo, imenso e estudado desregramento de todos os sentidos". Aos dezessete anos, seu olhar visionário já atingira epifanias como nesta definição: "O poeta é realmente o ladrão do fogo" — em referência a Prometeu, o titã da mitologia grega que roubou dos deuses o fogo (signo da inteligência), para garantir iluminação aos mortais, pelo que mereceu o castigo de ter uma águia devorando seu fígado por toda a eternidade.[15]

Entre tantos outros casos, podemos citar também a galeria de personagens deslocados de Thomas Mann: o jovem Tonio Kröger, carregando o exílio estético na alma; o atormentado Gustav von Aschenbach, que vagueia numa Veneza pestilenta, entregue à sua paixão maior, terminal; Felix Krull, cavalheiro errante e sedutor profissional; Hans Castorp, "filho enfermiço da vida", aprisionado no exílio físico e espiritual da tuberculose; e aquele personagem sem nome, que teme se desencantar até mesmo com a morte, no conto "Desilusão", escrito por Mann aos 21 anos. Aqui, o personagem excêntrico sofre "não de um pequeno fracasso e de uma falha isolada, mas daquela grande e generalizada desilusão que se sente com tudo na vida", e sai pelo mundo em busca de algum evento que possa lhe provocar deslumbramento.[16] Curiosamente, pelo menos nessas duas novelas iniciais de Thomas Mann (*Tonio Kröger* e *A morte em Veneza*), trata-se de relatos inspirados em sua própria experiência de *puer aeternus*.

A figura do rebelde sem causa eclodiu exemplarmente no cinema, em que são emblemáticos os personagens enigmáticos de Humphrey Bogart, James Dean e Marlon Brando, além do inteiro filão do faroeste, com seus vaqueiros classicamente atormentados, sem rumo nem paz. Basta pensar em Jesse James, Shane, Billy the Kid — e em todos aqueles mocinhos das matinês da minha infância, que no final acenavam em adeus, antes de partir a galope, de volta para o deserto de onde tinham saído, ao som de música estridentíssima. Sua sina de heróis errantes fazia eco aos beatniks americanos do pós-guerra, poetas e ficcionistas que criaram sua obra à medida que viajavam incansáveis pelo país e pelo mundo, como nos mostraram Jack Kerouac, Allen Ginsberg e William Burroughs (sem esquecer a viagem atormentada de Paul Bowles pela África).

Na esteira da *beat generation*, é preciso lembrar na música popular o americano Bob Dylan, que inspirou toda a geração libertária de 1968. "Quantas estradas um homem precisará percorrer até que o chamem de homem?" — perguntava ele, com sua proposta de cair fora do sistema e botar o pé na estrada, "como uma pedra que rola". Há ainda os personagens dos *road movies*, tradicional filão do cinema americano, consagrado internacionalmente através do filme *Sem destino* (1969), de Dennis Hopper. Isso sem esquecer a multidão de vampiros e lobisomens, que vagueiam pelo mundo e pelos tempos à cata de sangue — um sangue às vezes muito explicitamente metafórico do desejo sexual, como em *Entrevista com o vampiro* (1994), de Neil Jordan, filme no qual os olhares de vampiros cobiçosos, entre os quais Antonio Banderas, Tom Cruise e Brad Pitt, sugerem recursos típicos da paquera homossexual.

Em política, a figura mais emblemática desse desenraizamento romântico foi sem dúvida Che Guevara, revolucionário nômade tornado herói de várias gerações. No contexto do enigma brasileiro, tivemos um exemplo eloquente na célebre Coluna Prestes, que percorreu em torno de 25 mil quilômetros, por onze estados brasileiros, entre 1925 e 1927, sonhando semear a revolução, sob a liderança de Luís Carlos Prestes e outros militares rebeldes.[17] Mas não só de política contestadora vive o *puer aeternus* brasileiro. Pensemos num Vicente Celestino, espelho de gerações de homens comuns, cantando com sua voz de tenor kitsch o ébrio da sarjeta, que mata a própria mãe e depois a resgata metaforicamente em canções patrioteiras. Seus heróis infantilizados e piegas com certeza fecundaram o imaginário masculino da classe média, que se solidificava no Brasil dos anos 1930, precisando espelhar-se em ídolos nômades e desenraizados como ela. Vale lembrar que, no movimento da Tropicália do final dos anos 1960, Caetano Veloso resgatou, com soberba inspiração poética, o ideário de Celestino, não para negar seu componente cafona, e sim para assumi-lo como ingrediente legítimo do imaginário brasileiro, essa nossa "geleia geral". Não é casual que o próprio Caetano tenha escrito uma canção como "Alegria, alegria", que deflagrou o movimento tropicalista, brandindo o refrão "sem lenço, sem documento, eu vou". Não poderia haver melhor ressignificação do *puer aeternus* como signo de rebeldia e resistência num momento em que a ditadura militar brasileira censurava o direito à liberdade de multidões de jovens que queriam apenas "seguir vivendo".[18]

Na análise do enigma do masculino, a estudiosa americana de questões de gênero Eve Kosofsky Sedgwick resgata a sutileza do conceito de "homossocial" para definir genericamente os elos sociais entre pessoas do mesmo sexo. Partindo da definição do patriarcado como um sistema basicamente de "relações entre homens", Kosofsky aplica a "homossocialidade" ao mundo masculino. O "homossocial" ("relações masculinas" em geral) implica então uma deliberada diferença com o "homossexual" (sexualização de tais relações), para evidenciar como "em nossas sociedades as atividades entre os homens podem se caracterizar por uma intensa homofobia, ou seja, medo e ódio da homossexualidade". No universo feminino, segundo ela, a oposição entre homossocial e homossexual é menos acentuada, criando mais facilmente um continuum entre ambos, através de emoções e interesses mútuos.[19]

Na sociedade masculina, a continuidade entre social e sexual é rechaçada e estruturalmente interrompida por uma postura homofóbica. Do ponto de vista antropológico, a homofobia masculina resultaria de uma heterossexualidade compulsória baseada nos sistemas de parentesco dominados por homens. Em outras palavras, "a homofobia é uma consequência *necessária* de instituições patriarcais como o casamento heterossexual", que precisam ser mantidas a qualquer custo. Como estratégia da própria sociedade, segundo Kosofsky, "pareceria impossível imaginar uma forma de patriarcado que não fosse homofóbica". Daí por que a homofobia contra homens e mulheres não incide de modo aleatório, mas está "firmemente entrelaçada no tecido das relações de família, gênero, idade, classe e raça".[20]

Para certas feministas (Kosofsky entre elas), não há, na verdade, nenhuma ruptura nesse continuum de relações entre os homens, ou seja, o continuum homossocial do patriarcado. Trata-se de um desdobramento ininterrupto porque existe um "*desejo* homossocial masculino" genérico, mas indiscutivelmente um desejo *entre* homens. Portanto, de um modo ou de outro potencializa-se um continuum masculino entre o homossocial e o homossexual, dependendo das contingências econômicas, culturais e históricas que estabelecem diferentes padrões de classe, raça, gênero e sexualidade. Em nossa sociedade, a possibilidade de erotizar a homossocialidade se evidencia na própria maneira como o continuum social masculino pode se interromper quando alertado de que a erotização irá acontecer. Aí, obviamente, levantam-se defesas impostas pelo ideário heterossexista, através do medo ou ódio ao perigo homossexual. Por mais disfarçado ou sublimado que possa estar, o desejo homossexual *sempre* se encontra potencialmente na raiz da homossocialidade.

Como se vê, essa abordagem flagra a falácia embutida na atitude masculina homofóbica e integra o desejo homossexual às inter-relações de poder patriarcal, com variantes em diferentes períodos e circunstâncias. Quer dizer, para que uma relação social e política entre homens se torne sexualizada, basta que haja condições históricas mais favoráveis que neutralizem ou minimizem o medo e o ódio à homossexualidade – como entre os gregos antigos e os sâmbias, já abordados aqui. Em resumo, no continuum entre homossocialidade e homossexualidade masculinas, o sistema heterossexista tenta separar algo que é inseparável – e, por mais paradoxal que pareça, rompe radicalmente essa continuidade através da defesa homofóbica, quase onipresente na sociedade patriarcal. Tal como na abordagem psicanalítica, o desejo seria o cimento das relações masculinas, ainda quando aparece como formação reativa, sob forma de hostilidade ou ódio.[21] Situa-se aí o grande sintoma do *desejo* na homossocialidade masculina.

Esse continuum proposto por Eve Kosofsky Sedgwick encontra um feliz cruzamento com o conceito de "desejo mimético" do historiador e crítico literário francês René Girard. Segundo ele, o desejo do Eu sempre mimetiza o objeto de desejo do Outro, tomado como seu modelo. Na verdade, o desejo do sujeito em relação ao objeto desejado pelo Outro nada mais é do que o desejo pelo prestígio que o Eu atribui ao Outro. O objeto desejado ganha, mimeticamente, um valor que o sujeito cobiça no modelo imantado pelo prestígio que o Eu almeja. Cria-se então um triângulo entre o Eu-sujeito, o Outro – modelo (ou mediador) – e o Objeto do desejo. Quando "o sujeito experimenta por esse modelo um sentimento dilacerante formado pela união destes dois contrários que são a mais submissa veneração e o mais intenso rancor", instaura-se um fator de competição e rivalidade entre os dois polos da mimese. Fica claro, segundo Girard, que a rivalidade não existiria "se o rival não fosse secretamente venerado". Assim, a própria rivalidade "aumenta o prestígio do mediador", reforçando o laço entre ele e o objeto desejado, cujo valor é ilusório – pois o objeto só se transfigurou *graças* ao desejo triangular. Como essa triangulação na verdade camufla o continuum entre o Eu e o Outro, muitas vezes o objeto desejado pode incorrer no papel de bode expiatório sacrificial.[22]

Seguindo sua esteira homossocial, Eve Kosofsky Sedgwick introduziu no triângulo mimético do desejo a questão de gênero como foco de poder: no polo desejado, enfatizou o papel atribuído à mulher, enquanto objeto de disputa amorosa entre dois rivais masculinos, num formato muito popular, inclusive na literatura. Para tanto, estudou os triângulos eróticos que, em Shakespeare e na tradição novelística inglesa, ocorrem muito frequentemente entre dois homens e uma mulher. A relação de rivalidade entre os dois membros ativos do triângulo erótico tem sempre um elo camuflado, ou seja, o elemento que estrutura o poder entre ambos, mediado por uma mulher. Na rivalidade erótica desse desejo triangular, o elo entre os dois rivais masculinos é tão intenso e poderoso quanto aquele entre cada um dos rivais, separadamente, com a amada. Rivalidade e atração se equivalem. Kosofsky encontrou muitos exemplos nos quais a escolha da amada é determinada, antes de tudo, menos pelas qualidades da mulher e mais pelo fato de que a amada se tornou a escolha do rival – no padrão do desejo mimético. Em resumo, Kosofsky considera "o elo entre homens rivais de um triângulo erótico como sendo ainda mais forte – mais pesadamente determinante das ações e escolhas – do que os laços entre cada um dos amantes e a amada".[23] Assim, no continuum homossocial, o sistema de defesa heterossexista encontra um atalho desejante aceitável, ao usar a amada como canal mimético para acoplar o desejo entre os dois rivais.

René Girard desvenda o nó desejante de um modo muito sagaz e flagra aí o bicho-papão da homossexualidade. Para tanto, remete a Dostoiévski e seu romance O *eterno marido*, cujo protagonista, o viúvo Pavel, sai à procura dos amantes da sua falecida mulher. Quando consegue encontrar um deles, assedia-o não como rival, mas como amigo e comparsa, movido por uma "atração invencível". Com a intenção de se casar de novo, o noivo chega a levar o "comparsa" para conhecer sua futura esposa, em cuja residência quem faz sucesso é o seu rival, não ele. No final, encontra-se Pavel casado com a nova esposa, mas num novo triângulo completado por um "jovem e fogoso militar". O "eterno marido" não pode cumprir seu desejo senão através de um rival, cujo prestígio ratifica a excelência da sua escolha sexual. Segundo Girard, é preciso "compreender certas formas de homossexualidade a partir do desejo triangular" e, nesse formato heterossexual mimético, detectar "um início de desvio erótico em direção ao rival fascinante". Corrobora-se, assim, a mesma conclusão de Eve Kosofsky sobre a imensa ambiguidade do continuum homossocial entre machos humanos, em que o ciúme contra o concorrente é o próprio motor para se "sentir o amor em si". E, no entanto, há um detalhe que faz toda a diferença: o desejo do sujeito não se realiza através do Outro venerado, mas *contra* esse rival, tão fascinante que valoriza a disputa. Ainda que a rivalidade possa levar o sujeito a humilhações e derrotas, seu orgulho sexual se manterá intacto. Trata-se do macho rival vivendo o desejo "segundo o Outro".[24]

Por sua vez, o psicanalista Thorkil Vanggaard propõe algo próximo ao conceito de continuum homossocial, exceto que vai mais longe. Ele parte da psicanálise e do estudo das culturas antigas para afirmar a existência de um *radical homossexual* na própria natureza masculina, e não apenas naqueles homens de prática exclusivamente homossexual. Vanggaard entende o termo "radical" como "um fator enraizado na natureza humana, por exemplo uma pulsão e seus modos de possível descarga". Assim, a pulsão sexual é um "radical", seja ela hétero ou homo. O "radical" como substantivo aí empregado mostra sua presença na raiz, ou seja, inerente ao masculino. Seu sentido é amplo o suficiente para não se restringir à esfera sexual, mas releva também o *valor simbólico* da homossexualidade, com expressão clara nas mais fundamentais circunstâncias da vida, como a cultura, e com definitiva influência em aspectos gerais da personalidade humana. Em suas palavras, o *radical homossexual* "existe de modo onipresente nos homens, podendo se manifestar abertamente e sem máscara ou atuando apenas além das fronteiras do consciente", já que inúmeros fatores repressivos inerentes ao desenvolvimento histórico o afundaram nos subterrâneos do inconsciente. Daí, se o radical homossexual não está visível, não significa que ele inexiste. Ao contrário, "está presente em cada homem, sob o limiar da consciência, lidado de diferentes maneiras, de acordo com cada padrão civilizatório, de modo a desdobrar seus efeitos em formas dissimuladas". Vanggaard recorre à experiência clínica para atestar que tanto o radical homossexual quanto a simbologia fálica continuam exercendo "influência decisiva na vida dos homens", justamente pelo fato de terem sido excluídos das fronteiras do consciente. Segundo ele, basta uma comparação entre os antigos gregos dórios e os homens da civilização atual para compreender "a diferença entre o radical homossexual explícito e o oculto".[25]

Vanggaard enfatiza essa especificidade ao considerar que relações podem ser legitimamente homossexuais mesmo sem qualquer envolvimento genital — ideia considerada aceitável ao se falar do erotismo não genital nas relações entre pessoas de sexos diferentes. Mesmo quando ausente em relações emocionais intensas, o contato genital não está excluído do inconsciente dos parceiros. Além da Grécia antiga, exemplos numerosos podem ser vistos na literatura da Europa medieval: nas relações entre vassalo e soberano, tal como descritas na *Canção de Rolando*; nas lendas dos cavaleiros do rei Artur; e nos poemas dos trovadores. Também no período romântico podem ser encontradas, de forma mal camuflada, descrições poéticas de intensos contatos físicos e emocionais entre homens, tanto na amizade entre camaradas quanto na relação professor-aluno.

Vanggaard reporta-se ainda ao *Edda*, coleção de lendas e mitos escandinavos, em cujo poema "Hávamál" se menciona que "os homens são a alegria dos homens". Trazendo à tona essa obra que se estruturou a partir do século X, Vanggaard enfatiza como foi só a partir do século XIX que as relações entre homens passaram por uma violenta mudança repressiva — graças à definitiva institucionalização do casamento heterossexual, diante do qual outras formas de relação emocional se tornaram secundárias. Amizades entre homens em geral se tornaram travadas e mais distanciadas do que eram, por exemplo, no período romântico, quando as relações de amor gozavam de intensidade emocional em amizades masculinas, tal como descritas ou reportadas historicamente.[26] Não passa desapercebido que Vanggaard evita o termo "bissexualidade", talvez para deixar claro que a pulsão desejante entre homens é específica e autônoma no próprio psiquismo masculino, evitando abordar a questão do ponto de vista da orientação sexual. Se ele usa enfaticamente o termo "homossexualidade" é porque lhe interessa sobremaneira detectar e enfatizar, por contraste, a maneira como o radical homossexual foi reprimido no homem heterossexual, em nível consciente. Nesse sentido, é muito sagaz (e eu diria: perturbadora) sua observação de que a sociedade ocidental tolera cada vez mais os homossexuais exclusivos na mesma proporção em que aumenta sua intolerância contra o erotismo *entre homens heterossexuais*, em suas formas genitais ou não.[27]

Além de remeter às observações de Sándor Ferenczi, Vanggaard parece fazer eco às contundentes análises de Pier Paolo Pasolini, que condenava a sociedade moderna tornada apenas permissiva para não ser verdadeiramente libertária. Em outras palavras, para Pasolini a liberdade sexual foi permitida às pessoas como uma maneira a mais de consumir, e não de serem mais livres. Num acordo com o "conformismo da maioria", permitiu-se a frouxidão sexual em alguns aspectos como condição para reforçar a repressão em outros (caso das sexualidades dissidentes). Segundo Pasolini, a permissividade aconteceu na esteira do "novo fascismo" da sociedade de consumo, que conseguiu esvaziar o papel da liberdade, transformada por esse novo poder em liberdade de consumir. Ao mesmo tempo, a liberdade sexual da maioria tornou-se "uma convenção, [...] um dever social, [...] uma característica da qualidade de vida a que o consumidor não pode renunciar", insuflando "uma verdadeira neurose geral". Investidas de nova "tolerância", as massas majoritárias ficaram "prontas à chantagem, ao espancamento, linchamento das minorias [sexuais]", que ousavam recusar as vantagens oferecidas pelo conformismo da ordem heteronormativa.[28] Aí entrou a função das novas modas. Ao cooptar as antigas contestações contraculturais, o poder majoritário tornou-as aceitáveis e as transformou em modismo — caso dos cabelos compridos de maio de 1968, citado por Pasolini. A moda ressuscitou nas almas jovens "o conformismo e, no seu aspecto físico, o convencionalismo". Daí, sua capacidade de contestar já não implicava liberdade, porque se tornou "servil e vulgar" e se alinhou à "regra degradante da horda".[29] Em resumo, instaurou-se a permissão para ser livre dentro daquilo que era permitido.

Num olhar menos imediatista, a questão do nó masculino incrustado na estrutura social heteronormativa evidencia sua importância tanto para estudos feministas e queer quanto para políticas identitárias, inclusive LGBTQ+. Aqui, mais uma vez, as produções do imaginário podem ilustrar de modo privilegiado a amplitude e contundência da questão. Como exemplo disso, recorro ao filme

Clube da luta (1999), de David Fincher. A narrativa parte do encontro entre dois rapazes, de classes, personalidades e estilos de vida opostos, que encontram alívio em se surrar mutuamente — na contramão das feridas mutuamente provocadas. Animados por esse "ideal de apaziguamento", fundam um clube de luta semiclandestino com a participação de outros rapazes que compartilham a mesma necessidade de atingir efeitos curativos através da prática de lutas violentas entre si. Ao final das lutas, os contendores ensanguentados se abraçam calorosamente, choram sem receio e agradecem um ao outro. Enquanto descarregam a agressividade acumulada, trocam entre si a sensação de se tornarem mais fortes — ou, para usar um termo da moda, *empoderam-se*. Sua meta quase mística de despojamento almeja perder tudo, inclusive o medo à dor, para experimentar a liberdade absoluta de ser, da qual faz parte viver de modo compartilhado — morando, comendo e dormindo juntos, na privação de necessidades outras, de cunho secundário. A atividade, organizada com regras rígidas ao estilo de sociedades secretas, multiplica-se em outros clubes de luta por inúmeras cidades, até compor um exército particular que, num crescendo de violência contra a sociedade estabelecida, atinge um desenlace de pura destruição.

O olhar mais óbvio sobre o filme considerou-o uma crítica à sociedade de consumo e seus efeitos autodestrutivos, como perda de individualidade e depressão psicológica. Mas esse viés crítico fica longe de esgotar a questão, e deixa de impor perguntas incontornáveis: por que os encontros de luta são exclusivamente masculinos? Do que esses homens pretendem se libertar? Que dor é essa que buscam superar? Que culpa os leva a buscar a paz no mútuo sofrimento punitivo? Do que eles querem se vingar? Algumas pistas são dadas, a começar pelo clima de ironia que perpassa todo o filme, às vezes até o sarcasmo. Somam-se: o aparente exílio social que cria uma nova sociedade baseada em valores viris; o fardo da virilidade igualitariamente dividido; e, nessa linha, a possibilidade de curar os problemas que afetam a virilidade, como o câncer de testículo que provoca tetas imensas em corpos masculinos outrora varonis, caso do professor de halterofilismo, cujo consolo a tal fiasco é poder chorar abraçado a outro homem.

Antes de tudo, o filme *Clube da luta* parece ilustrar à perfeição as hipóteses de Ferenczi e Vanggaard sobre a incapacidade do masculino de permitir a expressão de afeto entre homens heterossexuais, protegidos pelo medo de colocar em risco seu projeto de macho ideal. E é disso que se trata: cumprir as metas impossíveis de um ideal de virilidade descolado da vida. Se recorrermos à triangulação mimética do desejo, segundo Girard, nesse filme se pulam etapas do drama desejante e se vai direto ao final: como não interessa quem vence a disputa, atração e repulsa se somam na luta entre os rivais contendores, cuja agressão brutal é também total desejo, colocados um ao pé do outro, reconciliados. Nesse ódio que adora, nessa veneração que faz jorrar sangue, o sujeito e seu rival ficam de tal modo próximos que ao mesmo tempo se identificam e se opõem, em articulação ambígua do desejo. Ambos retroalimentam tal identificação através da violência: identificam-se tanto mais quanto mais violentos forem uns com os outros. Amam-se no ódio. Na verdade, quanto mais se ferirem, mais estarão se amando. Todos os testes autodestrutivos a que são obrigados pelo líder, para apagar sua individualidade e comprovar sua condição de extrema coragem viril, levam-nos a uma prática de renúncia para chegarem a esse ponto "perfeito" de identificação amorosa através da anulação entre si. Corolário: no continuum homossocial, a virilidade só se soma quando se soma a brutalidade mútua. A identificação erótica traveste-se de violência visando ser verdadeiramente identificação viril. Para tanto, renunciar ao Eu-Macho (a virilidade subjetiva) é o meio para ser ainda mais autenticamente Macho-na-Virilidade-do-Outro — ou seja, aquele Macho Objetivo nascido na lama e no sangue da Virilidade Coletiva. Em resumo, cria-se uma adoração ao Deus Varão congregado no espírito do grupo, pois só se é macho legítimo enquanto grupo, ou melhor, enquanto gangue. Matar o centro vital do indivíduo é a melhor forma de romper a barreira e fundir-se num continuum entre sujeito, modelo e objeto de Virilidade Ideal. Assimilado ao desejo do sujeito, o rival desejante torna-se, finalmente, seu *objeto* desejado, e o sujeito se torna o *objeto* desejado do rival, pois ambos buscam o mesmo objetivo: uma Virilidade Coletiva imbatível que se instaura na soma da virilidade de um e do outro. Curiosamente, a explosão de agressividade busca o cancelamento da agressividade, de modo que, após se punirem e perdoarem mutuamente, esses homens carreiam para a sociedade a pulsão destrutiva da sua virilidade reconquistada. É então que o grupo põe em prática o Projeto Destruição, partindo para atos de terrorismo contra alvos sociais considerados responsáveis por sua "emasculação". Mas há um desastre anunciado: quando a agressividade masculina recalcada retorna como projeto de destruição da sociedade, isso implica inevitavelmente a autodestruição. De novo, mergulha-se no pânico inicial da castração, do qual a virilidade periclitante procurava fugir.

A contundência das análises de Ferenczi, Girard, Kosofsky e Vanggaard sobre o medo do afeto entre homens heterossexuais também encontra reflexo num (tardio) film noir, essa linhagem cinematográfica que privilegiava os meandros mais sombrios da psicologia humana, sobretudo masculina, como a ambiguidade da relação entre *buddies* (parceiros), comum em filmes policiais americanos das décadas de 1940-50. Refiro-me a *Los Angeles, cidade proibida* (1997), filme americano de Curtis Hanson que mimetiza esse gênero então relegado. Desta vez, bem diferente do filme de David Fincher, a narrativa se concentra em torno das ações de um departamento de polícia. Aqui, os protagonistas são dois homens de temperamentos opostos: Ed Exley, um policial jovem, frio e ambicioso, lado a lado com Bud White, um policial brutamontes, impulsivo e desencantado. Enquanto trabalham juntos, ambos passam a disputar a mesma mulher, Lynn Bracken, uma prostituta de luxo, que Exley ataca sexualmente enquanto lhe faz perguntas insistentes sobre a performance anterior de White. Aí já se insinua a proposta de René Girard de que nos triângulos miméticos eróticos a mulher serve como mediadora para um elo camuflado entre os dois rivais masculinos. Ou seja, no universo masculino cheio de recalques, tal rivalidade camufla um interesse erótico entre os dois homens, de modo que a mulher importa sobretudo como parte do desejo do rival, e apossar-se dela significaria tomar posse do desejo do próprio rival. Rivalidade e amor se equivalem, como fica sugerido no final do filme. Para se defender da gangue de mafiosos que os persegue, Exley e White sintomaticamente se refugiam num motel, onde sua rivalidade explode com violência. Exaustos após essa "luta amorosa", eles se descobrem aliados ao serem atacados, como se a libido tivesse sido apaziguada (o que remete também ao tema do filme *Clube da luta*). Num (impossível) happy end, ambos os policiais se separam, feridos e reconciliados. White, o mais experiente, parte com a prostituta Lynn, mas não disfarça os olhos tristonhos ao se despedir de Exley, que denota dolorosa melancolia, enquanto vê partir o carro do colega policial. Um olhar atento ao contexto sentirá a ambiguidade da cena: a tristeza pela separação entre ambos parece mais dilacerante do que a própria conquista da mulher. Remetendo-se às propostas enfatizadas por Ferenczi, Girard, Kosofsky e Vanggaard, poderíamos perguntar em que circunstâncias passadas da história esvaiu-se a possibilidade de ternura, por pequena que fosse, entre aqueles dois homens, rivais no amor.

15. Naturalidade: uma pose difícil de ser mantida

Ao considerar ameaçador tudo aquilo que difere dele, o sistema masculino hegemônico evidencia como está fragilmente organizado e se defende de modo obcecado — apesar da impressão contrária de se manter sempre atacando. A verdade é que, no mundo masculino, as afirmações de virilidade se apoiam em escoras externas, de modo que a falta de um único elemento coloca em risco todo o edifício. Já vimos como a identidade masculina é periclitante justamente por ter se articulado, quase de forma obsessiva, sobre uma negação: "homem não é mulher". Não ser passivo é provavelmente sua escora maior. Por isso a masculinidade se afirma, ao mesmo tempo que se defende, contra o feminino. Há inúmeros mitos e lendas enfatizando a ancestralidade dessa concepção. Já Aristóteles e Heródoto mencionavam o caso dos citas, antigos bárbaros do Noroeste da Europa que sofriam de atrofia dos testículos (em consequência da excessiva monta de cavalo) e por isso eram conhecidos como hermafroditas e efeminados. Corria a lenda de que, após seus antepassados saquearem um templo de Vênus Urânia, os citas foram punidos pela deusa com uma "doença feminina" que os tornava impotentes e estéreis.[1]

Em culturas ancestralizadas, certos ritos de iniciação dos meninos também evidenciavam como o masculino se afirma a partir do repúdio ao feminino, muitas vezes mediante violentas práticas de misoginia explícita. Em estudo de campo, na década de 1970, entre a etnia dos bimin-kuskusmin, na Papua-Nova Guiné, o antropólogo Fitz John Porter Poole estudou seus ritos iniciáticos à virilidade e constatou que os garotos de sete a dez anos protagonizavam cenas de terror para mostrar como as mulheres são perigosas, sujas e desprezíveis. A virilidade se forjava aí quase literalmente a ferro e fogo: durante quatro dias, os meninos eram flagelados com varas e urtigas e induzidos a vômitos, a fim de serem purgados de todo elemento feminino que supostamente traziam no seu organismo, desde o nascimento. Sofriam ainda uma incisão no umbigo, com o intuito de destruir as últimas ligações com a mãe. Só depois disso recebiam seus nomes masculinos e se tornavam homens, sendo definitivamente diferenciados das mulheres.[2]

Entre os sâmbias da mesma Papua-Nova Guiné, tais fenômenos eram ainda mais explícitos. Seu ritual de iniciação (já mencionado em parte) baseava-se no segredo das flautas de bambu, que apenas os homens detinham. Os meninos só tinham acesso a ele depois do rito de iniciação. Primeiro, os mais velhos os preveniam de que a casa das mulheres estava cheia de espíritos maus. A seguir, os meninos eram chicoteados ("para abrir a pele e crescer") por homens adultos, que os ofendiam verbalmente e os obrigavam a sangrar pelo nariz, para expelir os últimos fluidos femininos. Só depois eles eram informados do poder misterioso das flautas, com a expressa recomendação de jamais o revelar às mulheres da tribo. Por fim, vestidos e pintados como guerreiros, os adolescentes iam conhecer a "flauta" dos homens e experimentavam pela primeira vez a deglutição do esperma. As entrevistas realizadas pelo antropólogo Gilbert H. Herdt com vários nativos adultos mostraram que eles nunca mais se esqueceram dessa experiência primordial de terror.[3]

Na África do Sul, os xhosa ainda praticam um desses seculares rituais de iniciação masculina, o *ulwaluko*, para circuncisão dos adolescentes. Tido como sagrado, o *ulwaluko* consta de várias fases, somando um período de reclusão e jejum fora dos limites da aldeia tribal. Seu objetivo iniciático consiste em comprovar a coragem para suportar as dores provocadas pelo corte do prepúcio, com risco de infecções graves.[4] Uma produção cinematográfica sul-africana oferece um raro ponto de vista que detalha as entranhas desse ritual de iniciação. Trata-se de um longa-metragem ficcional falado na língua xhosa: *Os iniciados* (2017), de John Trengove, que causou polêmica entre cristãos e grupos conservadores do país ao abordar as contradições no processo de construção da masculinidade. A caminho de uma montanha nas proximidades, os anciãos da aldeia conduzem um grupo de adolescentes pintados de branco e cobertos apenas por um manto específico para o ritual. Em discurso solene, o líder do conselho dos anciãos enfatiza o privilégio de estarem ali para se tornar homens. Cada adolescente fica sob a responsabilidade de um cuidador mais velho, que ajudará na circuncisão cruenta e em sua cicatrização. Um deles é Xolani, operário numa fábrica em Johannesburgo, contratado por um empresário para cuidar de seu filho Kwanda, que veio contra a própria vontade, porque seu pai quer interromper suas amizades masculinas suspeitas na cidade grande.

Em cada tenda, o iniciando e seu cuidador dormem juntos e compartilham dessa intimidade durante os oito dias do ritual, período em que os adolescentes devem jejuar e manifestar obediência, além de aprenderem a cortar lenha, típica atividade masculina. Regularmente, os anciãos examinam as cicatrizes nos pênis adolescentes e se encantam quando os rapazes abrem os mantos para mostrá-las. "Lindo!", eles exclamam e repetem ao contemplar o tamanho das cicatrizes. Cheios de orgulho, os próprios iniciados comparam entre si as marcas em seus pênis e não perdem uma oportunidade de humilhar Kwanda como fracote. Tradicionalmente, quanto maiores as cicatrizes, mais os homens serão cobiçados pelas mulheres. Um deles se vangloria: "Minha cicatriz é uma Mercedes-Benz" — de tão grande e bonita. Kwanda manifesta um crescente encantamento para com seu cuidador Xolani, mas se frustra ao perceber sinais claros de um antigo relacionamento amoroso entre ele e o líder dos cuidadores, um machão sádico e de pavio curto, que alardeia sua condição de casado e pai de filhos pequenos. Movido ao mesmo tempo por desprezo às tradições e pelo ciúme que sente de Xolani, o jovem Kwanda se rebela e tenta desmascarar o relacionamento hipócrita dos dois adultos. Mas sua denúncia não consegue resolver as contradições implícitas na tradição — cuja resiliência se mantém talvez por conter em si mesma uma parcela considerável de homoerotismo reprimido, de que o filme dá várias pistas. No surpreendente final, em que a parte mais fraca precisa ser silenciada, o machão líder dos cuidadores revela não apenas sua paixão por Xolani, mas também, inadvertidamente, seu desejo de se entregar passivamente ao amante, algo até então refutado por ele com veemência. Apesar da tragédia que desencadeiam, os dois homens continuarão se amando e, até se reencontrarem no próximo *ulwaluko*, permanecerão interpretando seus papéis heterossexuais.

Parece, assim, que a própria dissimulação alimenta a ruptura do ideal apregoado, aumentando a chance de mergulhar de cabeça em seus recalques.

A perspicácia do filme consiste em permitir a desconstrução do masculino exatamente quando se consagra a masculinidade através do ritual da circuncisão, contexto perfeito para ilustrar as contradições inatas à sua construção. Com o final trágico, a crise do masculino continuará exposta como uma fratura. Só não se sabe até quando, tendo em vista a precariedade desses arranjos para escorar uma virilidade idealizada e seu poder falocêntrico, que toma como sustentáculo um pequeno órgão fetichizado do corpo masculino. Se a circuncisão é o momento em que o pênis se torna miticamente falo, ela também determina o ingresso no teatro mítico do masculino, e, por tais detalhes, o ritual revela as fissuras do masculino. Confirma-se, de novo, como o continuum homossocial imbrica-se no seu desdobramento homossexual, que, por sua vez, impulsiona o homossocial, numa ciranda de mútua alimentação.

Como se vê, as tentativas patriarcais de facilitar, através da ritualização, a passagem para a masculinidade acabam na verdade reforçando o trauma de "tornar-se homem", ao colocar o masculino tão violentamente em oposição a tudo que possa fazê-lo assemelhar-se ao feminino. No caso de *Os iniciados*, a crise se deflagra quando o ritual escancara, implícita nele, a sombra da homossexualidade como fantasma da castração. Contrariamente a esse rechaço masculino, é curioso constatar que as mulheres parecem ter muito menos medo de se assemelhar aos homens. Mesmo quando diverge dos padrões sexuais ou de gênero, a menina adolescente se sente mais tranquilamente mulher, uma vez superados os primeiros impactos, inclusive da menstruação. Em contrapartida, ao ver crescer seu corpo e seus pelos, o rapazinho procura enquadrar-se numa virilidade cega e, graças a um fenômeno físico tão natural, precisa bater a cabeça em busca dos padrões de sua identidade. A mulher, por sua vez, tem objetivos muito mais definidos, e, historicamente, sempre que pôde, escapou dos rígidos padrões "femininos" para conquistar seu espaço muito além do que a sociedade patriarcal lhe impôs. Pensemos, por exemplo, numa personagem de importância superlativa como Joana d'Arc. Mas não só. Socialmente, as mulheres sempre desempenharam funções ditas "masculinas" — seja na luta para buscar o seu espaço, seja quando foram obrigadas a assumir a chefia do lar, graças à viuvez ou ineficácia do marido, seja em escolhas como mãe solo ou em casais femininos. (Recorde-se, a propósito, o já citado filme de Kaneto Shindo.) Mesmo no quesito vestimenta, elas chegaram a invadir nichos tipicamente masculinos, como o uso corriqueiro das calças compridas. Excetuando exemplos isolados, homens de saia constituem signo de escândalo. Pensemos no nosso Flávio de Carvalho, andando pelas ruas de São Paulo, na década de 1950, vestido com um saiote mais adequado, segundo ele, às necessidades do trópico. E isso causou furor.[5]

Preocupado em não perder sua rota imprecisa, o macho hegemônico tem horror de atravessar os limites do "masculino", e por isso sempre impôs rígidos padrões diferenciados — de comportamento, de pensamento e até de moda — a si mesmo e à mulher.

A masculinidade é, na verdade, um gênero estreitamente vigiado. Tanto quanto a ameaça do feminino, a ameaça (consciente ou não) que a homossexualidade masculina representa para as relações de poder, no contexto patriarcal, denuncia como a "naturalidade" ou a "vocação" do macho está escorada em múltiplas construções fora dele. O macho quer se diferenciar da fêmea sendo o elemento ativo e, portanto, dominador. Ora, ele é macho (não fêmea) *porque* "não dá". Daí, entre muitos outros efeitos colaterais, a gravidade implicada em "dar o cu". Assim como o feminino, o anal é, associativamente, o reverso da medalha do fálico. No contexto patriarcal, ele significa o passivo em contraposição ao ativo. A ideia de emasculação implica, naturalmente, que só é homossexual quem se comporta como passivo sexual, portanto castrado.

Já o próprio termo "uranismo", muito usado nas abordagens científicas do século XIX como sinônimo para a prática homossexual, nasceu com uma clara referência à castração: resultava do deus Urano (personificação do céu), que tinha sido emasculado por Cronos (personificação do tempo), numa versão, ou pela deusa Cibele, em outra.[6] Ora, na fantasia patriarcal, uma relação entre dois machos significa uma obrigatória (e perigosa) confusão de papéis, onde esvaem-se as fronteiras e perdem-se esses (frágeis) referenciais: quem "come" quem? Já Sándor Ferenczi indicava o recalque do erotismo anal como causa da reiterada interdição ao homoerotismo masculino nos nossos dias — recalque corroborado pelo "reforço considerável do sentido de asseio nos últimos séculos". Isso quer dizer que, mesmo quando sublimado, o homoerotismo está sempre associado com a atividade erótico-anal.[7]

A indústria cultural muitas vezes abordou temas complexos, para além do mero produto comercial de consumo imediato. Esse investimento do imaginário espelhou, muitas vezes de modo contundente, os caminhos e descaminhos do masculino frente aos dilemas propostos pela ameaça da castração, nas fantasias heterossexistas, e também as armadilhas da homofobia perpetradas recorrentemente pelo masculino tóxico. Ao abordar conflitos de homossexuais em processo de se assumir, muitos filmes evidenciam os impactos da homofobia sobre o masculino e as respectivas reações, seja de violência, autossacrifício ou tentativas de reorganizar uma resposta erótico-afetiva. Assim, filmes como o brasileiro *Sócrates* (2018), de Alexandre Moratto, abordam o choque que o sintoma da passividade provoca no seu entorno e o modo como respinga nas defesas heterossexistas, acionando a homofobia. Nas periferias de Santos, Sócrates é um adolescente negro de quinze anos, totalmente solitário após a morte da mãe e o abandono do pai. Prensado entre a miséria extrema e a falta de perspectiva, ele ainda se vê tateando o florescer do seu desejo homossexual. No trabalho precário que encontra, é agredido por Maicon, um colega mais velho, depois que trocam olhares. Há uma lenta aproximação entre ambos, até se configurar uma atração mútua, em meio aos conflitos de Maicon com sua sexualidade, ainda mais do que Sócrates. Quando ambos estão iniciando uma difícil ligação amorosa, sofrem ataque de uma dupla de rapazes homofóbicos que os flagra se beijando na praia. Há idas e vindas na relação, até Sócrates descobrir que Maicon na verdade é um homem casado, pai de uma criança. Vivendo um forte conflito entre o desejo por homens e o compromisso familiar, Maicon acaba por expulsar o amante com agressividade e desprezo. Nesse gesto cruel se decreta que Sócrates é o homossexual, sobre cujos ombros recai o peso do estigma – preço pago para que Maicon resguarde sua assustada necessidade de viver um padrão heteronormativo cheio de conflitos.

Por sua vez, o filme canadense *Tom na fazenda* (2012), de Xavier Dolan, não esconde seu atrevimento ao se debruçar sobre um caso de recalque homoerótico articulado como formação reativa que, ao se romper, libera componentes psicóticos. Tom, um jovem gay de Montreal, viaja ao interior do Quebec para o funeral do seu ex-amante Guillaume, morto num desastre de carro. A pequena família, composta da mãe histérica e do misterioso irmão caipira, não quer saber da vida transgressiva de Guillaume na cidade e fantasia um falso namoro heterossexual em seu passado. Precavido, o próprio Tom leva consigo uma amiga à guisa de namorada. Mas isso o faz cair na armadilha do sádico Francis, irmão mais velho do falecido e faz-tudo na fazenda, onde atende servilmente às ordens da mãe. As obsessões homofóbicas de Francis colocam Tom diante de uma perspectiva erótica perturbadora, por seus paradoxos. A narrativa acaba sendo comandada pelo protagonismo do animalesco e, ao mesmo tempo, atraente Francis, cujo comportamento ambíguo revela um machão às voltas com seu enrustimento, desafiado pela presença do ex-namorado do irmão. Seduzido pela ambiguidade que o apavora e fascina, Tom se entrega ao perigoso jogo erótico que se arma. Mas, quando Francis inutiliza seu carro, Tom se dá conta do perigo de ser aprisionado nos labirintos de um desejo destrutivo. Por sua vez, ao se ver privado de Tom, o homofóbico Francis percebe que não pode viver sem seu escravo e se sente condenado às incongruências do próprio desejo errático e imprevisível. Mas parece tarde demais para que ele encontre algum sentido nessa prisão. Ali, no meio do mato, quando suas defesas desabam e deixam exposta sua ferida narcísica, Francis chora de solidão, reduzido ao papel de dominador dominado. Curiosamente, a fúria com que a câmera encara todas as situações traz certo frescor, que permite respirar durante a tensão da narrativa. (Lamento os spoilers, mas são inevitáveis para apontar os detalhes abordados no filme.)

Já em *O segredo de Brokeback Mountain* (2005), filme do sino-americano Ang Lee, tem-se uma mescla de ingredientes explosivos, no próprio tema de amor entre dois vaqueiros protagonistas de um faroeste, tradicionalmente associado à frieza e virilidade de um John Wayne. Ou seja, gênero de filme fundado num ideal viril que, enquanto foi exponencial na produção hollywoodiana, refletia o projeto patriarcal falocêntrico e, por sua vez, servia de instrumento para a implementação maciça desse mesmo ideal. Daí o atrevimento em resgatar tal gênero cinematográfico "extemporâneo" para abordar questões da contemporaneidade sobre o masculino. Ao expor o amor entre dois vaqueiros, o filme mexe no vespeiro mítico da virilidade. O abalo daí resultante não é pequeno, pois impõe necessariamente a pergunta: o que é ser viril? Em 1963, quando acontece a narrativa, amores homossexuais sobreviviam na clandestinidade. Entre dois vaqueiros, eram impensáveis. Ennis Del Mar e Jack Twist são contratados para cuidar de ovelhas na remota região da montanha Brokeback. Nessa terra de ninguém, seu encontro amoroso eclode como uma epifania libertária, quando se entregam um ao outro dentro da barraca onde se protegem do frio. Depois que transam pela primeira vez, os dois evitam se olhar, envergonhados. Ennis diz: "Eu não sou viado". Jack retruca: "Nem eu". Mesmo assustados pelo peso do estigma, não lhes ocorre refrear seu amor. Pobres, desamparados e sem futuro, vivendo nas bordas da sociedade, os dois jovens vaqueiros encontram no seu amor uma certeza de pertencimento mútuo. Quando termina o contrato de trabalho, precisam voltar para a vida heterossexual deles, que se desdobrará em casamento e filhos. Ennis faz bicos aqui e ali nos ranchos, enquanto Jack participa de rodeios, como peão. Cinco anos depois, quando se reencontram, seu amor ressurge intocado e lhes dá a certeza de ser o grande sentido da vida deles. A partir daí acontecem idas e vindas para manter e camuflar o romance, por vinte anos. A determinação de ambos de passar temporadas juntos na montanha provoca mal-estar no entorno familiar e gera entre ambos o medo de serem descobertos. Ennis sente mais o estigma e acha que todos em sua cidade o olham desconfiados. Eles brigam. Distante de Ennis, Jack faz escapadas ao México, onde transa com michês. Ennis, por sua vez, divorcia-se e tem casos efêmeros com mulheres. Após um acidente trágico, que poderia mascarar um ataque homofóbico, Ennis vai visitar os pais de Jack, como consolo à sua saudade. Deixado a sós no antigo quarto do ex-amante, ele descobre no guarda-roupa uma velha camisa sua dependurada junto com outra de Jack. Em seu gesto de abraçar e beijar a camisa, não há nenhum sentimentalismo, apenas sinal de indelével amor. Na última cena, quando a filha adolescente vem convidar Ennis para seu casamento, encontra o pai num velho trailer, longe de tudo. No meio das velharias, ele ainda guarda as duas camisas manchadas de sangue que trouxera da casa dos pais de Jack. O clima de ternura faz a gente se contorcer. Mas não porque o filme faça qualquer sugestão de autopiedade. As manchas de sangue são apenas sobras de um amor dissidente em meio aos "tempos de ódio". Basicamente, testemunha-se ali a solidez do erotismo homossexual presente no continuum homossocial. O grande mérito do filme é desconstruir o ideal viril e evidenciar que as sobras são, de fato, os componentes mais legítimos de um masculino fora do padrão. Ainda que camuflada e aterrorizada, aflora ali uma outra virilidade despudoradamente generosa, que conseguiu furar o bloqueio do medo da castração inoculado como princípio basilar do masculino. Mas sem ilusão: sua dissidência se fecha em si mesma, pelo peso emocional do estigma e pela repressão social imposta de modo truculento aos desviantes do padrão viril. Mais uma vez, aquilo que se consagrou como "virilidade" manteve seu padrão às custas do sacrifício emocional dos dois vaqueiros. Como se vê, a naturalidade é uma pose difícil de ser mantida.

Cada um a seu modo, tais filmes evidenciam como a "solução" homossexual ao enigma do masculino é rechaçada porque, na verdade, o sistema normativo heterossexual a vê como uma tentativa visando mais solapar do que resolver seu drama. Sua acirrada angústia da castração entende os homens homossexuais como inimigos perigosos do falo, porque fantasiosamente emasculados. Como já vimos, a homofobia pode ser diretamente proporcional àquele medo inconsciente de ser castrado, que a fantasia homossexual desperta em muitos homens. Na estrutura patriarcal falicamente organizada, a possível infiltração do masculino pela homossexualidade provoca rechaço, porque não existe nada mais repugnante do que "macho deixar de ser macho". Então o sistema falocêntrico se defende, com uma vigilância onipresente e intolerante.

Quando a família do jogador Garrincha proibiu judicialmente a comercialização de sua biografia escrita por Ruy Castro, exigiu também uma indenização por supostos "danos materiais e morais". Como justificativa, o advogado arrolou vários fatos mencionados na biografia que maculariam a honra de Garrincha: desde seu alcoolismo e infidelidades conjugais até as revelações do tamanho avantajado do seu pênis e de um suposto "troca-troca" na infância do jogador. Quando o livro foi liberado, em 1996, emblematicamente, o fato que deixou o advogado da família inconformado com a derrota judicial foi a menção ao "troca-troca", pois, segundo ele, "para dizer que você é homossexual, tem que provar". Ora, só uma distorção muito oportunista pode associar esse fato isolado com o "dano moral" de "ser tornado" homossexual. Como disse o advogado da editora processada, "conheço vários machões que tiveram esse tipo de experiência". Parece que se moveu um processo inteiro (com todas as eventuais vantagens financeiras daí resultantes) para proteger a "integridade masculina" de Garrincha contra a mera acusação de ter tido certa vez uma remota brincadeira sexual com seus amiguinhos de infância — fato quase corriqueiro na vida interiorana do Brasil. A desproporção entre o motivo alegado e a desmesurada providência de um processo judicial evidencia como o tabu gerado pelo "medo de ser bicha" provoca, no contexto falocêntrico, circunstâncias defensivas que beiram a irracionalidade.[8]

Para tanto, convém lembrar ainda a delicada questão do câncer de próstata. Sua incidência, mais comum a partir dos cinquenta anos, dobrou entre 1970 e 1990, superando os casos de câncer de pulmão e de intestino entre homens. Em 2020, tornou-se o segundo tipo de câncer mais comum entre a população masculina, atrás apenas do câncer de pele, segundo dados do Inca.[9] A magnitude do problema evidencia-se no fato de que, com a passagem dos anos, a próstata vai se tornando mais sensível à produção de hormônio masculino e com isso pode predispor-se a tumores. Um dos mais eficazes métodos para diagnosticar e prevenir o câncer de próstata é o exame de toque retal, quando o médico insere um dedo no ânus do examinado para tocar a próstata e constatar crescimento exagerado, possível existência de nódulos ou presença de tecido enrijecido. Esse diagnóstico precoce pelo toque retal pode descobrir a doença em estágios iniciais, garantindo a cura ou pelo menos o controle dela em 80% dos casos. Apesar de se tratar de um exame rápido e quase indolor (o dedo é lubrificado), o preconceito afasta os pacientes. Segundo o relato de médicos especialistas, todo o trabalho de prevenção esbarra na rejeição pura e simples desse exame — "tão temido pelos homens", nas palavras do urologista dr. Flávio Luís Hering.[10] Como disse um paciente: "O amor-próprio vai ficando abalado, a posição é humilhante".[11] A Sociedade Brasileira de Geriatria e Gerontologia, em parceria com a Bayer, realizou em 2018 uma pesquisa sobre saúde masculina e constatou que 49% dos homens nunca realizaram o exame de toque. Parte deles alegou não o ter feito porque a ideia lhes parecia "pouco máscula".[12]

Mesmo quando realizam o exame periodicamente, muitos homens preferem ocultar tal fato aos amigos, temendo ser alvo de chacotas grosseiras ou ter sua masculinidade posta em dúvida. O tabu é tal que se prefere o risco de uma doença grave à desonra de ser penetrado por um dedo, eventual salvador da vida. Não parece frágil demais uma virilidade que se sente violada por um mero dedo "científico"? Além do preconceito e do medo a uma suposta dor, não poderia estar implicado aí um secreto temor de se sentir prazer na penetração anal? Afinal, convém lembrar que a massagem na próstata já era praticada em culturas ancestrais, como um dos componentes do gozo anal — conforme se verificou antes, nos estudos de Alain Daniélou. Aliás, o "orgasmo prostático" proporcionado por essa massagem ainda encontra praticantes na atualidade e continua sendo defendido por especialistas em sexologia.[13] Provavelmente a partir da constatação da sensibilidade anal é que se criou um moderno método para provocar ejaculação em paraplégicos férteis, mas impotentes: um pequeno gerador de voltagem introduzido no reto do paciente produz um choque elétrico, provocando com isso o estímulo necessário para ejacular. O método foi tão bem-sucedido que passou a ser utilizado em várias partes do mundo.[14]

Gozando de tal importância num nível inconsciente, ainda que pela rejeição, não é de estranhar que "cu" seja provavelmente a palavra mais constante na boca dos machões, não importa se pejorativamente ou não. Por extensão, nos ambientes em que predomina a presença do macho hegemônico, o xingamento mais comum é "viado", que de tão familiar chega a ser usado com cumplicidade (envolvendo às vezes mal camuflada ternura) no tratamento entre amigos do peito. Pode-se ver aí mais um sintoma de como a questão do "dar" tornou-se quase obsessiva na cultura falopatriarcal. Não por outro motivo, uma das sequências mais hilariantes do filme documentário *Celuloide secreto* (1995), de Rob Epstein e Jeffrey Friedman, é quando se sucedem cenas de inúmeros filmes em que os personagens masculinos se xingam de viado ou bicha, nas mais diversas circunstâncias do cotidiano, criando uma partitura de atropelada ansiedade sonora.

Em resumo, num processo labiríntico e irrefreável, o macho acaba mergulhando no espaço do *viado* – como se de fato caminhasse sempre para lá. Tanto quanto em outros rituais modernos de virilidade, o que o macho mais odeia e repudia acaba revelando-se o próprio fulcro daquilo que ele mais teme porque mais o atrai. Está aí, sem dúvida, um dos motivos pelos quais os estádios de futebol e bares se enchiam de homens, de modo quase excludente. Mesmo depois que as mulheres conseguiram penetrar esses espaços, as pulsões homossexuais se manifestam de modo inconsciente ou sublimadas como fantasias, manifestas quando o público masculino vocifera em peso seu famoso grito de guerra contra o adversário: "Chupaaa!". Tais circunstâncias indicam algo muito simples: a necessidade de uma "injeção de masculinidade", na já citada expressão de Eugene Monick. Como ele mesmo disse, para construir sua identidade masculina um homem precisa da companhia de outros homens.[15]

Além do fator castração, no capítulo anterior vimos diferentes casos que enfatizam um aspecto já mencionado: por detrás do mecanismo de rechaço eloquente encontra-se o próprio desejo homossexual recalcado que o Outro (o desviante) reflete, acirrando assim a ferida narcísica da identidade masculina em permanente perigo. Através do ataque ao desejo proibido do outro, ataca-se o seu próprio desejo não assumido. Podemos constatar tal fenômeno na violência exacerbada que frequentemente caracteriza os crimes contra dissidentes sexuais: torturas gratuitas e mais de uma centena de facadas. Se dez golpes bastam para matar, que explicação dar às outras noventa facadas?

Como se perguntava Fernando Gabeira, "o que (os assassinos) estão tentando matar depois que sua vítima já morreu?".[16]

Tome-se como exemplo o caso do ator André Gonçalves, que interpretou o homossexual Sandrinho na novela *A próxima vítima* (1995), da TV Globo, numa época em que isso era menos comum. Ele foi atacado mais de uma vez em público, e não apenas verbalmente, até o ponto de só poder sair de casa acompanhado por dois seguranças da emissora.[17] Os socos, pontapés e golpes de jiu-jítsu recebidos por ele poderiam significar, na verdade, gestos de amor recalcado, funcionando como reações catárticas contra o pânico de seus agressores ao se sentirem eroticamente atraídos por André/Sandrinho — isto é, incapazes de afastar o desejo de serem eles próprios emasculados, de ter sua masculinidade negada, o que gerava em seu interior um enorme conflito identitário.

As atitudes intolerantes não se restringem ao ataque físico ou ao teor brutal dos assassinatos de homossexuais, presentes ou não nas páginas policiais. Na verdade, a violência homofóbica está diluída no cotidiano. Sua insistência deixa bem claro o teor obsessivo da rejeição — seja nos comentários em família, nas delegacias, nas instâncias da justiça, na política, nos empregos, nas escolas, nas arengas religiosas, no noticiário dos jornais, nas piadas de rádio, nos programas televisivos, nas ruas. Mas também nas áreas políticas supostamente progressistas. Em plena libertária década de 1960, quando ocorria o auge dos expurgos homossexuais promovidos pela revolução castrista, Ernesto "Che" Guevara, então o mais proeminente ministro de Cuba, estava de visita à embaixada cubana em Argel. Examinando a pequena biblioteca local, encontrou a edição do *Teatro completo* de Virgilio Piñera, um dos grandes escritores cubanos, preso em Havana como homossexual. Indignado, Guevara foi até o embaixador e perguntou-lhe: "Como o senhor tem aqui um livro deste *maricón*?". Ato contínuo, atirou o exemplar contra a parede, do outro lado do cômodo.[18] A fúria com que arremessou para longe de si o livro da bicha Piñera era o gesto indignado de um líder que visava criar o novo homem cheio de virilidade, fruto da revolução. Mas tal reação de repúdio também pode indicar, por sua eloquência, como Guevara estava querendo se desvencilhar do velho homem *presente dentro de si* — implicando diversos componentes de recalque. De modo que cabe a pergunta: será que o desejo recalcado, manifesto nessa agressividade compulsiva, não significaria que o inimigo homossexual a ser combatido está incrustado no próprio eu repressor?

Freud certa vez analisou o ciúme delirante como uma possível expressão paranoica provocada por uma fantasia homossexual recalcada, que, em determinadas circunstâncias, explodiria dessa forma. Assim, se alguns colegas são inconscientemente objetos de uma intensa carga libidinal de sua parte, o macho dominante se defenderá recalcando esse desejo. Uma das consequências do desrecalque é projetar em sua esposa (ou namorada) o desejo que ele mesmo sente por esses homens. Daí, passará a ter intenso ciúme dela, projetando numa suposta infidelidade feminina sua própria "infidelidade" inconsciente. É claro que semelhante processo baseado numa fantasia homossexual poderá ocorrer também na mulher doentiamente ciumenta do marido. No caso masculino, Freud menciona um agravante muito significativo: o recurso à bebida alcoólica — e seria lícito lembrar também as drogas químicas. Além de cumprir a função de suprimir as inibições e sublimações, o álcool (ou outra forma de droga) arrasta o macho inconscientemente para bares e demais agrupamentos de homens, na busca da sociedade masculina da qual ele extrai a satisfação erótica não encontrada no lar.[19]

Desdobrando esse raciocínio, é possível afirmar que situações em que mulheres são surradas e até assassinadas, por namorados ciumentos e maridos traídos, têm sua raiz na mesma carga de pulsão homossexual recalcada pelos homens: a mulher estaria sendo punida, enquanto bode expiatório, por um desejo "ultrajante" que o próprio marido sente; a agressão funcionaria como uma forma de rejeição e cancelamento radical do seu desejo interdito que é projetado e punido no outro, a mulher. Também o delírio persecutório — como nos casos de paranoia — e até mesmo o alcoolismo seriam, na realidade, tentativas de cura e reconstrução do estado libidinal bloqueado ou rompido pelo recalque. A essa eclosão irracional e incontrolável Freud chamou de "retorno do recalcado".[20] Jung usa, muito acuradamente, o conceito de *sombra*, aquela parte inconsciente da personalidade que "contém os aspectos ocultos, reprimidos e desfavoráveis (ou nefandos)" do ego consciente.[21] Esse fenômeno de eclosão da sombra pode ser visto no filme sueco de Suzanne Osten, *Um skinhead no divã* (1993). Numa de suas cenas mais reveladoras, adolescentes nazistas se embebedam juntos num quarto fechado, enquanto se estapeiam ritualisticamente e dão vigorosas trombadas peito a peito, ao mesmo tempo que vociferam contra estrangeiros, negros e... bichas, é óbvio.

Desse ponto de vista, não seria exagero considerar a homofobia como uma consequência não apenas do preconceito contra o sentimento do outro, mas do recalque ao seu próprio sentimento — uma eclosão da sombra pessoal. Tal situação costuma ser popularmente chamada de "enrustimento". A observação reiterada de fatos cotidianos permite afirmar que em geral a homofobia se manifesta diretamente proporcional ao enrustimento: é seu produto genuíno. De modo que, em muitos casos, a equação poderia ser assim formulada: quanto mais homofóbico, mais enrustido. De fato, existem situações tão diretamente repressivas que a palavra "sublimação" se torna sutil demais, quando não inadequada, e o termo popular "enrustimento" faz mais sentido. Incapaz de se confrontar com o rosto do desejo, o desejante impõe-se uma máscara que torna seu desejo socialmente aceitável. É o caso, por exemplo, de homens e mulheres que tentam esconder sua tendência (e até sua prática) homossexual comprometendo-se num casamento heterossexual, costume tão consagrado na cultura brasileira do jeitinho, e não apenas nos rincões distantes. Através de casamentos de conveniência, eles pretendem manter-se enganosamente no padrão social consagrado, por força das circunstâncias mais confortáveis, em que não se enquadram seus encontros clandestinos. E que fique claro: tais máscaras nada têm a ver com a legitimidade da orientação bissexual de pessoas que assim se sentem e se comportam, em tranquila conformidade com seu desejo.

Vale lembrar os antigos anúncios sentimentais de jornais e revistas nos quais "bissexuais" ou casais héteros procuravam, disfarçadamente, criar situações homossexuais em que pudessem se envolver mantendo a máscara social. De certo modo, essa mentalidade se desdobrou na era da internet e dos aplicativos de namoro, em que o valor de troca erótica pode ser maior quanto mais alguém se apresente integrado ao padrão de normatividade sexual. É a mesma situação conhecida de muitos políticos brasileiros que se casaram às pressas antes de iniciar campanhas para cargos eleitorais. Claro que não se tratava, e não se trata, de um costume irrestritamente brasileiro, nem só da política — campo onde "o narcisismo é corrupto, cínico, fecal", nas palavras de Antonio Medina Rodrigues.[22] Basta lembrar os astros de cinema de Hollywood, como o americano Rock Hudson, obrigado pelos grandes estúdios a se casar com sua secretária para manter camuflada uma ativíssima vida homossexual, como ele mesmo admitiu antes de morrer de aids, na década de 1980.[23] Sem esquecer, é claro, do mega popstar Michael Jackson, que arranjou um indecoroso casamento com a filha de Elvis Presley às vésperas de sofrer um processo por assédio sexual a garotos.[24] Esses são exemplos do imenso repertório de estratégias disponíveis para comprovar a naturalidade do ideal viril. Como já dizia Oscar Wilde, pela boca de uma personagem de suas peças: "O natural é uma pose tão difícil de se manter".[25]

O estratagema da dissimulação sexual, quando o macho se sente acuado pelo recalque do seu desejo, foi tematizado em dois episódios da primeira temporada da série *Pose* (2018), criada por Ryan Murphy e exibida em *streaming*. Suas grandes personagens são mulheres transgênero e/ou transexuais que, nos anos 1980, habitavam as margens da sociedade de Nova York. Liderando um fenômeno da época, as mais maduras cumpriam com rigor o papel de mães em famílias LGBTQ+ formadas pela própria comunidade, para acolher as inúmeras vítimas de preconceito, geralmente expulsas de suas famílias naturais. A temática originalíssima da série agrega ainda outro fato, nessa mesma década: os concursos de bailes LGBTQ+ nova-iorquinos, cujos prêmios essas novas famílias disputavam ferrenhamente. No quarto episódio, intitulado "Febre", há duas travestis negras, Angel e Elektra, envolvidas com amantes heterossexuais brancos. A porto-riquenha Angel, que vive como prostituta, vê-se assediada por Stan, um jovem executivo yuppie em ascensão, casado, pai de duas garotinhas. Mais madura, a elegantíssima transexual negra Elektra, "mãe" constituída de uma família LGBTQ+, mantém há anos um caso secreto com o sr. Ford, um *sugar daddy* heterossexual rico, casado e fortão, com quem se encontra periodicamente numa garçonnière de luxo, sempre que solicitada, recebendo generosa remuneração financeira e juras de amor. A jovem Angel, por sua vez, é mantida num luxuoso apartamento alugado por Stan, que se diz perdidamente apaixonado por ela. Após algum tempo de relacionamento, Angel suspeita que o amante perdeu o tesão, pois não tem ereção quando ela lhe faz sexo oral. A suspeita cresce quando ela constata que o tesão de Stan só aflora em contato com o pênis da travesti. Sentindo-se lograda e humilhada, ela conclui que Stan é mais um heterossexual que a toma como fetiche exótico e, tão logo se esgote o tesão inicial, irá buscar um novo disfarce para saciar sua "curiosidade" mórbida. Angel rompe a relação e deixa o apartamento. A exuberante Elektra, por outro lado, decide comunicar ao sr. Ford sua intenção de fazer uma cirurgia de transição para o sexo feminino. Quando ele se opõe radicalmente, Elektra se incomoda, não só porque a redesignação sexual é vital para ela. Também a irrita constatar o interesse dele por seu pênis, o que a humilha. Irredutível, o sr. Ford refuta a acusação, mas deixa claro que terminará o relacionamento se ela fizer a operação. Presa no terrível dilema, Elektra opta pela cirurgia e se torna uma mulher trans.

No sétimo episódio, "Despejadas", o sr. Ford se enfurece ao saber da operação e abandona Elektra, que não se abala, na certeza de que o amante irá se arrepender e voltar para ela. Mas, quando tenta entrar no prédio da antiga garçonnière onde se encontravam, é impedida ofensivamente pelo porteiro, que no entanto recebe com mesuras a nova amante do sr. Ford, diante do olhar horrorizado de Elektra, quando vê chegar sua substituta. Nesse mesmo episódio, Angel volta a ser procurada por Stan, divorciado depois que sua mulher descobriu sua vida sexual paralela. Angel se entusiasma e o leva para conhecer o clube dos concursos de baile que frequenta. Escandalizado com o clima transgressivo da festa, Stan confessa que não pode levar adiante um relacionamento chocante demais para ele e se despede. Quando volta ao apartamento, Angel o encontra vazio: Stan sumiu, carregando tudo na mudança. Ela volta para a prostituição, mas seu trabalho principal continua na casa de *peep show*, em cujas cabines se exibe para que homens heterossexuais se masturbem enquanto a espiam. Sem outra opção de vida, Elektra segue o mesmo caminho. Em montagem paralela, alternam-se imagens de ambas em suas vitrines, exibindo-se eroticamente para clientes sôfregos. Só lhes resta continuarem atadas a homens cujo desejo clandestino os atormenta.

16. Exércitos e guerreiros: o espelho quebrado

Já vimos que existe uma contradição aguda na própria base da hegemonia masculina. O fato de perseguir tão ansiosamente a virilidade leva os machos humanos a se juntarem de modo exclusivo e segregado, o que implica um movimento incontrolável em direção ao que mais pretendem evitar: a submissão fálica. Dentro do simplismo da lógica falocrática, tal exclusividade de machos obriga à existência de alguns dominados por outros, quer dizer, alguns falos teriam que ser subjugados — arcando, portanto, com o ônus da passividade. Segundo esse raciocínio dicotômico, não há nada pior do que um homem subjugado, fronteiriço à situação humilhante da mulher, com prejuízo à sua dignidade viril.

Em resumo, no próprio exercício de sua supremacia, o macho está embutindo o perigo de abalá-la pela invasão do perigo feminino, quer dizer, a submissão, e, por extensão, a submissão sexual, velada ou não. Qual código de honra seria maleável o suficiente para equacionar essas duas situações opostas? Vejamos o caso dos exércitos (e setores militarizados da segurança pública). Organizados com base na disciplina hierárquica, eles supõem necessariamente uma submissão geral e escalonada. Nesse contexto paradoxal, é fácil perceber o clima instaurado de panela de pressão. Daí, pode-se compreender como os exércitos têm sido, historicamente, fulcros de máxima virilidade e, ao mesmo tempo, redutos de homossexualidade sublimada no mais alto grau e às vezes até ideologizada. O uso de armas, por exemplo, conduz diretamente a inferências sadomasoquistas. Relações explosivas de poder dentro das tropas são tão comuns quanto capim. Basta lembrar o tratamento dado pelos oficiais aos seus recrutas, em milhares de casos conhecidos que ultrapassaram fronteiras nacionais. É claro que, frequentemente, nem os civis escapam, como se tem comprovado em inúmeros casos, inclusive com registros filmados, de PMs humilhando, torturando e matando cidadãos comuns.

Já foram realizados muitos estudos que analisam a incidência e a importância das relações homossexuais dentro dos exércitos, em diversas partes do mundo e em diferentes períodos da história. É preciso lembrar, antes de tudo, a clássica análise de Freud, que escreveu genericamente sobre a "estrutura libidinal" dos exércitos, onde reina a ilusão de um chefe, figura do pai que ama a todos os seus soldados e de cujo amor emana a camaradagem que os congrega. Assim, tanto nas massas religiosas quanto militares, "cada indivíduo se acha ligado libidinalmente ao líder (Cristo, general), por um lado, e aos demais indivíduos da massa, por outro". Tal estrutura se repete dentro de cada companhia e unidade, com o capitão e os suboficiais representando o pai dos seus subordinados. Especialmente no caso das massas militares, a ruptura das ligações libidinais gera o pânico, "pelo fato de as ordens do superior não serem mais ouvidas e cada um cuidar apenas de si", quando então as "ligações mútuas cessaram, e uma angústia enorme e sem sentido é liberada". A ruptura dos laços afetivo-libidinais aumenta a sensação de perigo, criando neuroses e estados de pânico entre os soldados, que se sentem anônimos e abandonados dentro da multidão guerreira. Portanto, o pânico "pressupõe o afrouxamento da estrutura libidinal da massa [...] pela magnitude do perigo ou pela interrupção de laços afetivos (investimentos libidinais); este último caso é o da angústia neurótica". O militarismo de tipo prussiano, segundo Freud, seria antipsicológico justamente por negar esse amor através da extrema dureza de tratamento a que são submetidos os soldados. Para ele, a negligência do fator libidinal, dentro dos exércitos, constitui um perigo prático que leva às derrotas. Na conclusão de Freud, "as neuroses de guerra [...] foram reconhecidas, em grande parte, como um protesto do indivíduo contra o papel a ele imposto no Exército, [...] e é lícito afirmar que o tratamento sem amor que o homem comum recebia dos superiores estava entre os maiores motivos da doença".[1]

Para além desse raciocínio freudiano abrangente e lógico, há exemplos históricos mais diretos. O amor masculino entre os guerreiros e heróis, existente em mitos e povos antigos, repete-se demasiadamente para ser mera circunstância. Uma das razões para essa cumplicidade masculina é a pressão psicológica das guerras, que aproxima intimamente o medo e o erotismo, gerando um amálgama de amor, desejo e extrema lealdade.[2] Nas culturas de Esparta e Creta, a pederastia chegou a ser incentivada como "virtude militar", dentro da lógica de que pares de guerreiros amantes lutariam como heróis, para defender um ao outro.[3] O famoso herói grego Epaminondas amou quase todo o batalhão sagrado de Tebas. Consta que, após o combate de Mantinea onde foi morto, dois belos soldados seus amantes se suicidaram sobre o seu cadáver.[4]

Há uma explicação mítico-religiosa para isso. Na Grécia antiga, onde a relação homossexual era um costume militar, desenvolveu-se entre os guerreiros um culto especial a Eros, deus do amor. Em suas representações iconográficas, os dois deuses crianças Eros e Anteros (o Direito e o Reverso) apareciam envolvidos em lutas e abraços. Através dessa conexão mítica entre Eros (o Amor) e seu oposto (a Guerra), as campanhas militares vertiam-se como batalhas de amor. Não por acaso, a guerra implicava muito frequentemente o defloramento dos vencidos – praticado, por exemplo, entre os lombardos que invadiram o Império Romano. Esse erotismo de guerra adquiriu fixação mítica, transformando-se em cantos religiosos, insistentemente repetidos tanto nas barracas militares quanto nas prisões.[5]

Entre os antigos celtas, organizados numa aristocrática sociedade guerreira, praticava-se amplamente o amor entre homens, sem que se manifestasse qualquer menosprezo pela passividade masculina no ato sexual. Os guerreiros profissionais celtas, chamados *gestates*, lutavam nus por motivos metafísico-religiosos: acreditavam que assim seus corpos absorviam melhor as energias da natureza. O historiador Políbio narra o pânico que despertou entre os romanos a visão daquele exército inimigo de jovens alourados e de físico esplêndido, vestidos apenas por seus colares e braceletes de ouro. Nas sagas irlandesas ainda hoje se encontram resquícios da afeição que ligava esses guerreiros entre si.[6]

Na Roma antiga, como já vimos, a prática corrente da homossexualidade encontrava algumas restrições, inclusive contra os *exoleti*, ou seja, casais de homens de idade igual, vistos com maus olhos no contexto da vida social do período, que só permitia o amor masculino entre senhores (patrícios) e adolescentes (escravos). Consta que os *exoleti* eram muito comuns entre os soldados, mas as autoridades imperiais nunca tomaram medidas legais contra eles, considerando que o Exército romano era um mundo fechado.[7] Na verdade, os imperadores se encontravam numa posição muito delicada, pois o conjunto do Exército praticava a religião oriental de Mitra, de tendência fortemente homoerótica.[8] Reprimi-la iria significar, portanto, um confronto com aqueles homens capazes de fazer e desfazer imperadores. Tal situação perdurou em Roma mesmo depois que os cristãos tomaram o poder. Mas não por muito tempo, pois afinal o cristianismo herdara boa parte do ideário puritano do judaísmo, e, como vimos, aí se incluía o repúdio às relações sexuais dentro do mesmo gênero.

Entre os antigos hebreus, praticantes de uma religião particularmente controladora, a vida sexual se resumia à estrita cópula homem-mulher, com fins procriativos, dentro do casamento. Para se ter uma ideia da severidade normativa, o Talmude (livro dos preceitos e leis rabínicas) proibia que o homem segurasse o pênis até mesmo enquanto urinava, para evitar tentações masturbatórias. Os castigos previstos pelos sábios talmúdicos determinavam que "entre os homens [a mão utilizada para emissões corporais] deve ser cortada, pois essa ação está apta a provocar uma emissão seminal inútil". E acrescentavam: "Homens são suscetíveis de ereção sexual e podem ter uma emissão seminal como resultado desse contato".[9] O mesmo Talmude estipulava quantas vezes e quando os homens de diferentes profissões e castas deviam ter relações sexuais. Com detalhes pitorescos, afirmava-se que

> os prazos para o dever conjugal prescritos pela Torá são: homens que não trabalham devem se dedicar às relações maritais a cada dia, trabalhadores devem fazer isso duas vezes por semana, condutores de jumentos uma vez por semana, condutores de camelos a cada trinta dias e os marinheiros a cada seis meses.[10]

No caso dos marinheiros, a escassez certamente ocorria em virtude das viagens prolongadas que os afastavam das esposas, a quem deviam fidelidade absoluta. Submetidos a um regime de abstinência tão rigoroso, é de se perguntar se os marinheiros hebreus não encontravam nessa prescrição um forte pretexto para resolver entre si as premências sexuais – de modo que as relações homossexuais se consagrariam a fortiori.

Provavelmente por motivos semelhantes, em 1420 as autoridades de Veneza reclamavam da proliferação de relações homossexuais nos seus navios e, temerosas da punição divina, ofereciam uma recompensa de quinhentas liras para quem denunciasse os marinheiros sodomitas.[11] Apesar do rigoroso controle cristão, durante a Idade Média houve também muitos casos conhecidos de homossexualidade nos exércitos. A partir do século XI, as disputas dentro das aristocracias francesa e inglesa criaram grupos de jovens deserdados que se juntaram em pequenos exércitos turbulentos, sem rumo, sequiosos de glória e novas conquistas. Alijados das normas morais familiares, eles eram, em geral, liderados por guerreiros mais velhos e experimentados, integrando-se em grupos ligados por amizade e lealdade. Vivia-se um prolongado período de iniciação, na busca de "prazer e aventura muitas vezes fora dos caminhos cristãos". Alguns desses bandos tornaram-se famosos, como a "família" de Hugh de Chester, em que se incluíam jovens cavaleiros, clérigos e cortesãos que apreciavam "o sexo, os jogos, a equitação e outros vícios" — e muitas vezes foram instados por pregadores a "escapar da destruição de Sodoma".[12]

Sucessora desses pequenos exércitos, a famosa Ordem dos Templários, cavaleiros monásticos que participaram das cruzadas, foi perseguida e dizimada em toda a Europa, no século XIV, numa ação conjunta entre os poderes secular e eclesiástico, sob acusação de heresia e prática generalizada de sodomia entre seus membros, inclusive durante os rituais secretos de iniciação.[13] O próprio emblema da Ordem, que representava dois templários montados no mesmo cavalo, chegou a ser visto como símbolo de suas práticas sodomíticas.[14] Na França do século XVIII, a aristocracia estava repleta de efeminados que desfilavam ostensivamente com seus amantes, como no caso de Filipe de Orléans, irmão do rei Luís XIV. Os gostos homossexuais eram partilhados por altas patentes do Exército. Assim, o general Louis Vendôme, considerado um dos grandes estrategistas do período, nunca escondeu suas inclinações sexuais por criados e oficiais subalternos, durante toda sua carreira. Ficou igualmente famoso o caso do marechal Huxelles, senhor da Alsácia, que não desdenhava as orgias gregas promovidas por alguns membros do seu estado-maior e do seu séquito.[15]

No mesmo período, fora do Ocidente, há o caso célebre dos exércitos de samurais, onde se estimulava igualmente a relação de casais como emulação fraterna, considerando que "o amor entre homens combina muito bem com o Caminho do Guerreiro", segundo afirmava o *Hagakure*, livro de ensinamentos éticos escrito entre os séculos XVII e XVIII.[16] A prática, que lembrava o modelo grego, chamava-se *shudo*, uma abreviação de *wakashu-do*, ou "caminho do jovem", significando o aprendizado do rapaz para ser forte, corajoso e independente.[17] Para tanto, o jovem samurai era amado por um guerreiro mais velho até completar sua maioridade, podendo depois arranjar ele próprio um *wakashu* e também se casar para constituir família. Nas batalhas, o jovem acompanhava seu mestre lado a lado, para aprender com ele as técnicas de luta e os códigos de honra. Também é curioso notar que os samurais prezavam muito sua aparência. O livro de etiquetas aconselhava que usassem ruge, quando se sentissem muito pálidos. Na era do *sengoku* (guerras interprovinciais nos séculos XV e XVI), eles costumavam perfumar os cabelos com incenso e se maquiar antes de ir para a batalha, pois um verdadeiro guerreiro não devia ter má aparência mesmo na morte.[18] No filme *Tabu* (1999), de Nagisa Oshima, pode-se acompanhar a história de um desses aprendizes de samurai e, por conta de sua beleza, o ciúme que gera entre os guerreiros mais velhos.

Na Europa da virada do século XX, provocaram sensação os "casos" amorosos envolvendo altas patentes do Exército alemão e o próprio imperador Guilherme II, motivo de inúmeras piadas maldosas nos jornais, inclusive estrangeiros.[19] Isso para não falar do rumoroso assassinato, em 1934, do general nazista Ernst Röhm e outros membros do estado-maior da SA, na famosa Noite das Facas Longas. Suas práticas homossexuais, nada discretas, eram bastante conhecidas por Hitler, mas só foram publicamente denunciadas quando o Führer viu seu poder centralizador ameaçado pelas interferências de Röhm. A partir daí, aliás, o famoso parágrafo 175 do Código Penal, que criminalizava atos homossexuais, transformou-se em "lei de proteção ao sangue e à honra alemães" e passou a ser severamente aplicado. A Gestapo criou então uma subdivisão especial para prender os "degenerados sexuais", que acabavam enviados para campos de concentração de nível 3 (sem retorno), aí sendo identificados com um triângulo rosa na roupa.[20]

Em 1942, o regime nazista imputou formalmente a pena de morte ao "crime" de homossexualidade, com especial rigor dentro das Forças Armadas, onde se recomendava a morte imediata dos acusados.[21] Com certeza, o nazismo tentava exorcizar cada vez mais a sua sombra: Hitler pessoalmente manifestava a opinião de que a verdadeira causa da decadência da Grécia antiga tinham sido as práticas homossexuais.[22] Para tal rechaço, havia ainda uma motivação bem mais imediata, no próprio passado do Führer. Apesar das constantes suspeitas de estudiosos, em 2001 causou perplexidade a revelação do historiador alemão Lothar Machtan, professor na Universidade de Bremen, de sinais inequívocos e testemunhos sobre a homossexualidade de Hitler, numa obra com uma profusão de novas pesquisas. Segundo ele, até mesmo o assassinato de Röhm remeteria ao fato de que Hitler queria exterminar quem tivesse conhecimento de seu passado suspeito. Muito além do menino que levava surras do pai, do jovem plebeu que chegara a viver em albergues de sem-teto, do pintor medíocre recusado pela Academia de Belas-Artes vienense, do foragido do alistamento militar e depois alistado para não passar fome, havia o homem afetivamente insatisfeito e sexualmente atormentado, que vivia à deriva de cidade em cidade. Criticando as omissões de biógrafos por olharem a homossexualidade de Hitler como tabu, Lothar Machtan considera que na vida do Führer constatam-se encontros e relacionamentos homossexuais em nível suficiente para "compreendê-los como parte de um contexto social puramente masculino". Segundo o autor, Hitler era um mestre na arte de simular e omitir. Não por menos, seu casamento com Eva Braun fazia parte do disfarce heterossexual, fato corrente entre muitos homossexuais do período — e, certamente, até os dias de hoje.

Hitler conseguiu recontar sua história, fazendo até mesmo desaparecer possíveis documentos comprometedores de seus anos de juventude, cujas revelações ele temia terem potencial para desmoralizar sua reputação de "mito do povo alemão". Esse foi o motivo de ter mandado três membros da SS à casa de um velho amigo com quem tinha morado quando estudante para recolherem papéis. A fim de não ser desmascarado, Hitler eliminava "todo rastro comprometedor", subornando, chantageando e até mesmo matando "pessoas que sabiam demais". Ernst Röhm esteve longe de ser o único a sucumbir, em função do seu poder de "abrir a caixa de Pandora" hitleriana. Ainda assim, restaram alguns relatos de velhos amigos homossexuais do jovem Adolf — conhecido entre eles como Adi — asseverando que "suas amizades com homens eram, na realidade, 'amores entre homens'". Sabemos que, antes de iniciar carreira política, Hitler realizava "incontáveis viagens secretas" e numerosas visitas particulares, numa espécie de vida dupla.[23]

Lothar Machtan encontrou alguns documentos reveladores, em especial o depoimento de um antigo colega de Hitler durante a guerra de 1914, em que se mencionam suas crises histéricas, a ponto de ter acessos de ira e se jogar ao chão quando contrariado, o que lhe valeu o apelido de "Adolf Maluquinho". Aí se fazem referências diretas ao seu comportamento sexual: "Ele [Adolf] nunca olhava para mulheres. Desde o início, suspeitamos que fosse homossexual, pois era conhecido como anormal [...], revelando até mesmo traços efeminados". Narram-se inclusive vários encontros de Adolf com Ernst Schmidt (Schmid, no apelido carinhoso), um namorado com quem ele "costumava passar as noites" e conhecido como "sua prostituta masculina".[24] Nesse contexto, Hitler obviamente temia que sua farsa pudesse ser desmontada. Para além do viés político-ideológico, a brutal ofensiva contra homossexuais no período nazista resultava, segundo Machtan, do medo do Führer de ser desmascarado, e também para reforçar a ideia de sua "pureza" sexual. Assim, a perseguição pública "servia aos seus interesses particulares" e intimidava eventuais testemunhas do seu passado.[25] Trabalhando com fartas referências, Lothar Machtan vê a necessidade de incluir o enrustimento homossexual de Hitler entre os tantos fatores que resultaram nas tragédias de sua política genocida. Não que isso justifique seus crimes, mas certamente ajuda a contextualizá-los e entender como surgiu um dos maiores monstros do século XX.

Enquanto isso acontecia na Alemanha, as atitudes políticas na própria União Soviética revolucionária passaram da tolerância ao expurgo, à medida que o país se militarizava. Em 1934, Stálin impôs uma nova lei, que punia com até oito anos de prisão os atos homossexuais, por "crime social". Num artigo sobre o humanismo proletário, Maksim Górki escrevia: "Nos países fascistas, a homossexualidade arruína a juventude e floresce sem punição. Suprima-se o homossexual e o fascismo desaparecerá".[26] Estava inaugurado, então, um pretexto que daí por diante a esquerda mais conservadora passaria a repetir com insistência: a homossexualidade era "sintoma de decadência burguesa". Em várias cidades da União Soviética, seguiram-se prisões em massa de homossexuais, que foram enviados para a Sibéria. Consta que o clima de pânico atingiu sobremaneira o Exército Vermelho, onde se reportou a ocorrência de numerosos suicídios.[27]

A Marinha britânica, por sua vez, sempre respondeu com muita severidade aos casos de pederastia, especialmente nos períodos de guerra, acreditando que tais práticas destruiriam o espírito combativo das tropas. Assim, pesquisas mostram que entre 1756 e 1806 houve dezenove execuções de marinheiros por conta da prática do chamado "pecado inominável", tendo subido para 21 o número de executados entre 1810 e 1816.[28] Tal ânimo persecutório se manteve ativo no século XX, considerando-se que entre 1991 e 1994 as Forças Armadas britânicas expulsaram 260 membros, de todas as patentes, envolvidos em casos homossexuais — só no Exército, havia quatro majores, dois capitães e 113 tenentes. Na ocasião, em entrevista à TV, um alto comandante da Aeronáutica manifestou aversão pelas "bonecas nas Forças Armadas" e advertiu que "todas as pessoas normais" deviam sentir repugnância diante dessa situação.[29]

Reação semelhante sempre vigorou nas Forças Armadas americanas, que puniam severamente o sexo entre homens, considerando homossexuais como "psicopatas sexuais".[30] Em 1919, deu-se um caso muito peculiar e de grande repercussão: na Base Naval de Treinamento em Rhode Island, criou-se um "pelotão chamariz" para identificar militares suspeitos de "perversão sexual". Escolhido a dedo entre os jovens alistados, o tal pelotão de espionagem devia deliberadamente fazer sexo com os suspeitos e assim apresentar provas concretas aos superiores. Para surpresa de todos, os relatórios dos chamarizes indicaram uma vasta rede de encontros clandestinos, que incriminava militares insuspeitos e até casados, em lugares tão inocentes como a Associação Cristã de Moços da cidade de Newport, centro de verdadeiras orgias, envolvendo também civis, mas comandadas por marinheiros travestidos. Quando a Marinha tentou indiciar os culpados, não conseguiu distinguir quem era homossexual e quem era "normal" — mesmo porque um dos relatórios indicava um suposto "normal" tendo feito sexo oral com quase todos os vinte recrutas, numa só noite. Para complicar ainda mais a situação, o tribunal militar comprovou, com surpresa, que os rapazes do pelotão chamariz tinham participado intensamente em todos os tipos de atos sexuais com homens, comprovando nos interrogatórios que eles tinham sentido prazer e até solicitado espontaneamente sexo a colegas. Quando um padre foi preso na mesma redada e levado a julgamento, a Igreja católica ameaçou fazer um escândalo e acusou a Marinha de usar métodos imorais, por ensinar o vício a jovens inocentes. No ano seguinte, os militares superiores foram obrigados a libertar os "culpados" e suspenderam os inquéritos, acuados ante um fenômeno sem solução.[31]

Ainda assim, em 1921, a Marinha americana condenou, num caso isolado, um recruta homossexual a quinze anos de trabalhos forçados, além de pagamento de multa e expulsão desonrosa.[32] Nas décadas de 1920 e 1930, tanto o Exército quanto a Marinha dos Estados Unidos condenaram inúmeros homossexuais ao cárcere. Na Prisão Naval de Portsmouth, em New Hampshire, mais de 40% dos presos eram condenados por sodomia ou felação. Como a segregação não resolvia o problema, a paranoia cresceu tanto que, em Fort Leavenworth, no Kansas, introduziu-se o costume de punir os acusados de homossexualismo, obrigando-os a usar um enorme D amarelo nas costas – significando "degenerado". O embate do desejo dissidente parece ter continuado. Em 1944, dois militares (amantes) pegaram um ano de prisão em corte marcial por publicarem um jornal gay chamado *Myrtle Beach Bitch*. O trocadilho implicado no nome revela o sentido claro de provocação – *A puta da praia Myrtle*. Era para não deixar nenhuma dúvida. As mais recentes polêmicas sobre a participação de homossexuais nas Forças Armadas americanas mostravam que o problema se mantinha candente, emudecendo as promessas políticas de abertura feitas nas campanhas do então candidato presidencial Bill Clinton. A situação se radicalizou durante o governo de extrema direita de Donald Trump, instaurando novas medidas discriminatórias e retrocesso político contra LGBTQ+ nas Forças Armadas, para revogar conquistas do passado.

Mas mudanças começavam a ocorrer em outros países. Nas Forças Armadas holandesas, os arquivos da justiça militar (pesquisados pelo antropólogo Gert Hekma) mostram que, entre 1830 e 1899, dos 104 processos movidos por crimes sexuais, 72 indicavam transgressão homossexual, com punições que variavam de três meses a seis anos de prisão, sem falar do rebaixamento hierárquico (a pena de morte tinha sido abolida desde 1811).[33] É claro que os dados estatísticos fornecem uma pálida ideia da prática homossexual, uma vez que se conhece apenas o que foi descoberto e julgado. Além do mais, tendia-se a notificar sobretudo aqueles faltosos reincidentes que tinham manchado sua virilidade ao ocupar a "posição de mulher", ao passo que o papel ativo na relação homossexual não era considerado transgressor pelos militares. Mais ainda: devia-se evitar até mesmo nomear a sodomia (por isso chamada de "crime inominável"), muitas vezes indicada apenas como "lascívia" ou "postura asquerosa". Menos do que a tolerância, isso dificultava qualquer indiciamento judicial. Com todas as repressões impostas, pode-se inferir que grande parte da prática homossexual entre os soldados e marinheiros holandeses efetuava-se como contatos ocasionais e ocultos, ainda que repetidos, tendendo a passar despercebidos pelos superiores. Na verdade, era mais cômodo para todos que ninguém desse maior importância a essa transgressão *desde que* não fosse muito aberta nem subvertesse o "padrão de gênero" viril.

Dentro da Marinha, são conhecidos casos de julgamentos ocorridos também na Companhia Holandesa das Índias Ocidentais, entre 1705 e 1792, período em que foram julgados duzentos casos de sodomia diante da corte de justiça da Cidade do Cabo.[34] Na Holanda do final do século XIX, um oficial marinheiro, desligado sob suspeita de prática homossexual, teve a história de sua vida publicada numa das primeiras revistas psiquiátricas do período. Aí o acusado se classifica como "uraniano", termo médico então usado como sinônimo de homossexual. Ele conta que, em dois anos e meio na Indonésia, tinha feito sexo com 51 nativos e, durante um ano dentro de um navio, relacionara-se sexualmente com trinta marinheiros europeus, muitos deles repetidamente; nos três meses seguintes, servira numa base naval perto de Roterdã, onde manteve relações sexuais com outros seis marinheiros. Só esse relato já dá uma ideia de como a prática homossexual estava difundida na Marinha.

A prática homossexual parecia, aliás, sobejamente conhecida pela medicina: em discussões ocorridas nesse mesmo período, sobre a legalização da prostituição feminina na Holanda, um médico que servira a bordo de navios militares alertava que a presença dessas mulheres evitaria o exemplo de "milhares (de homens) que secretamente satisfazem a si mesmos na solidão ou com alguém do mesmo sexo".[35] Atualmente, a situação com certeza mudou muito no país, onde se pode encontrar nas ruas policiais com brinco na orelha. E mais: o Exército não apenas aceita homossexuais declarados, como mantém uma espécie de sindicato organizado por eles. Num país tolerante como esse, a ideia é que todos os segmentos estejam representados nas instituições mais importantes, para assim refletir com fidelidade o tecido social democrático.[36]

Deve-se lembrar, como um fator nada desprezível, que a consciência política da comunidade vitimada se agudizou, por toda parte. Tanto nos Estados Unidos quanto no Canadá, o contingente LGBTQ+ das Forças Armadas tem feito reivindicações de direitos políticos e procurado marcar presença em eventos públicos, para deixar clara a sua existência, com grande avanço em termos de visibilidade. Durante a Parada do Orgulho Gay de Montreal, em 2019, eu próprio vi desfilar pelas avenidas centrais da cidade um pelotão de membros LGBTQ+ das diversas forças de segurança, saudados entusiasticamente pela multidão. Digamos que não havia tanta surpresa, já que repentinamente apareceram desfilando, por entre bandeiras LGBTQ+, o sorridente primeiro-ministro Justin Trudeau e vários ministros do seu governo, que acenavam para o público.

A esse respeito, admite-se que algo mudou também nas Forças Armadas do Brasil, mas ainda assim de modo tímido e mesquinho. Em 2013, um levantamento oficial contabilizou, pela primeira vez, casos em que militares gays e lésbicas conseguiram, após anos de disputa, ter seus cônjuges reconhecidos como dependentes, o que lhes garante os mesmos direitos do casal heterossexual aos sistemas de saúde, moradia e previdência. Apesar de constarem em maior número na Marinha, deve crescer também o registro de soldados homossexuais nos quartéis, após alteração de normas internas nas três forças.[37] É igualmente digna de nota a existência, desde 2018, da Renosp-LGBTI+ (Rede Nacional de Operadores de Segurança Pública LGBTI+), constituída exclusivamente por homens e mulheres LGBTQ+ das diversas carreiras de segurança pública, envolvendo policiais civis, PMs, bombeiros militares e representantes das três Forças Armadas. Presente em vários estados brasileiros, a Rede dá apoio a agentes LGBTQ+ no dia a dia dessas Forças, onde comumente se convive num ambiente homofóbico. Além disso, a Renosp-LGBTI+ participa em debates públicos e interfere nos cursos de formação das corporações, visando uma compreensão mais inclusiva da população civil.[38]

Trata-se, sem dúvida, de uma tarefa árdua, que se estenderá para as próximas décadas. Tradicionalmente, nas Forças Armadas brasileiras, existe um tabu quanto à homossexualidade em suas fileiras, evidenciando um sistema de defesa com episódios de formação reativa. A postura de virilidade impoluta pode ser tanto mais intensa quanto maior é a pressão libidinal no sentido contrário. Em 1895, armou-se essa couraça defensiva quando da publicação do romance *Bom Crioulo*, do cearense Adolfo Caminha, um dos primeiros na ficção brasileira a tematizar a relação homossexual entre dois homens. Nele se narra o caso de amor estrepitoso entre Aleixo, um jovem grumete loiro de olhos azuis, e o marinheiro negro Amaro, bem mais velho, conhecido como Bom Crioulo. Desde seu lançamento, o romance foi considerado obsceno, sofrendo rechaço nas esferas oficiais e em áreas literárias. No mesmo ano de sua publicação, o crítico Valentim Magalhães acusou Caminha de "perversão moral". Na tentativa de desmoralizá-lo com insinuações maldosas sobre sua vida pessoal, aludiu ao fato de que o autor servira por vários anos na Marinha, "talvez grumete como o seu louro Aleixo", e só por isso teria considerado "literariamente interessante a história dos vícios bestiais de um marinheiro negro e boçal".[39] Era sobejamente conhecido que Caminha estudara na Escola Naval e seguira carreira na Marinha por oito anos, até o posto de segundo-tenente. Mesmo porque, em meio à polêmica, ele deixou claro que seu romance narrava fatos testemunhados nesse período.[40]

Durante décadas, as cenas de amor homossexual explícitas no romance de Caminha continuaram causando indignação e escândalo. Em sua história da Marinha brasileira, Gastão Penalva dizia que "a Armada em peso, da fase em que o livro foi lançado ao começo deste século, leu o *Bom Crioulo* e, com motivo, revoltou-se da sua nudez descritiva, [...] de um ambiente de vício e criaturas amorais que legaram às vindouras legiões marujas uma [...] lembrança indesejável".[41] Durante a ditadura de Getúlio Vargas e seu Estado Novo, a partir de 1937, a Marinha pediu a interdição de uma reedição do romance, que "foi apreendida [...] sob a alegação de que se tratava de um livro comunista", segundo o crítico literário Brito Broca.[42] Durante várias décadas, o romance ficou proibido de compor bibliotecas escolares e públicas. Quase escondido na história da literatura, *Bom Crioulo* passou décadas sem novas edições, num indisfarçável ato de censura, que levou ao silenciamento por reprovação moral, mais do que pelo desinteresse literário. As poucas referências da crítica continuaram a repudiá-lo, como um ensaio de 1941 em que Valdemar Cavalcanti acusava Adolfo Caminha de ter utilizado no romance modelos humanos "da pior qualidade", sem repudiar "sua pequenez e suas misérias". Assumindo seus motivos não literários, pontificou: "Não aconselho a ninguém, portanto, a leitura desse romance".

Quando de sua tardia reedição em 1983, os editores de um importante jornal paulistano vetaram uma resenha de *Bom Crioulo*, pretextando que o tema desagradava os donos do veículo informativo — incidente que me foi contado pelo próprio crítico Leo Gilson Ribeiro, que assinava o artigo. Tal marginalização só comprova sua surpreendente atualidade. Mas há um outro aspecto poucas vezes examinado: a negritude do homossexual Amaro. No contexto do racismo estrutural, o rapaz loiro teria sido seduzido e pervertido pelo negro recém-liberto. Certamente, esse "atrevimento" de um personagem negro ajuda a explicar a "conspiração do silêncio" que o romance sofreu por tanto tempo, comum à linhagem dos "malditos".[43]

Se as pulsões de morte encontram terreno propício nos exércitos, também carregam consigo as pulsões eróticas, quase como irmãs siamesas. Tanto a literatura quanto o cinema utilizaram as ferramentas do imaginário para ilustrar o imbricamento freudiano entre militarismo e libido. É o caso de *Furyo: Em nome da honra* (1983), filme de Nagisa Oshima que se passa durante a Segunda Guerra Mundial, num campo japonês para prisioneiros aliados, onde Oshima escancara um labirinto erótico. O território da transgressão é prioritário nas obras desse grande diretor japonês, aqui também corroterista na adaptação do romance autobiográfico *The Seed and the Sower*, do sul-africano Laurens van der Post. Por debaixo da disputa militar entre um autoritário capitão do exército japonês encontra-se a atração obsessiva que um arrogante oficial inglês desperta nele. O tema se escancara logo na abertura, com uma cena macabra em que um guarda coreano, após transar com um soldado holandês, é humilhado, surrado e condenado pelos japoneses a cometer haraquiri. Percebe-se que ali se castiga não o estupro contra um prisioneiro de guerra, mas o ato indigno cometido pelo coreano contra sua própria virilidade. Se o teatro de guerra evidencia a batalha instaurada entre um Eros reprimido e um Anteros repressor, no filme ocorre uma constante troca de papéis, o que revela os sintomas de recalque e sublimação envolvidos na ambiguidade do clima beligerante. A narrativa se desdobra no vaivém entre desejo e violência, que se digladiam e se entrelaçam, até o ponto de se confundirem. O jogo é deflagrado quando o jovem capitão japonês Yonoi, chefe do campo de concentração, recebe um novo prisioneiro, o major inglês Jack Celliers, e se encanta por ele, ao ser confrontado com sua arrogância viril. Na tentativa de seduzir Celliers, o capitão Yonoi inicialmente o salva do fuzilamento. Depois, ante a insubmissão do major, descarrega seu autoritarismo contra todo o grupo de prisioneiros. Nada inocente, Celliers percebe que o desejo reprimido de Yonoi está prestes a entrar em erupção. Quando a atitude sádica do capitão japonês atinge os prisioneiros doentes e feridos, Celliers interfere quase como um profeta e lhe beija o rosto em público. O capitão japonês sofre um choque emocional que o arroja para trás, inconsciente, como se tivesse sido tocado por uma força maligna – no caso, o demônio do desejo. Aquele "beijo proibido" libera a libido recalcada, que o desestrutura com sua força pulsional.

A erupção de Eros reprimido repercute em todo o território de Anteros, que controla a ordem estabelecida. Qual era esse Eros, sabemos desde o início: naquele campo de homens confinados como numa panela de pressão, paira a sombra do desejo homoerótico que, quanto mais reprimido, mais se agita no território do inconsciente coletivo. É bastante revelador, a propósito, o diálogo entre o major Lawrence (o único dos prisioneiros a falar japonês) e o sargento Hara, capataz do campo. Lawrence vai lhe pedir ajuda para proteger o jovem holandês, estigmatizado pelo estupro que sofreu, o que pode levar seus companheiros de prisão a se aproveitarem sexualmente dele. Revela-se aí o modo como a ebulição erótica circula entre os prisioneiros confinados. Do ponto de vista da sua cultura, Hara retruca, mencionando, não sem cinismo, a desconfiança de que todos os soldados aliados sejam homossexuais. E ironiza, ao saber da vinda de um novo prisioneiro: "Chegou mais um viado". Zombeteiro, Hara suspeita inclusive que Lawrence também seja homossexual, por proteger o holandês. Lawrence se esquiva e explica que guerras criam amizades entre homens, mas isso "não significa que todos os soldados se tornam homossexuais". Defensivo, Hara faz uma contraposição ambígua com a cultura japonesa, afirmando que "samurais não *temem* a homossexualidade" – e se expressa no presente. Ao contrário, várias vezes Yonoi aparece em traje antigo de samurai, treinando luta de espadas com seu ajudante, que se mostra tão ciumento a ponto de tentar matar Celliers – o que denuncia seu óbvio interesse erótico pelo chefe. Em todos os sentidos, o teatro de guerra revela, implícito no continuum homossocial masculino, o sintoma do ingrediente homossexual.

Como corolário, cito outra obra-prima do cinema contemporâneo que tematizou o entrelaçamento paradoxal entre Eros (amor) e Tânatos (morte), dessa vez abordando os miasmas da libido militarizada num viés que se diria epifânico. No filme *Bom trabalho* (1999), inspirado em várias obras de Herman Melville, especialmente *Billy Budd*, a diretora francesa Claire Denis verteu com alta precisão poética o impacto do desejo viril num destacamento da Legião Estrangeira Francesa. O sargento Galoup, um oficial do grupo estacionado na pequena República do Djibuti, manifesta reverência, plena de erotismo sublimado, pelo comandante Bruno Forestier. Quando um soldado mais jovem se junta ao pelotão e se destaca pela beleza, bravura e empatia, o veterano Galoup sente medo de perder sua ambígua proximidade com Forestier. Mas há também inveja da virilidade do jovem soldado. À medida que o ciúme cresce, ele articula um modo de se livrar do novato. Sua vingança desmesurada quase provoca a morte do rapaz. Denunciado e julgado em corte marcial, Galoup é expulso da Legião. Volta para a vida civil na França, mas jamais consegue esquecer o clima da camaradagem legionária. Em sua solidão, cerca-se de objetos do passado e continua arrumando a cama de maneira meticulosa, aprendida nos tempos da Legião. Preso nas malhas da homossocialidade militar, Galoup segue cultivando a lembrança da virilidade que cobiçava nos companheiros.

De modo engenhoso, o filme torna palpável um erotismo disperso, ao concentrar o desejo ali onde ele emana e circula: os corpos dos soldados. Nas imagens, sobra ambiguidade. Ainda que raramente explícito, o erotismo está subjacente através de pequenos sinais emitidos. Os soldados realizam coletivamente trabalhos domésticos, desde preparar juntos as refeições até lavar, estender e passar suas roupas, com uma meticulosidade exacerbada. Nas horas vagas, além de frequentarem as belas mulheres da danceteria local, desfilam em camaradagem quase coreográfica, em que carregam nos ombros uns aos outros, como heróis. Nos exercícios militares, além de lutarem entre si, praticam abraços violentos, como se nesse modo insistente comprovassem uma intimidade viril — também evidência da necessidade de se abraçarem. Há ainda danças tribais dos soldados em torno da fogueira ou em círculo coletivo de ritmo bem marcado.

Na contramão da rigidez dos músculos, a diretora Denis adiciona lampejos imagéticos do vento no deserto, do mar balouçante, de gestos de camaradagem grupal e olhares vagos, empregando travellings e panorâmicas surpreendentes, que dão a impressão de estarmos diante de um poema sinfônico. Algumas vezes, o filme explicita a ambiguidade erótica, como se vê no comentário do comandante Bruno ao observar seus soldados: "Penso que se não fosse por sexo e sangue, não estaríamos aqui". Ou quando Galoup usa uma pulseira com o nome "Bruno" entalhado. No fio da navalha, Denis cria sequências inscritas entre as mais belas do cinema contemporâneo. Transforma um exercício ao ar livre em sutil balé entre machos e suas sombras, com tal leveza que corpos exuberantes e contemplativos parecem se diluir em luz interior, pontilhada sonoramente por um coro masculino da ópera *Billy Budd*, de Benjamin Britten.

O drama erótico de Galoup vai culminar no cruzamento entre sua pistola empunhada na cama e a frase tatuada em seu peito: "*Sers la bonne cause et meurs*" ("Serve à boa causa e morre"), lema oficial da Legião, cujo sentido tanático ele repete, num sussurro de adeus. O que lhe resta seria o suicídio? Denis não assevera. Antes, cria um corte brusco, bem no seu estilo de narrativa líquida, e insere uma cena inesperada. Em meio às paredes espelhadas da danceteria vazia, o ex-sargento expulso da Legião ouve uma típica música de clubes dançantes: "*This is the rhythm of the night, this is the rhythm of my life*", diz a letra. De repente, como se possuído pela energia de Eros, Galoup se entrega a uma dança selvagem e sensual, às vezes se jogando e rolando ao chão, em súbitas paradas e retomadas. Sua coreografia frenética sugere a explosão daquela força libidinal que ele barrava, indeciso entre o amor pelo comandante Bruno e pelo soldado que tentou matar. Depois de ter esticado até o limite o fio do continuum homossocial, Galoup abre ali a brecha para o desejo que o levara a ser punido. Totalmente só, ele se entrega à dança disruptiva, como se tentasse suprir o amor de macho que lhe falta. Através do frenesi dos movimentos dançantes, que se configuram numa descompressão do corpo, Claire Denis exacerba o erotismo que o personagem tentara estancar. A explosão dançante evidencia a reação incendiária do personagem e funciona como estopim num rastilho de pólvora que incendeia retroativamente a narrativa e lhe adiciona um caráter subversivo em relação ao drama do masculino errático. Assim, a estilística ritualizada de Claire Denis desvela a libido reprimida sob o intrincado tecido libidinal do ambiente militar, como se traduzisse Freud para a ficção.

Convém observar que se está aí num terreno movediço, pois o pensamento freudiano abre brechas ambivalentes, em que as forças contrárias de Eros e Tânatos se interpenetram e interagem. Se Eros parece triunfar, também é possível a continuação exacerbada da luta com Tânatos, no contexto da pulsão de morte que costuma acompanhar a pulsão vital. Freud acreditava que a pulsão de morte coincide com o início histórico da cultura, ou seja, com o primeiro parricídio, quando os filhos mataram o pai primevo. Daí a tendência à destruição estar inserida no próprio cerne da cultura. Do embate entre o assassinato do pai e o amor a ele devotado surgiu, nas gerações seguintes, o sentimento de culpa, herdado automaticamente pela cultura. A culpa resultou tão pesada que a presença do pai morto se constelou como Supereu, na psique humana. Nesse jogo inevitável, os dois extremos de amor e agressão se embatem e ao mesmo tempo se congraçam, no interior da cultura. Segundo Freud: "O sentido da evolução cultural [...] nos apresenta a luta entre Eros e morte, instinto de vida e instinto de destruição, tal como se desenrola na espécie humana".[44]

De acordo com o psicanalista austríaco Igor Caruso, Eros carrega paradoxos. O embate entre as demandas do eu desejante e o padrão moral da sociedade impulsiona ambiguidades. Toda a problematização do eu, que inclui repetição de antigas frustrações e defesas, "provoca uma mescla entre vida e morte — sem que nenhum dos dois elementos predomine". Indo mais longe, Caruso considera que na experiência humana o desejo "representa uma tragicomédia incessante" de repetição em repetição que "só termina quando Eros finalmente encontra sua culminância na morte — culminância que traz também sua destruição". Assim, o conceito de "pulsão de morte" criado por Freud se define "graças à compulsão repetitiva: a *morte* imprime compulsão à nossa *vida*, mediante todas as variações do Eros". O motivo da repetição é óbvio: sem conseguir superar o passado, o inconsciente repete incessantemente o reprimido, porque "todos os dinamismos psíquicos tendem ao *restabelecimento de um estado inicial*". Daí, a pulsão de morte se articula "num rígido silogismo: no começo existia a morte; ora, a vida tende a voltar ao começo; logo, a morte é a tendência última da vida".[45]

Se a relação ambivalente entre Eros (como pulsão de vida) e Tânatos (como pulsão de morte) é uma vivência cotidiana dos seres humanos, os exércitos constituem um campo privilegiado para esse encontro. Nos domínios da disciplina hierarquizada, que impõe a obediência entre machos, aqueles profissionais preparados para a mortandade indiscriminada das guerras encontram-se, inadvertidamente, mais próximos ao mundo de Tânatos, ainda que se alegue a obtenção da paz. Estranho é que as paranoias masculinas falocráticas não enxergam a lógica de tal corolário, contrário à equação padronizada em oposições inconciliáveis. Georges Bataille enfatizava a conexão erótico-tanática ao lembrar que foi a consciência clara da morte que levou os homens da era Paleolítica a pintar tantos falos em suas cavernas, numa espécie de convergência de duas verdades básicas. Inicialmente, erotismo e morte parecem opostos, porque o desejo é resultado da vida e a vivência erótica seria o ápice da afirmação vital. Desde os primórdios, foi o conhecimento da morte que deu corpo ao erotismo, diferindo os homens pré-históricos dos animais. Mas também é verdade que a perspectiva permanente da morte nos leva à violência exasperada e quase desesperada do erotismo. Não por acaso, o orgasmo é chamado de "pequena morte" entre os franceses. Segundo Bataille, a ruptura tanática confina com a explosão erótica porque "a desordem sexual [...] nos transtorna, às vezes nos devasta [...] e nos compromete na violência do abraço".[46] Faz sentido, a propósito, a luta de abraços massacrantes citada no filme de Claire Denis. Para Bataille, ocorre o oposto da união quando dois seres se encontram sexualmente: ambos partilham "um estado de crise em que tanto um quanto o outro estão fora de si", dominados pela violência.[47] Assim, no espelho de Tânatos, tal como erigido dentro dos exércitos, fatalmente estará refletida a face de Eros. Quebrar esse espelho da morte para refrear Eros denuncia ainda mais o paradoxo embutido no fascínio amoroso que a morte exerce sobre o inconsciente de todos nós. O espelho rompido é, certamente, a melhor maneira de reforçar, pelo recalque, a presença dominadora de Eros no universo tanático dos exércitos.

17. O melhor inimigo de si mesmo

No caso dos homens homossexuais, à crise masculina endêmica somam-se as interdições persecutórias que secularmente cercaram os assim chamados pederastas, sodomitas, uranistas, invertidos sexuais, efeminados etc.[1] Historicamente, as punições à homossexualidade incluíram desde multa, prisão, confisco de bens, banimento, marca com ferro em brasa, execração e açoite público até castração, amputação das orelhas, morte na forca, morte na fogueira, empalamento e afogamento. Em certas épocas e países, o vizinho que denunciasse um sodomita recebia parte dos bens do transgressor, como acontecia no Tribunal da Santa Inquisição, inclusive no Brasil.[2] Tratava-se de punições tão cruéis e insistentes que, além de invadir o imaginário coletivo com um pânico endêmico, deixaram também desdobramentos linguísticos. Assim, o termo inglês *faggot* (feixe), que ainda hoje designa pejorativamente o homossexual masculino, remete ao costume dos imigrantes puritanos de usar feixes de lenha para queimar os sodomitas do Novo Mundo.[3]

É verdade que as punições vieram se abrandando, até permitirem certa visibilidade atual, sobretudo quando restrita aos guetos. Mas a permanência básica das interdições pode ser aferida pelo longo processo, de mais de setenta anos, desde o fim da Segunda Guerra Mundial, até se efetivar algum tipo de reconhecimento e indenização aos milhares de homossexuais vítimas de crimes de guerra, torturados ou mortos durante o regime nazista — tal como ocorreu com os judeus, políticos e até ciganos. Mesmo os portadores de deficiência física e mental assassinados em massa pelo nazismo foram oficialmente reconhecidos e mereceram um memorial em Berlim.[4]

Tal descaso resultava do fato de que, durante pelo menos duas décadas após a Segunda Guerra Mundial, continuou vigorando no Código Penal alemão o famigerado parágrafo 175, que considerava crime a relação homossexual entre homens e só teve cancelamento definitivo, mais do que tardio, em 1994. Criado em 1871, o parágrafo 175 recebeu adendos ainda mais pesados e redobradas punições com a chegada de Adolf Hitler ao poder. A perseguição nazista condenou aproximadamente 50 mil homossexuais a diferentes penas, desde dez anos de prisão e trabalhos forçados até castração ou mesmo experimentos "científicos" para descobrir o "gene gay". Calcula-se que entre 5 mil e 10 mil homossexuais foram marcados com o triângulo rosa na roupa e enviados aos campos de concentração, onde muitos morreram vítimas das piores condições entre todos os presos. Enquadrados numa explícita campanha de "extermínio pelo trabalho", os homossexuais eram condenados às tarefas mais pesadas, sofrendo humilhações e espancamentos cruéis dos guardas nazistas, quando não dos próprios companheiros homofóbicos de prisão.[5] Como no pós-guerra o parágrafo 175 do período nazista continuou vigorando (em diferentes graus) nas duas Alemanhas, a perseguição a homossexuais não esmoreceu. Assim, reabilitação e compensação financeira às vítimas de leis homofóbicas foram negadas ou adiadas sucessivamente pelos supostos governos liberais, mesmo depois da reunificação alemã. As condenações nazistas só foram anuladas oficialmente em 2002, mas não as demais perseguições homofóbicas no pós-guerra.[6]

Em 2008, o governo alemão homenageou os homossexuais mortos nos campos de concentração nazistas com um memorial erigido em Berlim. Em 2018, o Estado alemão, por intermédio do presidente Frank-Walter Steinmeier, finalmente fez um pedido oficial de perdão às vítimas de perseguição homofóbica, mesmo após o nazismo, baseada no parágrafo 175.[7] Foi só em 2017 e 2019 que se promulgaram leis mais abrangentes e definitivas para determinar a reabilitação e indenização financeira dos homossexuais condenados – quando praticamente todas as vítimas já tinham falecido.[8]

Durante muito tempo, e até hoje em alguns casos, países tão diversos como Estados Unidos, Chile, Irã e China, entre muitos outros, mantêm punições ou proibições legais contra práticas homossexuais. Para se ter uma ideia, até 1998 a sodomia ainda era crime na África do Sul, e nos Estados Unidos sua descriminalização só aconteceu em 2003.[9] Segundo o relatório de *Homofobia do Estado* publicado em 2020 pela Associação Internacional de Lésbicas, Gays, Bissexuais, Trans e Intersexuais (Ilga, na sigla em inglês) dos 193 países-membros da ONU, 69 ainda consideram crime as relações homossexuais. Dentre esses, 67 têm leis explícitas contra a prática homossexual ou fazem uso indireto de outras leis para perseguir e condenar LGBTQ+, caso do Iraque e do Egito. Se a pena de morte para homossexuais foi revogada no Sudão e em Uganda, esse tipo de punição ainda vigorava em seis países – Arábia Saudita, Brunei, Iêmen, Irã, Mauritânia e Nigéria. E, dependendo da interpretação das leis, outras cinco nações também podem aplicar a pena capital a pessoas LGBTQ+. Segundo o documento da Ilga, uma pessoa acusada de ter praticado ato homossexual pode ser processada judicialmente, ainda que só sob suspeita, e sentenciada à prisão, ao açoitamento público ou até à morte.[10]

Aliás, os direitos de pessoas LGBTQ+ nunca encontraram acolhimento em tratados internacionais, nem foram explicitados na Declaração Universal dos Direitos Humanos, promulgada em 1948, ou no Pacto Internacional sobre os Direitos Civis e Políticos da ONU, estabelecido em 1966. Quando abordadas, questões de temática LGBTQ+ entravam no âmbito dos direitos humanos em geral. Mesmo a ONU, desde sua criação, em 1945, passou décadas sem abordar a questão dos direitos LGBTQ+, e jamais conseguiu estabelecer mecanismos internacionais para a proteção dos direitos de orientação sexual e igualdade de gênero, atacados em todo o mundo em diferentes matizes repressores. Ainda que em 1994 tenha acontecido, no âmbito da Comissão de Direitos Humanos, um primeiro debate num caso relacionado à criminalização da sodomia, só a partir dos anos 2010 a ONU promoveu uma mudança de fato, ao assumir a defesa dos "direitos de pessoas LGBTQ+" no conjunto das nações. Em 2013, a campanha "Born Free and Equals" (Nascidos Livres e Iguais), lançada pelo secretário-geral da entidade, consagrou uma guinada definitiva para o reconhecimento dos direitos específicos de pessoas LGBTQ+. Na esteira dessa campanha, só em 2015 a ONU tornou a comunidade LGBTQ+ internacional parte explícita das suas lutas prioritárias, com a publicação do relatório "Discriminação e violência contra indivíduos baseadas na orientação sexual e identidade de gênero", do Alto Comissariado para Direitos Humanos.

Em contrapartida, o recrudescimento da religiosidade fundamentalista com interação internacional de governos nacionais criou um consórcio ideológico globalizado que juntou Estados de jurisdição cristã (a Santa Sé, entre eles) e muçulmana para barrar direitos à liberdade de orientação sexual e identidade de gênero. Os argumentos se baseavam nos mesmos antigos padrões jurídico--teológicos de defesa da família nuclear e da liberdade religiosa — como se a primeira fosse um núcleo historicamente imutável e a segunda significasse o direito de exercer a sua religião de modo hegemônico.[11] Tal histórico de omissão (às vezes com desinteresse e mal velada agressividade) tem uma explicação nos bolsões de tolerância que a sociedade mantém tacitamente. Em momentos de crise, ela suspende a tolerância e promove o ato catártico mais adequado. Os bolsões podem incluir judeus, negros, imigrantes ou LGBTQ+, dependendo do contexto.

No caso da homossexualidade, como já vimos, o processo é particularmente curioso, cristalizando-se em leis, ora aqui, ora ali, a partir de um preconceito reiterado e disseminado que se arraigou no inconsciente como reação ao medo infantil de ser castrado. Assim, as reações ambivalentes de repúdio tanto à castração (rivalidade com o pai) quanto ao desejo de ser castrado (amor ao pai) coletivizaram-se e se desdobraram fobicamente para o universo dos adultos, encastelando-se em suas leis (eclesiásticas, civis ou militares), com maior ou menor rigor, nos vários períodos históricos e diferentes culturas falocraticamente instauradas. Mesmo quando em parte canceladas, essas leis deixam cicatrizes indeléveis. Em outras palavras: assolada por velhos traumas, a sociedade adulta de organização falocêntrica continua movida por suas fantasias infantis, nunca superadas. Ela vive, portanto, empacada na infância de si mesma. No caso particular, parece-me que pessoas LGBTQ+ sofrem punições por um problema que afeta a sociedade como um todo. Tornam-se bodes expiatórios do medo ancestral à emasculação do macho, que ronda secularmente a organização patriarcal.

Por extensão, pode-se dizer que desse modo a sociedade busca se exorcizar do medo à sua própria homossexualidade, cotidiana e organicamente recalcada. Intervém aí, portanto, um gesto defensivo (medo do "contágio") que leva ao punitivo (perseguição a quem se desvia do padrão), mal disfarçando a inveja do gozo do outro — "por que ele pode e eu não?". Uma boa evidência desse aspecto defensivo são os anúncios de TV, nos quais a grande maioria dos estímulos de consumo giram em torno do casal heterossexualmente constituído. Esse incessante e homeopático processo de lavagem cerebral revela a maneira como a estrutura patriarcal se defende contra tudo o que considera ameaça de ruptura da sua hegemonia heterossexista – inclusive no gozo que não se permite a si mesmo e, portanto, proíbe-se no outro.

A maneira, nem sempre sutil, com que se exerce o aspecto punitivo fica evidente no tratamento que se dá aos crimes cometidos por ódio contra a comunidade LGBTQ+. Se focarmos o Brasil, a punição começa pelo fato de não existir nenhuma instância governamental que faça um levantamento satisfatório sobre esses crimes especificamente. As estatísticas mais abrangentes costumam ser feitas, há décadas, pelo Grupo Gay da Bahia (GGB) a partir do noticiário na mídia, na internet e de informações diretas a que a ONG tem acesso – o que com certeza dá margem a subnotificações. Em dossiês anualmente preparados e enviados ao Ministério da Justiça, o GGB vem constatando um aumento substancial de homicídios e agressões contra homossexuais (masculinos/femininas) e transgêneros no Brasil.

Vale a pena estabelecer uma comparação estatística. Entre 1980 e 1996, os dados coletados pelo GGB indicavam 1468 crimes explícitos contra LGBTQ+. Se na década de 1980 ocorria uma morte a cada cinco dias, em 1997 a média subiu para um homicídio a cada três dias. Só em 1996, ocorreram 126 assassinatos, num aumento de 12% relativamente ao ano anterior.[12] No século XXI, houve um salto extraordinário: de 130 assassinatos por homofobia no ano 2000, passou-se para 445 casos registrados em 2017 – já aqui, com um aumento de 30% em relação a 2016. Desse total, 43,6% das vítimas eram gays, ao lado de 42,9% de travestis e transexuais – ocorrendo neste último caso um aumento de 6%, o mais significativo do grupo LGBTQ+. Portanto, o levantamento indica que em 2017 acontecia mais de um assassinato por ódio homofóbico a cada dia.[13] Convém lembrar, ainda, que em 2019 a Associação Nacional de Travestis e Transexuais contabilizou como pretas e pardas 82% das transexuais assassinadas, mais uma evidência dos tentáculos do racismo no Brasil.[14] Em seu relatório de 2016, a Ilga apontava o Brasil, estatisticamente, como líder nas Américas em número de assassinatos por orientação sexual ou identidade de gênero.[15] Ainda assim, é preciso ressaltar que as estatísticas sobre homofobia certamente estão subestimadas, devido à ausência de levantamentos oficiais do Estado brasileiro.

Claro que também não estão contabilizados os inúmeros crimes – tendendo para a maioria – em que não consta a motivação, já em si nebulosa, de natureza LGBTfóbica. Mesmo porque não há como contabilizá-los, quando as próprias famílias entram em cena e interrompem o processo, para evitar que a homossexualidade da vítima se torne pública — o que é mais comum do que se imagina. Ainda assim, quando não está explícita a orientação sexual ou identidade de gênero da vítima, é possível identificar características de crimes de ódio homofóbico através dos requintes de crueldade, seja nos golpes multiplicados, nos instrumentos diversos ou nos métodos de tortura e mutilação. É o que se pode comprovar neste trecho do relatório do Grupo Gay da Bahia:

> A transexual Fernanda, 30 anos, de Rio Brilhante (MS), foi apedrejada, espancada e morta numa via pública com 80 facadas; o artista plástico Cedric Madala, 33 anos, gay de Parati (RJ), foi assassinado com tiros na cabeça e sua casa incendiada; em São Paulo, o jovem gay Plínio Lima, após ser alvo de insultos homofóbicos, foi esfaqueado por dois agressores quando passeava à noite de mãos dadas com seu marido pela Avenida Paulista; o corpo da lésbica Mônica Lima, 33, de Sorocaba (SP), foi encontrado na rua com sinais de esganamento e presumível violência sexual; em Penedo (AL), Lourinaldo Ribeiro, 52 anos, e seu companheiro por trinta anos, o médico Antonio Francisco Ribeiro, 56, foram cruelmente torturados dentro de sua residência, mortos a facadas; a travesti Anninha, negra e pobre, de Colatina (ES), foi decapitada, encontrada nua e castrada; José Ribamar Frazão, de Cachoeira Grande (MA), foi queimado ainda vivo na véspera de São João, após ser vítima de incontáveis pauladas.[16]

Um fator agravante é que, a não ser em casos de pessoas influentes, quase nunca se descobrem os assassinos, levando-se em conta que boa parte desses crimes acaba sendo arquivada, às vezes sem sequer constituir inquérito nas delegacias.[17]

Em geral preferindo o silêncio tácito e omisso, a sociedade falopatriarcal muitas vezes, ao longo do tempo, deixou explícita uma sanha genocida contra homossexuais, através de campanhas e atitudes puramente baseadas no ódio. Os protagonistas dessa paranoia abrangem setores diversificados, pipocando aqui e ali. Na década de 1980, o médico mineiro Aloísio Resende Neves lançou nacional e internacionalmente a ideia de "spatização" de homossexuais soropositivos, com sugestão de vasectomia e extirpação dos testículos para evitar a disseminação da aids. Na mesma época, dom Cláudio Colling, então arcebispo de Porto Alegre, fazendo eco à proposta de castração, manifestou publicamente sua "vontade de sair com uma faquinha bem afiada", em campanha pessoal de combate à aids, com rancorosa informalidade cristã.[18] Nem sequer uma nova pandemia parece ter arrefecido o rancor da religiosidade fundamentalista. Em abril de 2021, o pastor José Olímpio, da Assembleia de Deus de Alagoas, declarou nas redes sociais estar orando pela morte do ator Paulo Gustavo, então em estado grave, com covid-19. Motivo provável? Além de intérprete da famosa Dona Hermínia em filmes, o ator casara-se com outro homem e era pai de duas crianças, com farto noticiário público.[19]

A sanha homofóbica também usa o clássico argumento que transforma a vítima em algoz. No começo dos anos 1990, um PM de São Paulo assassinou várias travestis à queima-roupa e teve sua pena drasticamente diminuída. Motivo: o Tribunal de Justiça Militar considerou a travesti (a vítima) *responsável* por saber que sua profissão é uma "atividade perigosa" – raciocínio que abalaria o sistema judiciário se aplicado a tantas outras atividades consideradas "perigosas" por tribunais irresponsáveis. Em 1997, um cidadão autoidentificado como "Rancora" passou a lançar pela internet conclamações à formação de um grupo exterminador de bichas, com orientações concretas para tal.[20]

Pois bem, se naquele período o ódio homofóbico partia de um ressentimento individual, o aprimoramento tecnológico da internet permitiu sua multiplicação em velocidade assombrosa, cada vez mais ancorada no anonimato. Em 2013, quando anunciaram publicamente seu casamento, Daniela Mercury e Malu Verçosa sofreram uma onda de ataques de ódio nas mídias eletrônicas, que iam desde ofensas pessoais como "ridícula", "patética" e agressões à sua vida íntima, até acusações clássicas de "ser homossexual é contra a lei de Deus" e "estão instaurando uma ditadura gay". A semelhança de argumentos e padrões ofensivos evidenciava uma mesma matriz ideológica, mas também uma campanha orquestrada de ódio.[21] Posteriormente, os ataques violentos se estenderam a outras mulheres lésbicas que se assumiram nas redes sociais, como a jornalista Fernanda Gentil e a atriz Bruna Linzmeyer.[22] A partir da eleição de 2018, as políticas de direita radical instauradas no Brasil tornaram a vigilância moral ainda mais estrita. A atuação criminosa nas redes sociais se sofisticou com a utilização de disparos em massa e comunicação robotizada, para gerar milhares de protestos na forma de milícias digitais. Em 2020, ativistas de direitos humanos passaram a denunciar não apenas o crescimento exponencial de ataques virtuais a pessoas LGBTQ+, mas também convites feitos nas redes sociais para criar grupos de "agressão e repressão a gays nas ruas do Rio", num caso concreto.[23] Em todas essas ações, o acordo subjacente, tanto mais por seu teor inconsciente, é de que a sociedade extermine o desvio sexual que carrega dentro de si mesma, promovendo o linchamento moral e físico de pessoas LGBTQ+.

O rechaço infantil à castração, socialmente manifestado em adultos homofóbicos, não se atualiza apenas na agressividade radical dos crimes de ódio. Articula-se também como homofobia internalizada, no caso de inumeráveis LGBTQ+ que, sofrendo de culpabilidade, consomem-se em sistemática autopunição. Pode-se dizer que essas pessoas estão em confronto com uma espécie de terror instaurado no inconsciente, graças à insistência das perseguições anti-homossexuais durante séculos e incontáveis gerações. O pesadelo de estar dividido entre o impulso do seu desejo e as prescrições sociais condenatórias resulta em grave conflito interior, que tem levado um grande número de LGBTQ+ à dependência de drogas químicas, ao alcoolismo, à paranoia, ao suicídio, ao homicídio e à violência, em diferentes épocas e circunstâncias. Foi semelhante dilaceramento que transformou em seres atormentados (e às vezes violentos) pessoas tão diferentes como — entre tantas outras — o compositor russo Piotr I. Tchaikóvski, o rei Luís II da Baviera, os poetas franceses Paul Verlaine e Arthur Rimbaud, o escritor francês Marcel Proust, o escritor alemão Klaus Mann,[24] o filósofo alemão Friedrich Nietzsche,[25] o filósofo austríaco-britânico Ludwig Wittgenstein[26] e o matemático inglês Alan Turing.[27] Assim também, no Brasil, os escritores Mário de Andrade e Lúcio Cardoso, que se debatiam em dolorosa culpabilidade resultante de sua atração sexual por outros homens.[28] O caso de Luís II é emblemático: na obcecada tentativa de resistir aos apelos carnais, ele mantinha um diário cifrado, com resoluções explícitas para vencer as tentações homossexuais e masturbatórias, e chegava a punir cruelmente os criados objetos do seu desejo e até do seu amor.[29] Em quase todos esses personagens, pesquisas mais acuradas encontraram evidências de ocultamento ou inutilização de provas sobre suas práticas sexuais dissidentes, que só acabaram sendo reveladas por se tratar de personalidades célebres.[30]

No caso das mulheres lésbicas, até mesmo figuras mais famosas padeceram da condição de invisibilidade, tal o grau de repressão exercida pela sociedade falopatriarcal sobre a sexualidade feminina e, com especial impacto, sobre o lesbianismo. Em relação às escritoras, por exemplo, foi preciso esperar até o século XX para que sua ficção criasse personagens explicitamente lésbicas – casos, entre outras, da inglesa Radclyffe Hall, da francesa Gabrielle Colette e da brasileira Cassandra Rios. Ainda assim, elas sofreram punições, de um modo ou de outro: Radclyffe Hall, pela justiça inglesa, que considerou obsceno seu romance *O poço da solidão* e o manteve proibido de 1928 até 1959; Gabrielle Colette, por seu ex-marido Willy, que se apropriou da autoria de seus primeiros romances; Cassandra Rios, pela ditadura brasileira de 1964, que censurou e proibiu vários de seus romances.[31]

Historicamente, constam exemplos de como muitos grupos masculinos se prevaleceram dos seus privilégios no contexto patriarcal para abrir possibilidades de prática sexual dissidente. Desde o século XVIII, homens de toda a Europa iam à Itália em viagem de turismo homossexual, ou, no dizer do estudioso Hans Mayer, para uma "via-sacra erótica", graças aos costumes italianos menos severos do que nos países do Norte. Era bastante comum que senhores de vida familiar ilibada – por exemplo, o escritor dinamarquês Hans Christian Andersen – fugissem para a Itália, no fluxo do "vento sul", onde os "exilados de Sodoma" encontravam sua nova pátria, na expressão de Hans Mayer.[32] Também nesse caso a produção cinematográfica revelou, não sem contundência, episódios ocultos ou raramente narrados na vida de personagens célebres. Filme vitimado por certo silenciamento, *Além do bem e do mal* (1977), da italiana Liliana Cavani, faz uma abordagem arrojada do triângulo amoroso vivido por Lou Salomé, Paul Rée e Friedrich Nietzsche – ou Fritz, como os mais íntimos o chamavam.

Ansiando por uma nova moral, para combater a norma cristã que, na verdade, se arraigara dentro da sua própria vida interior, Friedrich Nietzsche vai morar na Itália, durante um período de licença como professor na Universidade da Basileia. O filme conta que, em Roma, ele conhece a estudante russa Lou Salomé, por intermédio de Paul Rée, um amigo comum – e ambos se encantam pela jovem. Lou, de longe a mais ousada, empurra seus parceiros para novas experimentações contra a moral vigente, algo conveniente a Fritz, sempre às turras com a religiosidade puritana da mãe e da irmã. Lou começa por levar Paul a uma ruína romana de encontros públicos exclusivamente masculinos, onde ambos presenciam uma orgia noturna, que perturba o rapaz. Encantada com a inteligência de Fritz, Lou propõe morarem os três juntos. Ainda que reticentes, os dois homens aceitam. Suicida crônico, Paul carrega um frasco com o veneno curare para se matar. Fritz Nietzsche sofre de impotência sexual causada, provavelmente, pela sífilis e por excesso de ópio, que usa para mitigar as crises de enxaqueca. Apesar de seu repúdio à moral cristã vigente, o trio começa a sofrer seus efeitos nada abstratos. Quando estão a três na cama, Fritz apela à intermediação de Lou, ao lhe pedir: "Diga a Paul que eu amo vocês dois". Ainda que tortuosamente, fica clara a mútua e não assumida atração masculina.

Noutro momento, quando Paul e Lou estão transando no chão, Fritz espia a cena e se aproxima, de rastros. Cônscia do drama subjacente, Lou se afasta e deixa os homens frente a frente, mas Fritz repele um ímpeto de acariciar o corpo de Paul e o agride. A partir daí as coisas se complicam, degenerando para uma típica rivalidade como camuflagem ao homoerotismo reprimido entre os dois homens. Na última cena, antes de se separarem, Paul flagra o solitário Fritz com uma prostituta e se vê no lugar dela, em fantasia. Logo depois, vai embora com Lou para Berlim. Sentindo-se à deriva, Friedrich Nietzsche viaja a Veneza, onde relembra encontros sexuais masculinos do passado, ensaia paqueras com homens nos cafés e, tomado pelo ópio, tem visões de rapazes dançando nus. Atormentado, aumenta o consumo da droga e inicia sua triste derrocada mental até a internação final num hospício. Ao mesmo tempo, Paul Rée se sente solitário após o casamento de Lou com Friedrich Carl Andreas. Numa estação de trem, contrata uma prostituta para que transe com um carregador, enquanto ele espia ao lado e tenta participar da cena, em vão. Já formado médico, Paul frequenta tavernas de operários, onde se embriaga e sai com um grupo que, depois de estuprá-lo, o assassina barbaramente, para em seguida lançar seu cadáver num rio, como se tivesse se afogado.

Não é um filme feliz, mas sua contundência resulta marcante já pela contextualização histórica. Se Liliana Cavani tomou algumas liberdades interpretativas, elas se encontram fartamente sugeridas nos relatos biográficos das personagens reais. Ao contrário dos dois homens atormentados por conflitos sexuais insolúveis, Lou Andréas-Salomé prezou viver até o fim como uma "mulher livre". Mesmo casada, teve inúmeros casos amorosos, inclusive com o poeta alemão Rainer Maria Rilke, muito mais novo que ela, e se tornou uma renomada psicanalista, por quem o próprio Sigmund Freud nutriu uma paixão sublimada em admiração intelectual.[33] Ao escancarar o desmantelamento psicológico de dois machos desestabilizados pelo fantasma da castração, o filme de Liliana Cavani fustiga uma grave questão: de que matéria real se compõe o masculino? Enquanto os homens, em defesa da sua idealização fálica, debatem-se entre o medo e o fascínio de abraçar o feminino, no mesmo contexto patriarcal uma mulher enfrenta seus conflitos fálicos e, com humana ousadia, consegue elaborar as contradições do feminino.

Numa abordagem similar, cito outro filme que, no entanto, acrescenta uma tentativa (ainda que vã) de solução ao problema. Trata-se de *Eclipse de uma paixão* (1995), da polonesa Agnieszka Holland, sobre o relacionamento amoroso entre dois dos maiores poetas franceses do século XIX, Paul Verlaine e Arthur Rimbaud. O primeiro recém-casado e já consagrado, o segundo um adolescente rebelde, de qualidades e defeitos peculiares. Entre ambos, uma diferença de idade de quase dez anos. Verlaine abandona a família para levar uma vida incerta com Rimbaud. Olhados como párias, eles viajam incessantemente, gastando o pouco dinheiro disponível. Suas crises de instabilidade emocional tornam a relação tempestuosa, e eles quase se matam um ao outro. Num hotel barato em Bruxelas, Verlaine se embebeda e dá um tiro em Rimbaud, ferindo seu pulso. O estigma social escancara diante deles sua condição de pederastas à margem da lei. Preso, Verlaine é submetido a um tribunal e tem o ânus examinado por um especialista, que conclui se tratar, de fato, de um desviado sexual. Entre reatamentos e novas brigas, Rimbaud pede, como prova de amor, que Verlaine coloque sua mão aberta sobre a mesa de um bar. Uma vez obedecido, Rimbaud crava nela uma faca. A agressão não se revela diretamente proporcional ao desamor, nem o amor sustenta ali uma saída unívoca – encontros e desencontros se atropelam. Assim, quando Verlaine o abandona de vez, Rimbaud parece perder literalmente o rumo, vive como andarilho e parte em exílio para a África.

No final do filme, o velho Verlaine lembra-se da cena no bar e fantasia que, em vez de lhe cravar a faca, Rimbaud beija-lhe a mão. A cena resulta particularmente tocante ao denunciar, de forma concisa, o afeto que faltou nessa "temporada no inferno". Bastava um beijo para se iniciar a cicatrização do pânico masculino da castração. A diretora Agnieszka Holland e o roteirista Christopher Hampton flagraram essa ausência, mas como fantasia. A "falta do beijo" entre o casal de amantes masculinos dá a dimensão da vigência homofóbica (mencionada por Kosofsky) até no território preparado para o amor.

Amalgamada na tessitura de relacionamentos aparentemente consolidados, a norma falocêntrica internaliza a repressão até na prática amorosa com potencial libertador.[34] Assim como em outras histórias de amor dilacerante, aqui o meio social interfere para destruir a sexualidade desviante do padrão, exceto que atua de modo particularmente violento. Combinada com o estigma social e dependendo de cada caso, intervém obviamente a singularidade da relação de cada sujeito com sua própria história psíquica, na qual se destaca a pulsão de morte (sua tendência destrutiva).

Por toda parte, quando se dão conta do seu desejo ou gênero desviantes da norma, LGBTQ+ correm o risco de sofrer o peso de uma cultura secularmente repressiva. Mesmo após muitos direitos reconhecidos, parte dessa comunidade continua sendo obrigada à invisibilidade do armário, o que inviabiliza, sob o peso da culpa e da vergonha, sua maneira de ser e amar. Graças à imposição da heteronormatividade social, desde cedo se lhes nega a possibilidade de uma imagem identificatória fundamental para sua autoestima. Tal problema se mantém crucial entre muitos adolescentes, para quem a configuração identitária é uma necessidade inadiável e condição básica à elaboração positiva de sua autoimagem. Objeto prioritário da paranoia patriarcal falocrática, os garotos homossexuais são obrigados a construir, de maneira sobrecarregada pela insegurança e dolorosa pela solidão, um papel masculino ainda mais vago, num meio inóspito que às vezes provoca fugas ou expulsões de casa e da igreja, assim como humilhações na escola e isolamento na vida social. Por esses motivos, as experiências de crise na vida deles tendem a ser muito mais complexas do que entre adolescentes com orientação heterossexual. Inúmeros psicólogos dão testemunho de como tais dramas frequentam de maneira privilegiada os seus consultórios.

Apesar dos indícios reiterados do problema, a escassez de estudos e estatísticas oficiais sobre essa "angústia do desabrochar homossexual" já evidencia o descaso pela questão em países como o Brasil, historicamente acostumado a enfiar problemas debaixo do tapete. Mas em nações onde a participação da sociedade é muito mais palpável, já se vem tentando suprir as insuficiências da saúde pública e a falta de profissionais treinados para abordar os conflitos por dissidência sexual e de gênero na adolescência. Estudos nas áreas de psicologia, saúde, direito e educação relacionados à comunidade LGBTQ+, nos Estados Unidos e no Canadá, vêm cobrando serviços públicos voltados especificamente para adolescentes com tendências suicidas nesse segmento, inclusive por meio de campanhas.

A reivindicação resultou de estudos estatísticos que constataram a "suicidalidade" entre adolescentes homossexuais como um fenômeno de dimensões bem mais graves do que se supunha. Numa pesquisa de 1991, por exemplo, observou-se em jovens homo/bissexuais com tendência suicida uma maior incidência de fatores como abuso sexual, dependência de drogas e prisões por má conduta, sintomas de sua maior vulnerabilidade social. Assim também, uma pesquisa de 1994 constatou que entre 20% e 40% dos adolescentes americanos/canadenses fugidos de casa ou vivendo na rua aí chegaram em conexão com sua homo ou bissexualidade discriminada pela família ou grupo social. Como se não bastasse, a natural dificuldade em sua identificação sexual impede adolescentes de se definirem como homossexuais ou sequer manifestá-la como parte do seu problema, tornando-o ainda mais crucial e muitas vezes estatisticamente indetectável.[35] Essas tentativas de suicídio, às vezes reincidentes, ocorreram sobretudo no período em que tais jovens identificaram sua bissexualidade ou homossexualidade, ao mesmo tempo que sofriam rejeição de parentes e amigos ou experiências de discriminação e violência.

Basicamente, o problema parece não ter mudado, mesmo porque na maioria dos levantamentos relativos a suicídios em adolescentes raramente se determina a orientação sexual ou identidade de gênero. Apesar disso, pesquisas mais recentes e específicas, realizadas nos Estados Unidos, no Canadá e em diferentes países da Europa, apontaram que adolescentes declaradamente gays, lésbicas, bissexuais e transexuais continuavam apresentando maior grau de propensão, tentativas ou suicídios consumados do que heterossexuais da mesma idade.[36] Em 2010, um estudo confirmou que, entre jovens gays americanos, as tentativas de suicídio se concentravam fortemente no período da adolescência.[37] Por sua vez, um estudo de 2001 constatou taxas especialmente altas de tentativas de suicídios entre adolescentes gays afro-americanos.[38] Em 2008, uma ampla análise de vários estudos internacionais sobre o tema verificou uma taxa quatro vezes maior de comportamentos suicidas entre adolescentes gays ou bissexuais, enquanto mulheres lésbicas e bissexuais de idades variadas apresentaram uma taxa duas vezes maior de tentativas de suicídio do que as heterossexuais.

Taxas mais altas também foram observadas em relação à ocorrência de situações que podiam levar ao suicídio, como depressão, transtornos de ansiedade e por uso de substâncias: seis vezes mais entre adolescentes LGBTQ+ do que entre heterossexuais da mesma faixa etária.[39] Um outro estudo, publicado em 2006, estimava que, entre os quase 2 milhões de jovens sem-teto nos Estados Unidos, entre 20% e 40% eram LGBTQ+, como resultado da rejeição de suas famílias, número considerado alarmante.[40] Uma pesquisa de 2007 realizada em Nova York apontou um altíssimo nível de tentativas de suicídio entre negros e latinos LGBT menores de vinte anos, provocadas por situações de agressão, abuso e falta de moradia.[41] Muitos desses estudos mostravam que, apesar da constatação de alto risco de suicídios na população LGBT, dava-se pouca atenção para pesquisas, intervenções ou programas de prevenção de suicídio nesse segmento.

No caso brasileiro, o Grupo Gay da Bahia oferece os poucos dados de consulta sobre a incidência de casos de suicídio entre a população LGBTQ+, com algumas especificações por idade. Se o Ministério da Saúde do Brasil apontava o suicídio como a quarta principal causa de morte entre jovens de quinze a 29 anos em geral, o relatório de 2018 do GGB mencionava pesquisas que relacionavam a convivência em ambientes hostis a um risco 20% maior de suicídio entre jovens dissidentes de orientação sexual e identidade de gênero, quando comparados a adolescentes que se consideravam heterossexuais. Mesmo com a notória subnotificação, ocorreu um aumento alarmante no total de suicídios entre a população LGBTQ+: de 26 casos em 2016 (primeiro ano mensurado pelo GGB), passou-se para cem LGBTQ+ que tiraram a própria vida em 2018, número quase quatro vezes maior. Em termos absolutos, os gays somaram 60% dos suicídios, seguidos por 31% de lésbicas. No entanto, o maior aumento de casos de 2017 para 2018 ocorreu entre as lésbicas, com 52% a mais, enquanto os casos de gays cresceram 45%. Na amostragem do GGB, foi possível identificar dez casos de suicídios adolescentes, com idades entre doze e dezoito anos.[42] Segundo Téo Cândido, do Centro Janaína Dutra, voltado para a população LGBTQ+ em Fortaleza, é comum deparar-se ali com casos de depressão, transtornos de humor, dependência de álcool e outras drogas, fatores sabidamente favoráveis ao risco de suicídio. Em 2018, dentre as 178 pessoas atendidas no Centro, 3% informaram ter passado por ao menos uma tentativa de tirar a própria vida.[43]

Ainda assim, frente ao clima de relativa (e enganosa) liberdade de costumes nas sociedades modernas, certas áreas mais conservadoras manifestam espanto ante o que lhes parece um incontido crescimento da homossexualidade (especialmente) masculina. Deixando de lado os equívocos conceituais e culturais em que esse "espanto" se escora, seria melhor contrapor um outro lado da questão. Ou seja, em certo sentido, nas últimas décadas têm ocorrido rachaduras nas muralhas levantadas para proteger certo tipo de masculinidade hegemônica, que a estrutura patriarcal falocêntrica procura manter a ferro e fogo. Em vez do aumento de LGBTQ+, eclodiu o que estava escondido e recalcado, dando maior visibilidade a uma forma de desejo sexual sempre presente de maneira clandestina.

Como já vimos, é evidente que qualquer rachadura nessa muralha deixa filtrar outras vivências consideradas "desviantes" de uma masculinidade "natural" — na verdade exaustivamente erigida através de uma repressão baseada na vigilância constante e em geral sádica. Entre muitos outros, cito o exemplo dos banheiros públicos masculinos, universalmente tornados pontos de encontro de homens, desde adolescentes até senhores idosos, que ali buscam um contato íntimo e anônimo com outros homens, às vezes apenas para espiar os falos eretos uns dos outros. Nem caberia a eles o termo "homossexual", pois boa parte jamais se considerou como tal, sendo a maioria casada, como atestam suas alianças na mão esquerda. Por sua própria natureza, os banheiros públicos constituem um cenário ideal para a eclosão do reprimido, assim como do repressor. Foi no antigo banheiro da estação Sé do metrô de São Paulo que um amigo testemunhou a seguinte cena: dois PMs submetiam à humilhação pública um rapaz pego em situação "anormal". Agarrados aos seus fálicos cassetetes, eles obrigavam o faltoso a repetir insistentemente, diante dos demais usuários: "Eu não vou mais ser viado". Não satisfeitos, os guardiões da moral insistiam para que o rapaz falasse mais alto e ainda mais claro, por diversas vezes: "Eu não vou mais ser viado". É assim, com certeza, que se cria um círculo vicioso em que a própria repressão falocêntrica outorga ao banheiro público uma função erótica, que ela depois reprime. Aliás, não estaria aí, nesse zelo paranoico pela masculinidade, um motivo extra para que os banheiros públicos de grandes cidades brasileiras tenham sido sistematicamente fechados? Esse fato, com certeza, podia ser constatado nas estações de metrô paulistas, que às vezes mantinham abertos apenas os banheiros femininos.

Num contexto que oscila entre a tolerância relativa e a discriminação brutal, quais soluções os homossexuais viriam tentando, para completar o elo de sua identidade masculina redobradamente enigmática? Será que o encontro afetivo e sexual entre gays assumidos conseguiria por si mesmo enfrentar o desafio e decifrar o enigma do masculino, tal como eles o enfrentam? Aparentemente, tudo levaria a crer que sim: seriam machos que, rompendo o ciclo da peregrinação sem rumo, encontram-se, refletem-se e podem aprender entre si. E, no entanto, qual é a característica mais significativa de parte do grupo homossexual masculino? A busca incessante, com grande variedade de parceiros. Em outras palavras, a famosa *promiscuidade* – que não é, obviamente, característica restrita a eles nem aos homens em geral. Por um lado, processo semelhante ocorre tradicionalmente com homens heterossexuais frequentadores de amantes, ocasionais ou não, e prostitutas. Por outro, convém lembrar que também para as mulheres facilitou-se uma vivência, que poderia ser chamada de promíscua, graças ao uso generalizado dos anticoncepcionais, à "revolução sexual" deflagrada na década de 1960, às mudanças de comportamento no bojo do feminismo e à conivência comercial da mídia voltada para o consumo mais imediato. Bastaria para tanto conferir circunstâncias explícitas, seja na internet, em aplicativos e referências midiáticas, de mulheres buscando sexo por prazer, ou então verificar, no cotidiano, como as iniciações sexuais são cada vez mais precoces entre as meninas adolescentes, longe do controle familiar dos velhos tempos.

Ainda assim, as escapadas e traições masculinas parecem mais intensas por terem se consagrado como normais, na história das mentalidades: culturalmente, acabaram por *fazer parte* da própria virilidade. Homens que frequentam muitas mulheres são apenas "garanhões". Ninguém pensaria chamá-los de prostitutos, ao passo que esse estigma costuma recair sobre as mulheres sexualmente mais ativas. Assim também, nunca se fala de mulheres chifrudas, quando seus maridos frequentam várias amantes. Mas o oposto chega a ser crucial: já vimos sobejamente nos noticiários casos de homens heterossexuais que assassinam mulheres traidoras sob o pretexto de "defesa da honra", quando se julgam "chifrados" ou são simplesmente abandonados. Para a mentalidade patriarcal e falocrática hegemônica, o homem raramente merece a pecha de traidor. Mas chamá-lo de corno só não é pior do que xingá-lo de viado. Ainda que muito tarde, em 2021 o Supremo Tribunal Federal brasileiro considerou inconstitucional a alegação de "legítima defesa da honra" em caso de feminicídio, o que certamente ajudará a minorar a cultura de violência contra a mulher.[44]

Se não é justo generalizar a promiscuidade como uma característica homossexual, pode-se admitir que ela se manifesta com intensidade entre muitos homossexuais masculinos, na medida em que há menos barreiras para os machos se "experimentarem" entre si — uma vez superada a interdição inicial. Encontra-se aí a secular busca de identidade masculina por meio do reconhecimento de outro macho. Quanto à sua inconstância de parceiros, pode-se sem dúvida falar de uma *ilusão de encontro*. Na contemporaneidade, a internet permitiu a ocorrência de uma ampla gama de contatos anônimos através de aplicativos de paquera, alguns deles exclusivos para a comunidade homossexual, o que elevou a um nível ilimitado a chance de transas casuais se tornarem compulsivas. A coceira provocada pela difícil satisfação identitária é tanto maior quanto mais se procura — ou se coça. Sem nunca compor uma definição genérica, a "infidelidade" homossexual masculina, quando existe, pode enfatizar, mais do que solucionar, essa busca fálica atrás da qual os homens parecem condenados a vagar, à procura de sangue novo. Neles não há mais o tormento de "caubóis nômades", nem de "rebeldes sem causa" ou de "Nosferatus metafísicos". A solução encontrada terá sido a mútua sucção — ou vampirização — naquilo que se tem de mais elementarmente sexual, prazeroso, sensual. Entretanto, nem a forte e recorrente descarga pulsional proporcionada pela exacerbação do princípio do prazer conseguiu levar à satisfação plena. As travas internas provocadas pelos padrões normativos do entorno cultural colocaram o princípio de prazer em confronto com as determinações do princípio de realidade, que tanto mais impõe limites quanto mais se tenta contorná-los ou neutralizá-los na busca contumaz de uma satisfação tornada impossível.[45] Assim, frequentemente, o tormento passou a ser outro, na prática homossexual entre homens: a culpa, como resultado do estigma — que pode levar a inúmeros tipos de inadequação entre a realidade interior e o entorno externo. Na verdade, esse fiasco do desejo repete temas recorrentes ao masculino em si — e faz parte da sua crise.

Cabe então a pergunta: o afrouxamento do preconceito homofóbico e o reconhecimento, em muitas áreas, dos direitos LGBTQ+ não poderiam trazer algum respiro aos dramas do masculino em si? Afinal, os homens homossexuais têm se tornado mais visíveis em setores em que sua presença era antes impensável – como os esportes. As leis abriram mais espaço para sua inserção social, inclusive através de casamentos homoafetivos. Personagens LGBTQ+ são cada vez mais constantes na mídia, a ponto de serem usados para alavancar índices de audiência nas novelas e séries televisivas, prevalecendo-se tantas vezes do interesse de parte do público por exotismos sensacionalistas – como se viu em versões recentes do *Big Brother Brasil*.

A permissividade sexual como forma de cooptação da sociedade consumista, denunciada por Pier Paolo Pasolini e já abordada no capítulo 13, aplica-se também à falsa "liberação" da comunidade LGBTQ+, quando cria uma ilusão de liberdade só porque multidões já podem circular em seus guetos. Tem havido incontáveis casos de indivíduos isolados ou grupos LGBTQ+ que são atacados ao extrapolar esses limites, pelo simples fato de exercerem seu direito de externar afeto mútuo em público. Conviria perguntar qual o sentido último da existência, nas grandes cidades, de bares, danceterias, saunas e hotéis específicos para esse segmento comunitário – num espaço demarcado onde se permite a manifestação dissidente, ou seja, onde se vive a dissidência (sexual ou de gênero) de *modo segregado*. Em outras palavras, trata-se de uma sociedade que enclausura o desejo dissidente nos limites do rótulo, com o objetivo menos de legitimar e mais de controlar essa *exclusão* disfarçada em *diversidade*. Mesmo quando se trata de eventos marcantes e politicamente importantes como as paradas LGBTQ+, elas gozam de tolerância graças a fatores alheios à sua natureza democrática – por exemplo, ao gerarem focos turísticos que engordam os cofres das prefeituras. Ainda assim, a reprovação se reaviva sob governos autoritários ou, em quaisquer circunstâncias, por pressão das igrejas homofóbicas.

Não sei, francamente, se a comunidade LGBTQ+ tem motivos para acreditar que recebeu um presente generoso – ou se, ao contrário, sua "inclusividade" irá pagar um preço extra, mais cedo ou mais tarde. Na melhor das hipóteses, convém perguntar se as tais conquistas de direitos LGBTQ+ não teriam por detrás uma chancela que carimba as dissidências de sexualidade e gênero como "consumíveis", à medida que se lhes outorga o rótulo de "normalidade" circunscrita a "modos apropriados". Em resumo, consagra-se assim sua *inclusão controlada*. Com as devidas adequações, não é desmesurado pensar no triângulo rosa que os nazistas pregavam nas roupas dos prisioneiros homossexuais, "permitindo-lhes" ir para os campos de concentração. Com a permissividade das sociedades "liberais", criou-se uma forma mais sofisticada, porque menos explícita, de marginalizar — e o triângulo ficou *rosa-choque*.

Já ouvi muitas vezes o comentário acusatório: "Esses homossexuais estão querendo demais!", na maioria das vezes apenas sugerido ou manifestado em privado, pois afinal já somos "partidários da diversidade" e, portanto, modernos. Ainda assim, não se pode esquecer de dinossauros explícitos e assumidos, como os pastores fundamentalistas da linha neopentecostal que se orgulham de combater a "abominação homossexual". Ou até gente supostamente mais antenada, como o falecido Paulo Francis, que em suas colunas chegou a exigir intervenção da saúde pública, no período da aids, contra o que chamava, já naquela época, de "lobby homossexual".[46]

Os fatos comprovaram como esse tipo de paranoia conspiratória se tornou bandeira de inúmeras instâncias da direita radical em todo o mundo. Temo que a "democracia sexual" mantenha, no fundo, um consenso implícito de que homossexuais são pessoas mimadas, viciadas em sexo e que lutam apenas por seu prazer, quer dizer, continuam infantis, desprezíveis e basicamente doentes — como o padre Tony Anatrella tentava provar (capítulo 11). Teria mudado apenas a qualidade da sua doença. Retomemos o exemplo da aids. À medida que ela se descaracterizou como "doença de bicha" e se socializou amplamente, seu status social melhorou, o que tendeu a desestigmatizá-la e banalizá-la, algo similar ao processo de normatização a que a sociedade contemporânea busca submeter as dissidências LGBTQ+.

Tal como problematizadas no contexto patriarcal falocêntrico, talvez só em pequeno grau as dissidências homossexuais poderiam apontar caminhos para a solução da crise masculina — e, ainda assim, como mero fator de aprofundamento das contradições. A infiltração homossexual no âmago do masculino cumpre uma importante tarefa no cenário dessa crise porque, ao acirrar as contradições, tira a máscara da virilidade construída e a desconstrói como supostamente "natural", apontando para um homem menos duro e mais nuançado, o que inclui aquela tão execrada passividade que também compõe o macho — simplesmente porque faz parte do psiquismo humano. Por essas e outras, pode-se concluir que a homossexualidade não é apenas uma crise de percurso da masculinidade, mas a mais típica expressão dessa crise estrutural, seu mais legítimo sintoma e seu terreno preferencial de embate. A própria construção conceitual da homossexualidade só se configurou no contexto da crise do masculino, instaurada que está no âmago do patriarcado. Assim também, enquanto categoria dissonante, a homossexualidade já apareceu como problema. Ou seja, o masculino em crise não existe sem a homossexualidade problematizada. Daí a obsessão em denunciá-la e isolá-la como uma peste perigosa, de modo que também não existe crise do masculino sem a atitude homofóbica, que estabeleceu os parâmetros do "problema" homossexual e articulou as defesas contra ele, dentro da falocracia patriarcal.

Resulta daí que a homofobia se torna sistêmica como mais uma forma de defender a hegemonia patriarcal baseada na primazia do falo e colocada em perigo por desviantes sexuais. Portanto, não se trata de um fato pontual, minoritário ou periférico: é o próprio cerne e base do sistema patriarcal que está em jogo. Afinal, em sua crise permanente de pânico da castração, o masculino heteronormativo embasa os preconceitos e articula a homofobia para se defender. Mais ainda, o repúdio a dissidentes sexuais e de gênero garante sustentáculo à falocracia heterossexista, de modo que perseguir pessoas LGBTQ+ avaliza e alimenta a virilidade falocrática. De um ponto de vista metodológico, faz sentido a hipótese de que a falocracia não se sustenta sem a homofobia. Em outras palavras, o macho tóxico corre o risco de se sentir menos macho caso não repudie (ou surre ou mate) LGBTQ+. Isso significa que a violência homofóbica é diretamente proporcional à necessidade de revigorar seu falo. Em outros termos, o *falo abalado* usa o ódio aos desviantes sexuais para se *manter ereto*. Quer dizer, o falo machista precisa de dissidentes da norma para que paguem a pesada conta da sua manutenção. Ou ainda: a homofobia agrega valor ao ideal de virilidade falocrática. Em paralelo, fica claro que o combate às práticas homofóbicas deveria ser uma questão central para qualquer projeto de sociedade democrática — no mesmo nível do racismo e do machismo.

De modo tanto mais óbvio quanto mais radical, impõe-se como signo de contradição inconteste a conclusão de que o ódio homofóbico não consegue dissimular a pulsão libidinal que circula entre o machismo fálico e seus desvios. A manifestação homofóbica revela-se como um mecanismo de defesa que camufla um ato de amor perverso, provocando um impulso oposto ao desejo recalcado no inconsciente. Pode-se considerar que quanto mais um machão rejeita o seu oposto, mais o estará amando, num plano subjacente — como, aliás, mostrava o filme *Tom na fazenda*, de Xavier Dolan. Tal constatação nos leva a Oscar Wilde: "Todo homem mata aquilo que ama".[47] Resumindo, chega-se ao corolário incontornável de que a bala não tem sentido sem o buraco. Assim, caímos mais uma vez no colo de Freud, graças ao seu conceito de "formação reativa": neste caso, a atração recalcada (ameaça pulsional) que um machão sente pelo falo do Outro será tanto mais evidente quanto mais se manifestar no seu contrário, a suposta repugnância (pulsão antagônica) ao falo que o atrai. Forçoso, portanto, voltar ao velho profeta Oscar Wilde: "Dê ao homem uma máscara e ele te dirá a verdade".[48]

Enquanto continuar sendo a projeção da sombra reprimida do masculino, a homossexualidade estará denunciando de modo privilegiado uma contradição da qual os machos humanos nunca poderão escapar. Sem dúvida, o rechaço homofóbico cria na sociedade patriarcal um círculo vicioso de características perfeitamente autodestrutivas. Isso quer dizer que o próprio estigma lançado sobre a homossexualidade é uma das maiores evidências da falta de saída para a crise masculina. Em resumo, tal como constituído, o masculino implica uma *contradictio in terminis*, ou seja, uma contradição nos próprios termos da sua conceituação. Por isso a solução de sua crise de identidade extravasa o próprio masculino, tal como configurado no quadro patriarcal-falocêntrico — como se verá adiante.

18. A revanche do masculino falocrata

Numa sociedade gravemente enferma, quando uma pandemia virótica interage com outras doenças e problemas sociais (por exemplo, a crescente desigualdade de renda), acontece o que se passou a chamar de *sindemia*, ou seja, uma pandemia sistêmica, como foi o caso da crise sanitária da covid-19. Como nesse período o Brasil sofreu uma tempestade política de dimensões inéditas na história da nossa democracia, seria acurado incluir nos componentes da sindemia as ações do então presidente da República, Jair Bolsonaro. Com a ascensão da direita radical liderada por ele, configurou-se o fenômeno sociopolítico do bolsonarismo, por meio do qual o masculino falocrata reagiu, ao se sentir acuado, e chegou ao poder em Brasília. Portanto, pode-se dizer que, nesse período, o Brasil viveu algo que se poderia chamar de *sindemia da masculinidade tóxica*. Veremos como, uma a uma, as feridas da crise masculina ficaram expostas e, de modo pustulento, compuseram o quadro dessa catástrofe brasileira do início do século XXI.

Por mais convulsiva que pareça, a reação falopatriarcal era previsível, pois há décadas, no mundo todo, o poder masculino hegemônico vem sofrendo oposições, campanhas e denúncias fundadas, que escancararam sua fragilidade endêmica. Como já se comprovou, quanto mais acuado o poder falocêntrico, mais violenta é sua reação. Só não se sabia como isso ocorreria no Brasil.

Quando, nas eleições de 2018, cruzaram-se várias coordenadas favoráveis e Jair Bolsonaro chegou à presidência da República, o epicentro da crise do masculino se instalou no cerne político da nação, em Brasília. Então, como os refluxos de uma pedra atirada num lago, os elementos tóxicos novos e preexistentes espraiaram-se por todo o país e ganharam legitimidade, frequentemente a contrapelo da lei. Vários eventos e fatores prenunciavam o nível de barbárie. De início, basta apontar um deles, o trágico assassinato de Marielle Franco e seu motorista (como já vimos no capítulo 2). Os elementos que marcaram a campanha eleitoral de 2018, com celebração da força, legitimação do ódio e emprego de mentiras para manipular o jogo democrático, deixaram claro que o masculino acuado reagiu em desespero de causa. Sem nenhum pudor, atropelou todas as barreiras, até chegar ao centro do poder.

Organizado em torno de milícias digitais, o bolsonarismo usou as ferramentas adequadas para expressão do seu ressentimento: gestual beligerante, palavras de ordem grosseiras, ameaças aos discordantes e uso generalizado da intimidação psicológica, com modus operandi importado da disciplina militar e religiosa. Assim, escancarou-se uma revanche irrestrita, capaz de atingir a bestialidade. Brandindo ameaças às forças democráticas em várias esferas, seus recursos autoritários se prevaleceram do próprio arcabouço democrático, num show de cinismo e hipocrisia. Sem apresentar programas de governo nem projetos construtivos em nenhuma área, o bolsonarismo vitorioso voltou-se ao passado, saudoso da utopia anti-histórica de um "*Make Brazil great again*" — na tentativa explícita de imitar o passadismo de Donald Trump.

Assim, a eclosão do Mito messiânico de direita se caracterizou como revanche de "fera ferida", em defesa da hegemonia do seu Falo, seu Cetro. Não se tratava de um fenômeno brasileiro isolado, mas algo contextualizado no espírito do tempo, propício ao revanchismo em nível mundial. Seja por importação direta, seja por mera influência de ideias da *alt-right* americana, a guinada internacional que ocorreu na onda da ascensão de Donald Trump, em 2016, consolidou vários outros governos de direita radical ao redor do planeta. Articulados em torno de uma pauta política de cunho populista-nacionalista, países tão diferentes quanto Polônia, Hungria, Itália, Índia, Turquia, Filipinas e Rússia se somaram num bloco cujo autoritarismo extremado se assemelhava, em certa medida, às ditaduras já existentes do Oriente Médio. Num recorte radicalmente revisionista, o revanchismo da extrema direita se manifestava como uma "raiva masculina" (o meme *male rage*) por receio de perder espaço contra tudo o que significasse ascensão dos direitos conquistados por setores excluídos, em especial as mulheres feministas, na linha de frente contra as desigualdades de gênero.

Na esteira dessa rede de direita radical, o governo falocrático de Bolsonaro ofereceu ao mundo um espetáculo didático sobre como revidar com todas as armas disponíveis – das físicas (ecocídio e genocídio das camadas mais vulneráveis) às metafóricas (sufocamento da cultura e sistema educacional), assim como as imaginárias (produção de símbolos e memes de embate). Para tanto, bebeu-se nas mais diversas matrizes ligadas aos fascismos históricos – de Espanha, Portugal e Itália à Alemanha nazista. A seu modo, aí se incluía a "solução final", que está sempre no horizonte autoritário e é brandida como ameaça quando se está perdendo o jogo – seja o Holocausto, seja a ditadura, seja a "imunidade de rebanho" na pandemia da covid-19.

Para tanto, convém resgatar a sugestão de Bolsonaro, então com 44 anos e em seu terceiro mandato de deputado federal, sobre como endireitar o Brasil. Em 1999, no programa *Câmera Aberta*, da TV Bandeirantes, depois de afirmar "eu sou favorável à tortura" e defender que a democracia é uma "porcaria", Bolsonaro comentou o que faria se chegasse ao poder: "Daria golpe no mesmo dia. [Democracia] Não funciona". A seguir, emendou: "Através do voto, você não vai mudar nada neste país. Nada, absolutamente nada. Você só vai mudar, infelizmente, quando nós partirmos para uma guerra civil aqui dentro. E fazendo um trabalho que o regime militar não fez. Matando 30 mil, e começando por FHC [então presidente da República]". E insistiu: "Matando. Se vai [sic] morrer alguns inocentes, tudo bem. Tudo quanto é guerra, morre inocente".[1]

Na presidência, com o mesmo estilo enfático e grosseiro, ele proferia quase semanalmente ameaças verbais aos demais poderes. Os filhos e seguidores corriam às redes sociais para ecoar suas palavras, como no célebre caso em que o deputado federal Eduardo Bolsonaro (filho 3 do clã) proclamou num vídeo que chegara o "momento da ruptura" para um golpe, enfatizando: não se trata mais de "se, mas, sim, de quando isso vai ocorrer".[2] Tais recursos a ameaças constantes se enquadram numa prática usual de extremistas: o terrorismo, mas não apenas físico. Trata-se de algo mais astuto, por sua persistência no ataque indireto: o terrorismo psicológico como método de fazer política.

Perseguindo a tendência implementada por Donald Trump, seu ídolo confesso, Jair Bolsonaro praticou a política do revanchismo. Em seu projeto de poder destacava-se um forte elemento emocional: a vingança, motor do ódio contra o campo da esquerda. Através dela, Bolsonaro preparou a massa para cimentar ideologicamente as várias tendências da direita, que se viram nele representadas. Aproveitou a onda conservadora internacional para atrair desde insatisfeitos úteis, neoliberais convictos, lavajatistas anticorrupção e um exército de fanáticos que juntava extremistas de direita e religiosos fundamentalistas. Assim, quando se levantou a bandeira do Mito, o desejo de revanche, que estava soterrado, veio à tona, com furor e ranger de dentes.

A cientista política Camila Rocha aponta um detalhe: o grande fator de atração junto a um vasto contingente de eleitores foi o "kit gay", factoide criado na esteira de uma paranoia antissexual contra uma suposta "ideologia de gênero", responsável por colocar em risco a família nuclear. Em 2011, a ala conservadora do Congresso lançou uma campanha contra o "kit gay", apelido pejorativo dado ao projeto educacional petista Escola sem Homofobia, criado para orientar docentes na abordagem da diversidade sexual em escolas. Segundo Camila Rocha, Jair Bolsonaro promoveu uma guinada em sua medíocre carreira política ao embarcar nessa cruzada, amplificada pelas redes sociais, que acusava o programa de querer transformar as crianças em homossexuais. Como lembrou o jornalista e escritor João Gabriel de Lima, ao surfar na onda do kit gay, Bolsonaro quadruplicou seu eleitorado nas eleições de 2014, ganhando apoio de lideranças cristãs fundamentalistas e votos dos eleitores religiosos conservadores.[3] Mais uma vez, usou-se a estratégia psicológica de criar pânico moral, através de notícias falsas, sob o argumento de defender a família de padrão heteronormativo e proteger a infância contra a "erotização dos nossos filhos" — como afirmavam panfletos eleitorais. A mentira do "kit gay" teve tal êxito que só foi preciso um pulinho para, nas eleições de 2018, as milícias digitais divulgarem, no tsunami de suas fake news, a calúnia de que nas creches públicas a esquerda aleitaria bebês com bicos de mamadeira em formato de pênis, a chamada "mamadeira de piroca" — o que associava o dito "marxismo cultural" à prática de pedofilia.[4] A mamadeira fálica de fato existia, mas era um brinquedo erótico vendido em sex shops.[5]

Antes e durante as eleições de 2018, o bolsonarismo emitiu sinais generalizados para atrair as direitas através de outros temas que compunham a "guerra cultural" contra o comunismo. Como parte dessa estratégia, havia coesão em torno do seu projeto de desmonte dos direitos humanos, em todas as frentes. Em 2013, quando deputado federal, Jair Bolsonaro já levantara a bandeira: "Vamos aproveitar e falar um pouquinho sobre o Dia Internacional dos Direitos Humanos. No Brasil, é o dia internacional da vagabundagem. Os direitos humanos no Brasil só defendem bandidos, estupradores, marginais, sequestradores e até corruptos. O Dia Internacional dos Direitos Humanos no Brasil serve para isso".[6] Em setembro de 2018, o vice-presidente da chapa bolsonarista, Hamilton Mourão, deu um exemplo cristalino do que estava por vir, ao afirmar num discurso público:

> Família sempre foi o núcleo central. A partir do momento que a família é dissociada, surgem os problemas sociais que estamos vivendo e atacam eminentemente nas áreas carentes, onde não há pai nem avô, é mãe e avó. E por isso torna-se realmente uma fábrica de elementos desajustados e que tendem a ingressar em narcoquadrilhas que afetam nosso país.

Numa tacada, via-se eclodir ali a misoginia do bolsonarismo, ao desprezar, ofender e acusar milhares de mulheres brasileiras que sustentavam seus lares no papel de cabeça de família.[7]

A violência foi outro fenômeno que, inevitavelmente, adquiriu força pouco antes e durante as eleições, visando objetivos priorizados desde o início pelo bolsonarismo. Assim, cresceram as denúncias de violência contra LGBTQ+. Segundo o pesquisador Julio Pinheiro Cardia, ex-coordenador da Diretoria de Promoção dos Direitos LGBT do Ministério dos Direitos Humanos, "os eleitores do candidato Jair Bolsonaro se sentiram empoderados para 'fazer justiça com as próprias mãos' devido a antigos discursos proferidos pelo ex-deputado federal". A afirmação de Cardia fazia sentido. No mês de outubro de 2018, o Disque 100 observou um aumento de 272% em relação às denúncias feitas no mesmo período do ano anterior.[8] Estava-se adentrando o território de vale-tudo eleitoral. Entre as muitas evidências de barbárie e grosseria durante a campanha presidencial, Jair Bolsonaro afirmou que seu livro de cabeceira era o relato *Verdade sufocada*, do coronel Carlos Alberto Brilhante Ustra, um dos militares mais acusados de torturas e assassinatos ao longo da ditadura militar de 1964 — personagem a quem o futuro presidente louvara publicamente em ocasiões anteriores. Sem receio de expor suas convicções autoritárias e homicidas, em julho de 2016, numa entrevista à rádio Jovem Pan, Bolsonaro reiterou uma afirmação já feita: "O erro da ditadura foi torturar e não matar".[9]

A partir da eleição de 2018, o quadro político articulado por Jair Bolsonaro exerceu influência daninha por todo o país. Sua chegada ao governo federal remeteu àquele mito grego em que certa Pandora, em desobediência às ordens dos deuses, abriu uma caixa proibida, de dentro da qual escaparam todas as desgraças, que a partir daí infestaram o mundo. Bolsonaro comportou-se como a Pandora do Brasil. Com o Mito no papel de mandatário máximo, ocorriam práticas violentas por fanáticos bolsonaristas, nas mais diversas circunstâncias, da vida política ao cotidiano do país, graças à sensação de impunidade – desde xingamentos, afrontas, ameaças e ataques físicos até invasões de terras indígenas e incêndio orquestrado da floresta amazônica. Em muitos casos, o próprio presidente legitimava tais práticas, seja por seu comportamento desrespeitoso e chulo, seja por instigação direta e indireta. Chegou-se ao ponto de práticas antidemocráticas serem testadas como política de Estado.

Além das atitudes mais óbvias, como os decretos pró-armamentistas, o país passou por um surto de lavagem cerebral linguístico e simbólico, impulsionado por milícias de bloggers e youtubers financiados. Emergiram, de maneira óbvia ou sub-reptícia, referências fascistas e sugestões autocráticas, em frases de efeito referentes a Mussolini e Hitler, na bandeira divisionista da Ucrânia portada por fanáticos, no desfile com tochas mimetizando a Ku Klux Klan, nos copos de leite sorvidos durante *lives* ou dedos estendidos formando iniciais – gestos cifrados do White Power, copiados dos supremacistas brancos americanos. Em seus encontros diários na porta do Palácio da Alvorada, o presidente Bolsonaro recebia palmas dos apoiadores, que consideravam como manifestações de "integridade" e "sinceridade" suas grosserias contra jornalistas e xingamentos aos opositores, quase diariamente. O que até então era defeito, no entorno bolsonarista virou qualidade. Assim também, os ataques virtuais, com ameaças de morte e divulgação maciça de fake news por exércitos de robôs, tornaram-se direito à "liberdade de expressão", algo que as lideranças evangélicas fanáticas já reivindicavam havia muitos anos, para justificar seus ataques à população LGBTQ+ e umbandista.

Toda essa "guerra cultural", vista como legítima defesa contra os ataques das esquerdas no passado, visava importantes temas de disputa ideológica, como feminismo, drogas, armas, aborto, direitos LGBTQ+, povos indígenas e meio ambiente, que ultrapassavam os temas políticos convencionais. Os incêndios recalcitrantes e criminosos na Amazônia, no Pantanal e em outros biomas de norte a sul do Brasil compuseram o quadro de embate extremo. Para tais crimes ambientais, ocorriam incentivos, diretos ou não, do cerne do governo — tanto a partir do que dizia o próprio Jair Bolsonaro quanto das ações do seu Ministério do Meio Ambiente, cuja função era afrouxar as leis para permitir a invasão de terras indígenas e matas de propriedade do Estado, facilitando a exploração comercial desenfreada da agropecuária, das madeireiras e do garimpo.

Apanhados a esmo, casos pontuais podem ilustrar a praga necrófila que eclodiu depois de aberta a caixa de Pandora bolsonarista. Em outubro de 2020, ao reagir contra as acusações de estupro e condenação que sofreu quando contratado na Itália, o jogador de futebol Robinho se defendeu com várias referências machistas, e não só citou nominalmente o presidente como o homenageou, numa evidência clara da praga de Pandora: "Deus está me preparando para algo muito maior. [...] Você viu o que fizeram com o Bolsonaro antes da eleição? [...] Falando que era racista, fascista, que era assassino? E quanto mais eles batiam no Bolsonaro, mais ele crescia. [...] Vou meter uma camisa quando fizer gol: 'Globolixo, Bolsonaro tem razão'".[10] Não se trata de um caso isolado. Durante a pandemia do novo coronavírus, o empresariado bolsonarista fez uma campanha feroz contra o isolamento social. Bem de acordo com a lei da selva que cultivam, tais empresários não manifestavam nenhum receio em demitir seus empregados ao menor sinal de problemas. Pode-se dizer o mesmo dos pastores alinhados a Bolsonaro, que insistiam para seus fiéis frequentarem as igrejas durante a crise sanitária. Em alinhamento à ideia bolsonarista de "imunidade de rebanho", sobreviveriam os que tinham mais fé. Como diz o economista Joel Pinheiro da Fonseca, eles pensavam em "garantir o dízimo farto e ponto-final".[11] Inúmeros outros casos ocorriam quase diariamente, evidenciando como o governo Bolsonaro constelou em si as reações ferozes do masculino hegemônico para manter seu poder secular.

Nesse período, o Brasil viveu um aumento desvairado no comércio de armas de fogo, como resultado do projeto armamentista de Jair Bolsonaro. Indiferente à pandemia que espalhava o caos sanitário pelo país, o presidente atacava o Estatuto do Desarmamento e sonhava com um país armado. Na famosa reunião ministerial de abril de 2020, em que se escancarou o clima conspiratório, ele afirmou: "Eu quero o povo armado. O povo armado jamais será escravizado". Segundo o Stockholm International Peace Research

Institute, o Brasil se tornou o principal importador de armas da América do Sul, e respondia por 31% do total da produção na região, em 2019. Sob o pretexto de uso recreativo, o número de registros de caçadores, atiradores e colecionadores aumentou 20%, em meados de 2020, relativamente ao ano anterior, segundo o Instituto Sou da Paz. Como dizia o antropólogo Luiz Eduardo Soares, num clima predominante de ódio, as armas se convertem "em instrumento simbólico, como uma ferramenta". A pesquisadora alemã Kristina Hinz chamou a atenção para um outro detalhe: existe uma relação intrínseca entre um modelo de masculinidade bélica e a cultura das armas, de modo que armar-se é um componente fundamental do masculino falocrático. Não por acaso, conforme constatou uma pesquisa do Pew Research Institute em 2017, 48% dos homens brancos americanos tinham ao menos uma arma.[12]

Nesse clima obsessivo de afirmação da virilidade tóxica, o governo Bolsonaro não poupou decretos para facilitar a compra e o porte de armas de fogo, chegando a cancelar portarias que obrigavam ao seu rastreamento. Além de aumentar o limite de armas que um cidadão poderia comprar, o desvario chegava a ponto de permitir a compra tanto de armamentos de grande potencial destrutivo quanto de máquinas para recarga de munição, tirando-as do controle do comando do Exército. Felizmente o Supremo Tribunal Federal interferiu e suspendeu os decretos, mas nada parecia impedir a obsessão de Jair Bolsonaro em permitir que cidadãos comuns conseguissem montar arsenais privados. Podia-se ver ali, inclusive, um incentivo à formação de milícias militares, como as que já proliferavam no Brasil, bem próximas do clã Bolsonaro.[13] Ao explicar a escalada conjunta de militares, milicianos e evangélicos fanáticos que tomou o poder no Brasil, o analista político Cesar Calejon considerava especialmente chocante o fato de que funcionários da Abin (Agência Brasileira de Inteligência) estavam sendo instalados em todos os ministérios, para formar uma rede de informação bolsonarista. Era essa a meta que o presidente almejava na famosa reunião ministerial de abril de 2020, visando criar uma estrutura de espionagem semelhante à Comissão Geral de Investigação da ditadura militar instaurada em 1964.[14]

O bolsonarismo criou um nó político no qual a obsessão armamentista revelava um comportamento paranoico para se manter alerta contra supostas ameaças existentes por toda parte. De fato, isso ajuda a entender por que Bolsonaro não conseguia levar adiante um projeto propositivo de governo. Seu único projeto possível era articular planos para destruir aquilo que se opunha a ele. E aí se encontra a parte delirante do nó político: sua transformação em mito popular. Na verdade, Bolsonaro foi tornado Mito por um motivo aparentemente oposto à natureza dos mitos. Sua mediocridade representava aqueles que levantavam a bandeira de tudo o que tinha sido atropelado no passado. Como no caso da matriz trumpista, apelava-se para o ressentimento da população que se sentia desbancada dos seus privilégios — se não de classe, seguramente de raça e de gênero.

Na psicologia de massas do fascismo, o Messias agrega religiosidade à política — não só nos casos de Mussolini e Hitler, mas também nos de Trump e Bolsonaro. Tal como instaurada, a fé fascista cria um Messias para impor verdades que não precisam ser comprovadas. Elas são reveladas aos eleitos pela fé na palavra de Deus, o que é apaziguador porque os exime de pensar. Basta crer no Messias que os conduzirá à verdade. Ao mimetizar como um fantoche essa prática fascista, não por acaso Jair Bolsonaro citava recorrentemente o versículo do evangelho de João, 8,32: "E conhecereis a verdade, e a verdade vos libertará". Legitimando-se a partir de um livro que amplos setores da população consideram inspirado por Deus, ele se propôs como artífice e condutor da verdade. Assim se erigiu a ideia do seu Mito.

No entanto, amparado num movimento revanchista e passadista, esse mito ostentava a impotência como tentativa derradeira de se potencializar. Mais do que signo emblemático, o gesto da "arminha" era um sintoma: para resgatar essa potência, regredia-se à infância com suas fantasias de bandido/mocinho. A importância do projeto armamentista de Bolsonaro seguia essa mesma lógica. O caso citado dos decretos armamentistas emitidos em plena pandemia evidenciava uma verdadeira obsessão tanática movida pelo imaginário de um macho genocida, como se passasse a mensagem: "O vírus é secundário, a vida nada vale se não garantir a macheza". No caso, é impossível não lembrar o lema "*Viva la muerte!*", que os fascistas espanhóis proclamavam como corolário à sua impoluta virilidade.

Não se pode esquecer, por emblemática, a frase de Bolsonaro, numa entrevista em 2017, quando iniciava sua campanha presidencial: "Sou capitão do Exército, a minha especialidade é matar, não é curar ninguém". E emendou: "Se eu não fosse preparado para matar, eu não seria militar".[15] Conforme se confirmou no período da pandemia, Bolsonaro e sua tropa fanática emitiam inúmeros sintomas de serem movidos por aquela pulsão de morte que tanto intrigava Freud. Desde a campanha de 2018, ficou evidente que a pulsão de morte estava no DNA da política bolsonarista. Aquele gesto da "arminha" significava algo bem mais sério do que a mera brincadeira de um bando de moleques crescidos, que fantasiavam viver num faroeste. Tratava-se da projeção de um inconsciente que saúda a morte como uma grande, se não a maior, forma de dominar. Mas aí está o ponto: se o candidato já emitia sinais inequívocos desse culto à morte em inúmeras atitudes, inclusive em sua compulsão por mentir, passou-se ao espetáculo da autoimolação de Bolsonaro. Isso foi enfaticamente visto durante quase todos os dias do seu governo, com lutas internas, crises que resultaram em demissões, centrais de notícias falsas ("gabinete do ódio"), ataques entre antigos aliados e desmentidos que escancaravam sua falta de caráter e incompetência para governar.

Tornado presidente do país graças a uma facada redentora, Bolsonaro se jactava, durante a pandemia do novo coronavírus, de ser responsável por sua própria escolha em adoecer — ignorando o mau exemplo à nação e as eventuais infecções que provocou em inúmeras aglomerações. Na contramão das tragédias ocasionadas pela pandemia, Bolsonaro protestava contra a histeria dos "maricas" que tinham medo de sair de casa. Na verdade, sua vontade de onipotência não admitia que um vírus destroçasse a cambaleante economia do país, ameaçando acabar com o governo. E ele enfatizou, numa entrevista: "O MEU governo". Não se tratava da saúde do país, mas dos perigos para o *seu* governo e, claro, *sua* reeleição, tema onipresente em suas estratégias. Mas é preciso lembrar: quem se move por pulsão de morte tem um encontro marcado com a autodestruição. Vale lembrar que o "*Viva la muerte!*" fascista manifestava tons de escárnio e cinismo através deste "Ser macho ou morrer", que parecia definir, através da morte, o Culto da Virilidade. Naturalmente, o corolário seria o niilismo.

Em seu romance *A montanha mágica*, Thomas Mann fez uma contundente análise do "culto da morte", através do personagem humanista Lodovico Settembrini. Segundo ele, ao ser seccionada da vida, a ideia da morte exerce um "atrativo perverso" e se torna "a mais horrorosa aberração do espírito humano". Instigado, Settembrini advertia que, quando se sobrepõe à vida, a importância da morte exerce grande sedução, pois "seu império é o da voluptuosidade". E completava: "A morte é voluptuosa porque traz a redenção, mas não a redenção do mal, e sim a redenção pelo mal. Dissolve a ética e a moralidade, [...] liberta para a volúpia". Se, ainda segundo Settembrini, a morte é um fenômeno fisiologicamente necessário, "perder um tempo excessivo com a sua contemplação é roubar à vida o que lhe cabe". Nesse caso, a morte se torna "uma potência sumamente licenciosa, [...] dirigida contra a civilização".[16] Pelas lentes ficcionais de um sanatório para tratamento de tuberculosos, Thomas Mann permitia compreender que o "culto da morte" só pode desaguar no encantamento pela destruição. No caso específico do bolsonarismo, tal propensão tanática tinha potencial para esmagar tanto o adversário ou concorrente quanto o meio ambiente e a liberdade em seus inúmeros quadrantes. Com Jair Bolsonaro, a beligerância assumiu um patamar de predomínio ao nível da necropolítica, até o ponto de se tornar um perigo para a humanidade – conforme denúncia de membros do Parlamento Europeu, em abril de 2021, a propósito da pandemia fora de controle e do ecocídio amazônico no Brasil.[17]

Durante o período da crise da covid-19, a pulsão de morte pôde ser comprovada, em escala gigantesca, no caos sanitário provocado por Jair Bolsonaro e sua tropa, através de seu comportamento negacionista e de sua insistência na infecção em massa, responsável pelo surgimento de variantes mais graves do coronavírus e pela morte de milhares de pessoas no Brasil. Na verdade, a tese da "imunidade de rebanho" faz parte do ideário da extrema direita, mesmo quando não de modo explícito, tendo como epicentro o governo Donald Trump, em consonância com a tradição americana de supremacia branca. Basicamente, trata-se de recorrer à antiga prática da eugenia, em que prevaleceriam os indivíduos mais fortes ou raças superiores, enquanto os grupos fragilizados, incluindo os estratos mais pobres da sociedade, seriam eliminados. No caso de Adolf Hitler, é sabido até onde chegou a eugenia tornada política de Estado, ao provocar deliberadamente o genocídio em massa nos campos de concentração. Já no caso de Bolsonaro, assim como no de Trump, o comportamento frente à covid-19 ilustrou bem o nível de demência a que pode chegar o negacionismo do macho tóxico, quando acuado pela realidade que o assusta.

A necropolítica de Jair Bolsonaro atingiu resultados trágicos, graças à sua insensibilidade e ao seu cinismo na crise da pandemia. A nomeação do general (da ativa) Eduardo Pazuello para o comando do Ministério da Saúde, que levou consigo um bando de militares, resultou catastrófica por sua inexperiência na área, quando não incompetência e mesmo servilismo. Em nenhum momento o governo federal criou um programa nacional nem campanhas para enfrentar a pandemia, o que de fato provocou infecções em massa e um previsível colapso no sistema de saúde, como a crise hospitalar em Manaus — quando dezenas de pessoas morreram por falta de oxigênio no tratamento da covid-19.[18]

O nível de improvisação e descompromisso ficou evidente nos planos de vacinação destrambelhados, que a cada semana mudavam de foco e previsão.[19] O caos sanitário fez o Brasil chegar a 4 mil mortos num só dia, a ponto de o ministro do STF Gilmar Mendes falar em genocídio[20] e haver denúncia junto ao Tribunal Penal Internacional de Haia.[21] Bolsonaro substituiu quatro vezes seus ministros da Saúde, mesmo no auge da pandemia, por exigir subserviência total às suas orientações políticas na pasta, opostas às recomendações de especialistas sanitários do Brasil e do exterior, aí incluindo a Organização Mundial da Saúde. Reiteradamente, disseminou notícias falsas sobre medicação precoce para tratar o vírus (cloroquina e outras), menosprezou a gravidade da infecção ("gripezinha"), tentou esconder a estatística oficial sobre números de mortos, provocou inúmeros casos de aglomeração social contra a quarentena ("histeria"), ameaçou governadores e prefeitos que a decretaram, além de atacar a eficácia das vacinas e impedir a sua compra, movido por distorções ideológicas.

O negacionismo de Jair Bolsonaro fundava-se, em boa medida, na arrogância fálica, como se viu em sua afirmação de que não teria problema com o vírus por seu (autoproclamado) "histórico de atleta".[22] Em outras palavras, tratava-se de um macho de verdade, e não de um "maricas" ou frouxo, como afirmou mais de uma vez. Ademais, o presidente raramente era visto portando máscaras protetoras em público ou em reuniões, e forçava seus auxiliares a não as usar. Tais comportamentos, vindos do mais alto mandatário da República, repercutiam inevitavelmente nas massas. Foi o que aconteceu, sem distinção de classe ou estrato social. Num país em sindemia agravada pelo machismo reinante, a recusa ao uso de máscara implicava quase sempre uma afirmação de virilidade, segundo observou o jornalista e blogueiro Matheus Pichonelli. Durante os momentos mais agudos da pandemia, um grande contingente de homens imitou o presidente, chegando a zombar de outros que portavam máscara e, até mesmo, reagindo com violência quando obrigados por lei ao uso público desses aparatos sabidamente protetivos. Era tal o temor de sofrer caçoada ou retaliação que o próprio ministro da Casa Civil, Luiz Eduardo Ramos, preferiu se vacinar às escondidas, para não chatear o presidente. Graças ao "discurso do macho que está acima das leis", no dizer do psicanalista Christian Dunker, constatou-se que as pessoas usando máscara em público, tanto em bairros de classe média alta quanto da periferia, eram, em sua maioria, mulheres.[23]

Outro aspecto da "pulsão de morte" em Jair Bolsonaro era sua relação íntima, beirando a adoração, com setores da área de segurança pública. Inseria-se aí, por exemplo, sua insistência em se referir às Forças Armadas como "meu exército". Com gestos reiterados durante seu governo, Bolsonaro tentou dar carta branca às ações policiais. Em 2019, sancionou uma lei que extinguia a prisão disciplinar para policiais e bombeiros militares. De modo ainda mais explícito, tentou negar e resguardar a violência policial. Desde a campanha presidencial, Bolsonaro prometeu que, se eleito, as mortes cometidas por policiais em serviço não seriam investigadas. Eleito, começou por excluir dados de violência policial no balanço anual do serviço de denúncias Disque 100. Depois que o Ministério Público Federal exigiu a divulgação dos dados, foram constatadas 1486 denúncias de violência policial nos primeiros seis meses de seu governo.[24]

Em fevereiro de 2019, atendendo ao desejo explícito do presidente, o então ministro da Justiça Sérgio Moro apresentou um projeto de lei que propunha mudanças para ampliar no Código Penal o conceito de "excludente de ilicitude" e a alegação de "legítima defesa" em casos de mortes causadas por agentes policiais ou de segurança pública. As punições seriam abrandadas ou mesmo canceladas se as mortes ocorressem por "escusável medo, surpresa ou violenta emoção" da parte do policial acusado. Dentro da ótica bolsonarista, tais pretextos jurídicos funcionariam como verdadeira "licença para matar" outorgada às forças policiais.[25] Apesar de assinado por Jair Bolsonaro, no bojo de uma campanha de marketing milionária, o projeto felizmente só passou pelo Congresso Nacional depois de sofrer cortes no seu viés mais policialesco.[26]

Entre pulsão de morte e militarismo, não há como ignorar a interferência do elemento fálico — que constitui o núcleo da crise do masculino tóxico. O falo manteve-se onipresente no modo de atuação de Jair Bolsonaro e seu entorno. Sigmund Freud analisou como a necessidade recorrente de exibir símbolos fálicos é diretamente proporcional ao sentimento de falta do próprio falo.[27] Corresponderia, digamos, àquele ditado espanhol: "Dize-me o que ostentas e te direi o que te falta". Assim, pode-se perguntar se alguém que usa tão enfaticamente a simbologia fálica não é quem se sente mais fortemente castrado e, portanto, atormentado pelo fantasma da castração. Como já se viu, a obsessão fálica resulta da "valorização obsessiva" do pênis por parte da masculinidade hegemônica e acaba por definir a parte (pênis) pelo conjunto do ser masculino.[28]

Comparece aí, mais uma vez, a famigerada "arminha" de Bolsonaro. Símbolo da sua campanha e signo máximo do bolsonarismo, ela era mostrada como uma afirmação do falo, ou mesmo sua extensão. Em outras palavras, o falo estava sintomizado no uso da arma, cuja importância Bolsonaro propagandeou e implantou como política de governo, ao incentivar o armamentismo. Mas eram fálicas também suas expressões autoritárias quase cotidianas — tanto a reiteração do "presidente aqui sou eu" quanto a pretensão onipotente do "sou imbrochável". Num comportamento típico de formação reativa, sua afirmação obsessiva do falo, exibido nas mais diferentes circunstâncias, evidenciava o cerne mesmo daquilo que pretendia esconder: uma virilidade frágil e insegura. Quando afirmava "prefiro que um filho meu morra num acidente do que apareça com um bigodudo por aí", ele estava apenas resguardando a primazia do falo projetada nos filhos.[29] Ainda que nem sempre articulado às claras, seu projeto de poder falocrático não carecia de método, e dele fazia parte culpabilizar o outro sempre que suas propostas davam errado. Isso era fácil, pois ele só aceitava no seu entorno auxiliares e ministros especialistas em bajulação.

Já desde seu escasso programa eleitoral na campanha para presidente de 2018, Bolsonaro priorizou o armamentismo como cerne da sua política, ao mesmo tempo que buscou álibis para escapar dos debates com os demais candidatos. Sob o pretexto de armar os "homens de bem" para evitar uma ditadura da esquerda, escondia-se a falácia de um presidente antidemocrático que nunca deixou de admirar a ditadura militar brasileira. E, no entanto, sempre que arrotava exaltações a torturadores e ao uso da força, Bolsonaro sem dúvida escancarava a confissão de ser um homem fraco e medroso, aquele mesmo "cara frouxo" que ele tanto achincalhava.

Aos sinais explícitos de culto fálico juntava-se a fixação anal, que parece assombrar o grupo de seguidores. Assim aconteceu na reunião "selvagem" com os ministros, em 22 de abril de 2020, quando Jair Bolsonaro reclamou dos seus desafetos políticos com uma metáfora sexual: "Os caras querem é a nossa hemorroida! É a nossa liberdade".[30] (Note-se o ato falho: "a hemorroida é nossa liberdade".) A mesma preocupação apareceu no WhatsApp do ex-policial Fabrício Queiroz, amigo e funcionário de longa data do clã Bolsonaro, ao afirmar: "O MP [Ministério Público] está preparando uma pica do tamanho de um cometa para empurrar na gente".[31] Nesse caso, os motivos ficaram explícitos como causa e efeito: o objeto perfurante e o buraco arrombado — mais uma vez.

Além das "bananas" pejorativas e da paranoia competitiva, já mencionadas no capítulo 8, por toda parte o ideário bolsonarista deixava sintomas dessa fixação por um erotismo fálico-anal. O que seriam as mentiras reiteradas e os desmentidos sucessivos senão um recurso fálico? E o negacionismo como método de olhar o mundo não seria um modo de negar a castração? Afinal, o falo cria o seu exclusivo "princípio de realidade", como uma varinha de condão tornada cetro do poder viril. O subtexto lá estava: meu falo é minha verdade, embasa o meu poder. O próprio revanchismo, motor emocional do bolsonarismo, não seria praticado como um direito fálico? Afinal, para vingar a ameaça da castração, todos os meios eram lícitos. E a própria misoginia não explicitaria o desprezo fálico pela mulher, quando vista como castrada por natureza? Mas o ponto em que o erotismo fálico-anal se manifestava como verdadeiro ressentimento comparecia no ódio mortal à "ideologia de gênero", porque a relativização dos gêneros supõe, na fantasia machista, a iminência da castração. Daí, ela se tornou um dos alvos preferenciais da paranoia bolsonarista, que contrapôs com a "ideologia do falo", colocada na linha de frente do seu projeto de poder, como já vimos. A contraposição entre as duas ideologias pode ajudar a explicar por que a luta contra as pautas LGBTQ+ tornou-se prioridade para o bolsonarismo, de modo quase monotemático.

Esse processo se revela cristalinamente na insistência com que Jair Bolsonaro e seu entorno se referiam à homossexualidade, de preferência em termos chulos e demeritórios. Seu revanchismo atacava prioritariamente aquilo que mais incomodava sua obstinada afirmação de virilidade, na vida e na política — como se vivesse em permanente estado de pânico pela possibilidade de perdê-la. Nessa tática de defesa se manifestava a conhecida paranoia bolsonarista. Mas num território dominado pela sombra, nada é o que parece. Assim, o imaginário da extrema direita veiculado no espaço virtual apresentava uma profusão de memes exaltando líderes populistas com corpos viris esplendorosos. Ora, essa iconografia remetia a certo tipo de fantasias homoeróticas que fetichizam, na musculatura exacerbada, uma virilidade perfeita. A mesma proliferação de homoerotismo subjacente ocorria nas imagens veiculadas de Jair Bolsonaro, insistentemente mostrado com musculatura de lutador, muitas vezes portando uma metralhadora, em meio ao fogo e à destruição.[32] Não é difícil ver aí o fulcro da questão: norteados pela repressão a tudo o que representa perigo à idealização do macho alfa, os extremistas de direita ativavam seu ódio contra pessoas LGBTQ+ como mecanismo de defesa. Em aparente paradoxo, não surpreende que o imaginário bolsonarista pudesse se extravasar em fantasias homoeróticas: sua sombra se espelhava no imaginário gay justamente por um processo de sublimação do seu próprio desejo reprimido.

Na expressividade tosca de Jair Bolsonaro, fantasias homossexuais apareciam embutidas até mesmo em metáforas heterossexuais de namoro, noivado e casamento, em relação a mulheres e homens. No primeiro caso, é emblemática a afirmação da sua heterossexualidade tóxica no encontro político com Regina Duarte – antiga "namoradinha do Brasil" –, através de insistentes metáforas casamenteiras, quando da efêmera passagem da atriz pela Secretaria Especial de Cultura. Ainda mais explícita eram as fantasias metaforizadas em que ele se colocava no papel de uma virgem disputada. Nas negociações para integrar-se a um suposto Partido Militar Brasileiro, Jair Bolsonaro afirmou em público que era "uma menina bonita sem namorado".[33] Por se tratar de um partido militar, pode-se notar aí um ato falho revelador: a fantasia de ser desposado pela figura paterna, projetada nas Forças Armadas, que Bolsonaro sempre procurava em momentos de crise. Veja-se a maneira recorrente com que se referia ao "meu exército", num nível de intimidade de quem busca proteção e, ao mesmo tempo, mostra gratidão junto ao "pai".

Percebe-se aí um sintoma da predileção de Bolsonaro e seguidores pelo fetichismo. Se considerarmos que o fetiche supre um elemento ausente no processo de superar a castração, o caso aqui faz todo sentido. Como pensava Freud, fetichizar objetos é uma maneira de substituir o "falo que falta à mãe", marca incontornável, a partir da infância, do fantasma da castração, que assombra de modo superlativo a masculinidade erigida em ideal absoluto.[34] No bolsonarismo, a "arminha" comparecia como seu fetiche máximo. Mas havia outros signos ou objetos. Assim aconteceu com a caixa de cloroquina (ou hidroxicloroquina), quando ostentada como fetiche fálico diante da multidão de apoiadores-adoradores. Em maior ou menor grau de premeditação, Bolsonaro se reportava aos grandes gestos de profetas, como Moisés exibindo as tábuas da lei ao povo de Israel — visando sobretudo o imaginário do seu eleitorado evangélico.

Certamente, a equipe de marketing da presidência se encarregava de lapidar sua imagem para confirmá-lo no papel de Mito por meio dessas referências simbólicas. Como nos períodos fascistas, o populismo bolsonarista trabalhava arduamente na construção do mito do salvador da pátria — fosse em suas viagens, nas manifestações de protesto diante do Palácio do Planalto ou nas motocarreatas com seguidores fanatizados. Neste último caso, a iconografia fascista se enriquecia com a presença de multidões masculinas, embaladas pelo ronco ensurdecedor das motos, que potencializavam o elemento fálico e, ao mesmo tempo, faziam referência aos passeios de Mussolini, no fascismo italiano dos anos 1930.[35] Em consonância com um nacionalismo cívico-religioso, buscavam-se elementos para configurar a imagem do Grande Herói do Povo, no limite do embate patriótico: "Se ergues da justiça a clava forte, verás que um filho teu não foge à luta". Tábua da lei ou clava forte, seria essa uma das múltiplas funções de uma medicação, ainda que desautorizada pela ciência médica, ao ser insistentemente brandida pela "autoridade mítica" de Jair Bolsonaro como milagrosa na cura da covid-19 — até o ponto de se tentar incluir em sua bula essa indicação falsa.[36] Escorada numa fé irracional que a vendia como universalmente curativa, a cloroquina tornava-se mais um fetiche na tentativa de suprir a falta do falo.

Distorções também se repetiram em várias instâncias no governo Bolsonaro. Distorceram-se leis e a prática da liberdade de expressão, com tentativas sistemáticas de instaurar um clima de intimidação repressiva. Para tanto, o autoritarismo bolsonarista aparelhou órgãos de Estado, que tornaram quase banais a vigilância e a censura contra manifestações críticas ao presidente e seus ministros. Frequentemente, as acusações partiam do Ministério da Justiça, da Advocacia-Geral da União, da Funai, do Ibama e da Procuradoria-Geral da República, cujas ordens se cumpriam de imediato pela Polícia Federal e a Polícia Militar. Algumas figuras públicas de oposição sofreram marcação cerrada, através de ações judiciais e ataques de ódio orquestrados nas redes sociais. Foi o caso do influenciador digital Felipe Neto, que chegou a ver bolsonaristas diante de sua casa protestando e gritando ameaças de morte.

Também líderes indígenas, como Sônia Guajajara, sofreram investigações por parte da Polícia Federal, sob a acusação de proferir calúnias ao presidente.[37]

Jornalistas, escritores, advogados e intelectuais foram incluídos em um dossiê acusatório fabricado pela Abin, sob a acusação de "antifascistas" e "detratores". Professores e médicos, como o epidemiologista Pedro Hallal, precisaram assinar termo de ajustamento de conduta por fazer críticas à postura anticientífica do presidente.[38] Até gente anônima da sociedade civil foi presa e viu suas casas invadidas, graças a postagens consideradas perigosas ou ofensivas a Bolsonaro.[39] O cinismo autoritário chegou a multar em massa motoristas que participaram de carreatas contra Bolsonaro, em vários estados — sob o pretexto de obstrução de avenidas e perturbação pública com buzinaços. Algumas multas individuais atingiram quase cinco salários mínimos.[40] Questionados, nem o Detran nem a PM explicaram por que carreatas pró-Bolsonaro ou passeatas de motociclistas lideradas pelo próprio presidente nunca receberam multas ou acusações similares.

No quadro repressivo do bolsonarismo, obviamente as mulheres foram incluídas entre seus alvos preferencias. Se o assassinato de Marielle Franco significou o prenúncio mais visível do projeto de poder bolsonarista, foi também o sinal de revanche emitido contra o crescente questionamento feminista à hegemonia falopatriarcal. O feminicídio funcionava como signo radical de dominação falocrática. Daí o crime adquiriu status emblemático, porque reunia elementos que explicitavam à perfeição o ódio e o ressentimento como reação do masculino hegemônico ao se sentir acuado. Mulher de esquerda, feminista, negra, bissexual e ex-favelada, Marielle concentrava em si várias categorias consideradas inimigas na guerra da tropa bolsonarista contra o suposto "marxismo cultural". A vereadora carioca foi escolhida como símbolo a ser desconstruído, por via da sua destruição. Criou-se assim o mais evidente prenúncio da ascensão da tropa de Jair Bolsonaro. Para as forças reacionárias do país, era o salve comunicando que o Mito estava a caminho para iniciar o vale-tudo da sua chegada ao poder.

Sabemos que a misoginia compulsiva é um sintoma da inflação fálica, porque despreza o feminino como estratégia para inflar o poder masculino implícito no falo. Faz sentido, portanto, que na carreira política de Jair Bolsonaro a postura misógina apareça como uma constante. Alguns exemplos dão a medida da sua contundência e determinação. Ainda quando deputado federal, em duas ocasiões, Bolsonaro ofendeu publicamente a colega Maria do Rosário. Em 2013, no plenário da Câmara, chamou-a de "vagabunda", dizendo que não a estuprava porque ela "não merecia". Ele voltou à carga em 2014, reafirmando a menção ao estupro — dessa vez porque a considerava "muito feia".[41] Recorde-se também a palestra no clube Hebraica (São Paulo), em 2017, ainda antes da presidência. Em meio a várias ofensas racistas e homofóbicas, ditas em tom de prepotência e provocação, Bolsonaro afirmou: "Eu tenho cinco filhos. Foram quatro homens, a quinta eu dei uma fraquejada e veio uma mulher".[42] Já quando presidente, ele se vingou de um livro crítico ao seu processo eleitoral, publicado pela jornalista Patrícia Campos Mello, e ofendeu-a ao comentar uma informação caluniosa de que ela teria se insinuado sexualmente a um entrevistado para obter informações. Em tom de sarcasmo, disse, rindo: "Ela [repórter] queria um furo. Ela queria dar um furo a qualquer preço contra mim".[43] Em consonância com o pai, o deputado Eduardo Bolsonaro corroborou a mesma falsa acusação de cunho sexual contra a jornalista, no âmbito da Câmara dos Deputados, e ainda postou nas redes um vídeo com a calúnia.[44] O clima de misoginia que empestou o país, a partir do epicentro bolsonarista, certamente rendeu frutos, entre eles a pedofilia, tão criticada por essa mesma ala. Não parece coincidência a constatação, num levantamento da Secretaria Municipal de Saúde de São Paulo, de que em apenas três meses de 2020, na maior cidade do país, 84 meninas de dez a catorze anos deram à luz vítimas de estupro de vulnerável. E não se trata de exceção, já que o Anuário Brasileiro de Segurança Pública de 2019 acusou a ocorrência, a cada hora, de quatro estupros contra meninas de até treze anos em todo o país.[45]

No receituário bolsonarista não poderia faltar também o preconceito racista, com exemplos emitidos pelo presidente. Durante a mesma palestra na Hebraica, em 2017, Bolsonaro lançou esta pérola de racismo: "Eu fui num quilombo. O afrodescendente mais leve lá pesava sete arrobas. Nem pra procriador ele serve mais".[46] Além da ofensa explícita, o detalhe: arroba é uma medida usada para pesar animais. Já na presidência, o ex-capitão continuou dando testemunho prático do seu racismo contra a comunidade negra brasileira, inclusive através do negacionismo. Após o estrepitoso assassinato do negro João Alberto Silveira Freitas, num supermercado da rede Carrefour em Porto Alegre, em novembro de 2020, Bolsonaro deixou claro seu desinteresse pelo problema, através de postagem nas redes sociais: "Como homem e como presidente, sou daltônico: todos têm a mesma cor". Comprovando a reincidência racista, durante discurso no encontro virtual do Grupo G20, emitiu uma das suas patriotadas para negar o problema racial no Brasil: "Enxergo todos com as mesmas cores: verde e amarelo".[47] Ora, estava aí, no dizer de José Vicente, reitor da Universidade Zumbi dos Palmares, um recurso para desautorizar qualquer reivindicação e justificar a "licença para discriminar".[48]

A jornalista americana Michelle Goldberg lamentava, num artigo do *New York Times*, o tempo descomunal obrigatório que se gastava, nos Estados Unidos, ante os problemas, mentiras e boçalidades de Donald Trump.[49] Também no Brasil de Jair Bolsonaro muita gente lamentou o tempo perdido na tentativa de entender e sobreviver ao bolsonarismo, inclusive para apagar os incêndios (em sentido figurado e literal), naquilo que se convencionou chamar de "custo Bolsonaro". Apesar de tanto descalabro, parece que sobraram lições do terremoto bolsonarista. Acima de tudo, a extrema direita escancarou suas intenções, métodos e projetos. Isso significou, quando menos, que o Brasil chegou mais perto de uma realidade política que não conhecíamos ou evitamos conhecer, ilhados em nossas bolhas de bom-mocismo. Tal compreensão atingiu também liberais que votaram em Jair Bolsonaro e, alertados pelo abismo iminente, perceberam o desmantelamento que seu governo provocou entre as alas da direita não radical.[50] Por fim – e isso não deve ser menosprezado –, o bolsonarismo ofereceu ao Brasil e ao mundo um curso intensivo sobre a crise da masculinidade tóxica, rumo à sua derrocada.

Invocando Lothar Machtan a propósito de Hitler, pode-se dizer que Jair Bolsonaro foi "um farsante político que vivia do fato de os outros o superestimarem".[51] Ele precisava ser aclamado para acreditar que valia mais do que pensava. Por grave crise de autoestima, um homem tornado Mito vendeu aquilo que não era e desenvolveu uma compulsão pela mediocridade como a única saída possível. Na verdade, com o bolsonarismo, criou-se um Mito da Mediocridade, que cultivava o mínimo e o tosco, por incompetência para entender a complexidade do real. Essa busca do mínimo levou ao simplismo, com resultados políticos e éticos catastróficos, indo constelar-se na prática da violência – desde a grosseria verbal até o elogio da tortura – como modo de governar. Na generalizada distorção dos valores do período bolsonarista, o Brasil experimentou, em última análise, a concretude da "banalização do mal". O processo político-ideológico baseado no enfrentamento perdeu os referenciais éticos básicos, obcecado em destruir os "30 mil mortos" que Bolsonaro reivindicava. Se a esquerda era o grande mal a ser combatido, tudo o que fosse contra a esquerda seria válido. Em contrapartida, invocava-se aquele velho cacoete de certa direita colonizada: "Tudo o que é bom para os Estados Unidos é bom para o Brasil". Daí o alinhamento automático com o governo delirante de Donald Trump, mesmo que contrariando a tradição de entendimento na diplomacia e os interesses econômicos do Brasil.

Todo esse aprendizado nos legou cenas emblemáticas.

Cena 1

Em 22 de outubro de 2020, diante da câmera e ao lado de Bolsonaro, o então ministro da Saúde, general Eduardo Pazuello, emitiu um sorriso pouco convincente para encobrir o sapo engolido — depois que o presidente o obrigara a desfazer o pedido de 40 milhões de vacinas ao Instituto Butantan, em meio à pandemia do novo coronavírus. No dia anterior, para legitimar sua negativa, Jair Bolsonaro postulara, pela enésima vez, sua incerteza obsessiva: "O presidente sou eu, não abro mão da minha autoridade". Ainda sorrindo amarelo, o general Pazuello proclamou a frase célebre: "É simples assim: um manda, o outro obedece".[52] E se desfez da sua competência. Ora, aí se resumia um tratado inteiro sobre a produção do fascismo. Um general, acostumado a dar e receber ordens, declarava suas prioridades disciplinares com base na estrita hierarquia militar. Exceto que, na condição de ministro da Saúde durante uma gravíssima pandemia, ele ousava priorizar a disciplina irracional em detrimento da realidade emergencial. A confissão que seu sorriso desbotado revelava era a impossibilidade de se juntar dois compartimentos antípodas: o militarismo baseado na hierarquia disciplinar de base monocrática, em que não cabe o diálogo, e o princípio democrático de um governo eleito, cujo sustentáculo deve ser o entendimento entre poderes basilares, que buscam representar a diversidade de um povo. Portanto, militarismo e democracia não podem competir, nem sequer ser comparados. Se o critério for a hegemonia, fica claro que um compartimento vai se impor sobre o outro. Graças a quê? Às armas, método óbvio dos golpes militares que a história brasileira conhece sobejamente. Assim, quando o militarismo invade o território da democracia, o caminho costuma ser aquele do autoritarismo cultivado por gente como Jair Bolsonaro, em moldes fascistas — que ele tratava com tanto carinho. Não coincidentemente, esse é também o projeto institucional do masculino falocrático em todos os tempos, no conhecido recurso de bater o pau na mesa e gritar:

"Aqui quem manda sou eu". O instrumento para *mandar* é usado com orgulho: o armamento letal, exibicionismo fálico que o militarismo oferece de graça.

Cena 2
Em visita a Macapá no dia 21 de novembro de 2020, durante um prolongado apagão elétrico no Amapá, Bolsonaro performou um desfile triunfante ao som de vaias. Abriu a porta do carro em movimento e ficou em pé do lado de fora, numa situação perigosa, considerada infração grave pelo código de trânsito. Para protegê-lo de uma queda, o segurança fez o mesmo movimento e se postou por trás do corpo do presidente, com a perna direita levantada o suficiente para apoiar o pé no encosto da porta aberta. Com sua mão esquerda segurando o bagageiro do capô, o funcionário agarrou o presidente por trás com o braço direito. A foto viralizou na internet, quando o público notou a posição estranha que remetia a um encoxamento sexual e ironizou com comentários homofóbicos – semelhantes aos que o presidente costumava usar.[53]

Essa foto em Macapá escancarava um desejo em conflito. Pode-se ver estampado nela o ato falho de um homem que, de tão obcecado em criticar o sexo entre machos, acabou por protagonizar um típico caso de "formação reativa". Porque se trata disso: um desejo desnorteado pelo impacto da repressão defensiva emerge no contexto articulado da pulsão de morte, ao ficar dependurado no carro em movimento. Era a partir desse foco repressivo que o conceito de Mito ultrapassava o mero sujeito presidencial e projetava a sombra de suas contradições desejantes para todo o contingente bolsonarista – cujas atitudes retrógradas eclodiam diariamente no país. Do ponto de vista do imaginário, cabem aproximações imagéticas a partir de referenciais da cultura de massas em tempos de redes sociais. Como comparação, veja-se o primeiro choque de realidade que o novo presidente teve logo no começo do seu governo: a cena pública do *golden shower* (urofilia, no jargão científico) praticado como guerrilha ARTivista pelo grupo Blocu, em março de 2019, no carnaval paulistano. A cena teve milhões de replicações na internet após o presidente publicá-la em sua conta do Twitter, para condenar a depravação do carnaval. Num primeiro momento, o desnorteado Bolsonaro não entendeu o sentido da expressão em inglês, e quando informado não conseguiu disfarçar seu pasmo encantatório/repulsivo com essa prática exposta publicamente entre machos – e que heterossexuais também praticam.

Por outro lado, a cena de Macapá remetia, a meu ver, a um momento icônico do imaginário hollywoodiano: a cena de *Titanic* em que Leonardo di Caprio enlaça por trás uma Kate Winslet sonhadora, de braços abertos e sorridente, num frame que se tornou a quintessência do amor romântico fomentado pela indústria cultural dos nossos dias. Pois bem, eu me arriscaria a ver nessas três cenas (*golden shower*, *Titanic*, Macapá) um crescendo que pode iluminar aquilo que Bolsonaro tanto deixa nas sombras: seu homoerotismo tão fortemente reprimido, por ser tão mais fortemente desejado. São três imagens que evidenciam, num crescendo, o modo como a sombra do inconsciente, quando emerge, explicita aquilo que estava escondido. É o que se revela. A foto de Macapá constela essa revelação: o segurança que agarra o presidente remete à imagem popularmente consagrada de conjunção carnal entre dois homens, com o "macho" agarrando o passivo por trás. Ademais, a aproximação imagética com o filme mostra paralelos físicos e psicológicos: assim como na alegria de Winslet, Bolsonaro estende o braço saudando sorridente a (parca) multidão, enquanto o romantismo soprado pelo vento do *Titanic* se configura, em Macapá, no blusão esvoaçante do segurança mal equilibrado. Assim, durante um desfile público que se pretendia triunfal, numa pequena cidade do Brasil remoto, o Mito do macho alfa encenou o triunfo do seu desejo, nos braços de um outro homem que o protegia. Essa imagem pode se interpor como resumo de uma "homofobia significante". Vale lembrar uma entrevista, nesse período, do sexólogo espanhol Manuel Lucas Matheu: "O medo, a ansiedade e a aversão que alguns heterossexuais sentem a gays e lésbicas podem crescer com a repressão de seus próprios desejos homossexuais". E ele arrematou, num golpe preciso: "Pois que tomem nota o sr. Bolsonaro e os que têm o mesmo discurso homofóbico e se olhem no espelho".[54] Assim, quando o macho alfa se funde com a miragem que reflete seu avesso, revela-se a desconstrução do Mito, que se transforma em Mitagem.

Se remetermos ao fim do navio *Titanic*, o bolsonarismo triunfante da foto de Macapá profetiza, ao mesmo tempo, o destino do masculino tóxico que teima em se reinstaurar com violência para manter o poder. Esse é o desenlace que, mais cedo ou mais tarde, aguarda toda barbárie: a lata de lixo da história. Ou o fundo do oceano, como no caso do *Titanic* histórico. Diga-se ainda que esse momento da foto se torna icônico porque evidencia como, no próprio ápice da utopia bolsonarista, coincidem a pulsão de morte e a pulsão libidinal. No "encontro de amor", o "*Viva la muerte*" se funde com o desejo sexual recalcado, que veio à tona em meio a uma pandemia mortal, na qual Bolsonaro desempenhava ao mesmo tempo o papel de algoz e vítima. O sádico-mor da nação fundia-se ao masoquista-triunfante de si mesmo. Aqui, não se pode perder de vista que os 30 mil mortos conclamados por Bolsonaro para a vitória do seu projeto fascista já extrapolaram de muito o cálculo numérico, considerando a maneira como, em seu governo, a pandemia se acelerou e saiu do controle sanitário no Brasil.

Num possível viés antropológico, resta abordar o fato altamente significativo de dois homens tão medíocres e incompetentes como Jair Bolsonaro e Donald Trump terem chegado à presidência de seus respectivos países, e, mais ainda, na condição de "mitos". A multidão de seguidores fanáticos que os elevou a esse pináculo teria talvez espelhado neles a convicção de que sua própria mediocridade e fiasco poderia atingir patamares nem sequer sonhados. Numa mistura de rancor, ressentimento, arrogância e irracionalidade, tal atitude de cunho religioso e messiânico buscava por vias políticas a superação dos seus fracassos existenciais. Pela boca de seus mitos, os revoltados pareciam emitir um grito de guerra: "Castrados de todo mundo, uni-vos!". Isso, que significava negar os limites impostos pela insuportável castração, levou à insistência em mentiras e atos violentos, secundados por metralhadoras reais ou por signos de arminhas de faroeste.

A partir do que experimentamos no Brasil, o bolsonarismo oferece um exemplo de como se fecha o ciclo das "seis balas" — e de modo emblemático, diga-se. A ideia de meter muitas balas no mesmo buraco, sonho de virilidade absoluta, implica uma fantasia sexual obsessiva, mas também uma compulsão de repetição neurótica que bloqueia alternativas para se construir um ato legitimamente humano. O resultado bárbaro e caótico dessa obsessão consagra o próprio Mal como modus operandi, para consolidar os pilares da guerra — seja cultural, religiosa ou militar — como princípio de organização política. É na repressão sexual que se consolida, portanto, a necropolítica tão almejada pelos diversos tipos de fascismo histórico.

O desastre de governos como Jair Bolsonaro e Donald Trump apresentou ao mundo um caso clínico que comprova de modo irrefutável como a masculinidade tóxica no poder é impotente para arquitetar um ordenamento social e, menos ainda, solucionar suas contradições de um modo racional e democrático, o que implica excluir sua única arma: o autoritarismo generalizado. Conforme a história já comprovou antes, o resultado último de movimentos falocrático-populistas como o trumpismo e o bolsonarismo é tautológico e previsível: encurralam-se num beco sem saída. Seu *gran finale* mimetiza a serpente que morde o próprio rabo, injeta seu veneno e se autodestrói.

Assim, pode-se perguntar se aquele grito de guerra de castrados recalcitrantes não teria sido apenas um pedido de socorro.

19. Ser & não ser: perspectivas para o exílio masculino

Cena final
Manhã de maio de 1997, numa cidadezinha de 4 mil habitantes, próxima a Natal, capital do Rio Grande do Norte. Fanático pelos filmes de Rambo e Van Damme, o ex-soldado Genildo, de 26 anos, inicia seu plano preparado durante dois anos, para "cumprir uma missão". Coloca uma jaqueta militar de camuflagem, botas de cano longo e um boné, dependura no peito cartucheiras e um facão, mete numa bolsa uma pistola e um revólver com silenciador, onde junta munição para quase trezentos tiros, e sai à cata dos 25 personagens listados para eliminação, prometendo agir "como Rambo".

A partir daí, o vilarejo tranquilo, em cuja cadeia só pernoitava algum bêbado provisório, vive quase um dia inteiro de terror. Genildo chama as vítimas, sob pretextos inocentes. Colecionador de armas e atirador de elite desde os tempos do Exército, ele as elimina à queima-roupa, com tiro certeiro na cabeça ou no tórax. Em alguns casos, faz-se acompanhar de um amigo, a quem acaba poupando. Em outros, para atrair vítimas masculinas, usa como chamariz sexual uma conhecida de dezesseis anos, com quem fuma maconha, antes e durante os crimes.

Enquanto faz pose com as armas, comenta que está se sentindo "num daqueles filmes de luta" e antecipa o prazer de ter seu feito divulgado por toda a imprensa. Quando, na manhã seguinte, a polícia finalmente o cerca, Genildo dá um tiro no peito, após o qual é crivado de balas. Detrás dele ficou um rastro de quinze cadáveres: a mulher, os sogros, a ex-mulher, a ex-sogra, alguns amigos, vizinhos e pessoas com quem se desentendera. Numa carta escrita pouco antes, Genildo explicou o motivo de sua ação genocida: "Deixo o desafio para quem queira provar que eu era homo-sexual e só assim conseguirei provar para todo mundo [a minha macheza]".

De fato, havia tempos corria na cidade esse insistente boato. A maior parte dos nomes da lista de Genildo era de pessoas que teriam espalhado o boato de "que ele era fresco" e, coincidentemente ou não, as vítimas eram, em sua maioria, homens. Casado duas vezes e pai de vários filhos pequenos, Genildo gostava de praticar tiro ao alvo em terrenos baldios. No bar onde vendia bebidas e traficava maconha, costumava chamar seus fregueses, homens ou mulheres, de "amor". E despertava suspeitas sempre que se trancava em casa com muitos amigos. Segundo familiares, ele ficou revoltado quando seu sogro, provavelmente alertado pela filha, começou a espalhar o boato de que o genro era homossexual — e "destruiu sua honra como homem". Para a mãe de Genildo, uma senhora evangélica, tratava-se de uma mentira, pois o filho era mulherengo e "chegou a ter duas mulheres ao mesmo tempo". O bar faliu e muitos fregueses não pagaram as dívidas. Genildo começou a apresentar sinais de distúrbio após a morte por atropelamento de um filho pequeno. Meses antes da chacina, tinha encomendado um caixão numa funerária de Natal, para si mesmo. Comentou então com o irmão que depois de perder "o filho e a honra de ser homem", não tinha mais nada a perder. No final de sua carta-testamento, Genildo desejava a todos "uma vida de dignidade a qual não tive" e comunicava que "não fiz isso por prazer fiz forçado". Segundo a menina que o acompanhou, depois de matar cada um, Genildo ajoelhava-se e dizia que agora estava "com a alma descansada".[1]

Todos os dias ocorrem histórias de graves distúrbios do masculino, mas nem sempre com essa dimensão de genocídio, que fez ecoar trombetas apocalípticas no coração do macho hegemônico. Como numa reação de sobrevivência vital, entrou-se no território do vale-tudo, para se defender da acusação que a tragédia mesma flagrou: "não ser mais homem". Em nome da virilidade ameaçada, o assassino defendeu-se com vários tipos de revólver e centenas de balas, envergando o uniforme identificatório do supermacho Rambo, com tudo o que há de dubiamente homoerótico nessa veneração fanática.

De fato, o uniforme mais denunciava do que camuflava a pulsão homossexual. Na ânsia de se afirmar, seu exibicionismo fálico chegou a ponto de fotografar o filho ainda bebê com uma arma enfiada na fralda, como as fotos dos jornais reproduziram. O ex-soldado Genildo se armou para cumprir uma tarefa exigida pelos compromissos da cultura falocrática, incluindo a autodestruição, e assim respondeu dentro das mesmas regras que o oprimiam. Seu caso parece conter um alerta: as rachaduras da castração no masculino armam uma bomba-relógio que pode explodir ao menor sinal propício para que o pânico cobre seu preço, capaz de deflagrar até um surto psicótico, a depender do caso. A irracionalidade implícita na sua tragédia evidencia como o inconsciente se vinga: um homossexual conflitado torna-se um assassino furioso para provar não ser homossexual. A morte do filhinho talvez tivesse apenas disparado o alarme de autodefesa, cancelando metaforicamente seu maior álibi contra a acusação de homossexual. Mas, como disse Fernando Gabeira, a radicalidade do seu gesto deixa em dúvida se Genildo visava calar os boatos ou divulgar aos quatro ventos o seu desejo amordaçado. Algo estava desproporcional. A afronta vivida, que poderia levá-lo quem sabe "a nos maravilhar com uma fantasia de pavão sonhador numa festa de Carnaval", motivou Genildo a matar muita gente — só "para nos contar seu pequeno e prosaico segredo". Na verdade, não tão prosaico assim: num país como o Brasil, lembra Gabeira, a acusação sofrida por Genildo é tão poderosa que muitas vezes explode como uma sentença coletiva nos estádios de futebol, aos gritos de: bicha, bicha![2]

De forma quase didática, essa tragédia brasileira evidencia como o masculino constituirá uma identidade improvável enquanto carregar dentro de si a semente da própria destruição — a mesma pulsão de morte, tão evidente no caso de Jair Bolsonaro. O réquiem que Genildo entoou a si mesmo, em tom de eloquência macabra, enterra também uma ideia de macho, tão fantasiosa quanto impotente para viabilizar qualquer salvação. Isso nos remete ao mote inicial deste ensaio, para propor-lhe uma reviravolta: as *seis balas* disparadas com renitência e o *buraco* contumaz que as acolhe não são referenciais opostos ou até mesmo antagônicos, como poderia parecer. Na verdade, não estão sequer separados. As balas ferozes e seu alvo devotado são complementares: fazem parte de um mesmo continuum. No contexto identitário masculino, o revólver é simplesmente o alvo de si mesmo. O desconhecimento desse continuum — ou sua compreensão equivocada — cria uma dicotomia mortífera, que dilacera o masculino e deixa à mostra sua ferida narcísica.

A sociedade patriarcal destroçou o continuum, de modo que a polivalência da sexualidade humana acabou sendo comprimida em categorias, compartimentalizadas como hetero, homo e bissexualidade, a partir de definições dualísticas que se baseiam no certo e errado, natural e antinatural etc. Ora, tais categorias seriam dispensáveis se o macho hegemônico não precisasse se defender tanto de si mesmo. Bem ao contrário, a sexualidade humana floresce como uma vivência policrômica, sem necessidade de categorias estritas, muito menos juízos morais daí derivados, valendo apenas os limites do convívio social. Essa seria a meta ideal, de modo que a sexualidade deixaria de existir *enquanto problema*. Mas, tal como a vivemos nas sociedades patriarcais, não é possível uma sexualidade livre e sem conflito. Em contrapartida, o máximo que ocorre são tentativas, muitas vezes canhestras, de refazer aquele continuum, diluindo os referenciais e borrando as fronteiras. Assim, nos Estados Unidos e na França, foram criadas associações de homens heterossexuais que são travestis, muitas vezes com o assentimento de suas esposas — fato abordado ficcionalmente no filme americano *Prêt-à-porter* (1994), de Robert Altman.

Já mencionamos as travestis e transgêneros cujo sucesso entre os clientes se fazia tanto maior quanto mais avantajado seu pênis e maior sua capacidade de ereção. Em compensação, muitos homossexuais masculinos só aceitam transar com homens heterossexuais (entenda-se: viris), chegando a manifestar agressividade contra bichas assumidas ou afeminadas. Por outro lado, na era pós-feminista, tornou-se cada vez mais comum encontrar mulheres interessadas sexualmente em homens mais delicados, que poderiam lembrar homossexuais. Cansadas dos machões grosseiros, elas privilegiam a fragilidade masculina e podem se interessar até mesmo pelo homem desmunhecado. Nos anos 1990, foi anunciado em São Paulo o casamento entre uma lésbica e uma travesti. Suas fotos estampadas em cores davam uma clara ideia do universo de ambiguidade que caracteriza o desejo humano.[3]

No final do século XX, muitos fenômenos novos já aconteciam por toda parte. Nessa esteira, certas estudiosas lésbicas passaram a reivindicar a masculinidade como um direito não exclusivo dos homens.[4] Nos Estados Unidos, particularmente, institucionalizaram-se as *drag kings*, mulheres que se travestem de homem e vivem como tal, ampliando uma prática tradicional em certos âmbitos lesbianos. E por toda parte, inclusive no Brasil, ficaram cada vez mais conhecidos os casos de mulheres transexuais, que preferiram se tornar homens, cirurgicamente ou não. Ao contrário das transexuais masculinas (como Roberta Close, casada heterossexualmente), muitas vezes as transexuais femininas sentem desejo por homossexuais masculinos e não por mulheres heterossexuais, conforme seria a regra consagrada. Para se ter uma ideia desse verdadeiro "samba do desejo doido", bastaria dar uma olhada nos anúncios sentimentais, antecessores da internet e dos aplicativos de paquera, publicados em jornais. Na seção de homens heterossexuais, um homossexual quarentão procurava uma mulher homossexual para fins matrimoniais. Nos anúncios para casais, um homem casado (mas a esposa não entra) buscava casal bissexual para relacionamento, enquanto uma dupla de homem e mulher procurava mulheres bissexuais para idênticos fins, e um terceiro casal — dessa vez dois homens — procurava um casal de lésbicas para "amizade".[5] O eclético banquete completava-se com a seção gay masculina. Dentre os dezoito anúncios publicados, treze eram de homens que procuravam outros homens com valores como "halterofilistas", "atléticos", "musculosos", "fortes", "comportamento másculo", "policiais" (mas podiam ser "bombeiros, rodoviários do trânsito ou militares"). Ao contrário do velho estereótipo de desmunhecados, o que se destacava na seção dos homossexuais masculinos, quase como um refrão, era a severa advertência: "descarto efeminados" — evidenciando a consagração de um novo estereótipo de bicha musculosa, que no meio gay do Brasil vulgarmente se chamava de "bofeca" ou barbie.[6]

Em tempos de internet e redes sociais, no século XXI, o caos desejante se multiplicou de modo quase inimaginável, facilitado por namoros anônimos, prática sexual à distância e fartura de sites de pornografia especializados em categorias. A essa onda de virtualidade veio se juntar, nas mais diferentes instâncias, a consciência queer que repudiou definições e preferiu cultivar a polivalência sexual, especialmente entre a população mais jovem. Tudo se tornou ainda mais intrincado quando se adicionou a relatividade dos gêneros, algo que ofereceu a possibilidade de discutir o masculino e o feminino como itens que cada qual almeja de acordo com o grau de consciência sobre o próprio corpo — como se verá no capítulo seguinte. A partir dessa "geleia geral" do desejo e dos corpos, estamos autorizados a falar sobre o quê? Em homo, hetero, bissexualidade, polissexualidade, ou apenas diferentes alternativas para um mesmo objetivo, quer dizer, a falta de objetivo definido da libido humana?

Situado num contexto assim nebuloso, em que se sente constrangido a dizer adeus ao velho patriarca, o homem contemporâneo se viu perdido ante a necessidade de reinventar o pai e a virilidade por ele outorgada – como bem formulou Élisabeth Badinter.[7] Premido pelas novas necessidades, suas tentativas saíram pela culatra, e, muitas vezes, a emenda ficou pior do que o soneto. Basta ver a eclosão do já mencionado "homem mole", ser confuso e abúlico, fenômeno palpável em muitos países, que veio corroborar o desenraizamento atual do masculino. A perda de autoestima do homem contemporâneo preocupou muitos psicólogos, e com razão. Um deles, Michael Gurian, argumentou que, nos Estados Unidos, os meninos sofriam de preconceito sexual, pois aprendiam desde cedo que eram os bandidos e as meninas as vítimas. Exagero ou não, as estatísticas indicavam que havia quatro vezes mais garotos americanos com distúrbios emocionais do que garotas, e a repetência masculina no primeiro grau era 50% maior do que a feminina.[8] O psicólogo James Hollis, por sua vez, relatou que, quando começou a clinicar, no início da década de 1980, tinha pacientes na proporção de nove mulheres para cada homem. Dez anos depois, a maioria dos seus clientes era do sexo masculino, numa proporção de seis para quatro.[9]

No bojo de uma tentativa de organizar um "movimento dos homens" (às vezes chamado de "masculismo"), em várias partes do mundo surgiram técnicas terapêuticas que oscilavam entre o resgate e o apaziguamento do masculino, visando encontrar seu novo papel social. A partir das inquietações geradas pelo movimento feminista e muitas vezes em aliança com ele, surgiram práticas como os "*gender groups*", inauguradas pelo poeta e terapeuta americano Robert Bly, que levavam grupos exclusivamente masculinos às florestas. Aí, esses homens procuravam reencontrar aspectos perdidos de sua masculinidade e aprender a tomar contato com suas emoções, através da descoberta do "guerreiro interior". Os participantes corriam descalços no mato, imaginavam fantasmas, depois se reuniam em torno de fogueiras noturnas e contavam ao grupo suas sensações, com a mesma confiança mútua com que faziam na infância e adolescência. O problema dessas técnicas, bem ao estilo pragmático americano, é que acabaram privilegiando aspectos exteriores e sofreram um rápido desgaste. As coisas mudaram mais na aparência.[10]

É verdade que, já nos anos 1990, 30% das cirurgias estéticas americanas eram feitas em homens. Mas o que poderia parecer um avanço mostrava um lado ambíguo: os homens tentavam melhorar sua aparência para não perder o emprego, criando o que já começava a ser conhecido como uma "ansiedade estética" masculina.[11] Tudo isso denunciava que a chaga continuava exposta, quando se pretendia fechar a ferida do masculino. De modo que, bem a propósito, voltamos aqui à pergunta inicial: o que é um homem? Ou seja: existe uma essência que projete o homem como masculino, assim como uma (diversa) essência que proponha a mulher como feminina? Se existe, a tal essência nem sempre coincide com suas representações culturais, que são perfeitamente mutáveis, dependendo de fatores históricos. Seria, com certeza, uma essência multifacetada, flexível e, portanto, relativa em suas formas de existência. Se, na definição dos gêneros, tanto os genes e as glândulas quanto diversos aspectos do psiquismo tomam uma direção, o mesmo não acontece com as interpretações, até divergentes, que esse direcionamento recebe no decorrer da história e no âmbito das diferentes culturas.

Quando os pesquisadores descobriram, ao contrário do esperado, que o sanguinário cangaceiro Lampião levava uma máquina de costura portátil junto com suas armas, gostava de untar-se com perfumes franceses, lia revistas de moda e ajudava a forjar os modelos de suas roupas, teria ele passado a ser um "frouxo"? Não, isso não significou sequer a decadência do macho Lampião, mas sim a ruptura do modelo masculino que embasava seu mito, elevando-o à condição de protótipo de um machão brasileiro fantasioso. O que caducou, portanto, não foi Lampião, mas a cuidadosa construção de um conceito ("cabra-macho") que embasava a falsa imagem do cangaceiro, enquadrando-o numa moldura conveniente à cultura do seu tempo, mas distante da realidade. James Hollis cita a observação do filósofo e teólogo dinamarquês Søren Kierkegaard de que não é possível salvar nossa era enquanto ela não se convencer de que está perecendo. Assim também com os homens: nenhuma mudança ocorrerá na constituição do gênero masculino se os homens não tomarem consciência de que estão feridos. E, para cuidar dessa ferida, eles "precisam ativar dentro de si o que não receberam do exterior".[12] O estabelecimento de parâmetros novos para o masculino supõe, na verdade, um repensar em direção ao próprio interior do homem, aí onde estão plantados o seu problema identitário e também suas soluções. Não há identidades unívocas nem fixas: toda definição está sempre em processo. Portanto, na crise natural que constitui o processo de qualquer identidade, sempre está presente a marca do seu contrário. Nada é absolutamente autêntico, no sentido de referenciar-se a um sentido específico e único. Ninguém é seu próprio ser isoladamente. Estamos todos habitados por muitos "outros", que constituem o nosso mais profundo mistério — nossa mistura, esta sim, particular.

Portanto, quaisquer que sejam os termos em que se situará o "novo" masculino, é certo que não se poderá negar mais o feminino, cuja aproximação se torna aí fundamental — não apenas para estabelecer referenciais, mas para romper a fobia do "diferente" e desativar a agressividade defensiva do macho. O feminino, como já se apontou, tem muito a ensinar, inclusive na sua capacidade de fazer fronteira com o masculino sem confrontá-lo. Na mulher, a diferenciação com o masculino não nasce de uma fobia, daí por que seu processo identitário ocorre de modo menos conflitado.

Em termos de perspectiva global, a organização do masculino com certeza ocorrerá menos traumaticamente quanto mais afrouxar a tensão interior com seu oposto, ou seja, por meio da vivência satisfeita do componente feminino presente na psique masculina, para refazer o equilíbrio perdido entre animus e anima. Aí se encontra, inclusive, uma solução para o problema da figura paterna e sua traição ao filho. Para James Hillman, se "a confiança primordial está depositada no poder paterno, [...] a experiência da traição integra o mistério masculino". A traição do pai aponta para o reencontro com a ambivalência da realidade, pondo fim à confiança primordial, presente na inocência infantil. Tomando como referência Jesus na cruz e seu grito revoltado contra a traição paterna, Hillman afirma ser esse o momento em que ele se torna realmente humano. "O Deus *puer* morre quando se perde a confiança primordial e nasce o homem. E o homem só nasce quando nele nasce o feminino". Por quê? Quando Jesus, na hora de morrer, protesta contra o pai, configura-se aí o drama da traição. À medida que ele se desenrola, "o feminino vai se tornando mais e mais evidente". Na mitologia cristã, a anima começa a tomar conta da cena, e a missão de Eros em Jesus faz nascer o profeta amoroso. Assim, tanto a traição paterna quanto a descoberta amorosa e o nascimento da consciência (em adequação com a realidade) fazem parte de um mesmo movimento que flui do feminino.[13]

No seu filme *Andrei Rublev* (1967), uma das obras mais visionárias que conheço, o diretor russo Andrei Tarkóvski analisou a traição paterna e a construção da imagem do *pai interior*, rumo a uma melhor compreensão da realidade. Em plena Idade Média russa, em meio a guerras feudais, um rapazinho de dez anos, filho do falecido sineiro local, é encarregado pelo príncipe de construir o novo sino da capital. A tarefa só lhe é delegada porque ele garante que, antes de morrer, o pai lhe ensinara o segredo da fabricação dos sinos. O menino comanda então um batalhão de operários. O sino só fica pronto após meses de trabalho atroz, sob sol e chuva. Entre ansiosa e incrédula, a população aguarda a complicada instalação do sino. Quando ele é finalmente acionado, suas badaladas cristalinas inundam o céu sombrio da cidade, como nunca se tinha ouvido. Os habitantes dão vivas e festejam. Sozinho e enlameado no buraco onde se forjara o sino, o menino chora nos braços do monge Rublev e lhe repete, em meio aos soluços: "Meu pai nunca me ensinou a fabricar um sino". O menino só aprendera a fabricar um sino porque, consciente do seu desamparo, tinha fabricado o pai dentro de si. Tornara-se, amorosamente, profeta de si mesmo.

Pode-se dizer, portanto, que o herói só é completo quando, cônscio da sua fragilidade, *não tem* compromisso absoluto com o masculino-padrão. Ao contrário, a feminilidade parece integrar o seu equipamento, segundo o sociólogo Daniel Soares Lins.[14] É como se o seu narcisismo precisasse do "ideal feminino" para se afirmar além de si mesmo. Se Hércules passou anos fantasiado de mulher, não seria justamente para enfatizar seu heroísmo? Coberto por um longo vestido e adornado de braceletes femininos, era assim que ele narrava seus feitos heroicos à rainha Ônfale e companheiras de séquito.[15] Algo semelhante em relação ao mítico cangaceiro Lampião, que era um aficionado do espelho, como já vimos. No seu caso, o sempre atento sociólogo Gilberto Freyre já lançava a hipótese de "um quase paradoxal não machismo sob uma frugalidade e um machismo ostensivos". E lembrava que o abuso nos enfeites, joias e perfumes era uma tendência comum entre cangaceiros nordestinos. Afinal, perguntava-se ele, o que Lampião costurava naquela Singer em que aparece fotografado? Talvez bordando algum adorno para seu próprio traje de líder. Nesse caso, não estaria recorrendo a um adorno especial (e talvez um tanto feminino) *justamente* "para afirmar sua qualidade de chefe?".[16]

É preciso lembrar também que o medo parece tomar parte indispensável nas provas do herói, desde as narrativas antigas até os mitos modernos. Heitor e Páris tremem de medo, na *Ilíada*. Segundo Daniel Soares Lins, o próprio cangaceiro Lampião era criticado como fraco e medroso, em sua cidade natal. Nos embates com a polícia, a chave do seu sucesso era a fuga: escondia-se e esperava o melhor momento para atacar. Mais ainda: tinha um temperamento melancólico e passava por crises hipocondríacas, depois de sofrer derrotas.[17] Na verdade, não existe guerreiro que não tenha tremido, pois sem o medo não existiria epopeia, quer dizer, o embate vitorioso. O herói se torna ainda mais forte depois de ter experimentado o medo. E, na mitologia, a capacidade de sofrer é uma virtude por excelência do guerreiro. Ele atinge o heroísmo por ter sido ferido; estar ferido constitui, mais ainda, um privilégio do herói.[18] Só por ser perfeitamente imperfeito, ele se transforma em herói.

Assim é o masculino: ferido. E para que o masculino se configure como tal, não pode temer que sua ferida continue aberta: abraça sua fragilidade, sem ressentimento. Ele *será e não será*. É quando o falo no homem se tempera e ele recupera sua intensa sensibilidade, dosando autoridade com sabedoria. Embora não se trate exclusivamente da feminilidade, há um elemento bastante feminino na sabedoria. Assim se chega ao falo mais gentil, segundo Monick, ao poder amaciado pela compreensão.[19]

Depois de estudar dados mitológicos, Jung concluiu que a busca fálica sempre leva ao "território das mães". Para tanto, ele apontou a conexão mítica entre a árvore (símbolo feminino da mãe) e o falo: o termo *phallós* grego remete ao mastro (madeira enrijecida), ideia corroborada pelos mais diversos mitos cujos falos são construídos a partir da madeira (inclusive o dildo de Dioniso, como se viu no capítulo 4). Portanto, uma relação adequada com o falo parece levar necessariamente àquilo que Jung chamava de *conjunctio oppositorum* (convergência dos opostos) na alquimia dos gêneros, ou seja, o encontro criativo entre o princípio masculino (*phallós*) e o feminino (*matrix*, a matriz, o útero, a mãe).[20]

Em outras palavras, estamos diante do *unus mundus*, o mundo unificado dos opostos diferenciados, que leva à individuação, à completude do eu. Para Jung, trata-se da androginia interior, espaço no qual ocorre a concordância sexual dos gêneros.[21] Então, as noções de masculino e feminino deixam de ser erigidas em oposição uma à outra. Segundo a psicanalista June Singer, "quando passamos a reconhecer a androginia como uma realidade essencial da natureza humana, começamos a caminhar para um mundo no qual os papéis individuais e os modos de comportamento pessoal podem ser livremente escolhidos".[22]

Só esse reencontro criativo no interior do mundo masculino poderá voltar a unir dois polos culturalmente separados e artificialmente colocados em conflito, no decorrer dos séculos. Obcecado pela afirmação de si mesmo, como num estado de adolescência crônica, o masculino só reduzirá as tensões destrutivas e autodestrutivas no seu interior quando perder o medo da mistura e passar a organizar sua essência a partir de circunstâncias mais adequadas à incorporação do que à negação. O certo é que, na sua construção identitária, será fundamental que o masculino deixe de se definir por referência negativa ao feminino – tornado, além do seu contrário, parte da sua sombra interior. Só superando esse cotejo traumático é que ele estará disponível para responder à pergunta feita ao seu espelho: quem sou?

No dizer do psicanalista junguiano Robert Stein, enquanto sua imagem interior do feminino (a anima) estiver rejeitando *phallós* (o animus), o homem jamais conseguirá acionar seu espírito criativo.[23] E só assim, talvez, seja aplacado o complexo de castração que abala milenarmente todo o arcabouço patriarcal e se retire dos ombros masculinos a grande carga de estar disponível apenas para penetrar e vencer. Afinal, a história humana é, necessariamente, a história da miscigenação. Melhor: a história *é*, por sua própria natureza, miscigenação.

Aliás, em culturas ancestrais, suas mitologias e teogonias apresentavam fartos episódios de deuses e heróis andróginos, alguns dos quais já examinamos aqui – da Grécia clássica ao candomblé, entre outras. Ainda mais frequentes são os heróis que mudam de sexo. Essa transição intersexual manifesta uma evidente jornada de conhecimento, como no caso do sábio Tirésias, cuja mutação de sexo ocorria na subida e descida de um mesmo monte. O sentido, de que falava Jung na "androginia interior", foi corroborado por muitos outros historiadores e mitólogos. Ou seja, tal transição mítica sugere a fusão de sexos como finalidade última de uma "unidade fundamental" do cosmos. No início e no fim dos tempos, a androginia ocupa o lugar de símbolo da totalidade e completude.

Curiosamente, essa vivência de mutabilidade androgênica ressurgiu de maneira impactante na contemporaneidade, a partir das questões levantadas pela identidade de gênero – como se verá no capítulo final. Portanto, ao contrário do pânico fundamentalista de que "azul" e "rosa" percam suas funções, o tema da transgeneridade está presente na história humana há muito mais tempo do que seus manuais supõem. Afinal, masculino e feminino constituem "apenas um dos aspectos de uma multiplicidade de opostos, cuja interpenetração é necessário que novamente se consuma", como afirmava Junito de Souza Brandão. É nessa fusão de gêneros que a androginia manifesta a "nostalgia da totalidade". Para voltar a Jung, as intuições psicológicas vertidas nos mitos seculares sempre exprimiram "a ideia da coexistência do masculino e do feminino num só corpo". Tal conceito se projeta como "par divino" e, em última análise, aponta para a "natureza andrógina do Criador", ao contrário do Ser Superior masculino que o falopatriarcado instituiu.[24]

Com a marcha dos séculos, tudo vai se atropelando e confundindo: mundos, povos, culturas. Assim também os gêneros: suas diferenças se afirmarão tanto mais quanto mais se aproximarem entre si. Para o masculino, trata-se de um exercício de autoaceitação, ultrapassando os estereótipos impostos na sua definição estrita. A parte frágil, aquela que nossa cultura considera "feminina", terá que ser assumida pelo macho humano como parte integrante de si mesmo, sob pena de se desconhecer e, pior ainda, continuar desenvolvendo um potencial de autodestruição — por tudo o que se analisou até aqui. Amar a si mesmo terá, nesse momento, a equivalência de amar o outro, o seu diferente. Aí se inclui a disponibilidade de amor aos outros homens. Aliás, um dos passos apontados pelo psicanalista junguiano James Hollis em direção à possível cura da ferida narcísica masculina parece ser um ponto-chave dessa anistia consigo próprio: correr o risco de amar os homens. Por quê?

Segundo Hollis, amar outro homem comumente comporta o medo masculino de chegar ao sexo, e se torna tão difícil por causa da homofobia introjetada, ainda quando inconsciente. Mesmo porque a camaradagem entre homens não implica, necessariamente, homoerotismo. Todo esse medo resulta, na verdade, da insegurança masculina em se expor e correr riscos. Mais ainda: ela revela que homens podem sentir medo de si mesmos, ao se projetarem em outro homem. Hollis vai ainda mais longe ao afirmar que "os homens só aprenderão a amar outros homens se forem capazes de aprender a amar a si próprios". Portanto, amar outro homem pode ser o primeiro passo para amar a si mesmo. Eis um grande desafio, já que homens costumam ter muito medo de si mesmos, justamente por estarem pouco acostumados a se abrir. E esse é o risco maior para o masculino: amar a si próprio. Por isso, diz Hollis, "a substituição da homofobia por eros e cáritas começa em casa".[25] Quer dizer, a partir do amor a si mesmo, substituir o ódio ao outro pelo amor erótico ou fraterno.

Nesse desafio se configuram os dois lados da mesma moeda, já que o elemento passivo (o Outro, o Estranho) está inserido no cerne do masculino. Assim, ao se olhar no espelho de si mesmo, o masculino só decifrará seu enigma aprendendo simultaneamente a ser e não ser.

20. Adeus ao Patriarca

Já se mencionou que, como método de dominação, a estrutura patriarcal falocrática detém e impõe os meios de produção das mentalidades. Com isso, as sociedades entram numa tendência de univocidade de pensamento, linguagem e práxis, plasmando e perpetuando os valores patriarcais como padrão universal, em todas as esferas e grupos sociais. O governo de Jair Bolsonaro exemplificou um desses rebotes falonormativos em escala generalizada, através de uma prática autoritária que se exibia como virtude e se impunha como norma. Ao criar factoides e confusões políticas diariamente, Bolsonaro e suas milícias conseguiram pautar a vida, o pensamento e reações emocionais da nação inteira, inclusive de seus milhares de adversários — como se uma força alienígena invadisse o psiquismo nacional. Numa estratégia avassaladora, vimos como o bolsonarismo começou por domesticar resistências, ainda antes de chegar ao poder, através de intimidações, mas também de cooptação no campo adversário. Num método típico da *alt-right* americana, escolheram-se para postos do governo mulheres antifeministas aliadas à tropa de choque falocêntrica. E negros reacionários foram colocados na vitrine governista para negar o racismo brasileiro. Em apoio ao irracionalismo negacionista, ampliava-se o leque de adesões paradoxais e imprevistas. Destacaram-se até indígenas e homossexuais integrados ao mesmo bolsonarismo que os perseguia e desprezava. Isso, claro, sem falar das lideranças cristãs fanatizadas, que conspiravam por vingança divina e ânsia pelo poder terreno. Mas também populações em extrema vulnerabilidade aplaudiram um autocrata eugenista que lhes oferecia alguns trocados e lorotas. Longe de ser um fenômeno restrito ao Brasil, em outras partes do mundo também ocorreram casos constrangedores de apoio à agenda de extremismo populista. Durante a pandemia da covid-19, por exemplo, a dama do cinema francês Fanny Ardant reivindicava publicamente sua liberdade de desobedecer às normas de proteção sanitária, ao pregar o "culto à morte" em nome do "direito de ser livre", e proclamava que acima do feminismo estava seu direito de não ser feminista — num raciocínio tautológico que remetia à completa irracionalidade.[1] Tais circunstâncias de paradoxo assustador se explicam, segundo a psicanalista Vera Iaconelli, pela adesão dos oprimidos ao ideário dos opressores como forma ilusória de se proteger do desamparo — uma espécie de "síndrome de Estocolmo" coletiva em tempos de pandemia.[2]

O próprio território de supostos adversários da ordem falocrática vigente mostrou-se corroído pela falocracia, numa demonstração cristalina do enraizamento desse ideário secular que germina no terreno do patriarcado. Foi assim, por exemplo, no caso do assédio de Isa Penna, deputada estadual feminista de São Paulo, por parte do seu colega Fernando Cury, representante de um partido dito de centro-esquerda, em dezembro de 2020. Junto à mesa diretora, Isa Penna consultava o presidente da Assembleia, durante uma plenária. No salão iluminado, diante das câmeras e do conjunto de deputados, Fernando Cury dirigiu-se até a deputada e, à guisa de cumprimentá-la, enlaçou-a por detrás e a apalpou à altura do seio, ao mesmo tempo que a encoxava. Atrás dele, um pequeno grupo de colegas homens parecia conter-se entre a aflição e o riso. Isa Penna reagiu de imediato e, diante do ataque agravado pela humilhação pública, levou o caso até o Conselho de Ética da Casa, solicitando a cassação de mandato do assediador. Começava ali um outro capítulo desagradável para a vítima: entre os nove membros do Conselho havia apenas duas mulheres. Em vez da almejada perda de mandato, o assediador recebeu inicialmente apenas quatro meses de suspensão, com seu salário mantido e seu gabinete remunerado, ou seja, a pena mais leve prevista. O deputado pastor e relator do processo afirmou que, como cristão, se sentia obrigado a pôr o perdão em prática. No mais puro cinismo, ainda usou como pretexto não poder punir uma família inteira, pois o acusado era um pai carinhoso e amava a mulher.[3] Duplamente humilhada, Isa Penna protestou: "Eu também tenho família, que também se sentiu humilhada, em quem também doeu, que também ficou magoada e que também se sentiu exposta".[4]

Há várias conclusões a se tirar do assédio sexual da deputada, no plenário da Alesp. A condenação inicial no Conselho de Ética, ocorrida na véspera do Dia Internacional da Mulher, em 2021, mal disfarçava uma "premiação" ao assediador Fernando Cury, evidenciando como o masculino tóxico protege sua tropa e surfa na impunidade da política corporativista, tradicionalmente favorável a machos hegemônicos. Por outro lado, atentando aos detalhes, corrobora-se a tese de Eve Kosofsky Sedgwick de que o elemento homossexual está potencialmente presente no percurso do continuum homossocial. Ao que tudo indica, o continuum de homossocialidade se efetivou, pouco antes do incidente, numa confraternização alcoólica entre um grupo de machos, situação típica de afrouxamento do superego através da bebida. O rastro de pólvora teria se acendido, aparentemente, numa aposta para ver qual dos deputados ganharia a fêmea. De modo previsível, o "duelo" fez emergir um componente homossexual de modo sutil e peculiar, quer dizer, o macho atacava a fêmea, através dos velhos expedientes da encoxada + mão boba, para sobressair diante de seus pares e atrair o desejo de um suposto rival, num "ato de coragem" viril insuflado pelo álcool, que revelou o elemento subjacente da trama. Tudo à luz do dia, registrado pelas câmeras, num local exponencial do poder patriarcal.

É preciso lembrar que, em contrapartida, houve reações para marcar posição contra o assédio de Isa Penna. Um grupo de mais de noventa deputados da Alesp fez publicar na grande imprensa um anúncio de duas páginas inteiras, chamando o fato de "vergonha" e lançando uma campanha para exigir a cassação de Fernando Cury. Em pouco tempo, a campanha somou mais de 40 mil assinaturas, incluindo artistas e intelectuais conhecidos. Se a cassação definitiva não ocorreu, cancelou-se a primeira decisão, com um resultado minimamente exemplar: o crime de "importunação sexual" do deputado recebeu a suspensão máxima de seis meses, sem remuneração dele e da equipe — fato inédito no histórico da Casa. Além disso, o Conselho de Ética do seu partido recomendou ao Diretório Nacional a expulsão do parlamentar.[5] Viu-se nesse incidente que as forças hegemônicas do patriarcado falocêntrico podem ser convertidas, à sua revelia, em motor para revitalização das mais diversas resistências políticas.

Na luta contra o falopatriarcado, isso é o que mais importa. Ao fabricar seu próprio combustível a partir da luta mesma, a consciência crítica precisou percorrer escadas íngremes, na contramão dos narcisismos conformistas que rondam os oprimidos. Conviria, por isso, ter em mente a famosa proposição de Audre Lorde: "As ferramentas do mestre nunca irão desmontar a casa do mestre".[6] Por quê? A própria Lorde responde: "Elas [as ferramentas] talvez nos permitam vencê-lo provisoriamente no seu próprio jogo, mas nunca nos habilitarão a provocar uma mudança genuína". Em outras palavras, não ocorrerá uma verdadeira alquimia capaz de destronar o poder falocêntrico se não forem descartadas as ferramentas que articulam a masculinidade tóxica. Muitas vezes ocorre que, até por inconsciência, os oprimidos acabam imitando os métodos dos opressores. Penso na tentação do politicamente correto, quando instaura uma nova normatividade, ao utilizar os anseios por "empoderamento" para colocar "o meu poder acima do seu". Ou quando faz o "lugar de fala" resvalar no autoritarismo da "minha voz é mais forte que a sua". Uma sociedade justa e democrática pressupõe obrigatoriamente superar a competição em busca de poder e o lugar de fala de cada singularidade ser complementado pelo "lugar de escuta" singular. Sem esquecer que a famigerada prática do "cancelamento" por qualquer divergência de opinião revela resquícios autocráticos daquele mesmo sistema que se está combatendo.

Distante das ferramentas do mestre-patrão, um grande aprendizado será: tomar o leme das nossas singularidades e permitir que as comunidades contra-hegemônicas assumam o comando de si mesmas. A ideia de autonomia libertária implica necessariamente o cruzamento solidário das diferentes lutas identitárias e políticas do desejo, numa práxis próxima daquilo que as feministas negras chamaram de "interseccionalidade" — também em nível coletivo. Só assim cada qual poderá ser uma consciência em solidariedade com outras consciências recriadoras, conjuntamente alertas sempre que os donos do poder fálico quiserem destruir aquilo que criamos. Em resumo, historicamente nos encontramos diante de um velho desafio, que fundamenta toda consciência crítica: transformar alquimicamente a merda em ouro.

Convém lembrar que os periódicos rebotes de fúria machista encontraram resistência redobrada, em toda parte. As forças reacionárias e governos populistas que levantaram a bandeira do masculino falocrático muitas vezes funcionaram como fatores de aprendizado coletivo, a médio e longo prazo. No dizer de Cesar Calejon, a tempestade provocada por esses rebotes de extremismo ofereceu condições propícias para "o desenvolvimento das forças sociais contra-hegemônicas e progressistas", como em nenhum outro período da modernidade.[7] Pode-se comprovar como as forças de resistência atuaram, nas mais diversas áreas, para transformar períodos difíceis em oportunidade para reaprender, reavaliar e, sobretudo, redobrar a criatividade a partir de suas convicções. Em outras palavras, grupos sociais de resistência viraram o jogo do avesso e aproveitaram a sanha opressora do falopatriarcado para afiar novos conceitos, treinar a práxis da solidariedade e amadurecer enquanto singularidades pensantes.

Assim entrou em cena, nos primórdios do século XXI, a chamada quarta onda feminista, ainda que talvez fosse mais adequado falar de um contínuo caudal de variados tipos de feminismo. Seus fluxos periódicos costumam ocorrer em vagalhões contra o machismo estrutural, cuja recorrência chegou até a criar supostas leis favoráveis para que, no fundo, "a discriminação das mulheres mude na aparência para não mudar na essência" — segundo a filósofa e feminista Carla Rodrigues. Em todo o mundo, a quarta onda feminista assumiu sua impaciência e proclamou o direito de enraivecer ante a reincidência e desfaçatez da violência falocêntrica, muitas vezes apoiada pelos próprios governantes.[8]

Na América Latina, tal impaciência se manifestou em diferentes países e em seguidas campanhas, por se tratar de uma das regiões mais perigosas para as mulheres, aí incluídas as transgêneros. No Chile, onde atuaram vivamente na elaboração da nova Constituição, as novas feministas transformaram em batalhas suas palavras de ordem. Ali se criou um hino que, exportado para o mundo todo, foi cantado coreograficamente como ferramenta de protesto, em 2019, nas marchas de milhares de mulheres vendadas e enraivecidas que acusavam "El violador eres tu" ("O estuprador é você"). Na Argentina, com longa tradição em atuação política das mulheres, campanhas como "Ni Una Menos" (Nem uma a menos), de 2014, também se espalharam mundo afora, para exigir o fim da violência de gênero. No México (dez mulheres assassinadas por dia), ocorreram manifestações de rua com milhares de mulheres expressando sua raiva — e algo semelhante ocorreu em vários outros países da América Latina.[9]

No Brasil, a quarta onda feminista envolveu especialmente mulheres jovens nas redes sociais e nas ruas, culminando com uma série de manifestações em 2015, que se popularizou como "Primavera das Mulheres". Mas considera-se que o marco inicial dessa quarta onda ocorreu em 2011, quando coletivos feministas retomaram os protestos de rua sob o slogan "Meu corpo, minhas regras", na chamada Marcha das Vadias, movimento que se alastrou pelo mundo a partir do Canadá e se prolongou no Brasil até as grandes manifestações de 2013. As redes sociais passaram a ser fartamente usadas em campanhas como #meuprimeiroassedio e #chegadefiufiu, para denunciar a naturalização do assédio, que leva à violência sexual e à cultura do estupro. Ao mesmo tempo que se impunha a consciência da diversidade dos femininos singulares, confirmava-se o objetivo comum da luta que embasava a solidariedade entre as mulheres. A partir daí, ressurgiu um conceito esquecido: a *sororidade* (do latim *soror* = irmã), para se contrapor à generalização do termo "fraternidade" (do latim *frater* = irmão). Por toda parte, a luta feminista buscava uma mútua sororidade, ou seja, a solidariedade "incondicional entre mulheres, como estratégia de enfrentar as formas por vezes insidiosas de opressão masculina", no dizer de Carla Rodrigues.[10]

De um ponto de vista conceitual, a quarta onda do movimento feminista tomou consciência da hegemonia do feminismo europeu-americano e abriu espaço para abordagens pós-coloniais de pensadoras negras (da África e diásporas africanas), latino-americanas e indígenas, relegadas à invisibilidade. A partir daí se firmaram na cena feminista outras vertentes inéditas que enriqueceram o debate e a luta das mulheres. A primeira dessas novas vertentes ocorreu pela interferência das feministas negras. Em 1981, a grande ativista e filósofa afro-americana Angela Davis já emitira os sinais matriciais da proposta interseccional, em sua obra *Mulheres, raça e classe*, na qual afirmou o cruzamento indissociável de capitalismo, racismo e sexismo num mesmo processo de opressão social. No que mais tarde seria definido como interseccionalidade, as discriminações se interligavam necessariamente nos fatores de gênero, raça e classe. Em 1984, a questão foi aprofundada pela feminista negra, lésbica, poeta e pensadora americana Audre Lorde, que acusou o feminismo dominante de arrogância por não considerar as diferenças de raça, sexualidade, classe e idade entre as mulheres, sem o que qualquer debate se enfraqueceria.[11]

Curiosamente, a proposta de fatores interseccionais de exclusão já havia sido antecipada, na década de 1970, pela cientista social Lélia Gonzalez, uma das precursoras do feminismo negro brasileiro e, não podemos nos esquecer, também de um feminino latino-americano descolonizado. Desde a década de

1980, outras feministas negras brasileiras vinham fazendo as mesmas ressalvas sobre sua invisibilidade por parte das feministas brancas. Isso se devia, segundo Lélia Gonzalez, ao fato de que as próprias esquerdas absorveram a tese da "democracia racial", já que "nas suas análises sobre nossa realidade social jamais conseguiram vislumbrar qualquer coisa além das contradições de classe". Assim, explicava ela, "acabaram por se tornar cúmplices de uma dominação que pretendiam combater".[12] Em 1988, quando se comemorou o centenário da abolição formal da escravatura, ocorreu no Rio de Janeiro o I Encontro Nacional de Mulheres Negras, quando quase quinhentas participantes de dezenove estados debateram o racismo estrutural que se mantinha no Brasil e suas repercussões particularmente desastrosas sobre as mulheres negras. A partir daí, organizações de feministas negras se multiplicaram por todo o país, com projetos específicos. Em 2015, a Marcha Nacional das Mulheres Negras (e seu slogan #orgulhocrespo), com 50 mil pessoas protestando em Brasília, deu visibilidade ao impacto da onda feminista negra que vinha se formando desde várias gerações.[13]

A junção da consciência negra com o feminismo veio acrescentar elementos surpreendentes às políticas identitárias, no sentido de se aprofundarem as singularidades como fator de liberação e inclusão em sociedades que se querem democráticas. Em vários campos epistêmicos o feminismo negro introduziu contribuições originais, como a já mencionada interseccionalidade. A partir desse conceito, passou-se a abranger, num mesmo nível de importância, as diversas formas de exclusão e opressão observadas na realidade da mulher negra, pobre, periférica. Ao juntar patriarcado, racismo e capitalismo, o método interseccional de análise propôs a "inseparabilidade estrutural" de um sistema de opressão múltipla e promoveu uma interação entre as várias condições excludentes, evitando o "desvio analítico para apenas um eixo de opressão".[14] Como dizia Audre Lorde, "qualquer ataque contra pessoas negras é uma questão lésbica e gay [...]. Qualquer ataque contra lésbicas e gays é uma questão de negros [...]. Não existe hierarquia de opressão".[15]

Tais inovações conceituais contribuíram para singularizar cada um dos campos de luta identitária, ao mesmo tempo que o diálogo interseccional aprofundava o debate e reforçava uma luta conjunta. Isso permitiu abraçar outros grupos não hegemônicos que vinham amadurecendo a partir dos estudos de gênero. Foi o que aconteceu quando os feminismos da quarta onda viram-se diante de um novo desafio, com a entrada em cena do fator *identidade de gênero*, que acrescentou um novo elemento de subversão: o *ser feminino* para além do *ser mulher*. Já vimos como a psicanálise — em especial sua vertente junguiana — apontava na psique de ambos os sexos elementos femininos e masculinos, indistintamente, fato corroborado por várias correntes da psicologia, em diferentes aspectos. A seu modo, essa é a mesma convicção que o feminismo mantém, segundo Carla Rodrigues, como uma das suas premissas de base: a recusa de uma *essência feminina* que identifique universalmente todas as mulheres, como um carimbo. Ao contrário, diz ela, tem-se "a percepção de que o elemento feminino é constitutivo das subjetividades da formação de homens e mulheres; e de que biologia não é destino". Assim como, décadas atrás, a escritora Vange Leonel, enquanto lésbica, reivindicava seu direito à masculinidade, o transfeminismo contemporâneo considerou basilar a reivindicação da feminilidade como um direito de quem se sente como tal, a despeito do sexo biológico — o que está claramente implicado no conceito de "identidade de gênero". Na origem dessa guinada teórica sobre os corpos e os gêneros, Carla Rodrigues aponta justificadamente o pensamento pioneiro de Judith Butler "ao propor um feminismo que 'não fosse feito em nome do sujeito mulher', [em que] muitas de suas críticas eram pertinentes e nos forneceriam o oxigênio necessário para erguer a quarta onda. [...] Mais do que nunca, corpos são entendidos não como naturais, mas como resultado dos discursos que se escrevem sobre eles".[16]

É sabido que Judith Butler, filósofa e feminista americana, está na origem dos debates em torno da identidade de gênero, ainda que não tenha sido iniciadora dos estudos queer. Seu ponto de vista sobre a "confusão queer" permitiu compreender a prática transgênero como um exercício de performatividade dos corpos dissidentes da hegemonia heteronormativa e de suas políticas que impõem o binarismo de gênero como imperativos da natureza. Butler observou como, na drag queen, "o ato de se montar [performar] cria um jeito [...] de se apropriar, utilizar e atualizar os gêneros".[17] E concluiu que, nessa insistência de reinterpretação dos papéis e fluidez de personagens, revelava-se a perspicaz definição de gênero como "uma espécie de representação aproximativa", o que permitia crer que "o gênero em si mesmo é um tipo de imitação para o qual não existe nenhum original".[18] Butler aprimorou a teoria queer com suas abordagens teóricas em torno das identidades de gênero, cujos papéis "interpretados" se aproximariam de "modos performáticos". Na mesma linha performativa, a escritora inglesa e historiadora cultural Tamsin Spargo propôs que "a hiperbólica paródia das drags expõe a própria estrutura imitativa de gênero, fazendo-nos ver com outros olhos aquilo que pensamos ser natural".[19] Assim, quando a natureza performativa da drag queen a coloca num estado permanentemente transitório, sua ambiguidade caótica denuncia como os gêneros estão à deriva, revelando que suas fronteiras são meras convenções a serem atropeladas.

Se a performatividade está na base do desconceito de gênero, como queria Judith Butler, as resistências queer intensificaram os debates na área, ao advertirem que a tentação da normatividade permanece sempre no horizonte das sociedades, mesmo entre os grupos excluídos. Na gíria americana, o termo queer significava algo entre *esquisito*, *suspeito*, *bizarro*, frequentemente em referência depreciativa a homossexuais. A partir da década de 1980, o termo foi resgatado e assumido pela comunidade LGBTQ+, que lhe adicionou uma conotação transgressiva. Através da ressignificação, ampliou-se seu sentido original pejorativo. Daí se chegou ao desenvolvimento da "teoria queer". Nunca houve consenso para nomeá-la em português — talvez *transviada*, talvez *desviante*, talvez *divergente*. Falou-se mesmo em "teoria torta", mas sem nenhuma definição exclusiva, o que não se deve estranhar, pois a teoria queer prioriza sexualidades e gêneros *em devir*, num grande guarda-chuva avesso a definições normativas. Assim, o estigma se tornou um valor: ser queer é rechaçar a heteronormatividade e abraçar o direito ao desvio. Para Tamsin Spargo, a atitude "queer está perpetuamente em confronto com a norma", no sentido de bem-comportada, portanto "queer é definitivamente excêntrico, anormal". Para a estudiosa da sexualidade Guacira Lopes Louro, a atitude queer propõe "um jeito de pensar e de ser que desafia as normas regulatórias da sociedade, que assume o desconforto da ambiguidade", por não estar centrada nem adequada a um só lugar. Um corpo queer se entende como "estranho, que incomoda, perturba, provoca e fascina".[20]

A abordagem radical da teoria queer permitiu um avanço considerável dentro das universidades, em áreas tão diversas quanto literatura, história e ciências sociais. Também abriu novas frentes de políticas identitárias para o feminismo da quarta onda e o ativismo LGBTQ+. Especialmente ao enriquecer a pauta LGBTQ+ com questões de identidade de gênero, o engajamento queer embasou uma nova prática em vários níveis de consciência crítica dentro de grupos discriminados e abriu novas frentes — apenas toscamente representadas no amontoado de letrinhas.

Desde os primórdios do ativismo, a pauta LGBTQ+ questionava a ideia reducionista do masculino como "ser macho", apontando inúmeras *maneiras de ser* distantes do padrão masculino imposto pela mera contraposição ao padrão feminino. Com a entrada em cena das novas forças identitárias de gênero, a rigorosa fronteira entre os gêneros sofreu um abalo irreversível. Sua performatividade se contrapôs ao antigo reducionismo binário, impulsionada pela teoria queer e especialmente através do pensamento de Judith Butler, como vimos. A ambiguidade de papéis, já experimentada nos "disfarces" das drags montadas, aprofundou-se na transgeneridade: os corpos adentraram gêneros heréticos.

O debate provocou o surgimento de uma surpreendente cadeia de pensadoras/es trans em todo o mundo, subvertendo ainda mais o discurso sobre gêneros e assustando a cidadela do sistema falopatriarcal. Suas propostas arrojadas criaram inferências sociopolíticas de impacto subversivo, ao pensarem o corpo como instrumento politicamente mobilizador, justamente por sua mutabilidade. O filósofo e escritor transfeminista espanhol Paul B. Preciado radicaliza, quando se enquadra sob "o estatuto de clandestino permanente" — no dizer da escritora Virginie Despentes. Mesmo tendo cruzado a fronteira dos gêneros, Preciado afirma sua intenção de continuar fluido, perseguindo um "gênero utópico" que o leve a viver em Urano — alusão também ao termo "uranista" usado no século XIX para designar os homossexuais. Paul B. Preciado se classifica como um "dissidente do sistema sexo-gênero", na performatividade de corpos mais do que de gêneros. Ele mantém no nome masculino o B antigo da Beatriz que era. Mais do que um lugar fixo, prefere habitar a encruzilhada: "Porque ela é o único lugar que existe" sem "margens opostas". Preciado acredita que, em termos político-legais, o estatuto da pessoa trans é semelhante ao do migrante, do exilado e do refugiado, porque "todos eles se encontram num processo temporário de suspensão de sua condição política". Afinal, tanto migrantes quanto trans colocam em crise os sistemas de produção de verdade, de modo que "é o espaço político como um todo que deve entrar em transição". Para Preciado, a suposta "inexistente existência" do corpo trans coloca tudo em xeque: desde a nação, a fronteira e o documento até a psiquiatria, a ciência e deus.[21]

Ao falar da sua transição de gênero como "masculinidade feminina", o pensador americano queer e trans Jack Halberstam bordeja o mesmo território mutável do sexo-gênero enquanto fenômeno que extravasa o corpo singular e atinge uma dimensão cultural e política. Para ele, a "resistência queer" não implica absolutamente "estabelecer uma garantia de identidade". Ao contrário, trata-se de "questionar constantemente os rótulos". Halberstam aponta a necessidade de "outros contextos trans-queer que não reescrevam a narrativa de gênero dual". Para ele, importam "outras narrativas que considerem o gênero como uma encarnação móvel", não uma solução estável.[22]

Por sua vez, o pensamento de Sayak Valencia, filósofa mexicana transfeminista, aprofunda-se ainda mais na busca de uma inserção política radical. Ao criar "uma insurgência pela recuperação de outros imaginários corporais, de corpos sem padrões", a transgeneridade oferece um ponto de vista e um instrumento de análise peculiares para enfrentar o que ela chama de "violência masculinista" na sociedade contemporânea, elemento familiar em seu país abalado pelo narcotráfico. Assim, o transfeminismo cria uma forma de "desobedecer ao gênero, ao consumo, à nacionalidade, ao sexo", o que permite uma resistência política para "desmasculinizar os olhares". Segundo Valencia, os transfeminismos latino-americanos se encontram diante do desafio de "construir uma ideia de sustentabilidade da vida", em aliança com outros corpos "marcados pela interseccionalidade de raças, de classes, de gêneros", para trabalhar por uma "desnecropolitização do pensamento e do nosso contexto".[23] Através desses "corpos em trânsito", chegou-se a um verdadeiro programa de enfrentamento revolucionário.

Com as identidades de gênero, adquiriram visibilidade novas expressões que negam o masculino/feminino como territórios compartimentalizados: subjetividades não binárias, fluidas, indefinidas, agêneras, assexuais, intersexuais e pansexuais. Essas novas formas de gênero identitário ou não se mostram em estado de deriva, abrindo espaço para todos os tipos de ambiguidade entre ser masculino e feminino, ao abolirem a escolha obrigatória de gênero. Por toda parte, as mais variadas perspectivas identitárias propõem ações de resistência contra as forças regressivas ligadas ao masculino falocrático, que devem ser desmontadas. A profusão de debates visa a ruptura e a reconstrução do conceito masculino redutor, para permitir amplo espaço de liberdade aos corpos rebelados. A heteronormatividade, responsável por séculos de opressão, encontra-se acuada.

Seria impossível abarcar a intensa ebulição de debates em níveis tão diversificados e ricos que incorporam tanto a universidade quanto a internet e as redes sociais. Tal abrangência significa, antes de tudo, distância da malfadada concentração em referenciais hegemônicos, nem sequer lideranças, tão caras às esquerdas mais tradicionais. Criou-se uma diversidade avessa à imposição de regras, com generosidade intercambiada. Entre bloggers gays, videomakers trans, youtubers bissexuais, rappers e *slammers* lésbico-feministas, as vozes se tornaram tão autônomas e múltiplas que o melhor seria falar em vagalhão de consciências críticas contribuindo para um debate pluralizado. Isso incluiu uma surpreendente geração de intérpretes de música popular inovando, a partir das periferias, com geral desconstrução de gêneros e corpos.

A própria indústria audiovisual trouxe ao interior dos lares ecos desse clamor. A série documental *Move: O mundo da dança* apresentou dois episódios emblemáticos, focando profissionais de dança em busca de reconhecimento às suas inovações criativas dissidentes. É sabido como a dança profissional sofre preconceitos a partir da virilidade idealizada, com regras rígidas estabelecidas para tecer limites e fronteiras. Num dos episódios da série, o espanhol Israel Galván, filho de uma cigana e considerado um gênio do novo flamenco, traz sua história de dançarino que desde criança seguiu a mãe e o pai na profissão — o pai furava suas bolas de futebol para que o menino se concentrasse no aprendizado da dança flamenca. Já adulto, Israel promove uma ruptura radical quando ressignifica sua dança não como algo típico de homem ou mulher, mas do seu corpo. Ao contrário das estritas regras do flamenco clássico, ele passa a dançar utilizando recursos só permitidos às mulheres, como mexer os quadris e contorcer as mãos. Mais ainda: veste-se canhestramente com roupas e perucas femininas, desconstruindo papéis de gênero e seus fetiches, como a beleza da mulher em oposição ao rigor do homem. Ao mesmo tempo que o bailarino recebe vaias do público espanhol tradicionalista, seu pai e sua mãe se manifestam envergonhados. Paralelamente, Israel rompe outro padrão ao dançar numa arena de touros para um estádio lotado, que no final reconhece sua arte e o aplaude com entusiasmo. Ao romper a imposição de limites de gênero, Israel Galván consagrou-se como um inovador da dança espanhola — contra os padrões. Um segundo episódio emblemático documenta a jamaicana Kimiko Versatile, profissional de dancehall, típica das periferias da capital Kingston e exclusiva de grupos masculinos. Dentro da cultura jamaicana, uma das mais machistas e homofóbicas do mundo, a história de Kimiko parece seguir um padrão nacional: tanto ela quanto a mãe foram abandonadas por maridos irresponsáveis, tão logo ocorreu o nascimento das respectivas filhas. Com um forte viés feminista, Kimiko ensaia suas dançarinas do grupo Versatile Ones para a disputa, num certame importante, com o grupo masculino de dancehall mais popular da cidade. As Versatile Ones vencem a competição por um motivo simples: mulheres dispõem de muito mais recursos de expressão corporal e rítmica porque usam sobejamente os quadris, algo proibido aos dançarinos masculinos, que só podem mexer braços e pernas. Por quê? Como explica o líder do grupo derrotado, se fizerem isso, serão acusados de gays, e aí "já era você e seu grupo". As situações enfrentadas por Israel e Kimiko evidenciam como o padrão masculino hegemônico se fragiliza e fracassa graças às próprias muralhas criadas para manter seus limites.

Tanto em detalhes da vida cotidiana quanto em eventos de grande proporção, fica claro que não se poderá repensar a sociedade sem incluir como tarefa coletiva a superação do machismo sistêmico e a promoção de uma masculinidade integrada, através de severos processos educativos. Já se sabe fartamente como a barbárie falocrática pode gerar estragos irreparáveis quando assume o poder e impõe regimes de extremismo populista, aplicando um modelo de masculinidade que a Associação Americana de Psicologia classificou de "explicitamente patológico".[24] Numa longa lista de ditadores, efetivos ou potenciais, machos desequilibrados como Donald Trump e Jair Bolsonaro deram fartas demonstrações de como a política irracional do falopatriarcado e seu negacionismo da realidade poderão levar a humanidade e o planeta à destruição. Já corremos riscos demais para saber o óbvio: a barbárie não mira o futuro. Durante as sucessivas ondas da pandemia do novo coronavírus no Brasil, as milícias bolsonaristas desfilaram em público para celebrar o poder fálico, desafiando regras sanitárias em detrimento da saúde pública. Sua propalada "imunidade de rebanho", que implicava um eugenismo voltado para a sobrevivência dos mais fortes, mal disfarçava sua tentativa de negar a castração, vale dizer, a realidade perpassada por um amontoado sem fim de fragilidades humanas.

Aliás, rastros desse desvario podem ser constatados inclusive em governos supostamente democráticos. Durante a gravíssima pandemia, os países mais ricos do mundo protagonizaram um verdadeiro escândalo sanitário, com graves reflexos no caos econômico internacional. Durante a fase mais crítica da pandemia, 15% da população mundial mais rica concentrou quase metade do total de imunizantes disponíveis, inclusive criando estoques para eventuais doses de reserva, impedindo o acesso dos países mais pobres. A situação foi denunciada pela Organização Mundial da Saúde, que considerou essa reserva de mercado inaceitável num momento tão crítico — repetindo, aliás, o que esses mesmos países já haviam feito ao esgotar os estoques de respiradores e máscaras, às vezes até sequestrando cargas destinadas a países mais pobres.[25] Em nível mundial, viu-se aí a persistência perversa de um colonialismo sistêmico, implicando inconsciência sobre os avanços tecnológicos que promoveram mobilidade e interação populacional em ritmo crescente. Afinal, não existem países isolados. Num sistema planetário que encolheu, os vírus circulam mais, no mesmo ritmo da superpopulação, de modo que países ricos e pobres ficam unidos pela mesma catástrofe sanitária. As pandemias confirmam que fronteiras nacionais são antes de tudo marcas artificiais e insanas de poder.

Em contraposição a esses vários tipos de negacionismo, que custaram milhares de mortes na pandemia, o aprendizado de resistência das populações vulnerabilizadas e excluídas provocou uma eclosão de ações urgentes dentro das próprias comunidades — desde a solidariedade na fome até a compreensão didática da incompetência da política falocrática para conduzir uma nação. A reeducação crítica resultou de (e ativou) profícuos debates em busca de soluções entre as singularidades irmanadas na vulnerabilidade comum. Como deixou claro a escritora nigeriana Chimamanda Ngozi Adichie, trata-se de começar pela educação das crianças, focando a linguagem cotidiana, em que a desigualdade de gênero perpetua conceitos distorcidos, nas coisas simples como tarefas e brinquedos — varrer a casa para meninas, futebol para meninos.[26] Pelos pequenos aprendizados se chegará à compreensão de que uma nova masculinidade integrada ousa correr riscos mais legítimos, tais como a necessidade da entrega e a aceitação dos seus limites, o que significa, basicamente, reconhecer o fantasma da castração no seu horizonte. Ao criar ferramentas de resistência, a educação para desconstruir o masculino tóxico passará inclusive pela compreensão das suas origens hegemônicas e dos elementos que o configuraram secularmente. Ou seja, para compreender o estado das coisas a que chegamos, é obrigatório um processo de desvendamento (ou desmistificação) do patriarcado — escopo que este livro buscou.

Mesmo sendo impossível negar a violência real do poder masculino hegemônico, o bicho-papão do patriarca falocrático esconde em seu núcleo um tigre de papel. Trata-se, em larga escala, de um rato que ruge. Toda a força opressiva da virilidade mistificada se erigiu exatamente para esconder a sua sombra. E o que se busca tão ardorosamente ocultar? A insustentável fragilidade masculina – repita-se. Nesse teatro encenado pelo poder patriarcal e exercido com seu cetro fálico, nada é o que parece. Senão, vejamos. De tudo o que aqui se abordou, pode-se concluir que a base da organização patriarcal assenta-se sobre o medo não apenas do feminino – do qual se defende –, mas de ter *inveja do feminino*. Como no centro da questão se encontra o pânico à castração, isso remeteria a uma espécie de *inveja da vagina*. Pergunta-se: o medo de invejar a vagina não seria, em última análise, algo que sustenta a necessidade de se arquitetar uma virilidade mítica, inviolável e invencível, como forma de defesa? Pode-se responder com uma constatação: quanto maior essa articulação de defesa, mais o masculino falocêntrico revela seu medo e sua inveja.

Ao analisar o complexo de castração (na fase genital) das meninas, Freud usou o conceito, basicamente misógino, da "inveja do pênis".[27] Não é estranho que o criador da psicanálise não tenha proposto alguma contrapartida para os meninos – afinal, pagava tributo às convenções patriarcais de teor falocêntrico. Em compensação, ao discordar da assertiva freudiana, psicanalistas como Melanie Klein e Karen Horney propuseram uma simetria masculina através da inveja dos seios ou da função reprodutiva feminina.[28] Por que não poderia ser a "inveja da vagina"? Como afirma a psicanalista Joyce McDougall, não ocorreu a Freud "a noção de que os meninos também teriam inveja da vagina de uma menina, de sua capacidade de gerar filhos e de seu potencial de atração sobre o macho, precisamente porque ela não tinha pênis".[29] É preciso lembrar que Freud menciona a relação entre vagina e reto, ao abordar o erotismo anal e suas associações inconscientes: "Também o interesse na vagina, que desperta mais tarde, é de origem erótico-anal principalmente. Isso não surpreende, pois a vagina mesma é, na feliz expressão de Lou Andreas-Salomé, 'arrendada' do reto".[30] Curiosamente, em qualquer das sugestões, omitiu-se o encanto masculino pela fantasia da penetração – lembrado por uma autora considerada esquizofrênica como Valerie Solanas, em seu furioso e antifreudiano *SCUM Manifesto*.[31]

No cotidiano, o prazer masculino de ser penetrado por um falo pode ser constatado em inúmeras instâncias diretas, como atestam as travestis prostitutas que são pagas para exercer o papel ativo com seus clientes supostamente heterossexuais (prática mencionada no capítulo 4). Isso para não falar de prostitutas que usam dildos introduzidos analmente nos clientes, a pedido deles, como já ouvi em depoimento de pesquisa. Ainda que indiretamente, algo similar ocorre na prática de travestismo masculino heterossexual, seja em situações transgressivas como o Carnaval, seja nas experiências de *cross-dressing* em que homens promovem encontros para se travestir, muitas vezes com a participação das esposas. Em todas essas instâncias, trata-se de homens que não admitem ser enquadrados na categoria de homossexuais ou bissexuais, e podem não ser, de fato. Mas seria preciso argumentos malabarísticos francamente fóbicos para não admitir que está aí implicada a fantasia de "ser mulher", seja no exercício do papel sexual passivo, seja no uso de indumentárias e maquilagens para *performar* o papel socialmente determinado à mulher como objeto sexual "atraente", prática que sublima o desejo de ser penetrado. Nesse contexto, ser ou não ser homossexual pareceria um rótulo dispensável, ou de importância francamente secundária – algo, em certo sentido, captado por Thorkil Vanggaard, como já vimos. Liliana Cavani, por sua vez, criou um final revelador em seu filme *Além do bem e do mal*, quando Lou Salomé vai a uma sessão espírita e solicita a presença de seu falecido ex-companheiro Paul Rée, que se incorpora na vidente e através dela comunica a um público atônito: "Desde que descobri que queria ser uma mulher e ser possuído, sou feliz".

Como as transformações do masculino se realizarão é uma tarefa da história, em consonância com seus milhões de protagonistas, desde especialistas das mais diferentes áreas até a resistência de gente anônima, nos diversos extratos da sociedade. Em qualquer dos casos, impõe-se a convicção crescente da necessidade de reconstruir o conceito de masculino, como tarefa de primeira importância na construção de uma sociedade mais inclusiva e justa. Inúmeras inter-relações, por mais díspares que sejam, cruzam-se na vida em sociedade, onde "nenhum homem é uma ilha", como dizia o poeta inglês John Donne. Assim também, nenhum fenômeno social ocorre de modo isolado. Diante do crescimento de catástrofes naturais, sociais e políticas, já em curso ou previstas, tornou-se premente a intervenção de uma consciência crítica coletiva. Daí, faz sentido conectar a preservação do meio ambiente à cultura do estupro, no sentido de que a mesma violência e irracionalidade fálicas se voltam contra a natureza quando desprotegida. Trata-se de uma conexão semelhante que se pode fazer nos casos de racismo, LGBTfobia e demais procedimentos discriminatórios por parte do poder hegemônico. Isso significa que, ao combater a mentalidade fálica que sustenta tais violências, deve-se mirar o masculino hegemônico que as gerou. O que leva ao imperativo da luta conjunta, em que as forças contra-hegemônicas visam um mesmo alvo.

Em resumo, a tarefa de reconstruir o masculino tange a toda a sociedade democrática, num processo interseccional. Como? Na defesa radical de uma reelaboração no próprio cerne da civilização. A civilização nasceu de um mito secularmente elaborado: o Pai Patriarca. Freud mostrou como a morte do pai primevo levou, em última análise, a incorporar sua autoridade para a figura de um Deus superior a tudo — o que embasou o poder das religiões. A passagem do Pai terrestre para o Deus celestial criou um compêndio de ilusões religiosas em torno da salvação após a morte. Desse modo, segundo Freud, ocorreu um rebaixamento do valor da vida, a ponto de "deformar delirantemente a imagem do mundo real, o que tem por pressuposto a intimidação da inteligência".[32] Em vez da felicidade eterna prometida, a última possibilidade de consolo terá sido a submissão incondicional e o sofrimento como fonte de prazer. O que remete a outra conclusão crucial de Freud:

> As proposições religiosas são como que relictos neuróticos, e agora podemos dizer que provavelmente está na hora, tal como no tratamento analítico do neurótico, de substituir os resultados do recalcamento pelos do trabalho racional do intelecto.[33]

Conforme vimos no capítulo 11, o resultado foi, com demasiada frequência, a regressão à barbárie, graças à religião. Se Deus é masculino, o que tem sido introjetado como verdade transcendental por inúmeras vertentes religiosas, então trata-se de uma revolta civilizatória denunciar, antes de tudo, que a superioridade desse Ser — em existindo — não se deve simplesmente ao seu ser masculino. Pelo contrário, convém apontar que o peso da castração, em todos os seus desdobramentos, assombra muito especialmente o horizonte da masculinidade.

Para ocorrer, tal guinada civilizatória deveria implicar, antes de tudo, a ideia de que na sua base se encontra o nosso fracasso básico (a castração). Só essa compreensão poderia se configurar como fator de imperfeitíssima salvação, a ser assumida enquanto resultado da nossa imperfeição. Se o sentido das vidas se resume em buscar o sucesso a qualquer custo, isso significa que estamos escamoteando o fato de que não existe uma varinha de condão chamada salvação. Antes, é preciso tomar consciência do fracasso inevitável em diferentes instâncias da vida, inclusive no seu desenlace fatal. A morte é nosso derradeiro fracasso, que recusamos admitir, comumente embalados pela fantasia de eternidade, seja no plano terreno, seja na fantasia celestial. A circunstância de assumir o fracasso depende da capacidade para detectar nossas ilusões. Aí se incluem todos os estratagemas (de psíquicos a políticos) que encenamos para não admitir o próprio fracasso. Quando apostamos nossa esperança no sonho de um Líder, Mito, Salvador ou Messias, trata-se exatamente disso: agarrar-se à figura do Grande Patriarca para fugir do Grande Fracasso a que estamos condenados — não por destino, mas por uma ilusão que criamos e alimentamos para não encarar nossa básica imperfeição.

Dizer adeus ao Patriarca implica flagrar todas as ilusões a que nos submetemos, inclusive na política — frequentemente praticada como religião, com suas promessas, profetas, santos e um Ser Superior. Daí a necessidade de denunciar a carnificina que estamos alimentando sempre que criamos na política o Messias Salvador, seja ele de direita ou de esquerda. Não existe o Messias, não existe o Salvador. A salvação é uma ilusão que alimentamos quando a tornamos absoluta. Se há um vestígio de salvação — e penso na Esperança —, ela só pode existir no varejo do cotidiano e das pequenas soluções a que somos chamados incansavelmente no decurso de nossa jornada pela vida. E assim ocorre porque a imperfeição da vida propicia um alinhavo impressionante de frustrações. Portanto, não se trata da esperança heroica, mas daquela colcha de pequenos retalhos tecida por milhões de fracos, vulneráveis e excluídos que assumem o fracasso no seu horizonte e fazem dele sua capacidade de resistir. Enfim, trata-se dos tortos-queer que abraçam sua imperfeição congênita como parte da efêmera experiência humana. Enquanto isso, o Patriarca, obcecado em cancelar a castração, busca realizar esse sonho através da sua autoridade. Para tanto, chega a prometer a eternidade e a perfeição, num paraíso em que fraqueza, frustração e medo seriam cancelados do horizonte viril.

Ao contrário, segundo Jack Halberstam, "o fracasso permite-nos escapar às normas punitivas que disciplinam o comportamento e administram o desenvolvimento humano, [...] conduzindo-nos para uma fase adulta controlada e previsível". Para esse pensador trans, "fracassar é algo que as pessoas queer fazem, e sempre fizeram", como estilo e modo de vida. Em plena cultura do otimismo capitalista, que busca o sucesso e cultiva o lucro a qualquer custo, o fracasso propõe uma "recusa da maestria" e das "lógicas dominantes de poder e disciplina". Além de ser menos estafante do que a necessidade de triunfar sempre, o fracasso também traz compensações: "fracassar, perder, esquecer, 'inadequar-se' [...] podem oferecer formas mais criativas, mais cooperativas, mais surpreendentes de ser no mundo". Quem ousa se perder no caminho através do fracasso tem a vantagem de percorrer desvios plenos de descobertas, até encontrar um caminho renovado.[34]

Afinal, aceitar o fracasso é aceitar a castração. A partir das pequenas grandes dores de todo dia, pode-se aprender a abraçar o fracasso como compreensão amorosa da realidade inevitável da nossa castração endêmica. Uma castração criativa e inspiradora, afinal. De novo, trata-se do mesmo processo da alquimia: transformar o excremento em ouro. Fazer da imperfeição o manancial da nossa criação. Um grande programa civilizatório consistiria em descobrir na possibilidade de fracassar o impulso de resistência contra o medo. Isso significa, em suma, extrair do fracasso a poesia da nossa Esperança. Pergunto: saudar a Esperança embutida no fracasso não seria uma possibilidade inequívoca de dizer adeus ao Patriarca?

Se termino este livro mergulhado no fracasso, não se trata de acaso, mas de tentar deliberadamente não sentir medo de terminar um livro. Afinal, ousar fracassar é ousar a Esperança. Trata-se de assumir o fracasso e, assim, despojado da suprema ilusão, extrair dele a capacidade de resistir. A Poesia — aquele continente interior de textura visionária — é certamente a mais propícia forma de compreender a natureza criativa e inspiradora do fracasso que permeia a experiência humana. Ainda antes de Jack Halberstam, a americana Elizabeth Bishop também se confrontou com o fracasso, a seu modo. Grande poeta lésbica, debatendo-se entre o alcoolismo e a depressão, ela escrevia poemas como se lapidasse a dor da alma, muitos deles criados em seu longo exílio no Brasil. Então, estendo a mão e passo a palavra para Elizabeth Bishop, que nos revelou o fracasso como:

UMA ARTE

A arte de perder não é nenhum mistério;
tantas coisas contêm em si o acidente
de perdê-las, que perder não é nada sério.

Perca um pouquinho a cada dia. Aceite, austero,
a chave perdida, a hora gasta bestamente.
A arte de perder não é nenhum mistério.

Depois perca mais rápido, com mais critério:
lugares, nomes, a escala subsequente
da viagem não feita. Nada disso é sério.

Perdi o relógio de mamãe. Ah! e nem quero
lembrar a perda de três casas excelentes.
A arte de perder não é nenhum mistério.

Perdi duas cidades lindas. E um império
que era meu, dois rios, e mais um continente.
Tenho saudade deles. Mas não é nada sério.

— Mesmo perder você (a voz, o ar etéreo
que eu amo) não muda nada. Pois é evidente
que a arte de perder não chega a ser mistério
por muito que pareça (*Escreve!*) muito sério.[35]

Agradecimentos

À Isloany Machado, que acompanhou com tanta generosidade a reescritura desta segunda edição, pela leitura dos originais, comentários, sugestões, emendas, indicações bibliográficas, incentivo e afeto solidário. A Douglas Rodrigo Pereira, pela discussão de textos e indicações de obras. À Marlene Laky, pelas várias leituras e anotações. À Livia Perez, pelo apoio em bibliografia feminista. A Hanna Korich e Francisco Moreno de Carvalho, pelo apoio e consulta em pesquisas talmúdicas. A João Nemi e John Ellis-Guardiola, pelas sugestões de pesquisa no período Trump. A Paulo Roberto Ceccarelli, pelos comentários aos originais, sugestões bibliográficas e discussão das diferenças. A Gilmar de Carvalho (in memoriam) e Arnaldo Domínguez de Oliveira, também pela leitura dos originais e observações. A Ivo Storniolo (in memoriam), pelas longas conversas, discussões e indicações bibliográficas. A Daniel Soares Lins, pela troca de ideias, indicação e fornecimento de material. A Antonio Cadengue (in memoriam), pelas sugestões e obras indicadas. A Carlos Eugênio Marcondes de Moura, Jorge Schwartz, Flávio Alves, Sérgio Barcellos e Helena Maria Trevisan, que também ajudaram na obtenção de material bibliográfico. À Alzira Simões Trevisan (Ziza), pela generosidade no fornecimento de livros. A Gil Veloso, que aguentou o tranco de me secretariar, nos velhos tempos. À Carminha Levy, guia em certo período dos meus 280 anos de análise, por me ajudar a entrever nas turvas águas masculinas. A Victor Henrique, por existir. A Luiz, cujo amor está sempre presente. À vida, que por vias tortas tanto me ensina.

Notas

1. CENAS EXPLÍCITAS DA CRISE MASCULINA [pp. 13-31]

1. Kiko Nogueira, "Jonas, o homem que matou mais de trinta", *Veja*, São Paulo, pp. 12 ss., 17 abr. 1996.

2. "Índio é queimado por estudantes no DF", *Folha de S.Paulo*, São Paulo, 21 abr. 1997; "Cobertor fez índio virar tocha humana", *Folha de S.Paulo*, São Paulo, 22 abr. 1997; Daniela Pinheiro e Gerson Camarotti, "Planalto selvagem", *Veja*, São Paulo, 30 abr. 1997.

3. Alexandre Medeiros, "O crime cruel de um homem comum", *Jornal do Brasil*, Rio de Janeiro, pp. 1, 6, 4 mar. 1995.

4. Valéria França, "Fé cega, faca amolada", *Veja*, São Paulo, p. 96, 11 out. 1995.

5. Felipe Frazão, "Estupro, espancamento e morte: A tarde de horror no Piauí", *Veja*, São Paulo, 13 jun. 2015; Géssica Brandino, "Estupros coletivos e feminicídio: O Caso de Castelo do Piauí", Portal Compromisso e Atitude, 13 jun. 2015; Graciane Souza e Caroline Oliveira, "Enfermeira que cuidou das garotas de Castelo diz que está em pânico", Cidadeverde.com, 29 maio 2015; Felipe Frazão, "ONU cobra punição aos envolvidos em estupro brutal no Piauí", *Veja*, São Paulo, 11 jun. 2015.

6. "Travesti é espancada até a morte no Bom Jardim", *O Povo*, 3 mar. 2017; "Travesti Dandara foi apedrejada e levou dois tiros, afirma delegado", *Diário do Nordeste*, 7 mar. 2017; "Polícia investiga homicídio de travesti que foi espancada até a morte no CE", G1, Ceará, 4 mar. 2017; "'Dandara dos Santos foi alvo de linchamento após boato', diz polícia", *O Povo*, 10 mar. 2017.

7. Guilherme Queiroz, "Polícia descobre rinha que fazia churrasco com cães mortos após duelos", *Veja*, São Paulo, 16 dez. 2019; "Polícia fecha rinha de cães e prende 38 pessoas", *Folha de S.Paulo*, São Paulo, p. B2, 16 dez. 2019; Hygino Vasconcellos, "40 presos em rinha de cães em Mairiporã são soltos após decisão judicial", UOL, Porto Alegre, 18 dez. 2019; Isadora Rupp, "Policiais chorando de revolta: A conexão internacional da quadrilha de rinha de cães que chocou o país", BBC News Brasil, Curitiba, 20 dez. 2019.

8. Departamento Penitenciário Nacional, *Levantamento Nacional de Informações Penitenciárias (Infopen)*, 2016. Disponível em: <www.justica.gov.br/news/ha-726-712-pessoas-presas-no-brasil>. Acesso em: 22 jan. 2020.

9. Daniel Soares Lins, *Lampião*, pp. 8, 9, 14.

10. Ibid., caps. "A nova ordem amorosa" e "'Revolução feminina' ou declínio do masculino?". Do mesmo autor, ver "O corpo do herói", pp. 3, 4, 9.

11. Frederico Pernambucano de Mello, *Quem foi Lampião*, pp. 41, 44.

12. Ana Francisca Ponzio, "Ex-cangaceira narra morte de Lampião", *Folha de S.Paulo*, São Paulo, pp. 3-10, 30 jul. 1995. Para a citação de Gilberto Freyre, ver capítulo 19, nota 16.

13. Ricardo Calil, "Lampião volta como dândi do cangaço", *Folha de S.Paulo*, São Paulo, pp. 5-1, 13 jun. 1995.

14. Dados anotados de uma palestra de Daniel Soares Lins no Departamento de Semiótica da PUC-SP, 21 mar. 1997, a partir de sua tese. Ver também, do mesmo autor, *La Passion selon Lampião*.

15. Frederico Pernambucano de Mello, *Guerreiros do sol*, pp. 141-2. Do mesmo autor, ver também *Estrelas de couro*, que inclui material iconográfico ímpar sobre a citada estética, entre roupas, enfeites e apetrechos do cangaço (pp. 48-55, 68-76).

16. Daniel Soares Lins, "O corpo do herói", p. 15.

17. Suzana Cavenaghi e José Eustáquio Diniz Alves, *Mulheres chefes de família no Brasil: Avanços e desafios*. Rio de Janeiro: ENS-CPES, 2018; IBGE, "Pesquisa Nacional por Amostra de Domicílios (PNAD) 2001-2015"; Daiane Costa e David Barbosa, "Número de lares chefiados por homens cai pelo terceiro ano seguido", *O Globo*, Rio de Janeiro, 22 maio 2019.

18. "Mamãe sabe tudo", *Veja*, São Paulo, n. 1413, p. 64, 11 out. 1995.

19. Eduardo Peret, "Mulher estuda mais, trabalha mais e ganha menos do que o homem", Agência IBGE Notícias, 7 mar. 2018; "Estatísticas de gênero — Indicadores sociais das mulheres no Brasil", Instituto Brasileiro de Geografia e Estatística, mar. 2018.

20. Como exemplo, cito o estudo *Between Men*, de Eve Kosofsky Sedgwick, sobre traços homossociais na literatura inglesa, que abriu novos caminhos para os estudos de gênero e crítica LGBTQ+ — conferindo a esta última o estatuto de verdadeira disciplina acadêmica, por muito tempo ausente nas antiquadas (e homofóbicas) universidades brasileiras, e bastante comum nos campi europeus e americanos. Assim também, *Problemas de gênero*, de Judith Butler, no qual a autora aborda a identidade de gênero como exercício de performatividade a partir de uma perspectiva queer — ou seja, culturalmente subversiva —, ao abrir caminhos para a compreensão da transgeneridade, em ruptura com o binarismo compulsório masculino/feminino. Esses temas serão analisados mais adiante.

21. Sérgio Dávila, "O macho perdido", *Revista da Folha*, p. 20, 3 dez. 1995.

22. Élisabeth Badinter, *XY*, p. 145.

23. "Brasileiro nasce com expectativa de vida de 74,6 anos, aponta IBGE", G1, 2 dez. 2013.

24. "Expectativa de vida: Por que as mulheres vivem mais do que os homens?", BBC News Brasil, 5 fev. 2019.

25. Élisabeth Badinter, op. cit., pp. 223-4, n72.

26. Carlos Rydle, "Marido tenta matar mulher", *O Estado de S. Paulo*, São Paulo, p. C-6, 12 mar. 1997.

27. Débora Melo, "Lindemberg: 'Quando a polícia invadiu, a Eloá fez menção de levantar e eu, sem pensar, atirei'", UOL, 15 fev. 2012.

28. Vinícius Queiroz Galvão, "Namoro entre os dois começou quando garota tinha 12 anos e Lindemberg, 19", *Folha de S.Paulo*, São Paulo, 18 out. 2008.

29. Eve Kosofsky Sedgwick, *Between Men*, p. 2.

30. Élisabeth Badinter, op. cit., pp. 131 ss.

31. David Gilmore, citado em ibid., p. 138.

32. Ibid., pp. 147 ss.

33. Anaïs Nin, *Em busca de um homem sensível*, pp. 49-56.

34. Élisabeth Badinter, op. cit., pp. 165 ss.

35. Paulo Roberto Ceccarelli, "A construção da masculinidade", p. 52.

36. Sérgio Dávila, op. cit., p. 20.

37. Igor Leone/Mônica Dallari, "As novas masculinidades", *CartaCapital*, 12 mar. 2019.

2. MULHER: O CASTIGO DE NÃO SER [pp. 32-52]

1. Heidi I. Hartmann, "The Unhappy Marriage of Marxism and Feminism: Towards a More Progressive Union", *Capital & Class*, v. 3, n. 2, p. 11, 1 jul. 1979. Grifos meus.

2. Claude Lévi-Strauss, citado em Eve Kosofsky Sedgwick, op. cit., pp. 25-6.

3. H. R. Hays, *O sexo perigoso*, pp. 52-3. Trata-se de uma obra altamente recomendável, por sua abordagem diversificada de um ponto de vista mítico e antropológico.

4. Colin Spencer, *Homossexualidade*, pp. 92, 95.

5. Ibid., pp. 41-5. Ver também Royton Lambert, *Pederastia na idade imperial*, pp. 24-6.

6. Colin Spencer, op. cit., p. 101.

7. Ibid., p. 135.

8. Ibid., p. 56.

9. Ibid., p. 69.

10. Ibid., p. 124.

11. Ibid., p. 220.

12. Michel Foucault, *História da sexualidade*, pp. 98-9.

13. Alain Corbin, "Os bastidores", pp. 571-2.

14. Magali Engel, "Psiquiatria e feminilidade", em Mary Del Priore (Org.), *História das mulheres no Brasil*, pp. 339 ss. Trata-se de um livro fundamental, com abordagens sobre diferentes períodos e regiões brasileiras, para ilustrar a construção das formas de opressão masculina sobre a mulher.

15. Joana Maria Pedro, "Mulheres do sul", em Mary Del Priore (Org.), op. cit., p. 285.

16. Gloria Steinem, citada em Élisabeth Badinter, op. cit., p. 143.

17. "EUA: Cerco a menores criminosos", *Jornal da Tarde*, São Paulo, p. 13-A, 9 maio 1997.

18. United Nations, *World Youth Report. 2003: The Global Situation of Young People*. Nova York: Department of Economic and Social Affairs, United Nations Publications, pp. 188 ss. Disponível em: <www.un.org/esa/socdev/unyin/documents/ch07.pdf>. Acesso em: 7 maio 2020.

19. "Ataques a tiros nos EUA triplicam nesta década e somam 526 mortes desde 2010", *Folha de S.Paulo*, São Paulo, 4 ago. 2019.

20. Théo Araújo, "História do funk: Do soul ao batidão", Repórter Terra: Funk Carioca. Disponível em: <www.terra.com.br/reporterterra/funk/historia_do_funk.htm>. Para mais detalhes,

ver: <www.terra.com.br/reporterterra/funk/dia1_not1.htm> e <www.terra.com.br/reporterterra/funk/dia4_not1.htm>. Acesso em: 12 maio 2020.

21. Artur Rodrigues e Thaiza Pauluze, "Ações da polícia contra bailes funk acumulam abusos em SP", *Folha de S.Paulo*, São Paulo, 6 dez. 2019.

22. "Garotos acusados de estupro são soltos", *Folha de S.Paulo*, São Paulo, pp. 3-9, 7 maio 1997.

23. Alfredo Henrique, "Garoto de 12 anos confessa morte de menina em parque em SP, diz polícia", *Folha de S.Paulo*, São Paulo, p. B1, 2 out. 2019.

24. Mapas disponíveis em: <www.indexmundi.com/g/g.aspx?c=in&v=29&l=pt>; <www.indexmundi.com/pt/india/taxa_de_mortalidade_infantil.html>. Acesso em: 11 jun. 2020.

25. Gilberto Dimenstein, "Índia proíbe grávida de saber sexo do bebê", *Folha de S.Paulo*, São Paulo, 23 jan. 1996.

26. "Índia incentiva abandono de meninas para evitar assassinatos", *O Estado de S. Paulo*, São Paulo, 18 fev. 2007.

27. "CRB Data 2018: 1 Rape Reported Every 15 Minutes in India", *India Today*, 11 jan. 2020. Disponível em: <www.indiatoday.in/india/story/ncrb-2018-woman-reports-rape-every-15-minutes-in-india-1635924-2020-01-11>. Acesso em: 3 jun. 2021; e Dipu Rai, "Sexual Violence Pandemic in India", *India Today*. Disponível em: <www.indiatoday.in/diu/story/sexual-violence-pandemic-india-rape-cases-doubled-seventeen-years-1628143-2019-12-13>. Acesso em: 14 jun. 2020.

28. Mariana Estela Andrade de Oliveira, "Jyoti Singh Pandey: o estupro coletivo que chocou o mundo", Canal Ciências Criminais — Jusbrasil. Disponível em: <canalcienciascriminais.jusbrasil.com.br/artigos/523810845/jyoti-singh-pandey-o-estupro-coletivo-que-chocou-o-mundo>. Acesso em: 14 maio 2020.

29. *India's Daughter* (2015), documentário de longa-metragem de Leslee Udwin, aborda em profundidade o estupro e o assassinato de Jyoti Singh Pandey.

30. Hannah Ellis-Petersen, "If You Saw Her Body, You Will Never Sleep Again: Despair as India Rape Crisis Grows", *The Guardian*, 6 dez. 2019.

31. "Condenado à morte por estupro coletivo na Índia culpa mulher por crime", BBC News Brasil, 3 mar. 2015. Disponível em: <www.bbc.com/portuguese/noticias/2015/03/150303_india_estupro_entrevista_fn>. Acesso em: 14 maio 2020.

32. Élisabeth Badinter, op. cit., pp. 143, 222-3, n53.

33. "Sexual Assault Statistics USA", National Sexual Violence Resource Center (NSVRC). Disponível em: <www.nsvrc.org/statistics>. Acesso em: 18 maio 2020.

34. "Rape Statistics by Country 2020", *World Population Review*, US Census Bureau, jun. 2019. Disponível em: <worldpopulationreview.com/countries/rape-statistics-by-country>. Acesso em: 15 maio 2020.

35. A primeira unidade da Delegacia da Mulher foi inaugurada em São Paulo em 6 de agosto de 1985, durante o governo Franco Montoro.

36. Elisa Martins, "Delegacia da Mulher referência em SP registra aumento de 77% no número de ocorrências", *O Globo*, Rio de Janeiro, 14 jan. 2020.

37. Renato Lombardi, "Aumentam queixas de agressão a mulheres", *O Estado de S. Paulo*, São Paulo, p. C-3, 28 fev. 1997.

38. Júlia Zaremba, "Maioria das mulheres não denuncia seu agressor à polícia", *Folha de S.Paulo*, São Paulo, 26 fev. 2019.

39. Marina Gama Cubas, Júlia Zaremba e Thiago Amâncio, "Brasil registra 1 caso de agressão a mulher a cada 4 minutos, mostra levantamento", *Folha de S.Paulo*, São Paulo, 9 set. 2019.

40. Louise Queiroga, "Mulher relata ciclo de violência doméstica após ter nariz arrancado a mordidas pelo ex", *Extra*, 26 mar. 2019.

41. Ibid.

42. Rogério Pagnan, "Ocorrências de violência doméstica saltam 20% em SP na quarentena"; e Thaiza Pauluze, "Cai total de medidas protetivas contra violência doméstica", ambos em *Folha de S.Paulo*, São Paulo, 20 abr. 2020.

43. Thaiza Pauluze, "Mães solo acusam ex-companheiros de fraude no cadastro de auxílio emergencial", *Folha de S.Paulo*, São Paulo, 30 abr. 2020.

44. Ana Estela de Sousa Pinto, "Pandemia eleva denúncias de violência doméstica na Europa", *Folha de S.Paulo*, São Paulo, 17 abr. 2020. Disponível em: ‹www1.folha.uol.com.br/mundo/2020/04/europa-adota-remedios-de-emergencia-para-epidemia-de-violencia-domestica.shtml›. Acesso em: 20 maio 2020.

45. Michele Oliveira, "Denúncias de violência doméstica crescem novamente na Itália", *Folha de S.Paulo*, São Paulo, 15 maio 2020.

46. André Lozano, "Para delegada, separação é discriminatória", *Folha de S.Paulo*, São Paulo, 4 ago. 1995, matéria já citada.

47. Renato Lombardi, op. cit.

48. Kaique Dalapola, "Registro de estupros em SP segue em alta e bate recorde em setembro", R7, 25 out. 2019.

49. Paulo Gomes, "Brasil tem mais de 180 casos de violência sexual por dia", *Folha de S.Paulo*, São Paulo, 11 set. 2019.

50. Marina Gama Cubas, Júlia Zaremba e Thiago Amâncio, op. cit.

51. Disponível em: ‹www.forumseguranca.org.br/wp-content/uploads/2019/09/Anuario-2019-FINAL-v3.pdf›. Acesso em: 27 maio 2020.

52. Os dados são do levantamento encomendado pelo Fórum Brasileiro de Segurança Pública. Luiza Franco, "Violência contra a mulher: Novos dados mostram que não há lugar seguro no Brasil", BBC News Brasil, 26 fev. 2019. Disponível em: ‹www.bbc.com/portuguese/brasil-47365503›. Acesso em: 27 maio 2020.

53. Fórum Brasileiro de Segurança Pública, "Visível e invisível: A vitimização de mulheres no Brasil", 2. ed., 2019. Disponível em: ‹www.iff.fiocruz.br/pdf/relatorio-pesquisa-2019-v6.pdf›. Acesso em: 27 maio 2020.

54. Luiza Franco, op. cit.

55. Instituto de Pesquisa Econômica Aplicada (Ipea), *Atlas da Violência 2019*, pp. 8, 35 ss. Disponível em: ‹www.ipea.gov.br/atlasviolencia/download/19/atlas-da-violencia-2019›. Acesso em: 19 maio 2020.

56. Fórum Brasileiro de Segurança Publica, "Visível e invisível: A vitimização de mulheres no Brasil", p. 38, mar. 2017. Disponível em: ‹assets-dossies-ipg-v2.nyc3.digitaloceanspaces.com/sites/3/2018/03/DatafolhaFBSP_relatoriopesquisavcm032017.pdf›. Acesso em: 28 maio 2020.

57. Informações em: ‹veja.abril.com.br/brasil/assassino-de-juiza-e-condenado-a-21-anos-de-prisao›; ‹veja.abril.com.br/brasil/quem-e-quem-na-morte-de-patricia-acioli›; ‹ultimosegundo.ig.com.br/brasil/2019-04-20/policial-que-mandou-matar-juiza-patricia-acioli-ja-recebeu-r-21-mi-de-soldo.html›. Acesso em: 1 jun. 2020.

58. Ana Luiza Albuquerque, Júlia Barbon e Italo Nogueira, "Veja tudo o que se sabe sobre o assassinato de Marielle, dois anos depois", *Folha de S.Paulo*, São Paulo, 14 mar. 2020.

59. Gustavo Maia, "Placa de Marielle foi quebrada para restaurar a ordem, diz Flávio Bolsonaro", UOL, 4 out. 2018.

60. Andrew Fishman, "Líderes da direita respondem ao assassinato de Marielle Franco", *The Intercept Brasil*, 15 mar. 2018.

61. Alessandra Blanco, "Mulher ganha 76% do que é pago a um homem", *Folha de S.Paulo*, São Paulo, p. 4, 18 ago. 1995.

62. Eduardo Peret, op. cit.

63. "No Dia da Mulher, estatísticas sobre trabalho mostram desigualdade", Agência IBGE Notícias, 8 mar. 2018.

64. Barbara Bigarelli, "Apenas 13% das empresas brasileiras têm CEOs mulheres", *Valor Econômico*, 15 out. 2019.

65. Informações em: <educa.ibge.gov.br/jovens/conheca-o-brasil/populacao/18320-quantidade-de-homens-e-mulheres.html>. Acesso em: 2 jun. 2021.

66. Ver: <www.camara.leg.br/noticias/546180-a-representacao-feminina-e-os-avancos-na-legislacao>. Acesso em: 13 jul. 2021.

67. Ver, a propósito, Djamila Ribeiro, "A 'adultização' de meninas", *Folha de S.Paulo*, São Paulo, 17 jan. 2020.

68. Yuri Ferreira, "Padrões de beleza: As consequências graves da busca por um corpo idealizado", *Hypeness*, 11 mar. 2021.

69. Naomi Wolf, *O mito da beleza*, p. 29.

70. Valéria França, "O dia seguinte", *Veja*, São Paulo, pp. 9 ss., 12 mar. 1997.

71. Ver: <veja.abril.com.br/blog/reveja/busca-por-beleza-a-qualquer-custo-fez-vitimas-tambem-entre-celebridades>. Acesso em: 8 jun. 2020.

72. Naomi Wolf, op. cit., p. 31.

73. Madeline Holcombe, "Miss Universe Canada Takes on Body-Shamers with a Badass Message", CNN Health, 27 jan. 2017.

3. A SEMENTE SEM RUMO E O MEDO DA CASTRAÇÃO [pp. 53-69]

1. Como introdução ao tema, ver Guacira Lopes Louro (Org.), *O corpo educado*.

2. Para quem se interessar, sugiro a leitura do já citado *XY*, de Élisabeth Badinter.

3. Judith Butler, *Bodies That Matter*, pp. 12-3.

4. Élisabeth Badinter, op. cit., p. 189.

5. Ibid., p. 4.

6. Colin Spencer, op. cit., p. 94.

7. André Muggiati, "Índios exibem ritual doloroso em Manaus", *Folha de S.Paulo*, São Paulo, 6 maio 1997, pp. 4-9.

8. Carlos Alberto de Souza, "PMs gaúchos sofrem humilhações em treino", *Folha de S.Paulo*, São Paulo, pp. 3-4, 28 set. 1993.

9. Tahiane Stochero, "Militares relatam o rigor dos cursos para integrar as tropas de elite", *O Globo*, Rio de Janeiro, 12 fev. 2011.

10. Sílvio Túlio, "MPF apura denúncias de tortura contra soldados do Exército em Jataí, GO", G1, Goiás, 18 out. 2017. Acesso em: 6 jul. 2020.

11. Paula Resende, "MPF investiga denúncia de tortura após soldados passarem mal durante treinamento do Exército no batalhão de Jataí", G1, Goiás, 29 abr. 2019.

12. Paulo Roberto Ceccarelli, "A construção da masculinidade", p. 54.

13. Simone de Beauvoir, *Le Deuxième Sexe II*, p. 6.

14. Jean Shinoda Bolen, *As deusas e a mulher*, pp. 35-49.

15. Mircea Eliade, *O sagrado e o profano*, pp. 200-1.

16. Paulo Roberto Ceccarelli, "A construção da masculinidade", p. 56.

17. Sándor Ferenczi, "Masculino e feminino: Considerações psicanalíticas sobre a teoria genital e sobre as diferenças sexuais secundárias e terciárias", em *Obras completas*, v. 4, pp. 43-5.

18. Citado em Gilbert H. Herdt, "Fetish and Fantasy in Sambia Initiation", p. 47.

19. Alain Daniélou, *Shiva e Dioniso*, p. 44. Mesmo quando Shiva arranja a amante Shakti, ambos têm filhos separadamente (p. 46).

20. Coluna "Reconhecidas", *Jornal do Brasil*, Rio de Janeiro, p. 23, 3 fev. 1996; e "Justiça reconhece paternidade de Pelé", *Folha de S.Paulo*, São Paulo, 15 ago. 1996.

21. Segundo dados do IBGE. Ver Aureliano Biancarelli, "40 mil crianças 'exigem' pai na Justiça", *Folha de S.Paulo*, São Paulo, 13 ago. 1995, pp. 1-3.

22. Marcella Fernandes, "7 números da realidade das mulheres que criam filhos sozinhas no Brasil", HuffPost Brasil, 18 set. 2018.

23. Clara Velasco, "Em 10 anos, Brasil ganha mais de 1 milhão de famílias formadas por mães solteiras", G1, 14 maio 2017.

24. Daniela Carasco, "'Vivemos uma epidemia social de abandono paterno', diz promotor", UOL, 10 abr. 2018. Disponível em: <www.uol.com.br/universa/noticias/redacao/2018/04/10/vivemos-uma-epidemia-social-de-abandono-paterno-diz-promotor.htm>. Acesso em: 17 jul. 2020.

25. World Health Organization, "Global Status Report on Alcohol and Health 2018: Executive Summary". Disponível em: <apps.who.int/iris/bitstream/handle/10665/312318/WHO-MSD-MSB-18.2-eng.pdf?sequence=1&isAllowed=y> e <www.who.int/substance_abuse/publications/global_alcohol_report/en>. Acesso em: 20 jul. 2020.

26. Maria de Lima Salum Morais, Tereza Etsuko Costa Rosa e Celso Luís de Moraes, "Prevalência do consumo abusivo de álcool em homens no estado de São Paulo", pp. 1-7.

27. Eugene Monick, *Falo*, p. 19. Trata-se de um estudo revelador e muito útil como introdução à questão da identidade masculina numa perspectiva junguiana e pós-feminista.

28. J. Laplanche e J.-B. Pontalis, *Vocabulário da psicanálise*, pp. 111 ss.

29. Sigmund Freud, "Análisis terminable e interminable", pp. 3363-4.

30. Eugene Monick, *Falo*, p. 54.

31. Sigmund Freud, "Sobre a sexualidade feminina", p. 212.

32. Coppélia Kahn, *Man's Estate*, pp. 9-10.

33. Sigmund Freud, "La organización genital infantil", pp. 2698-700.

34. Id., "Sobre a sexualidade feminina", pp. 207-8. Grifos meus.

35. J. Laplanche e J.-B. Pontalis, op. cit., pp. 225-7, 326-9.

36. Élisabeth Roudinesco e Michel Plon, *Dicionário de psicanálise*, pp. 221-2.

37. Eugene Monick, *Falo*, p. 19.

38. Emma Jung, *Animus e anima*, pp. 15-6. Para quem quiser aprofundar o tema, este livro apresenta uma abordagem clara e essencial de ambos os conceitos.

39. James Wyly, *A busca fálica*, pp. 23-4.

40. J. Laplanche e J.-B. Pontalis, op. cit., p. 226.

41. Ibid., pp. 111, 116 ss.

42. Ibid., p. 113.

43. Eugene Monick, *Castração e fúria masculina*, pp. 57, 123.

44. Id., *Falo*, pp. 55-6.

45. Sigmund Freud, "Analisis terminable e interminable", p. 3364.

46. Eugene Monick, *Falo*, pp. 26-7.

4. REPRESENTAÇÕES DO FALO [pp. 70-6]

1. Mircea Eliade, *Imagens e símbolos*, p. 10.

2. Eugene Monick, *Falo*, p. 29.

3. Alain Daniélou, op. cit., p. 46.

4. Ibid., p. 45.

5. Eugene Monick, *Falo*, pp. 19-20.

6. David M. Friedman, *Uma mente própria*, pp. 13-4. O poema, na tradução inglesa "Enki and the World Order", traz pequenas diferenças em relação ao texto apresentado por Friedman, e pode ser lido em <etcsl.orinst.ox.ac.uk/section1/tr113.htm>.

7. Ibid., pp. 14-5.

8. Thorkil Vanggaard, *Phallós*, p. 89. Podem-se verificar tais vocábulos no *Dicionário greco-português*, de Isidro Pereira.

9. Thorkil Vanggaard, op. cit., pp. 59-61.

10. Ibid., pp. 82-4.

11. Alain Daniélou, op. cit., p. 49.

12. David M. Friedman, op. cit., p. 11.

13. Thomas Wright, citado em Eugene Monick, *Falo*, p. 32.

14. Francisco Torrinha, *Dicionário latino-português*.

15. Hugo Denizart, *Engenharia erótica*, pp. 41-62.

16. Eugene Monick, *Falo*, pp. 32-3.

17. Douglas Rodrigo Pereira, "Elementos do complexo de Édipo na toxicomania", pp. 113-28.

18. Sigmund Freud, "El fetichismo", pp. 2994, 2996.

19. Jacques Lacan, *O seminário, livro 4*, p. 160.

20. Bernard Sergent, *La homosexualidad en la mitología griega*, pp. 195, 202. O relato é referido também em Carl Kerényi, *Dioniso*, pp. 223-4, 267.

21. Eugene Monick, *Falo*, pp. 36, 38.

5. O PAI CAÇADOR E O FILHO ABANDONADO [pp. 77-90]

1. Jorge Andrade, "Rasto atrás", em *Marta, a árvore e o relógio*, p. 457. Ver também, no posfácio, o ensaio "À procura de *Rasto atrás*", de Sábato Magaldi. Em 1996, a peça mereceu uma extraordinária encenação do Grupo Tapa, de São Paulo, sob a direção de Eduardo Tolentino de Araújo.

2. Paulo Roberto Ceccarelli, "A masculinidade e seus avatares".

3. Sigmund Freud, "Dostoyevski y el parricidio", p. 3008.

4. Ver Paulo Roberto Ceccarelli, "A construção da masculinidade", pp. 53-4.

5. Ibid., pp. 52-4.

6. Élisabeth Badinter, op. cit., p. 171.

7. Ibid., p. 173.

8. IBGE, "Estatísticas do Registro Civil 2018", p. 6.

9. Élisabeth Badinter, op. cit., p. 152.

10. Ibid., pp. 151-3.

11. João Guimarães Rosa, "A terceira margem do rio", pp. 32-7.

12. Sigmund Freud, "Dostoyevski y el parricidio", pp. 3008-9.

13. Mateus 27,46. *Bíblia de Jerusalém* (*Novo Testamento*).

14. Sigmund Freud, *Totem e tabu*, pp. 207, 220.

15. Id., "Dostoyevski y el parricidio", p. 3010.

16. "Romário briga no 100º gol pelo Fla", *Folha de S.Paulo*, São Paulo, 7 mar. 1997. Grifos meus.

17. "Torcedores fazem protesto após selinho e ameaçam Emerson Sheik", *O Tempo*, 19 ago. 2013.

18. William Shakespeare, *King Richard III*, em *The Complete Works of William Shakespeare*, p. 109. A fala aparece no primeiro ato, cena IV. Eis os versos originais: "*Relent? No. 'Tis cowardly and womanish*". Grifos meus.

19. Pat Conroy, *O príncipe das marés*, p. 371.

20. Sigmund Freud, "La organización genital infantil", p. 2699.

21. Sándor Ferenczi, *Thalassa*, pp. 23-4. Grifos do próprio Ferenczi.

22. Eugene Monick, *Falo*, p. 57.

6. VIRILIDADE AMEAÇADA E INFLAÇÃO FÁLICA [pp. 91-102]

1. Jairo Bouer, "Campeão de cartas", *Folha de S.Paulo*, São Paulo, caderno "Folhateen", p. 3, 7 out. 1997.

2. "Ninguém escapa de ter o pênis meio torto", *Folha de S.Paulo*, São Paulo, caderno "Folhateen", p. 3, 7 out. 1993

3. Mariana Lenharo, "59% dos brasileiros entre 40 e 69 anos já tiveram problemas de ereção", G1, 20 mar. 2015.

4. "How Common Is Erectile Dysfunction?", *Medical News Today*. Disponível em: <www.medicalnewstoday.com/articles/325662>. Acesso em: 18 ago. 2020.

5. Alan Rios, "Homens temem mais impotência sexual do que câncer, aponta pesquisa", *Correio Braziliense*, 26 nov. 2018.

6. Aureliano Biancarelli, "Comprimido pode acabar com impotência", *Folha de S.Paulo*, São Paulo, pp. 3-7, 16 abr. 1997.

7. Giulia Vidale e Adriana Dias Lopes, "A era pós-Viagra: Os novos tratamentos para disfunção erétil", *Veja*, São Paulo, 29 nov. 2019.

8. Eugene Monick, *Falo*, pp. 20-1.

9. Arlete Salvador, "Sexo é educação", *Veja*, São Paulo, p. 9, 4 dez. 1996.

10. Thales de Menezes, "Aprenda a viver bem com seu pênis", *Folha de S.Paulo*, São Paulo, caderno "Folhateen", p. 3, 7 out. 1996.

11. Regina Navarro Lins, "O meu pênis é pequeno, por isso evito contato com as mulheres", UOL, 4 set. 2017.

12. "Maioria dos clientes tem mais de 35 anos", *Folha de S.Paulo*, São Paulo, 30 jun. 1996.

13. Léo Gerchmann, "Gaúcho cria cirurgia para aumentar pênis", *Folha de S.Paulo*, São Paulo, 3 abr. 1997.

14. Gabriel Soares de Souza, citado em João Silvério Trevisan, *Devassos no Paraíso*.

15. François Peraldi (Org.), *Polysexuality*, pp. 22-36.

16. Peter Lewis Allen, *The Wages of Sin*, pp. 102-4.

17. Marilene Felinto, "Vítimas da mutilação genital", *Folha de S.Paulo*, São Paulo, caderno "Mais", 20 jul. 1997.

18. Eduardo Ferraz, "Gritos do passado", *IstoÉ*, São Paulo, n. 1416, p. 117, 20 nov. 1996.

19. "Female Genital Mutilation (FGM) Frequently Asked Questions", United Nations Population Fund (UNPFA), jul. 2020. Disponível em: <www.unfpa.org/resources/female-genital-mutilation-fgm-frequently-asked-questions#women_affected>. Acesso em: 25 ago. 2020.

20. Domingos Pellegrini Jr., *As sete pragas*.

21. James Wyly, op. cit., p. 18.

22. Ibid., pp. 17, 21.

23. Ibid., pp. 81-2.

24. Karina Pastore, "Castelos no ar", *Veja*, São Paulo, pp. 56 ss., 8 jan. 1997.

25. Eugene Monick, *Castração e fúria masculina*, pp. 12, 116.

26. Ibid., pp. 119-20.

27. Patricia Decia, "Laudo diz que corretora morta não foi estuprada", *Folha de S.Paulo*, São Paulo, caderno "São Paulo", p. 2, 3 ago. 1995.

28. Patricia Decia, "Assassino depõe em ação contra hipermercado", *Folha de S.Paulo*, São Paulo, caderno "São Paulo", p. 2, 12 set. 1995.

29. Ambas as opiniões no artigo de Aureliano Biancarelli, "Violentador geralmente já foi vítima", *Folha de S.Paulo*, São Paulo, 25 mar. 1997.

30. David Lisak, "Sexual Aggression, Masculinity, and Fathers".

7. SER OU NÃO SER DON JUAN [pp. 103-13]

1. José Barrionuevo, "Del donjuanismo a la homosexualidad manifiesta", pp. 2-4.

2. Gregorio Marañón, *Don Juan*, pp. 73-4.

3. Id., "Histoire clinique et autopsie de Casanova", em *Don Juan et le donjuanisme*, pp. 183-4.

4. Gregorio Marañón, *Don Juan*, pp. 81-2.

5. Id., *Don Juan et le donjuanisme*, p. 183.

6. Id., *Don Juan*, pp. 78-9.

7. Para todo o episódio da estranha morte de Villamediana, ver ibid., pp. 109-12.

8. Colin Spencer, op. cit., p. 129.

9. Peter Trachtenberg, *O complexo de Casanova*, p. 31.

10. Ibid., pp. 28, 36.

11. Lord Byron, *Don Juan: In Sixteen Cantos*. Disponível em: <www.gutenberg.org/files/21700/21700-h/21700-h.htm#2H_4_0002>. Acesso em: 1 set. 2020.

12. Otto Rank, *Don Juan et le double*, p. 179.

13. Ibid., pp. 124, 158.

14. Gregorio Marañón, *Don Juan et le donjuanisme*, p. 184.

15. Otto Rank, op. cit., pp. 122-4.

16. Jacques Lacan, *O seminário, livro 7*, p. 158.

17. Melanie Klein, *Amor, odio y reparacion*, pp. 92 ss.

18. Peter Trachtenberg, op. cit., p. 36.

19. Élisabeth Badinter, op. cit., p. 141.

20. Ralph G. Martin, *Seeds of Destruction*. Sobre "Lem" Billings, ver Jerry Oppenheimer, "More than a Bromance: The Intimate Relationship between John F. Kennedy and His Gay Friend", *Daily Mail*, 9 jun. 2017.

21. Paulo Francis, "O ator da época: Marlon Brando", suplemento da *Folha de S.Paulo*, São Paulo, p. 16, 7 out. 1990.

22. François Forrestier, *Marlon Brando*, pp. 17, 24, 30.

23. "Quem são as atrizes que acusam Harvey Weinstein de assédio — e até estupro", BBC News Brasil, 20 out. 2017.

24. Em 2020, a Netflix lançou a minissérie documental *Jeffrey Epstein: Poder e perversão*, de Lisa Bryant. Fartamente documentados, os quatro episódios detalham a trajetória criminosa do bilionário, com depoimentos de envolvidos no processo, inclusive testemunhos impressionantes das vítimas.

25. Processo n. 050.08.082189-8, da 16ª Vara Criminal de São Paulo. No final da sentença condenatória, a juíza Kenarik Boujikian Felippe declarou a conveniência de dar publicidade ao ato processual "pela repercussão social e, especialmente, pelas diversas questões de direito que foram apresentadas". Ver: <www.conjur.com.br/dl/sentenca-condenacao-medico-roger.pdf>. Acesso em: 9 set. 2020.

26. Camila Brandalise, "Pesadelo sem fim", *IstoÉ*, São Paulo, n. 2389, 16 set. 2015; e também "Caso Roger Abdelmassih: Médico cometia abusos sexuais em clínica de fertilização", Campanha Compromisso e Atitude pela Lei Maria da Penha, 17 out. 2014. Disponível em: <www.compromissoeatitude.org.br/caso-roger-abdelmassih-medico-cometia-abusos-sexuais-em-clinica-de-fertilizacao>. Acesso em: 10 set. 2021.

27. Thiago Bronzatto, Giulia Vidale e João Batista Jr., "Meu pai é um monstro", *Veja*, São Paulo, 14 dez. 2018.

28. *A casa*, de Chico Felitti, apresenta uma narrativa assustadora dos métodos e circunstâncias, que revelam uma verdadeira quadrilha liderada pelo ex-curandeiro. Também a série documental em seis capítulos da Globoplay, *Em nome de Deus* (2020), detalhou exaustivamente o caso.

29. "O manual do bom macho", suplemento da *Folha de S.Paulo*, São Paulo, p. 22, 28 out. 1990.

8. INFLAÇÃO FÁLICA NO COTIDIANO E NA POLÍTICA [pp. 114-31]

1. Ernest Hemingway, *O jardim do Éden*.

2. Lynne Segal, citada em Élisabeth Badinter, op. cit., pp. 137-8, 221, n25, tanto para Hemingway quanto para Mishima.

3. Élisabeth Badinter, op. cit., pp. 138-41.

4. "George Floyd: o que aconteceu antes da prisão e como foram seus últimos 30 minutos de vida", BBC News Brasil, 31 maio 2020.

5. Samira Bueno e Renato Sérgio de Lima (Coords.), *Anuário Brasileiro de Segurança Pública*, Fórum Brasileiro de Segurança Pública, n. 13, p. 58, 2019. Disponível em: <www.forumseguranca.org.br/wp-content/uploads/2019/09/Anuario-2019-FINAL-v3.pdf>. Acesso em: 15 set. 2020.

6. Breiller Pires, "Entre a vida e a morte sob tortura, violência policial se estende por todo o Brasil", *El País Brasil*, 30 jun. 2020.

7. Rogério Pagnan e Dante Ferrasoli, "Empresário suspeito de violência doméstica xinga e ameaça PM em Alphaville", *Folha de S.Paulo*, São Paulo, 31 maio 2020.

8. Dhiego Maia, "Desembargador de SP chama guarda-civil de analfabeto e rasga multa ao ser flagrado sem máscara", *Folha de S.Paulo*, São Paulo, 19 jul. 2020.

9. Lívia Torres, "Médica agredida no Grajaú diz que pensa em se mudar do bairro", G1, 2 jun. 2020.

10. Ver, entre outros: "Ermírio usa fotos de Quércia na propaganda", *Folha de S.Paulo*, São Paulo, 8 nov. 1986; "Quércia é desmunhecado, afirma Antonio Ermírio", *Folha da Tarde*, São Paulo, p. 1, 10 nov. 1986; "Maluf faz críticas a Ermírio por insultar Quércia", *Folha de S.Paulo*, São Paulo, 11 nov. 1986; "Baixo nível", *Folha de S.Paulo*, São Paulo, 12 nov. 1986.

11. Dora Kramer, "Estranha excitação", *Jornal do Brasil*, Rio de Janeiro, p. 2, 6 dez. 1997; Eugênia Lopes, "Bando de adolescentes", *Jornal do Brasil*, Rio de Janeiro, p. 5, 6 dez. 1997.

12. "Polícia Federal prende Sara Giromini e mais cinco em investigação sobre atos antidemocráticos, em Brasília", G1, 15 jun. 2020.

13. Thaiza Pauluze, "Registros de armas de atiradores, caçadores e colecionadores disparam em 1 ano", *Folha de S.Paulo*, São Paulo, 20 out. 2020.

14. Camila Zarur, Hellen Guimarães e Rafael Nascimento, "Bolsonaro faz piada com oriental: 'Tudo pequenininho aí?'", *Extra*, 15 maio 2019.

15. "Bolsonaro se diz preocupado com amputações de pênis no país", *Folha de S.Paulo*, São Paulo, 26 abr. 2019.

16. "'Sou Messias, mas não faço milagres', diz Bolsonaro sobre recorde de mortes", UOL, 28 abr. 2020.

17. Talita Fernandes, "'Sou imbrochável', diz Bolsonaro sobre preocupação com reeleição", *Folha de S.Paulo*, São Paulo, 7 fev. 2020.

18. Leonardo Sakamoto, "Bolsonaro demonstra toda sua insegurança", UOL, São Paulo, 26 mar. 2020.

19. "Bolsonaro avalia demitir Mandetta, sofre pressão, e ministro da Saúde diz que fica", *Folha de S.Paulo*, São Paulo, 6 abr. 2020.

20. Hanrrikson de Andrade, "Toda e qualquer vacina está descartada, diz Bolsonaro", UOL, Brasília, 21 out. 2020.

21. "Bolsonaro escreve 'queimar rosca todo dia'", Band.com.br, 13 mar. 2013.

22. Josias de Souza, "'Você queima a rosca?', diz Bolsonaro a jornalista", UOL, Brasília, 4 set. 2017.

23. "Dino diz que processará Bolsonaro após piada homofóbica e ataque ao PCdoB", UOL, São Paulo, 29 out. 2020. Para mais detalhes, é possível ver o vídeo no YouTube: <www.youtube.com/watch?v=9-V2UNq6Zco&feature=emb_logo>.

24. Mônica Bergamo, "Sala de visitas", *Folha de S.Paulo*, São Paulo, 8 jul. 2020.

25. Paula Soprana, "Conversinha mole de ficar em casa é para fracos, diz Bolsonaro sobre pandemia", *Folha de S.Paulo*, São Paulo, 19 set. 2020.

26. Pedro Henrique Gomes, "Brasil tem de deixar de ser 'país de maricas' e enfrentar pandemia 'de peito aberto', diz Bolsonaro", G1, Brasília, 10 nov. 2020.

27. Marcos Mortari, "Bolsonaro vê 'histeria' com coronavírus e diz que 'economia não pode parar'", InfoMoney, 16 mar. 2020.

28. "Relembre frases de Bolsonaro sobre a covid-19", BBC News Brasil, 7 jul. 2020.

29. Matheus Leitão, "Produção em massa de cloroquina pelo Exército ajudou a derrubar Teich", *Veja*, São Paulo, 15 maio 2020.

30. Diego Junqueira, "Laboratório do Exército já gastou mais de R$ 1,5 milhão para produção de cloroquina, alvo de investigação do TCU", Repórter Brasil, 20 jun. 2020.

31. Gustavo Garcia, "Em ato no Planalto, Pazuello é efetivado, e Saúde passa a ter ministro titular após 4 meses", G1, Brasília, 16 set. 2020.

32. "Em defesa de Bolsonaro, filho ironiza gays em microblog", *Folha de S.Paulo*, São Paulo, 29 jun. 2011.

33. "Bolsonaro dá 'bananas' para jornalistas e reclama da imprensa", *Veja*, São Paulo, 8 fev. 2020.

34. "Raspa o sovaco, diz Eduardo a deputadas", *Folha de S.Paulo*, São Paulo, 19 fev. 2020.

35. "Vídeo de Bolsonaro acirra ânimos com STF" e "'Nosso barco pode estar indo para um iceberg', diz presidente em vídeo", *Folha de S.Paulo*, São Paulo, pp. A-4 e A-8, 22 maio 2020.

36. Carlos Eduardo Lins da Silva, "Onda conservadora ameaça arte americana", *Folha de S.Paulo*, São Paulo, caderno "Ilustrada", p. 11, 30 set. 1995.

37. Andre Pagliarini, "Revolução do ódio", *Folha de S.Paulo*, São Paulo, caderno "Ilustríssima", 23 ago. 2020.

38. Beatriz Amendola, "Uma história daquelas: Kathy Griffin causou controvérsia com foto ao lado de máscara de Trump", UOL. Disponível em: <entretenimento.uol.com.br/reportagens-especiais/kathy-griffin-comediante-comenta-perseguicao-apos-foto-com-trump-decapitado/#page4>. Ver também "Depiction of Donald Trump". Disponível em: <en.wikipedia.org/wiki/Kathy_Griffin>. E ainda Nardine Saad, "Kathy Griffin Tweeted Her Infamous Trump Photo After He Claimed Election Fraud", *Los Angeles Times*, 4 nov. 2020. Acessos em: 21 fev. 2021.

39. Ricardo Queiroz, "A guerra cultural é um exotismo criado pela extrema direita ou um campo legítimo de luta?", *CartaCapital*, 21 jan. 2020.

40. Aliás, em seu discurso de posse, uma titular dessas nomeações efêmeras definiu à perfeição o que o governo de Jair Bolsonaro entendia por cultura: o "pum do palhaço" que expele gases intestinais em forma de talco. "Regina Duarte diz que Cultura é 'pum de palhaço' em discurso de posse", *Catraca Livre*, 5 mar. 2020.

41. Ronilson Pacheco, "Tempo de Sergio Camargo à frente da Fundação Palmares precisa acabar", UOL, 5 dez. 2020.

42. Jan Niklas, "Governo Bolsonaro suspende edital com séries LGBT para TVs públicas", *O Globo*, Rio de Janeiro, 21 ago. 2019.

43. Eduardo Moura, "De pastiche nazista ao 'pum do palhaço', relembre a política cultural em 2020", *Folha de S.Paulo*, São Paulo, 28 dez. 2020.

44. Mayara Oliveira, "Bolsonaro autoriza volta temporária de atividades da Cinamateca Brasileira", *Metrópoles*, 20 nov. 2020. Ver também: Ana Paula Rosa, "O signo do caos", *piauí*, n. 69, out. 2020, e "Incêndio atinge prédio da Cinemateca na zona oeste da capital paulista", *Folha de S.Paulo*, São Paulo, 30 jul. 2021.

45. "Jânio proíbe entrada de homossexuais na Escola Municipal de Bailados", *Folha de S.Paulo*, São Paulo, p. A-12, 21 out. 1987.

46. "Guarda de Jânio ocupa teatro e impede ensaio", *Folha de S.Paulo*, São Paulo, p. A-13, 23 out. 1987.

9. CASTRAÇÃO E ANDROGINIA MÍTICA [pp. 132-6]

1. João Silvério Trevisan, *Devassos no Paraíso*, apêndice 1: "Entrevista com o babalorixá Mário Miranda/Maria Aparecida", pp. 579 ss.
2. Mircea Eliade, *Mefistofeles y el androgino*, p. 140.
3. Ibid., pp. 139-42. Grifos meus.
4. Constantino Falcón Martínez et al., *Diccionario de la mitologia clásica*, p. 310; e Gustav Schwab, *As mais belas histórias da Antiguidade Clássica*, pp. 219-20.
5. Mircea Eliade, *Mefistofeles y el androgino*, p. 138.
6. Ibid., p. 140.
7. Alain Daniélou, op. cit., p. 51.
8. Mircea Eliade, *Mefistofeles y el androgino*, pp. 137-8.
9. Alain Daniélou, op. cit., p. 51.
10. Ibid., p. 52.
11. Ibid., p. 54.
12. Ibid., p. 184.
13. Platão, *O banquete*, pp. 23-4.
14. Sobre o batismo como prática de união dos contrários e a reminiscência pagã do homem-mãe nas festas de carnaval, ver Elémire Zolla, *The Androgyne*, pp. 23-4, 90-1. Para referências à androginia nas visões xamânicas através das drogas, pp. 12-3.
15. Alain Daniélou, op. cit., p. 53.
16. Mircea Eliade, *Mefistofeles y el androgino*, p. 148.
17. Id., *El chamanismo y las técnicas arcaicas del éxtasis*, p. 212.
18. Id., *Mefistofeles y el androgino*, p. 142.
19. Alain Daniélou, op. cit., p. 191.
20. Ibid., p. 49.
21. Ibid., p. 141.
22. Ibid., pp. 104-8.
23. Philip S. Rawson, *Primitive Erotic Art*, p. 48.
24. Alain Daniélou, op. cit., p. 107.

10. RESPOSTAS À CASTRAÇÃO [pp. 145-9]

1. Eugene Monick, *Falo*, pp. 117-8, inclusive para a citação de Jung.
2. Thorkil Vanggaard, op. cit., pp. 61-2.
3. Ibid., pp. 62-3.
4. O nome Sambia, depois consagrado mundialmente, foi criado pelo próprio Gilbert Herdt, visando garantir privacidade aos costumes tribais chocantes para culturas ocidentais eurocêntricas. Informação colhida em Casey Watson, "Masculinization Rituals among the Sambia", *History 101*, 8 jan. 2020.
5. Gilbert H. Herdt, op. cit., pp. 55-79.
6. Paul Veyne, "A homossexualidade em Roma", p. 42.
7. Ibid., pp. 42-6.
8. Ibid., p. 43.
9. Robert Graves, citado em James Wyly, op. cit., p. 28.
10. James Wyly, op. cit., p. 33.
11. Eugene Monick, *Castração e fúria masculina*, p. 122.
12. James Wyly, op. cit., pp. 32, 36-7.
13. Constantino Falcón Martínez et al., op. cit., p. 102.

11. CASTRAÇÃO E CRISTIANISMO [pp. 150-71]

1. Pode-se ler um relato preciso dessa destruição nos códices que recolheram testemunhos anônimos do período e estão reproduzidos em Miguel León-Portilla (Org.), *Visión de los vencidos*, pp. 139 ss. Ver também "La destrucción del Templo Mayor", palestra do dr. Eduardo Matos para o Centro de Estudios de História de México (CEHM) e Fundación Carlos Slim, 12 mar. 2019. E ainda: "Eduardo Matos dice que el Templo Mayor fue destruido por ser el centro mexica", *San Diego Union-Tribune*, 8 abr. 2015.
2. Catherine Nixey, *A chegada das trevas*, pp. 52 ss.
3. Ibid., pp. 66, 127.
4. Ibid., pp. 128-9.
5. Sulpício Severo, *Vida de são Martinho*, citado em Catherine Nixey, op. cit., pp. 143-4.
6. Catherine Nixey, op. cit., pp. 130, 137.
7. Ibid., pp. 132, 138-9, 146.
8. Ibid., pp. 184-5, 196-7.
9. Tertuliano, citado em ibid., pp. 180-1.
10. Petrônio, *Satíricon*, p. 10.
11. Catherine Nixey, op. cit., pp. 208-10, 267.
12. Apóstolo Paulo, "Carta aos romanos", 1,26-7, p. 1442.
13. St. Augustine (santo Agostinho), *Against Julian*, p. 119.
14. Uta Ranke-Heinemann, *Eunucos pelo reino de Deus*, pp. 88-91, inclusive para a citação de Friedrich Heer.
15. Tradução livre para "*Ubi terror, ibi salus. Qui faciebat contra nomen, patiatur pro nomen. O saevitia misericors!*". Agostinho de Hipona, "SERMO 279. De Paulo Aypostolo. Pro solemnitate

Conversionis eiusdem, II". Disponível em: <www.monumenta.ch/latein/text.php?tabelle=Augustinus&rumpfid=Augustinus,%20Sermones,%2030,%20%20279&level=4&domain=&lang=1&id=&hilite_id=&links=&inframe=1&hide_apparatus=1>. Acesso em: 10 set. 2021.

16. Steven D. Smith, "Agathias and Paul the Silentiary", p. 501.

17. Colin Spencer, op. cit., p. 74. Para os conceitos de *impudicus*, *pathicus* e *cinaedus*, ver Craig A. Williams, *Roman Homosexuality: Ideologies of Masculinity in Classical Antiquity*, pp. 173-5.

18. Gilbert H. Herdt, *The Sambia*, pp. 154-66.

19. Samuel Oakford, "Papua New Guinea's 'Sorcery Refugees'", *Vice*, 6 jan. 2015.

20. Ver: <en.wikipedia.org/wiki/Papua_New_Guinea> e <en.wikipedia.org/wiki/Sambia_people>. Acesso em: 2 jun. 2021.

21. Aengus Carrol, *State-Sponsored Homophobia (A World Survey of Sexual Orientation Laws: Criminalisation, Protection and Recognition)*, 11. ed., Ilga (atualizado em out. 2016), pp. 134-5. Disponível em: <ilga.org/downloads/02_ILGA_State_Sponsored_Homophobia_2016_ENG_WEB_150516.pdf>. Acesso em: 29 jan. 2021.

22. Jacques Lacan, *O triunfo da religião*, pp. 65-6.

23. Sigmund Freud, *O futuro de uma ilusão*, pp. 111-2.

24. Id., "O mal-estar na civilização", pp. 96-7.

25. Ibid., pp. 108-9.

26. Catherine Nixey, op. cit., p. 212.

27. Pontificio Consiglio per la Famiglia, *Lexicon*, p. 255.

28. Ibid., pp. 685, 697.

29. Ibid., pp. 696-7.

30. "Sexual Abuse by U.S. Catholic Clergy Settlements and Monetary Awards in Civil Suits". Disponível em: <www.bishop-accountability.org/settlements> e <www.bishop-accountability.org/bankruptcy.htm>. Acesso em: 3 fev. 2021. Para outros detalhes, ver Mary Gail Frawley-O'Dea, *Perversion of Power*.

31. Mateus 19,12. *A Bíblia de Jerusalém (Novo Testamento)*.

32. *Exame de consciência* é uma série documental espanhola em três episódios produzida pela Netflix.

33. Sigmund Freud, *O futuro de uma ilusão*, p. 111.

34. "Soupçonné d'attouchements sexuels, le prêtre Tony Anatrella sanctionné", *Le Monde*, 4 jul. 2018. Ver também o verbete "Tony Anatrella" na Wikipédia: <en.wikipedia.org/wiki/Tony_Anatrella#cite_note-lemonde20180704-4>. Acesso em: 2 jun. 2021. E ainda: Céline Hoyeau, "L'Église prend des sanctions contre Mgr Tony Anatrella soupçonné d'abus sexuels", *La Croix*, 4 jul. 2018, e Rogério Diniz Junqueira, "Caso Anatrella e o silêncio dos 'defensores da família'", *Sexuality Policy Watch*, 4 nov. 2017.

35. Jacques Soustelle, *Os astecas*, p. 117.

36. Amanda Pinheiro, "Proibido usar branco: No Rio, pais e mães de santo vivem terror em região dominada por traficantes que se dizem evangélicos", UOL, 30 jan. 2021.

37. Rodney William, "Candomblé só aparecia nas páginas policiais do jornal", *Folha de S.Paulo*, São Paulo, caderno especial "Esqueceram de mim", p. 57, 28 fev. 2021.

38. Sigmund Freud, "O mal-estar na civilização", pp. 72-81.

39. Sigmund Freud, "A moral sexual 'cultural' e o nervosismo moderno", pp. 256-62.

40. Santa Teresa de Jesús, *Obras completas*, Biblioteca de Autores Cristianos, Madri, 1977, pp. 502-3. Poemas citados: "Mi amado para mí" e "Muero porque no muero", em traduções do autor. Tanto meu romance *Em nome do desejo*, de 1983, quanto a peça teatral homônima dele adaptada, em 1993, abordam o mesmo tema místico da relação entre carne e espírito, no ambiente conturbado de um seminário católico.

12. ANDROGINIA COMO ALTERNATIVA TRIBAL [pp. 172-80]

1. Há farta referência em Alberto Cardín, *Guerreros, chamanes y travestis*, especialmente seções 2.2 e 2.3. Para costumes andróginos em tribos brasileiras, ver meu livro *Devassos no Paraíso*, especialmente capítulos 5 e 20.
2. Pierrette Désy, "El hombre-mujer... (primera parte)", p. 16.
3. Ibid., pp. 15-9. Ver também Pierrette Désy, "El hombre-mujer... (segunda parte)", pp. 26-7.
4. Ibid., pp. 34-5.
5. Ibid., pp. 26-8, 34-5 (nota de rodapé).
6. Id., "El hombre-mujer... (primera parte)", p. 17.
7. Id., "El hombre-mujer... (segunda parte)", p. 27.
8. Id., "El hombre-mujer... (primera parte)", pp. 19-20.
9. Id., "El hombre-mujer... (segunda parte)", p. 28.
10. Unni Wikan, "Man Becomes Woman", pp. 304-19.
11. Ibid., pp. 318-9.

13. O CASO *DEUS E O DIABO NA TERRA DO SOL* [pp. 181-91]

1. Glauber Rocha, *Roteiros do Terceiro Mundo*. "A ira de Deus" encontra-se à página 3. Consultei também o roteiro completo de *Deus e o Diabo na terra do sol*, que contém o projeto original de muitas cenas modificadas por contingências de produção durante as filmagens.
2. Nunca exibido comercialmente, *Orgia ou o homem que deu cria* ficou mais de dez anos retido pelo Departamento de Polícia Federal, cujo Serviço de Censura se recusou a lhe conferir o certificado de exibição, por considerá-lo pornográfico e "inconveniente em quase toda a sua totalidade" (sic).
3. Sobre a morte do pai na obra de Glauber, ver Raquel Gerber, "Cabezas cortadas", pp. 36-7.
4. Glauber Rocha, *Revolução do Cinema Novo*, p. 244.
5. Ibid., pp. 294, 297.
6. Ibid., p. 299.
7. Ibid., p. 298.
8. A esse respeito, ver Don Shewey, "Theatre", em Karla Jay e Allen Young (Orgs.), *Lavender Culture*, pp. 234-5. Ver também Andrew Dvosin, "Tennessee Williams' Memoirs", *Gay Sunshine Journal*, San Francisco, n. 29-30, 1976; e Tennessee Williams, "On Sexual Identity in His Plays", p. 326.
9. Glauber Rocha, *Revolução do Cinema Novo*, p. 299.
10. Ibid., p. 299.
11. Ibid., pp. 297, 302.

12. Antonio Cadengue, "Amores de macho ou a paixão comedida?", *Correio das Artes*, João Pessoa, pp. 4-5, 13 set. 1981.

13. João Silvério Trevisan, "Estética da fome de sexo", *Lampião da Esquina*, Rio de Janeiro, p. 11, jan. 1981.

14. Glauber Rocha, 16 dez. 1979, citado em Antonio Cadengue, op. cit., p. 5.

15. Ver João Silvério Trevisan, "Estética da fome de sexo", *Lampião da Esquina*, Rio de Janeiro, p. 11, jan. 1981.

16. Glauber Rocha, *Revolução do Cinema Novo*, pp. 439-40.

17. Id., 16 dez. 1979, citado em Antonio Cadengue, op. cit., p. 5.

18. Glauber Rocha, *Revolução do Cinema Novo*, pp. 409-10, 414.

19. Id., 16 dez. 1979, citado em Antonio Cadengue, op. cit., p. 5.

20. Glauber Rocha, "Amor de macho", *O Pasquim*, Rio de Janeiro, 11 dez. 1975.

21. Id., "Pasolini/Cristo", *Careta*, 20 jul. 1981.

22. Antonio Cadengue, op. cit., p. 5.

23. Glauber Rocha, *Revolução do Cinema Novo*, p. 149.

24. Antonio Cadengue, op. cit., p. 5.

25. Sobre as polêmicas levantadas na época, ver Maria Luiza Jacobson, "O relatório secreto sobre a morte de Glauber", 22 mar. 1986; e "Lucia Rocha procura saber detalhes da doença do filho", 25 mar. 1986, ambos na *Folha de S.Paulo*.

14. CASTRAÇÃO E O BICHO-PAPÃO DA HOMOSSEXUALIDADE [pp. 192-206]

1. Camille Paglia, *Sexo, arte e cultura americana*, pp. 34-6.

2. Sigmund Freud, "Lo siniestro", pp. 2500 ss.

3. J. Laplanche e J.-B. Pontalis, op. cit., p. 479.

4. Assunto tratado no filme *George e Frédéric (Impromptu)*, de James Lapine, 1990. Sobre a ambiguidade sexual de George Sand, ver H. R. Hays, op. cit., pp. 333-40. Ver ainda carta de Frédéric Chopin a seu amigo Titus Woyciechowski, contendo efusivas expressões amorosas. James Jolly e Stelle Kohler (Orgs.), *The Marginalia Book of Gay Letters*, p. 74.

5. Sándor Ferenczi, "O homoerotismo: Nosologia da homossexualidade", em *Obras completas*, v. 2, p. 127.

6. Ibid. Grifos do próprio autor.

7. Ibid., pp. 127-8.

8. Ibid., p. 128.

9. Eugene Monick, *Falo*, pp. 42-4.

10. Sigmund Freud, "La organización genital infantil", pp. 2698-700.

11. Marie-Louise von Franz, *Puer aeternus*, pp. 9-10.

12. Ibid., pp. 15-140. A obra é quase integralmente dedicada ao estudo do Pequeno Príncipe.

13. Walter Benjamin, *Charles Baudelaire*, p. 35.

14. Poemas "O estrangeiro" e "Anywhere Out of the World", em Charles Baudelaire, *O spleen de Paris*, pp. 9, 106.

15. "Carta do vidente (a Paul Demeny)", em Carlos Lima (Org.), *Rimbaud no Brasil*, pp. 12, 16. Para o mito de Prometeu, ver Junito de Souza Brandão, *Dicionário mítico-etimológico*, pp. 328-9.

16. Thomas Mann, *Os melhores contos*, pp. 113-21.

17. Alzira Alves de Abreu (Coord.), *Dicionário histórico-biográfico da Primeira República 1889-1930*, CPDOC/FGV. Disponível em: <atlas.fgv.br/verbetes/coluna-prestes>. Acesso em: 23 fev. 2021.

18. Para uma abordagem multifacetada, ver Celso F. Favaretto, *Tropicália*, cap. IV: "O procedimento cafona", pp. 77 ss.

19. Eve Kosofsky Sedgwick, op. cit., pp. 1-2, 219, n1.

20. Ibid., pp. 3-4.

21. Ibid., pp. 1-5.

22. René Girard, *Mentira romântica e verdade romanesca*, pp. 25-67. A teoria mimética se desdobra em várias obras de Girard, mas seu cerne está fartamente elaborado nesse livro.

23. Eve Kosofsky Sedgwick, op. cit., pp. 21-7.

24. René Girard, op. cit., pp. 68-75.

25. Thorkil Vanggaard, op. cit., pp. 183-4.

26. Ibid., pp. 68, 183-5.

27. Ibid., pp. 16-9, 24, 68, 183-6, sobretudo para a definição do radical homossexual.

28. Pier Paolo Pasolini, "O coito, o aborto, a falsa tolerância do Poder e o conformismo dos progressistas", em *Escritos póstumos*, pp. 115 ss.

29. Pier Paolo Pasolini, "A linguagem dos cabelos compridos", em *Escritos póstumos*, pp. 9 ss.

15. NATURALIDADE: UMA POSE DIFÍCIL DE SER MANTIDA [pp. 207-22]

1. Alberto Cardín, op. cit., pp. 179-81.

2. Fitz John Porter Poole, "The Ritual Forging of Identity", pp. 99 ss.

3. Gilbert H. Herdt, *Rituals of Manhood*, op. cit., pp. 56-63.

4. Andile P. Mhlahlo, "What is Manhood?". Ver também Tapiwa C. Magodyo, *The Role of Ulwaluko in the Construction of Masculinity in Men at the University of the Western Cape*.

5. Nelson Gobbi, "Flávio de Carvalho, pioneiro da performance que escandalizou os anos 1950, é relembrado em São Paulo e Berlim", *O Globo*, Rio de Janeiro, 14 ago. 2019.

6. James Wyly, op. cit., p. 32; e Constantino Falcón Martínez et al., op. cit., p. 620.

7. Sándor Ferenczi, op. cit., p. 128.

8. Roni Lima, "Biografia de Mané Garrincha é liberada", *Folha de S.Paulo*, São Paulo, p. 4, 13 nov. 1996.

9. Inca (Instituto Nacional de Câncer), "Câncer de próstata", 4 mar. 2021. Disponível em: <www.inca.gov.br/tipos-de-cancer/cancer-de-prostata>. Acesso em: 5 mar. 2021.

10. Gláucia Leal, "Preconceito dificulta diagnóstico das doenças da próstata", *O Estado de S. Paulo*, São Paulo, 27 mar. 1994.

11. Aureliano Biancarelli, "Preconceito faz crescer câncer de próstata", *Folha de S.Paulo*, São Paulo, 5 jan. 1997.

12. Camila Tuchlinski, "Pesquisa revela que 41% dos homens brasileiros acham que envelhecimento só começa aos 60 anos", *O Estado de S. Paulo*, São Paulo, 15 jul. 2019.

13. Zing Tsjeng, "Como proporcionar um orgasmo de próstata", *Vice*, 19 dez. 2018.

14. "Método permite que paraplégico tenha filhos", *Folha de S.Paulo*, São Paulo, 25 out. 1989.

15. Eugene Monick, *Falo*, p. 42.

16. Fernando Gabeira, "Genildo matou 15 para ser considerado normal", *Folha de S.Paulo*, São Paulo, pp. 5-9, 2 jun. 1997.

17. Cristina Rigitano, "Ator da Globo sofre agressão", *Folha de S.Paulo*, São Paulo, pp. 4-8, 9 jan. 1997.

18. Fato narrado no ensaio "Tema do herói e da heroína", em Guillermo Cabrera Infante, *Mea Cuba*, p. 341. Para outros fatos sobre a homofobia cubana, ver também João Silvério Trevisan, "Histórias que Mãe-Revolução não contava", *Lampião da Esquina*, Rio de Janeiro, pp. 11 ss., fev. 1981.

19. Sigmund Freud, "Observaciones psicoanalíticas sobre un caso de paranoia (Caso Schreber)", pp. 1518-9.

20. Ibid., p. 1521.

21. Carl G. Jung, *O homem e seus símbolos*, p. 118.

22. Antonio Medina Rodrigues, "Complexo de Aquiles", *Folha de S.Paulo*, São Paulo, p. 6, 26 jul. 1992.

23. Ver, a propósito: Robert Hofler, *The Man Who Invented Rock Hudson*, pp. 235-6, 363-5, 413; Edward Abelson, *A vida sexual e afetiva dos gênios*; Vito Russo, *The Celluloid Closet*; Marjorie Garber, *Vice-versa*, especialmente a terceira parte; e Leigh W. Rutledge, *The Gay Book of Lists*, com uma abordagem às vezes cáustica, às vezes hilariante, especialmente pp. 24, 187.

24. "Casamento com Michael Jackson era 'para salvá-lo', revela Lisa Marie Presley: 'Estava delirando'", *Rolling Stone*, 21 fev. 2020.

25. Oscar Wilde, *O marido ideal*, p. 24.

16. EXÉRCITOS E GUERREIROS: O ESPELHO QUEBRADO [pp. 223-41]

1. Sigmund Freud, "Psicologia de las masas", pp. 1140-1. Edição brasileira: "Psicologia das massas e análise do Eu", pp. 35-9.

2. Colin Spencer, op. cit., pp. 91-2.

3. K. J. Dover, *Greek Homosexuality*, pp. 185 ss.

4. Pires de Almeida, *Homossexualismo*, p. 11.

5. Elémire Zolla, op. cit, p. 11.

6. Colin Spencer, op. cit., pp. 89-93.

7. Paul Veyne, op. cit., p. 47.

8. Reay Tannahill, *Le sexe dans l'histoire*, p. 118.

9. Talmude babilônico, Niddah, cap. 2, 13a. Disponível em: <www.sefaria.org/Niddah.13a>. Acesso em: 10 set. 2021.

10. Talmude babilônico, Ketubot, cap. 5, 61b. Disponível em: <www.sefaria.org/Ketubot.61b>. Acesso em: 10 set. 2021.

11. Colin Spencer, op. cit., p. 129.

12. Michael Goodich, *The Unmentionable Vice*, pp. 20-1.

13. John Boswell, *Christianity, Social Tolerance and Homosexuality*, pp. 295-8. Ver também Arthur Evans, *Withcraft and the Gay Counterculture*, pp. 92-4; e Michael Goodich, op. cit., pp. 11-2.

14. Maurice Lever, *Les Bûchers de Sodome*, p. 46.

15. Jacques Solé, *El amor en occidente durante la edad moderna*, p. 257.

16. Maurice Pinguet, *A morte voluntária no Japão*, pp. 185, 231-4, 263-4; Yukio Mishima, *O Hagakure*, pp. 118-9.

17. Tsuneo Watanabe e Jun'Ichi Iwata, *The Love of the Samurai*, pp. 47 ss.

18. Colin Spencer, op. cit., p. 138.

19. Guy Hocquenghem, *Race d'ep*, pp. 54, 58, 68-73; e Hans Mayer, *Os marginalizados*, pp. 165-6.

20. Roger Manvell e Heinrich Fraenkel, *Göring*, pp. 95-6. Ver também John Lauritsen e David Thorstad, *The Early Homosexual Rights Movement (1864-1935)*, pp. 43, 61; e Guy Hocquenghem, op. cit., pp. 123, 140.

21. Heinz Heger, *The Men with the Pink Triangle*, pp. 11-4.

22. Guy Hocquenghem, op. cit., pp. 112-3.

23. Lothar Machtan, *O segredo de Hitler*, pp. 10-27, 31-8.

24. Ibid., pp. 71-9.

25. Para o episódio de Ernst Röhm, ver Lothar Machtan, op. cit., pp. 195 ss.

26. Guy Hocquenghem, op. cit., pp. 114-5.

27. John Lauritzen e David Thorstad, op. cit., pp. 68-70.

28. Ver pesquisas de Arthur N. Gilbert em Gert Hekma, "Homosexual Behavior in the Nineteenth-Century Dutch Army", p. 271.

29. Colin Spencer, op. cit., p. 365.

30. Ibid., p. 329.

31. Todo o processo está amplamente analisado em George Chauncey Jr., "Christian Brotherhood or Sexual Perversion?", pp. 294 ss.

32. Colin Spencer, op. cit., pp. 317-20.

33. Gert Hekma, op. cit., pp. 266-88.

34. Segundo pesquisa de Jan Oosterhoff citada em Gert Hekma, op. cit., p. 271.

35. Casos relatados em Gert Hekma, op. cit., pp. 283-4.

36. Essas informações sobre a Holanda atual encontram-se num delicioso livro de viagens com pretensão a guia gay da Europa: Lindsy Van Gelder e Pamela Robin Brandt, *Are You Two... Together?*, p. 98.

37. Tahiane Stochero, "Forças Armadas têm 30 militares homossexuais reconhecidos", G1, 28 set. 2013.

38. Ver Renosp — LGBTI+. Disponível em: <en.renosplgbti.org.br>. Acesso em: 10 set. 2021.

39. Sânzio de Azevedo, *Adolfo Caminha*, pp. 156-7.

40. Adolfo Caminha, "Um livro condenado", pp. 40-2.

41. Sânzio de Azevedo, op. cit., pp. 111-3.

42. Brito Broca, *Horas de leitura*, p. 231.

43. Mais detalhes em "Do Bom Crioulo a Madame Satã", prefácio meu ao romance *Bom Crioulo*, de Adolfo Caminha.

44. Sigmund Freud, "O mal-estar na civilização", pp. 89-91.

45. Igor Caruso, *A separação dos amantes*, pp. 169, 171-2.
46. Georges Bataille, *Breve historia del erotismo*, pp. 17-22.
47. Id., *O erotismo*, p. 96.

17. O MELHOR INIMIGO DE SI MESMO [pp. 242-62]

1. Para se ter uma ideia mais aproximada dessas interdições, recomendo a leitura de *Homossexualidade*, de Colin Spencer, obra várias vezes aqui citada, que fornece um panorama abrangente de leis e costumes, desde os povos primitivos até a atualidade.

2. Para situações específicas do Brasil, que envolveram o Tribunal da Santa Inquisição, ver João Silvério Trevisan, *Devassos no Paraíso*, pp. 117-49.

3. Colin Spencer, op. cit., p. 167.

4. Paula Diehl, "Alemães lembram cobaias dos nazistas", *Folha de S.Paulo*, São Paulo, pp. 1-12, 28 jan. 1998. Para detalhes da perseguição a homossexuais, ver Heinz Heger, op. cit.

5. *The United States Holocaust Memorial Museum's Exhibition*: "*Nazi Persecution of Homosexuals 1933-1945*", Washington, DC. Ver cap. 11: "Extermination through Work". Disponível em: <www.ushmm.org/exhibition/persecution-of-homosexuals>. Acesso em: 2 abr. 2021.

6. Vancouver Holocaust Education Centre, *Nazi Persecution of Homosexuals 1933-1945*, Canadá, 2013, pp. 4, 7, 14, 17, 24. Disponível em: <www.vhec.org/images/pdfs/NPH_TeachersGuide_final.pdf>. Acesso em: 4 jun. 2021.

7. Timothy Jones, "Steinmeier Asks for Pardon for Germany's Injustices Toward Homosexuals", Deutsche Welle, 3 jun. 2018.

8. "Germany Quashes Gay Men's Convictions and Offers Compensation", BBC News Europe, 23 jun. 2017; Geir Moulson, "Germany to Compensate Gay Men Investigated after WWII", AP News, 13 mar. 2019.

9. Renata Reverendo Vidal Kawano Nagamine, "Os direitos de pessoas LGBT na ONU (2000-2016)".

10. Lucas Alonso, "Mundo avança em direitos LGBT, mas relação homossexual segue como crime em 69 países", *Folha de S.Paulo*, São Paulo, 20 dez. 2020.

11. Renata Reverendo Vidal Kawano Nagamine, op. cit.

12. Daniel Castro, "Um homossexual é morto no Brasil a cada 4 dias", *Folha de S.Paulo*, São Paulo, 20 fev. 1994; *Boletim do Grupo Gay da Bahia*, ano 17, n. 33, jan. 1997; e *Boletim do Grupo Gay da Bahia*, ano 18, n. 34, jan./fev. 1998.

13. Luiza Souto, "Assassinatos de LGBT crescem 30% entre 2016 e 2017, segundo relatório", *O Globo*, Rio de Janeiro, 17 jan. 2018.

14. Dhiego Maia, "80% das pessoas trans mortas por violência no país são pretas e pardas", *Folha de S.Paulo*, São Paulo, 21 nov. 2020.

15. No relatório anual da Ilga, *State-Sponsored Homofobia: The Americas in 2016*, o item "Violence" mostra o Brasil no topo da lista de assassinatos de pessoas LGBTQ+ em todo o continente americano, com 340 casos, seguido por El Salvador num distante segundo lugar, com onze homicídios. Disponível em: <ilga.org/americas-2016-ILGA-State-Sponsored-Homophobia>. Acesso em: 1 abr. 2021.

16. Grupo Gay da Bahia, *Mortes violentas de LGBT+ no Brasil – Relatório 2018*, pp. 8-9. Disponível em: <grupogaydabahia.files.wordpress.com/2019/01/relat%C3%B3rio-de-crimes-contra-lgbt-brasil-2018-grupo-gay-da-bahia.pdf>. Acesso em: 20 abr. 2021.

17. Pode-se encontrar uma análise extensiva em Wallace Góes Mendes e Cosme Marcelo Furtado Passos da Silva, "Homicídios da população de lésbicas, gays, bissexuais, travestis, transexuais ou transgêneros (LGBT) no Brasil".

18. "No RS, arcebispo ataca propaganda", *Folha de S.Paulo*, São Paulo, caderno "Cidades", p. 2, 6 ago. 1987.

19. Edson Sardinha e Larissa Calixto, "Pastor que ora pela morte de Paulo Gustavo será processado por homofobia", Congresso em Foco, 17 abr. 2021. Disponível em: <congressoemfoco.uol.com.br/saude/pastor-que-ora-pela-morte-de-paulo-gustavo-sera-processado-por-homofobia>. Acesso em: 13 jul. 2021.

20. Marcelo Godoy, "Justiça reduz pena de matador de travesti", *Folha de S.Paulo*, São Paulo, p. 4-12, 9 out. 1994; e Denerval Ferraro Jr., "As mensagens do mal", *OK Magazine*, São Paulo, p. 54, ago. 1997.

21. João Silvério Trevisan, *Devassos no Paraíso*, pp. 634-5.

22. "Fernanda Gentil é alvo de homofobia após assumir relacionamento com jornalista", *Extra*, 9 out. 2016; "Bruna Linzmeyer é alvo de ataques homofóbicos após namoro ser revelado", *Extra*, 19 maio 2016.

23. Jan Niklas, "Ativistas veem crescimento de ameaças físicas contra LGBT+ na internet e vão monitorar surgimento de grupos de ódio", *O Globo*, Rio de Janeiro, 4 dez. 2020.

24. Sobre os dramas desses personagens, ver Hans Mayer, op. cit., pp. 215-70.

25. Charles Stone, "The Case of Nietzsche".

26. Luís Antônio Giron, "Monk revela Wittgenstein homossexual", *Folha de S.Paulo*, São Paulo, 2 abr. 1995. Para mais informações, ver Ray Monk, *Wittgenstein*.

27. Ver: <www.britannica.com/biography/Alan-Turing>.

28. Para Mário de Andrade e Lúcio Cardoso, ver João Silvério Trevisan, *Devassos no Paraíso*, pp. 245-53.

29. Dominique Fernandez, *Le Rapt de ganymède*, pp. 85-6.

30. Numa biografia de 1989, publicada originalmente em alemão (e traduzida ao inglês como *Zarathustra's Secret: The Interior Life of Friedrich Nietzsche*), Joachim Köhler menciona encontros da Sociedade Psicanalítica de Viena, em 1908, em que se discutiu o livro autobiográfico de Nietzsche, *Ecce Homo*, que acabara de ser publicado, oito anos após a morte do autor. Um dos presentes afirmou que Nietzsche teria contraído sífilis num bordel homossexual de Turim, informação em seguida confirmada por Jung. Freud então ponderou que, no livro, as referências de Nietzsche à sua sexualidade desviante poderiam ter sido censuradas pela mãe e a irmã do filósofo, fanáticas religiosas que controlavam todo o seu espólio literário. A citação consta em Charles Stone, op. cit.

31. Para Radclyffe Hall, ver: <www.nypl.org/blog/2013/09/26/banned-books-week-well-loneliness#>. Para Gabrielle Colette, ver: <www.aliancafrancesa.com.br/novidades/gabrielle-colette>. Para Cassandra Rios, ver João Silvério Trevisan, *Devassos no Paraíso*, pp. 254-5. Acessos em: 10 set. 2021.

32. Hans Mayer, op. cit., pp. 164, 209.

33. Ver verbete sobre Lou Andréas-Salomé em Élisabeth Roudinesco e Michel Plon, op. cit., pp. 22-5.

34. É curioso constatar como o clima homofóbico que cercava os dois poetas no século XIX continua vigorando na atualidade, ainda que sob pretextos mais modernos. Em 2020, ocorreu na França uma grande polêmica em torno da entronização de Paul Verlaine e Arthur Rimbaud como casal homossexual no Panteão de Paris. Houve abaixo-assinados a favor e contra, e no caso da desaprovação empregavam-se argumentos que mal dissimulavam o fulcro homofóbico, inclusive a acusação de se estar americanizando a cultura francesa com um projeto típico do politicamente correto. Ver "Iniciativa para entronizar Rimbaud e Verlaine como casal homossexual no Panteão gera controvérsia na França", UOL, 1 out. 2020.

35. Christopher Bagley e Pierre Tremblay, "Suicidality Problems of Gay and Bissexual Males" e "Suicidal Behaviors in Homosexual and Bisexual Males", pp. 24-34.

36. Ver relatório do Centers for Disease Control and Prevention (CDC). Disponível em: <www.cdc.gov/mmwr/volumes/69/su/su6901a3.htm?s_cid=su6901a3_x>. Acesso em: 3 jun. 2021.

37. Stephen T. Russell e Russell B. Toomey, "Men's Sexual Orientation and Suicide: Evidence For U.S. Adolescent-Specific Risk", 2010, citados em Ann P. Haas et al., "Suicide and Suicide Risk in Lesbian, Gay, Bisexual, and Transgender Populations: Review and Recommendations".

38. Gary Remafedi, James A. Farrow e Robert W. Deisher, "Risk Factors for Attempted Suicide in Gay and Bisexual Youth".

39. Michael King et al., "A Systematic Review of Mental Disorder, Suicide, and Deliberate Self Harm in Lesbian, Gay and Bisexual People".

40. Nicholas Ray, *Lesbian, Gay, Bisexual and Transgender Youth*, p. 25.

41. Allegra R. Gordon e Ilan H. Meyer, "Gender Nonconformity as a Target of Prejudice, Discrimination, and Violence Against LGB Individuals".

42. Grupo Gay da Bahia, op. cit., pp. 10-2.

43. "Suicídio entre público LGBT aumenta quase quatro vezes em dois anos", *Diário do Nordeste*, Fortaleza, 4 fev. 2019.

44. "STF proíbe uso da tese de legítima defesa da honra em crimes de feminicídio", 15 mar. 2021. Disponível em: <portal.stf.jus.br/noticias/verNoticiaDetalhe.asp?idConteudo=462336&ori=1>.

45. Para princípio de prazer e princípio de realidade, ver J. Laplanche e J.-B. Pontalis, op. cit., pp. 466-74.

46. Ver, a propósito, a nota "Pedofilia", no último "Diário da Corte" que Paulo Francis escreveu, antes de morrer, em *O Estado de S. Paulo*, São Paulo, 9 fev. 1997.

47. "*Each man kills the thing he loves*". Oscar Wilde, *A balada do cárcere de Reading*, pp. 28-9.

48. "The Critic as Artist", em Oscar Wilde, *Complete Works of Oscar Wilde*, p. 1045. Eis a proposição completa no original: "*Man is least himself when he talks in his own person. Give him a mask, and he will tell you the truth*".

18. A REVANCHE DO MASCULINO FALOCRATA [pp. 263-87]

1. Bernardo Mello Franco, "Bolsonaro sem retoques", *Folha de S.Paulo*, São Paulo, 10 out. 2017.

2. "Eduardo Bolsonaro vê 'momento de ruptura' e cogita adoção de 'medida enérgica' por presidente", G1, 28 maio 2020.

3. João Gabriel de Lima, "As direitas em choque: O efeito retardado da bomba Bolsonaro sobre as tribos liberais", *piauí*, n. 169, out. 2020.

4. Lívia Reis, Magali Cunha e Gabrielle Abreu, "'Mamadeira de piroca' versão 2020", *piauí*, 1 dez. 2020.

5. Cris Rodrigues, "Neste 1º de abril, relembre nove fake news que marcaram o cenário político do Brasil", Brasil de Fato, 1 abr. 2019.

6. Câmara dos Deputados, sessão: 284.4.54. Orador: Jair Bolsonaro, 9 dez. 2014.

7. Marcella Fernandes, op. cit.

8. Wanderley Preite Sobrinho, "Brasil registra uma morte por homofobia a cada 16 horas, aponta relatório", UOL, São Paulo, 20 fev. 2019.

9. "Defensor da Ditadura, Jair Bolsonaro reforça frase polêmica: 'o erro foi torturar e não matar'", Jovem Pan, 8 jul. 2016.

10. Camila Mattoso, "Em áudio, atacante diz ser perseguido pela Globo e se compara a Bolsonaro", *Folha de S.Paulo*, São Paulo, 17 out. 2020.

11. Joel Pinheiro da Fonseca, "A crise revela o caráter", *Folha de S.Paulo*, São Paulo, 7 abr. 2020.

12. Henrique Santiago, "Por que as armas de fogo e o desejo de praticar tiro estão em alta no mundo", UOL, 24 out. 2020.

13. Ricardo Della Coletta, "Decretos de Bolsonaro sobre armas esvaziam fiscalização", *Folha S.Paulo*, São Paulo, 14 fev. 2021.

14. Cesar Calejon, "Bolsonaro leva Brasil ao paroxismo da ignorância e do caos", UOL, 19 abr. 2021.

15. "Bolsonaro diz que, no Exército, sua 'especialidade é matar'", *Folha de S.Paulo*, São Paulo, 30 jun. 2017.

16. Thomas Mann, *A montanha mágica*, pp. 243, 496-7.

17. "Bolsonaro é alvo de críticas em debate no Parlamento Europeu", G1, 29 abr. 2021.

18. "Documentos mostram que mais de trinta morreram nos dois dias de colapso por falta de oxigênio em Manaus", G1, 25 jan. 2021.

19. "Após 9 meses de pandemia, governo prevê vacinar toda a população", *Folha de S.Paulo*, São Paulo, 12 dez. 2020.

20. Victor Ohana, "'Exército está se associando a esse genocídio', critica Gilmar Mendes", *CartaCapital*, 12 jul. 2020.

21. "Tribunal Penal Internacional irá analisar denúncia contra Bolsonaro", Consultório Jurídico, 8 jun. 2020.

22. "No meu caso particular, pelo meu histórico de atleta, caso fosse contaminado pelo vírus, não precisaria me preocupar", *Correio do Estado*, 26 mar. 2020.

23. Matheus Pichonelli, "'Olha o besta mascarado': exemplo vem de cima e faz estragos na quebrada", UOL, 5 maio 2021.

24. Breiller Pires, op. cit.

25. Arthur Stabile, "Pacote de Moro contra crimes dá a policiais 'licença para matar'", *Ponte*, 4 fev. 2019.

26. "O que sobrou do pacote anticrime de Moro após aprovação na Câmara", *El País Brasil*, 5 dez. 2019.

27. Sigmund Freud, "La cabeza de Medusa", p. 2697.

28. Élisabeth Badinter, op. cit., pp. 138-9.

29. "Bolsonaro: 'prefiro filho morto em acidente a um homossexual'", *Terra*, 8 jun. 2011.

30. "'Nosso barco pode estar indo para um iceberg', diz presidente em vídeo", op. cit.

31. Ana Luiza Albuquerque, Catia Seabra e Italo Nogueira, "Ministério Público tem um 'cometa para enterrar na gente', diz Queiroz em áudio", *Folha de S.Paulo*, São Paulo, 27 out. 2019.

32. João Perassolo, "Entenda por que memes da ultradireita fetichizam homens fortes e machões", *Folha de S.Paulo*, São Paulo, 4 jul. 2020.

33. Idiana Tomazelli e Rafael Moraes Moura, "'Sou menina bonita sem namorado', diz Bolsonaro sobre Partido Militar", *O Estado de S. Paulo*, São Paulo, 2 nov. 2019.

34. Sigmund Freud, "O fetichismo", pp. 244-51.

35. Fábio Palácio, "O fascista da motocicleta", *Folha de S.Paulo*, São Paulo, caderno "Ilustríssima", 30 maio 2021.

36. "CPI: Mandetta diz que minuta de decreto presidencial propunha mudar bula da cloroquina", G1, 4 maio 2021.

37. Wellington Hanna, "PF intima líder indígena por documentário que critica ação do governo na pandemia", G1, 30 abr. 2021.

38. Conrado Hübner Mendes, "Estado de intimidação: o milicartismo te vigia", *Folha de S.Paulo*, São Paulo, 10 mar. 2021.

39. "Governo federal censura professores por manifestação contra Bolsonaro", *Folha de S.Paulo*, São Paulo, 4 mar. 2021; e "Jovem preso em MG por tuíte sobre Bolsonaro", *Folha de S.Paulo*, São Paulo, 7 mar. 2021.

40. Lara Ely, "Motoristas são multados após carreatas contra Bolsonaro", *Folha de S.Paulo*, São Paulo, 14 mar. 2021.

41. Rodrigo Gomes, "Bolsonaro diz novamente que só não estupra ex-ministra porque ela 'não merece'", Rede Brasil Atual, 9 dez. 2014.

42. "Bolsonaro: 'Eu tenho 5 filhos. Foram 4 homens, a quinta eu dei uma fraquejada e veio uma mulher'", *Forum*, 5 abr. 2017.

43. "Bolsonaro, sobre repórter da *Folha*: 'Ela queria dar um furo'", *Correio Braziliense*, Brasília, 18 fev. 2020.

44. "Repórter da Folha processa deputado Eduardo Bolsonaro por danos morais", *Folha de S.Paulo*, São Paulo, 14 jun. 2020.

45. Eliane Trindade, "84 meninas de 10 a 14 anos deram à luz em SP em 3 meses", *Folha de S.Paulo*, São Paulo, 25 ago. 2020.

46. "Bolsonaro: 'Eu tenho 5 filhos. Foram 4 homens, a quinta eu dei uma fraquejada e veio uma mulher'", op. cit.

47. "Sou daltônico: todos têm a mesma cor", *Valor Econômico*, 21 nov. 2020. Ver também Ingrid Soares, "Enxergo todos com as mesmas cores: verde e amarelo", *Correio Braziliense*, Brasília, 21 nov. 2020.

48. Paula Sperb, "Morte de Beto é mais selvagem que a de Floyd", *Folha de S.Paulo*, São Paulo, 23 nov. 2020.

49. Michelle Goldberg, "Four Wasted Years Thinking about Donald Trump", *New York Times*, 29 out. 2020.

50. João Gabriel de Lima, op. cit.

51. Lothar Machtan, op. cit., p. 15.

52. Guilherme Mazui, "'É simples assim: um manda e o outro obedece', diz Pazuello ao lado de Bolsonaro", G1, 22 out. 2020.

53. Camila Mattoso, "Em Macapá, Bolsonaro anda de porta aberta e corpo para fora do carro e ouve xingamentos", *Folha de S.Paulo*, São Paulo, 21 nov. 2020.

54. Marcella Franco, "Monogamia é cômoda e barata, mas absolutamente frágil", *Folha de S.Paulo*, São Paulo, 13 jan. 2020.

19. SER & NÃO SER: PERSPECTIVAS PARA O EXÍLIO MASCULINO [pp. 288-300]

1. Conforme noticiário nos jornais *Folha de S.Paulo* e *O Estado de S. Paulo* e na revista *Veja*, entre os dias 23 e 28 de maio de 1997.

2. Fernando Gabeira, op. cit.

3. Andrea Martins, "Love Story Pansexual", *Sui Generis*, ano II, n. 16, pp. 36 ss.

4. Ver, por exemplo, Eve Kosofsky Sedgwick, "Gosh, Boy George, You Must Be Awfully Secure in Your Masculinity!", em Don Shewey e Maurice Berger (Orgs.), *Constructing Masculinity*, pp. 11 ss.

5. "Classline", *Folha de S.Paulo*, São Paulo, 23 fev. 1995, p. especial A-2.

6. "Classline", *Folha de S.Paulo*, São Paulo, 17 ago. 1995, p. especial B-2.

7. Élisabeth Badinter, op. cit., p. 189.

8. Carlos Eduardo Lins da Silva, "Entidades masculinas se fortalecem", *Folha de S.Paulo*, São Paulo, 17 nov. 1996.

9. James Hollis, *Sob a sombra de Saturno*, p. 9.

10. Christian Lorentzen, "How Poet Robert Bly Unleashed 'Iron John' and Started the Drum-Thumping Men's Movement of the '90s", *New York Times*, 8 jun. 2016.

11. Gilberto Dimenstein, "O homem virou sexo frágil", *Folha de S.Paulo*, São Paulo, p. 1-16, 13 out. 1996.

12. James Hollis, op. cit., pp. 11, 15.

13. James Hillman, *Estudos de psicologia arquetípica*, pp. 85-6.

14. Daniel Soares Lins, "A moda do tempo do cangaço", *Universidade Livre do Nordeste*, fascículo n. 16, pp. 4-5, 12 mar. 1995.

15. Gustav Schwab, op. cit., p. 220.

16. Ver prefácio de Gilberto Freyre para Frederico Pernambucano de Mello, *Guerreiros do sol*, p. 12.

17. Daniel Soares Lins, *L'Imaginaire de l'ordre et de la violence*, pp. 280-4. Ver também Daniel Soares Lins, "O corpo do herói", p. 17.

18. Nicole Loraux, citada em Daniel Soares Lins, op. cit., pp. 280, 289.

19. Eugene Monick, *Falo*, pp. 61-2.

20. James Wyly, op. cit., pp. 33, 35.

21. Eugene Monick, *Falo*, pp. 88 ss.

22. June Singer, *Androginia*, p. 33.

23. Robert Stein, *Incesto e amor humano*, p. 126.

24. Junito de Souza Brandão, *Mitologia grega*, pp. 35-41, inclusive para a citação de Carl G. Jung.

25. James Hollis, op. cit., pp. 164-7.

20. ADEUS AO PATRIARCA [pp. 301-20]

1. Úrsula Passos, "Fanny Ardant, diva do cinema, ataca o medo", *Folha de S.Paulo*, São Paulo, 25 nov. 2020.

2. Vera Iaconelli, "Constrangimento feminista", *Folha de S.Paulo*, São Paulo, 24 nov. 2020.

3. Carolina Linhares, "Conselho abranda punição a deputado de SP que apalpou colega", *Folha de S.Paulo*, São Paulo, 8 mar. 2021. Ver também Josias de Souza, "Ao afagar o apalpador, a Assembleia se condena", UOL, 6 mar. 2021.

4. Vivian Reis, "Caso Isa Penna: Em decisão inédita, Alesp suspende deputado Fernando Cury por seis meses por passar a mão na colega", G1, 1 abr. 2021.

5. Ibid.

6. No original: "The Master's Tools Will Never Dismantle the Master's House".

7. Cesar Calejon, "Bolsonarismo é o sintoma e a doença: resta o impeachment", UOL, 24 jan. 2021.

8. Carla Rodrigues, "Erguer, acumular, quebrar, varrer, erguer...", *Serrote*, n. 24, 2017.

9. "Feminismo finca raízes na política da América Latina", *El País*, 8 mar. 2020. Ver também Giovanna Galvani, "'O estuprador é você': Música feminista contra violência percorre o mundo", *CartaCapital*, 1 dez. 2019.

10. Carla Rodrigues, op. cit.

11. Audre Lorde, "The Master's Tools Will Never Dismantle the Master's House", pp. 110-4.

12. Lélia Gonzalez, "Por um feminismo afro-latino-americano", pp. 39-51.

13. Carla Rodrigues, op. cit.

14. Carla Akotirene, *Interseccionalidade*, pp. 18-23, 33-4, 73.

15. Audre Lorde, "Não há hierarquias de opressão", em *Textos escolhidos de Audre Lorde*, p. 5. O original em inglês está disponível em: <sites.williams.edu/engl113-f18/marr/there-is-no-hierarchy-of-oppression>. Acesso em: 21 abr. 2021.

16. Carla Rodrigues, op. cit.

17. Judith Butler, *Bodies That Matter*, p. 226.

18. Judith Butler, "Imitation and Gender Insubordination", p. 313.

19. Tamsin Spargo, *Foucault e a teoria queer*, pp. 25-44.

20. Guacira Lopes Louro, *Um corpo estranho*, pp. 7-8.

21. Paul B. Preciado, *Um apartamento em Urano*, pp. 15-30, 220-5.

22. Meri Torras, "Gender, a Movable Incarnation: Jack Halberstam and the Trans", *Body and Textuality Research Group*. Disponível em: <www.barcelona.cat/bcnmetropolis/2007-2017/en/author/meri-torras>. Acesso em: 12 abr. 2021.

23. "Uma masculinidade necropolítica" (entrevista com Sayak Valencia), *Resista! — Observatório de Resistências Plurais*, 13 maio 2021. Disponível em: <resistaorp.blog/2021/05/13/uma-masculinidade-necropolitica>. Acesso em: 2 fev. 2021.

24. Igor Leone/Mônica Dallari, "As novas masculinidades", *CartaCapital*, 12 mar. 2019.

25. Flávia Mantovani e Gustavo Queirolo, "'Fracasso moral', concentração de vacinas pode prolongar pandemia", *Folha de S.Paulo*, São Paulo, 23 maio 2021.

26. Chimamanda Ngozi Adichie, *Para educar crianças feministas*.

27. Sigmund Freud, "Sobre a sexualidade feminina", pp. 219-20.

28. Élisabeth Badinter, op. cit., p. 139.

29. Joyce McDougall, *As múltiplas faces de eros*, p. 4.

30. Sigmund Freud, "Angústia e instinto", pp. 178-9.

31. Chavisa Woods, "A vida de Solanas como testemunho do que é ser mulher", *QG Feminista*, 24 jun. 2019. Ver também Valerie Solanas, *SCUM Manifesto*.

32. Sigmund Freud, "O mal-estar na civilização", pp. 42-3.

33. Id., *O futuro de uma ilusão*, p. 113.

34. Jack Halberstam, *A arte queer do fracasso*, pp. 21-33, 132-3.

35. Elizabeth Bishop, *O iceberg imaginário e outros poemas*.

Referências bibliográficas

ABELSON, Edward. *A vida sexual e afetiva dos gênios*. Rio de Janeiro: Rosa dos Tempos, 1995.

ADICHIE, Chimamanda Ngozi. *Para educar crianças feministas: Um manifesto*. São Paulo: Companhia das Letras, 2017.

AKOTIRENE, Carla. *Interseccionalidade*. São Paulo: Jandaíra, 2020. (Feminismos Plurais).

ALLEN, Peter Lewis. *The Wages of Sin: Sex and Disease, Past and Present*. Chicago: The University of Chicago Press, 1981.

ALMEIDA, Pires de. *Homossexualismo: A libertinagem no Rio de Janeiro*. Rio de Janeiro: Laemmert & C. Editores, 1906.

ANDRADE, Jorge. *Marta, a árvore e o relógio*. São Paulo: Perspectiva, 1986.

AUGUSTINE, St. "Against Julian", livro 3, cap. 7. Washington, DC: The Catholic University of America Press, 2004. (The Fathers of the Church, 35).

AZEVEDO, Sânzio de. *Adolfo Caminha: Vida e obra*. Fortaleza: Editora da Universidade Federal do Ceará, 1999.

BADINTER, Élisabeth. *XY: Sobre a identidade masculina*. Rio de Janeiro: Nova Fronteira, 1993.

BAGLEY, Christopher; TREMBLAY, Pierre. "Suicidal Behaviors in Homosexual and Bisexual Males". *Crisis: The Journal of Crisis Intervention and Suicide Prevention*, v. 18, n. 1, pp. 24-34, 1997.

_______. "Suicidality Problems of Gay and Bissexual Males". In: BAGLEY, C.; RAMSAY, R. (Orgs.). *Suicidal Behaviors in Adolescents and Adults: Taxonomy, Understanding, and Prevention*. Brookfield: Ave-bury, 1997.

BARRIONUEVO, José. "Del donjuanismo a la homosexualidad manifiesta". *Actualidad Psicológica*, Buenos Aires, v. 12, n. 136, 1987.

BATAILLE, Georges. *Breve historia del erotismo*. Buenos Aires: Caldén, 1976.

_______. *O erotismo*. Porto Alegre: L&PM, 1987.

BAUDELAIRE, Charles. *O spleen de Paris: Pequenos poemas em prosa*. Trad. de Samuel Titan Jr. São Paulo: Ed. 34, 2020.

BEAUVOIR, Simone de. *Le Deuxième Sexe II: L'Expérience vécue*. Paris: Édition du Club France Loisirs, 1976. [Ed. bras.: *O segundo sexo*. São Paulo: Difusão Europeia do Livro, 1967. v. II: Experiência vivida.]

BENJAMIN, Walter. *Charles Baudelaire: Um lírico no auge do capitalismo*. São Paulo: Brasiliense, 1989.

Bíblia de Jerusalém (Novo Testamento). São Paulo: Paulinas, s.d.

BISHOP, Elizabeth. *O iceberg imaginário e outros poemas*. Trad. de Paulo Henriques Britto. São Paulo: Companhia das Letras, 2001.

BOLEN, Jean Shinoda. *As deusas e a mulher: Nova psicologia das mulheres*. São Paulo: Paulus, 1990.

BOSWELL, John. *Christianity, Social Tolerance and Homosexuality: Gay People in Western Europe*. Chicago: The University of Chicago Press, 1980.

BRANDÃO, Junito de Souza. *Dicionário mítico-etimológico*. Petrópolis: Vozes, 1991. v. 2.

______. *Mitologia grega*. Petrópolis: Vozes, 2002. v. 3.

BROCA, Brito. *Horas de leitura*. Rio de Janeiro: Instituto Nacional do Livro, 1957.

BUTLER, Judith. "Imitation and Gender Insubordination". In: ABELOVE, Henry; BARALE, Michele Ana; HALPERIN, David M. (Orgs.). *The Lesbian and Gay Studies*. Nova York: Routledge, 1993.

______. *Problemas de gênero: Feminismo e subversão da identidade*. Rio de Janeiro: Civilização Brasileira, 2003.

______. *Bodies That Matter: On the Discursive Limits of "Sex"*. Nova York: Routledge, 1993. [Ed. bras.: *Corpos que importam: Os limites discursivos do "sexo"*. São Paulo: n-1 edições, 2019.]

BYRON, Lord. *Don Juan*. Italifax: Milner and Sowerby, 1837.

CAMINHA, Adolfo. "Um livro condenado". *A Nova Revista*, Rio de Janeiro, v. 1, n. 2, fev. 1896.

______. *Bom Crioulo*. São Paulo: Hedra, 2009.

CARDÍN, Alberto. *Guerreros, chamanes y travestis*. Barcelona: Tusquets, 1984.

CARUSO, Igor. *A separação dos amantes: Uma fenomenologia da morte*. São Paulo: Diadorim/Cortez, 1981.

CECCARELLI, Paulo Roberto. "A construção da masculinidade". *Percurso*, São Paulo, Departamento de Psicanálise do Instituto Sedes Sapientiae, n. 19, 1998.

______. "A masculinidade e seus avatares". *Catharsis*, São Paulo, ano IV, n. 19, maio-jun. 1998.

CHAUNCEY JR., George. "Christian Brotherhood or Sexual Perversion?". In: DUBERMAN, Martins et al. *Hidden from History: Reclaiming the Gay and Lesbian Past*. Londres: Penguin, 1989.

CONROY, Pat. *O príncipe das marés*. São Paulo: Best Seller, 1986.

CORBIN, Alain. "Os bastidores: Gritos e murmúrios". In: PERROT, Michelle (Org.). *História da vida privada: Da Revolução à Grande Guerra*. Porto: Afrontamento, 1990.

D'OR, Erika. *Pompei Vietata*. Pompeia: Falanga Edizioni Pompeiane, s.d.

DANIÉLOU, Alain. *Shiva e Dioniso: A religião da natureza e do Eros*. São Paulo: Martins Fontes, 1989.

DENIZART, Hugo. *Engenharia erótica (travestis no Rio de Janeiro)*. Rio de Janeiro: Jorge Zahar, 1997.

DÉSY, Pierrette. "El hombre-mujer: Los 'bardajes' entre los índios de America del Norte (primera parte)". *Vuelta*, México, n. 46, set. 1980.

______. "El hombre-mujer: Los 'bardajes' entre los índios de America del Norte (segunda parte)". *Vuelta*, México, n. 47, out. 1980.

DOVER, K. J. *Greek Homosexuality*. Nova York: Vintage Books, 1980.

ELIADE, Mircea. *O sagrado e o profano: A essência das religiões*. Lisboa: Livros do Brasil, s.d.

ELIADE, Mircea. *El chamanismo y las técnicas arcaicas del éxtasis*. México: Fondo de Cultura Económica, 1960.

______. *Mefistofeles y el androgino*. Madri: Guadarrama, 1969.

______. *Imagens e símbolos*. São Paulo: Martins Fontes, 1996.

EVANS, Arthur. *Withcraft and the Gay Contraculture*. Boston: Fag Rag, 1978.

FAVARETTO, Celso F. *Tropicália: Alegoria, alegria*. São Paulo: Kairós, 1979.

FELITTI, Chico. *A casa: A história da seita de João de Deus*. São Paulo: Todavia, 2020.

FERENCZI, Sándor. *Thalassa: Ensaio sobre a teoria da genitalidade*. São Paulo: Martins Fontes, 1990.

______. *Obras completas*. São Paulo: Martins Fontes, 1992. v. 2 e 4.

FERNANDEZ, Dominique. *Le Rapt de ganymède*. Paris: Bernard Grasset, 1989.

FORRESTIER, François. *Marlon Brando: A face sombria da beleza*. Rio de Janeiro: Objetiva, 2014.

FOUCAULT, Michel. *História da sexualidade*. Rio de Janeiro: Graal, 1977. v. 1: A vontade de saber.

FRANZ, Marie-Louise von. *Puer aeternus: A luta do adulto contra o paraíso da infância*. São Paulo: Paulinas, 1992.

FRAWLEY-O'DEA, Mary Gail. *Perversion of Power: Sexual Abuse in the Catholic Church*. Nashville: Vanderbilt University Press, 2007.

FREUD, Sigmund. "A moral sexual 'cultural' e o nervosismo moderno". In: *Obras completas*. São Paulo: Companhia das Letras, 2015. v. 8.

______. "Analisis terminable e interminable". In: *Obras completas*. Madri: Biblioteca Nueva, 1981. v. 3.

______. "Dostoyevski y el parricidio". In: *Obras completas*. Madri: Biblioteca Nueva, 1981. v. 3.

______. "El fetichismo". In: *Obras completas*. Madri: Biblioteca Nueva, 1981. v. 3.

______. "La cabeza de Medusa". In: *Obras completas*. Madri: Biblioteca Nueva, 1981. v. 3.

______. "La organización genital infantil (adición a la teoría sexual)". In: *Obras completas*. Madri: Biblioteca Nueva, 1981. v. 3.

______. "Lo siniestro". In: *Obras completas*. Madri: Biblioteca Nueva, 1981. v. 3.

______. "Observaciones psicoanalíticas sobre un caso de paranoia (Caso Schreber)". In: *Obras completas*. Madri: Biblioteca Nueva, 1981. v. 2.

______. "Psicologia de las masas". In: *Obras completas*. Madri: Biblioteca Nueva, 1981. v. 1.

______. "Angústia e instinto". In: *Obras completas*. São Paulo: Companhia das Letras, 2010. v. 18.

______. "O mal-estar na civilização". In: *Obras completas*. São Paulo: Companhia das Letras, 2010. v. 18.

______. "Sobre a sexualidade feminina". In: *Obras completas*. São Paulo: Companhia das Letras, 2010. v. 18.

______. *O futuro de uma ilusão*. Trad. de Renato Zwig. Porto Alegre: L&PM, 2010.

______ "Psicologia das massas e análise do Eu". In: *Obras completas*. São Paulo: Companhia das Letras, 2011. v. 15.

______. "O fetichismo". In: *Obras completas*. São Paulo: Companhia das Letras, 2014. v. 17.

______. *Totem e tabu: Algumas correspondências entre a vida psíquica dos selvagens e a dos neuróticos*. Porto Alegre: L&PM, 2014.

FRIEDMAN, David M. *Uma mente própria: A história cultural do pênis*. Rio de Janeiro: Objetiva, 2002.

GARBER, Marjorie. *Vice-versa: Bissexualidade e o erotismo na vida cotidiana*. Rio de Janeiro: Record, 1997.

GELDER, Lindsy van; BRANDT, Pamela Robin. *Are You Two... Together?*. Nova York: Random House, 1991.

GERBER, Raquel. "Cabezas cortadas". *Filme Cultura*, Rio de Janeiro, n. 34, jan./fev./mar. 1980.

GIRARD, René. *Mentira romântica e verdade romanesca*. São Paulo: É Realizações, 2009.

GONZALEZ, Lélia. "Por um feminismo afro-latino-americano". In: HOLLANDA, Heloísa Buarque de (Org.). *Pensamento feminista hoje: Perspectivas decoloniais*. Rio de Janeiro: Bazar do Tempo, 2020.

GOODICH, Michael. *The Unmentionable Vice: Homosexuality in the Later Medieval Period*. Santa Barbara: Ross-Erickson, 1979.

GORDON, Allegra R.; MEYER, Ilan H. "Gender Nonconformity as a Target of Prejudice, Discrimination, and Violence Against LGB Individuals". *Journal of LGBT Health Research*, v. 3, n. 3, 2007.

HAAS, Ann P. et al. "Suicide and Suicide Risk in Lesbian, Gay, Bisexual, and Transgender Populations: Review and Recommendations". *Journal of Homosexuality*, v. 58, n. 1: Suicide, Mental Health, and Youth Development, 2010.

HALBERSTAM, Jack. *A arte queer do fracasso*. Recife: Cepe, 2020.

HAYS, H. R. *O sexo perigoso: O mito da maldade feminina*. Rio de Janeiro: Biblioteca Universal Popular, 1968.

HEGER, Heinz. *The Men with the Pink Triangle*. Londres: Gay Men's Press, 1980.

HEKMA, Gert. "Homosexual Behavior in the Nineteenth-Century Dutch Army". *Journal of the History of Sexuality*, v. 2, n. 2, edição especial, University of Texas Press, nov. 1991.

HEMINGWAY, Ernest. *O jardim do Éden*. São Paulo: Círculo do Livro, 1986.

HERDT, Gilbert H. "Fetish and Fantasy in Sambia Initiation". In: ______ (Org.). *Rituals of Manhood: Male Initiation in Papua New Guinea*. Berkeley, Los Angeles: University of California Press, 1982.

______. *The Sambia: Ritual, Sexuality, and Change in Papua New Guinea*. Califórnia: Wadsworth, 2006.

HILLMAN, James. *Estudos de psicologia arquetípica*. Rio de Janeiro: Achiamé, 1981.

HOCQUENGHEM, Guy. *Race d'ep*. Paris: Libres Hallier, 1979.

HOFLER, Robert. *The Man Who Invented Rock Hudson: The Pretty Boys and Dirty Deals of Henry Willson*. Nova York: Carrol and Graf, 2005.

HOLLIS, James. *Sob a sombra de Saturno: A ferida e a cura dos homens*. São Paulo: Paulus, 1997.

INFANTE, Guillermo Cabrera. *Mea Cuba*. São Paulo: Companhia das Letras, 1996.

JOLLY, James; KOHLER, Stelle (Orgs.). *The Marginalia Book of Gay Letters*. Londres: Marginalia Press, 1995.

JUNG, Carl G. *O homem e seus símbolos*. Rio de Janeiro: Nova Fronteira, s.d.

JUNG, Emma. *Animus e anima*. São Paulo: Cultrix, 1991.

KAHN, Coppélia. *Man's Estate: Masculine Identity in Shakespeare*. Berkeley: University of California Press, 1981.

KERÉNYI, Carl. *Dioniso: Imagem arquetípica da vida indestrutível*. São Paulo: Odysseus, 2002.

KING, Michael et al. "A Systematic Review of Mental Disorder, Suicide, and Deliberate Self Harm in Lesbian, Gay and Bisexual People". *BMC Psychiatry*, n. 8, 18 ago. 2008.

KLEIN, Melanie. *Amor, odio y reparacion*. Buenos Aires: Hormé, 1968.

KÖHLER, Joachim. *Zarathustra's Secret: The Interior Life of Friedrich Nietzsche*. New Haven: Yale University Press, 2002.

LACAN, Jacques. *O seminário, livro 4: A relação de objeto*. Rio de Janeiro: Jorge Zahar, 1995.

_______. *O triunfo da religião*. Rio de Janeiro, Jorge Zahar, 2005.

LACAN, Jacques. *O seminário, livro 7: A ética da psicanálise*. Rio de Janeiro: Jorge Zahar, 2008.

LAMBERT, Royton. *Pederastia na idade imperial*. Lisboa: Assírio & Alvim, 1990.

LAPLANCHE, J.; PONTALIS, J.-B. *Vocabulário da psicanálise*. São Paulo: Martins Fontes, 1986.

LAURITSEN, John; THORSTAD, David. *The Early Homosexual Rights Movement (1864-1935)*. Nova York: Times Changes, 1974.

LEÓN-PORTILLA, Miguel (Org.). *Visión de los vencidos: Relaciones indígenas de la Conquista*. México: Universidad Autónoma de México, 1972.

LEVER, Maurice. *Les Bûchers de Sodome*. Paris: Fayard, 1985.

LIMA, Carlos (Org.). *Rimbaud no Brasil*. Rio de Janeiro: Comunicarte/Uerj, 1993.

LINS, Daniel Soares. *L'Imaginaire de l'ordre et de la violence: Étude d'un cas – Lampião et le cangaço*. Paris VII: Jussieu, 1993. Microfilme Lille-Thèses, ISSN: 0294-1767, França. Tese (Doutorado).

_______. *La passion selon Lampião (Le Roi Des Cangaceiros)*. Paris: Éditions du Seuil, 1995.

_______. *Lampião: O homem que amava as mulheres*. São Paulo: Annablume, 1997.

_______. "O corpo do herói: A santa virilidade ou a fraqueza dos fortes (Estudo sobre Lampião)". Disponível em: <docplayer.com.br/23727879-O-corpo-do-heroi-a-santa-virilidade-ou-a--fraqueza-dos-fortes-estudo-sobre-lampiao-daniel-lins.html>. Acesso em: 8 mar. 2020.

LISAK, David. "Sexual Aggression, Masculinity, and Fathers". *Signs*, The University of Chicago Press, v. 16, n. 2, 1991.

LORDE, Audre. "The Master's Tools Will Never Dismantle the Master's House". In: *Sister Outsider: Essays and Speeches*. Berkeley: Crossing Press, 2007. [Ed. bras.: *Irmã outsider: Ensaios e conferências*. Belo Horizonte: Autêntica, 2017.]

_______. *Textos escolhidos de Audre Lorde*. [S.l.]: Herética Difusão Lesbofeminista Independente, 2013.

LOURO, Guacira Lopes. *Um corpo estranho: Ensaios sobre sexualidade e teoria queer*. Belo Horizonte: Autêntica, 2004.

______ (Org.). *O corpo educado: Pedagogias da sexualidade*. 3. ed. Belo Horizonte: Autêntica, 2010.

MACTHAN, Lothar. *O segredo de Hitler*. Rio de Janeiro: Objetiva, 2001.

MAGODYO, Tapiwa C. *The Role of Ulwaluko in the Construction of Masculinity in Men at the University of the Western Cape*. University of the Western Cape: Department of Psychology, 2013. Dissertação (Mestrado em Psicologia Investigativa). Disponível em: <core.ac.uk/download/pdf/58915151.pdf>. Acesso em: 10 abr. 2021.

MANN, Thomas. *Os melhores contos*. Trad. de Manuel de Seabra. Lisboa: Arcádia, 1958.

_______. *A montanha mágica*. São Paulo: Círculo do Livro, s.d.

MANVELL, Roger; FRAENKEL, Heinrich. *Göring*. Rio de Janeiro: Record, s.d.

MARAÑÓN, Gregorio. *Don Juan*. 11. ed. Madri: Espasa-Calpe, 1967.

_______. *Don Juan et le donjuanisme*. Paris: Gallimard, 1967.

MARTIN, Ralph G. *Seeds of Destruction: Joe Kennedy and His Sons*. Nova York: Putnam Pub Group, 1995.

MARTÍNEZ, Constantino Falcón et al. *Diccionario de la mitologia clásica*. Madri: Alianza Editorial, 1985. v. 1.

MAYER, Hans. *Os marginalizados*. Rio de Janeiro: Guanabara, 1989.

MCDOUGALL, Joyce. *As múltiplas faces de Eros: Uma exploração psicanalítica da sexualidade humana*. São Paulo: Martins Fontes, 1997.

MELLO, Frederico Pernambucano de. *Quem foi Lampião*. Recife/Zurique: Sthäli, 1993.

______. *Guerreiros do sol: Violência e banditismo no Nordeste do Brasil*. São Paulo: A Girafa, 2004.

______. *Estrelas de couro: A estética do cangaço*. São Paulo: Escrituras, 2015.

MENDES, Wallace Góes; SILVA, Cosme Marcelo Furtado Passos da. "Homicídios da população de lésbicas, gays, bissexuais, travestis, transexuais ou transgêneros (LGBT) no Brasil: uma análise espacial". *Ciência & Saúde Coletiva*, Rio de Janeiro, v. 25, n. 5, maio 2020.

MHLAHLO, Andile P. *What is Manhood?: The Significance of Traditional Circumcision in the Xhosa Initiation Ritual*. University of Stellenbosch: Faculty of Arts and Social Sciences, Dept. of Sociology and Social Anthropology, 2009. Tese (Doutorado). Disponível em: <scholar.sun.ac.za/handle/10019.1/2699>. Acesso em: 12 jul. 2021.

MISHIMA, Yukio. *O Hagakure: A ética dos samurais e o Japão moderno*. Rio de Janeiro: Rocco, 1987.

MONICK, Eugene. *Phallos: Sacred Mage of the Masculine*. Toronto: Inner City, 1987.

______. *Castração e fúria masculina: A ferida fálica*. São Paulo: Paulinas, 1993.

______. *Falo: A sagrada imagem do masculino*. São Paulo: Paulinas, 1993.

MONK, Ray. *Wittgenstein: O dever do gênio*. São Paulo: Companhia das Letras, 1995.

MORAIS, Maria de Lima Salum; ROSA, Tereza Etsuko Costa; MORAES, Celso Luís de. "Prevalência do consumo abusivo de álcool em homens no estado de São Paulo". *BIS — Boletim do Instituto de Saúde*, v. 14, n. 1, ago. 2012. Disponível em: <periodicos.ses.sp.bvs.br/pdf/bis/v14n1/v14n1a09.pdf>. Acesso em: 20 jul. 2020.

NAGAMINE, Renata Reverendo Vidal Kawano. "Os direitos de pessoas LGBT na ONU (2000-2016)". *Sexualidad, Salud y Sociedad*, Rio de Janeiro, n. 31, jan./abr. 2019.

NIN, Anaïs. *Em busca de um homem sensível*. São Paulo: Brasiliense, 1980.

NIXEY, Catherine. *A chegada das trevas: Como os cristãos destruíram o mundo clássico*. Porto: Desassossego, 2018.

PAGLIA, Camille. *Sexo, arte e cultura americana*. São Paulo: Companhia das Letras, 1993.

PASOLINI, Pier Paolo. *Escritos póstumos*. Lisboa: Moraes, 1979.

PAULO (apóstolo). "Carta aos romanos". In: *Bíblia Sagrada*. Trad. de Ivo Storniolo e Euclides Martins Balancin. São Paulo: Paulinas, 1990.

PELLEGRINI JR., Domingos. *As sete pragas*. Rio de Janeiro: Civilização Brasileira, 1980.

PERALDI, François (Org.). *Polysexuality*. Nova York: Semiotext(e), 1981.

PEREIRA, Douglas Rodrigo. "Elementos do complexo de Édipo na toxicomania: A droga como afastamento da castração na neurose". *Cadernos de Psicanálise*, Rio de Janeiro, v. 38, n. 35, jul./dez. 2016.

PEREIRA, Isidro. *Dicionário greco-português*. 6. ed. Porto: Livraria Apostolado da Imprensa, 1984.

PETRÔNIO. *Satíricon*. São Paulo: Cosac & Naify, 2008.

PINGUET, Maurice. *A morte voluntária no Japão*. Rio de Janeiro: Rocco, 1987.

PLATÃO. *O banquete*. Trad. de José Cavalcante de Souza. São Paulo: Nova Cultural, 1987.

PONTIFICIO CONSIGLIO PER LA FAMIGLIA. *Lexicon: Termini ambigui e discussi su famiglia, vita e questione etiche*. Bolonha: EDB-Edizioni Dehoniane, 2003.

POOLE, Fitz John Porter. "The Ritual Forging of Identity: Aspects of Person and Self in Bimin-Kuskusmin Male Initiation". In: HERDT, Gilbert H. (Org.). *Rituals of Manhood: Male Initiation in Papua New Guinea*. Berkeley, Los Angeles: University of California Press, 1982.

PRECIADO, Paul B. *Um apartamento em Urano: Crônicas da travessia*. São Paulo: Companhia das Letras, 2020.

PRIORE, Mary Del (Org.). *História das mulheres no Brasil*. São Paulo: Contexto/Unesp, 1997.

RANK, Otto. *Don Juan et le double*. Paris: Bibliothèque Payot, 1973.

RANKE-HEINEMANN, Uta. *Eunucos pelo reino de Deus: Mulheres, sexualidade e a Igreja católica*. Trad. de Paulo Fróes. Rio de Janeiro: Rosa dos Tempos, 1996.

RAWSON, Philip S. *Primitive Erotic Art*. Nova York: G.P. Putnam's Sons, 1973.

RAY, Nicholas. *Lesbian, Gay, Bisexual and Transgender Youth: An Epidemic of Homelessness*. Nova York: National Gay and Lesbian Task Force Policy Institute/National Coalition for the Homeless, 2006.

REMAFEDI, Gary; FARROW, James A.; DEISHER, Robert W. "Risk Factors for Attempted Suicide in Gay and Bisexual Youth". *Pediatrics*, v. 87, n. 6, jun. 1991.

ROCHA, Glauber. *Deus e o Diabo na terra do sol*. Rio de Janeiro: Civilização Brasileira, 1965.

_______. *Revolução do Cinema Novo*. Rio de Janeiro: Embrafilme/Alhambra, 1981.

_______. *Roteiros do Terceiro Mundo*. Rio de Janeiro: Embrafilme/Alhambra, 1985.

ROSA, João Guimarães. "A terceira margem do rio". In: *Primeiras estórias*. Rio de Janeiro: Nova Fronteira, 1985.

ROUDINESCO, Élisabeth; PLON, Michel. *Dicionário de psicanálise*. Rio de Janeiro: Jorge Zahar, 1998.

RUSSO, Vito. *The Celluloid Closet: Homosexuality in the Movies*. Nova York: Harper & Row, 1981.

RUTLEDGE, Leigh W. *The Gay Book of Lists*. Boston: Alyson Publications, 1987.

SCHWAB, Gustav. *As mais belas histórias da Antiguidade Clássica*. Rio de Janeiro: Paz e Terra, 1994. v. 1.

SEDGWICK, Eve Kosofsky. *Between Men: English Literature and Male Homosocial Desire*. Nova York: Columbia University Press, 1985.

SERGENT, Bernard. *La homosexualidad en la mitología griega*. Barcelona: Alta Fulla, 1986.

SHAKESPEARE, William. *The Complete Works of William Shakespeare*. Oxford: The Shakespeare Head Press, 1996.

SHEWEY, Don. "Theatre: Gays in the Marketplace vs. Gays for Themselves". In: JAY, Karla; YOUNG, Allen (Orgs.). *Lavender Culture*. Nova York: Jove Publication, 1972.

SHEWEY, Don; BERGER, Maurice (Orgs.). *Constructing Masculinity*. Nova York: Routledge, 1995.

SINGER, June. *Androginia: Rumo a uma nova teoria da sexualidade*. São Paulo: Cultrix, 1990.

SMITH, Steven D. "Agathias and Paul the Silentiary: Erotic Epigram and the Sublimation of Same-Sex Desire in the Age of Justinian". In: MASTERSON, Mark et al. (Orgs.). *Sex in Antiquity: Exploring Gender and Sexuality in the Ancient World*. Londres/Nova York: Routledge, 2015.

SOLANAS, Valerie. *SCUM Manifesto: Uma proposta para a destruição do sexo masculino*. São Paulo: Conrad, 2000.

SOLÉ, Jacques. *El amor en occidente durante la edad moderna*. Barcelona: Librería Editorial Argos, 1977.

SOUSTELLE, Jacques. *Os astecas*. São Paulo: Difusão Europeia do Livro, 1972.

SPARGO, Tamsin. *Foucault e a teoria queer*. Rio de Janeiro: Pazulin; Juiz de Fora: UFJF, 2006.

SPENCER, Colin. *Homossexualidade: Uma história*. Rio de Janeiro: Record, 1996.

STEIN, Robert. *Incesto e amor humano: A traição da alma na psicoterapia*. São Paulo: Símbolo, 1978.

STONE, Charles. "The Case of Nietzsche". *The Gay & Lesbian Review*, set.-out. 2018. Disponível em: <glreview.org/article/the-case-of-nietzsche>. Acesso em: 22 abr. 2021.

TANNAHILL, Reay. *Le Sexe dans l'histoire*. Paris: Marabout, 1983.

TORRINHA, Francisco. *Dicionário latino-português*. Porto: Gráficos Reunidos, s.d.

TRACHTENBERG, Peter. *O complexo de Casanova*. Rio de Janeiro: Record, 1988.

TREVISAN, João Silvério. *Pai, pai*. Rio de Janeiro: Alfaguara, 2017.

______. *Devassos no Paraíso: A homossexualidade no Brasil, da colônia à atualidade*. 4. ed. rev. e ampl. Rio de Janeiro: Objetiva, 2018.

VANGGAARD, Thorkil. *Phallós: A Symbol And Its History In The Male World*. Nova York: International Universities Press, 1972.

VEYNE, Paul. "A homossexualidade em Roma". In: ARIES, Philippe; BEJIN, André (Orgs.). *Sexualidades ocidentais*. São Paulo: Brasiliense, 1986.

WATANABE, Tsuneo; IWATA, Jun'Ichi. *The Love of the Samurai: A Thousand Years of Japanese Homosexuality*. Londres: GMP, 1989.

WIKAN, Unni. "Man Becomes Woman: Transexualism in Oman as a Key to Gender Roles". *Man*, Londres, v. 12, n. 2, ago. 1977.

WILDE, Oscar. *Complete Works of Oscar Wilde*. Londres: Harper Collins Classics, 1977.

______. *A balada do cárcere de Reading*. São Paulo: Nova Alexandria, 1997.

______. *O marido ideal*. Trad. de Flavia Maria Samuda. Rio de Janeiro: Ediouro, 2000.

WILLIAMS, Tennessee. "Letter to *Gay Sunshine*, 'On Sexual Identity in His Plays'". In: LEYLAND, Winston (Org.). *Gay Roots: Twenty Years of Gay Sunshine*. San Francisco: Gay Sunshine, 1991.

WILLIAMS, Craig A. *Roman Homosexuality: Ideologies of Masculinity in Classical Antiquity*. Nova York/Oxford: Oxford University Press, 1999.

WOLF, Naomi. *O mito da beleza: Como as imagens de beleza são usadas contra as mulheres*. Trad. de Waldéa Barcellos. Rio de Janeiro: Rosa dos Tempos, 2019.

WYLY, James. *A busca fálica: Príapo e a inflação masculina*. São Paulo: Paulus, 1994.

ZOLLA, Elémire. *The Androgyne: Fusion of the Sexes*. Londres: Thames & Hudson, 1981. [Ed. bras.: *Androginia: A fusão dos sexos*. Rio de Janeiro: Edições del Prado, 1997.]

Créditos das imagens

1. Márcia Foletto/ Agência O Globo.
2. Album/ Fotoarena.
3. AKG Images/ Fotoarena.
4. Eugene Monick, *Phallos: Sacred Image of the Masculine*. Toronto: Inner City Books, 1987. Reprodução de Renato Parada.
5. June Singer, *Androginia: Rumo a uma nova teoria da sexualidade*. São Paulo: Cultrix, 1990. Reprodução de Renato Parada.
6. Brasil. Ministério da Justiça e Segurança Pública. Arquivo Nacional.
7. Denis Vejas.
8. Alamy/ Fotoarena.
9. Arquivo/ Agência O Globo.
10. George Wharton James, *New Mexico the land of the delight makers*. Boston: The Page Company, 1920.
11. Guy Hocquenghem, Race d'ep. Paris: Libres Hallier, 1979. Reprodução de Renato Parada.
12. Alamy/ Fotoarena.
13. Eugene Monick, *Phallos: Sacred Image of the Masculine*. Toronto: Inner City Books, 1987. Reprodução de Renato Parada.
14. Erika D'Or, *Pompei Vietata*. Pompeia: Falanga Edizioni Pompeiane, [s.d.]. Reprodução de Renato Parada.
15. Benjamin Abrahão.
16. Library of Congress.
17. Zuma Press/ Fotoarena.
18. Bridgeman/ Fotoarena.
19. Pedro Ladeira/ Folhapress.
20. Márcia Foletto/ Agência O Globo.

Índice remissivo

ESTA OBRA FOI COMPOSTA PELA ABREU'S SYSTEM EM INES LIGHT
E IMPRESSA EM OFSETE PELA GRÁFICA BARTIRA SOBRE PAPEL PÓLEN SOFT
DA SUZANO S.A. PARA A EDITORA SCHWARCZ EM OUTUBRO DE 2021

FSC
www.fsc.org
MISTO
Papel produzido a partir de fontes responsáveis
FSC® C105484

A marca FSC® é a garantia de que a madeira utilizada na fabricação do papel deste livro provém de florestas que foram gerenciadas de maneira ambientalmente correta, socialmente justa e economicamente viável, além de outras fontes de origem controlada.